学 前 教 育 专 业 能 力 基 础 系 列 教 材

依据《幼儿园教师专业标准（试行）》《中小学和幼儿园教师资格考试标准（试行）》编写

幼儿教师口语训练教程（第2版）

主 编／陈雪芸 许晓晖 刘晓红

北京师范大学出版集团
BEIJING NORMAL UNIVERSITY PUBLISHING GROUP
北京师范大学出版社

图书在版编目(CIP)数据

幼儿教师口语训练教程 / 陈雪芸，许晓晖，刘晓红主编. —2 版. —北京：北京师范大学出版社，2018.8(2024.7 重印)

ISBN 978-7-303-23886-6

Ⅰ. ①幼…　Ⅱ. ①陈…　②许…　③刘…　Ⅲ. ①幼教人员—汉语—口语—幼儿师范学校—教材　Ⅳ. ①H193.2

中国版本图书馆 CIP 数据核字(2018)第 139802 号

教材意见反馈　**gaozhifk@bnupg.com　010-58805079**
营销中心电话　010-58802755　58800035
编辑部电话　010-58807468

出版发行：北京师范大学出版社　www.bnupg.com
北京市西城区新街口外大街 12-3 号
邮政编码：100088
印　　刷：三河市兴达印务有限公司
经　　销：全国新华书店
开　　本：787 mm×1092 mm　1/16
印　　张：21.5
字　　数：464 千字
版　　次：2018 年 8 月第 2 版
印　　次：2024 年 7 月第 19 次印刷
定　　价：48.00 元

策划编辑：于晓晴　　责任编辑：郭　瑜
美术编辑：焦　丽　　装帧设计：焦　丽
责任校对：段立超　　责任印制：陈　涛　赵　龙
封面插图：汪葭岳

前　言

2018年9月10日，习近平总书记在全国教育大会上强调，新时代新形势，改革开放和社会主义现代化建设、促进人的全面发展和社会全面进步对教育和学习提出了新的更高的要求；还强调，建设社会主义现代化强国，对教师队伍建设提出新的更高要求，也对全党全社会尊师重教提出新的更高要求。

《中共中央 国务院关于学前教育深化改革规范发展的若干意见》指出：学前教育是终身学习的开端，是国民教育体系的重要组成部分，是重要的社会公益事业。办好学前教育、实现幼有所育，是党的十九大作出的重大决策部署，是党和政府为老百姓办实事的重大民生工程，关系亿万儿童健康成长，关系社会和谐稳定，关系党和国家事业未来。

要办好学前教育，就要使幼儿园教师队伍综合素质和科学保教能力得到整体提升。“幼儿教师口语”长期以来都是本专科学前教育专业必修的一门基础技能课程，是一门理论与实践相结合，用理论指导实践，以训练为主的专业技能课程，也是一门培养学生具备良好思想政治素质的课程。

习近平总书记在党的二十大报告中明确指出“育人的根本在于立德。全面贯彻党的教育方针，落实立德树人根本任务，培养德智体美劳全面发展的社会主义建设者和接班人。”本教材围绕落实立德树人的根本任务，从培养学前教育专业学生热爱幼儿、热爱教育事业的职业情感，依法治教、科学保教的职业理念出发，针对幼儿教师口语训练的目标，结合幼儿教师专业发展需要进行编写，力求准确体现《教师教育课程标准（试行）》《幼儿园教师专业标准（试行）》的要求，坚持思想性与专业性相结合、科学性与实用性相结合、全面训练与突出重点相结合、理论与实践相结合、训练与评价相结合的原则，建立以训练幼儿教师职业口语运用能力为主线的教材体系。

本教材的创新之处体现在以下几方面。

1. 理念新。

本教材以幼教工作需要为导向设计教学项目，以“岗课赛证融通”为引领，以课程内容化为具体任务，以学生学习为中心，力争做到教、学、做合一。

2. 内容新。

（1）从全书来看，把教师口语的训练和幼儿文学、学前儿童语言教育等课程的学习以及学生的见习和实习活动结合起来。

（2）从每个具体任务来看，既有理论准备，又强调技能训练。技能训练分为三大模块，形成训练梯度。这个梯度既体现递进性，又体现差异性。递进性表现为训练提示从具体到简单，从有到无，训练内容从给材料到不给材料，训练方法从模仿到创造，训练过程从师生共同学习到生生共同学习以至自我训练。差异性则是对不同层次的学生进行不同训练。学生在教中学，又在做中学，既合作探究，又自主学习。每个模块都有要求和步骤，指令清楚，便于完成任务。

(3)从学习过程看，把训练和检测评价结合起来。每个任务最后都附有检测表，学生每完成一个任务，便可根据检测表要求进行评价检测，作为以后学习的一个参考依据。学生通过检测反思得到提高。

(4)从学习方式上看，本教材强调小组学习。一方面，口语训练和作业不同于书面练习和作业，没有小组学习，学生学习情况无从掌握，也无从督查；另一方面，小组学习既可作为学习效果的检测，又可作为学生听说(评)的训练，也是一种口语训练。

3. 体例新。

本教材采用任务驱动模式编写，共分三大模块十三个项目。每个模块都有一个前言。用较简明通俗而又亲切生动的语言向学生介绍本模块的学习内容、学习要求，激发学生的学习兴趣，提高学习信心。每一个项目都有训练目标和提示，项目最后有一个项目小结。每一个任务严格按任务介绍和解析(训练要点)——相关知识(案例、理论和方法)——拓展提高(资料卡)——任务实施(技能训练)——课后自测及相关实训(检测反思)的程序来编写。

总的来说，本教材具有这些特点：一是突出学前教育专业立德树人根本任务的落实，在理论学习和技能训练中进行思想政治教育；二是突出学前教育专业特色，把幼儿教师职业口语训练作为重点；三是突出高职高专特色，重视理论储备，又坚持“必须”“够用”的原则，重视技能训练，又强调以理论指导实践；四是突出递进性和差异性，满足不同学习者的需要；五是突出丰富性和针对性，使学习者系统且有重点地掌握幼儿教师口语必备技能。

本教材可作为高职高专学校学前教育专业教师口语课程的专用教材，适合三年制、五年制专科学生进行基础训练，也适合职后的提高训练。

本教材由陈雪芸、许晓晖、刘晓红主编，具体编写分工如下：项目一至项目四由许晓晖编写，项目五和项目六由刘晓红编写，项目七至项目十三由陈雪芸编写。全书由陈雪芸统稿，陈雪芸、刘晓红、许晓晖审稿。

本教材编写得到了汕头职业技术学院“学前教师人才培养模式的探索与实践——基于建立教师专业发展学校平台”项目的支持，在汕头职业技术学院的创新强校项目“教师口语精品课程建设”的研究中得到修正和提高。本书的成书和再版得到院、系领导的关心和帮助，在此谨表示感谢。在编写过程中，我们参阅了相关研究成果，在此也谨向相关作者表示衷心感谢。因种种原因，本教材可能存在不足之处，敬请读者指正，以便未来修订完善。

编　者

目　录

模块一

幼儿教师普通话语音训练

有人说，普通话说得差不多就好了，有必要学吗？教幼儿园的小朋友，用那么标准的普通话干什么？

通过这一模块(项目一至项目四)的学习，你就会知道，普通话是现代汉语的标准语，是幼儿教师的职业语言，推广普通话是一项重要的基本国策。即将成为幼儿教师的你若普通话不标准，将无法流畅地与人交流，将无法考取幼儿园教师资格证，不能从事幼儿教师的工作。

希望通过这一模块的训练，你能掌握普通话语音的发音要领，读准每一个音节，在语流中，准确自然地进行音变，把文章读得准确流畅，把话说得规范流利。通过学习和训练，你会发现，说好普通话有很多学问，但也不难，只要你用心，只要你热爱我们祖国的语言，养成讲普通话的良好习惯，你一定能说一口标准流利的普通话，并为成为一名合格的幼儿教师做好准备。

来吧，让我们来学好普通话！

项目一
了解普通话基本常识

项目训练目标

1. 掌握普通话的含义，认识推广普通话的重要性。

2. 了解语音的四要素和音节、音素，元音、辅音，声母、韵母、声调等概念的含义。

3. 掌握发音器官的名称和位置，了解发音原理，掌握科学的发声方法。

普通话是现代汉语的标准语。学习普通话，首先要了解普通话的含义，认识推广普通话的重要性；还要了解语音的有关概念，以及发音器官的结构和发音原理，掌握科学的发声方法，为普通话学习奠定理论基础。

任务一　认识普通话

任务要点

通过案例，从感性上认识推广普通话的重要性；再从理论上了解现代汉语标准语——普通话的概念，明确应该从语音、词汇和语法三个方面去学习和掌握，才能学好普通话；最后了解说好普通话既是公民的职责，更是幼儿教师的职业要求。

案　例

清朝雍正年间，潮州巡抚带着岭南佳果荔枝进京，献给雍正皇帝。雍正剥开果壳儿，看见一个晶莹剔透的东西，就问："有核吗？"潮州巡抚听懂了，但是他不会说当时通行的官话，只好用潮汕话回答："有。"听到回答，只见雍正就放心大胆地一口咬下去。这一下糟糕了，差点儿把龙牙给咬崩了。潮州巡抚一看，头上直冒大汗，心里暗暗叫苦。这时他才意识到潮汕话中“有”的发音刚好与官话中“无”的发音一模一样。这下子可惨了，这个弄得不好就是欺君之罪啊，是要杀头的，赶紧连连磕头谢罪。好在雍正虽然尝到了苦头，却没有因此降罪潮州巡抚。因为他知道，这主要是因为语言不通、交流不畅造成的。于是下发诏书推广官话，要求广东、福建开设正音蒙馆、正音书院。这是1728年的事情。

这个故事告诉我们，语言不通、交流不畅，往往会造成误会，有时还会酿成严重的后果。

一、理论与方法

语言是人类最重要的交际工具。现代汉语是现代汉民族使用的语言的总称。

普通话是中华人民共和国的国家通用语言。作为中华人民共和国的公民，我们应该学习普通话，说好普通话。

(一)什么是普通话

普通话是现代汉语的标准语。它以北京语音为标准音，以北方话为基础方言，以典范的现代白话文著作为语法规范。普通话的“普通”是“普遍通行”和“共通”的意思。普通话是中华民族的共通语。

(二)为什么要学普通话

方言的隔阂不利于国家的统一和民族的团结，不利于社会的发展和文化的繁荣。

在国内，普通话是各民族、各方言区之间的交际语言；在国际，普通话是世界上使用人口最多的语言，也是联合国的六种工作语言之一。

推广普通话是我国一项重要的语言政策。1982年《中华人民共和国宪法》总纲第十九条规定“国家推广全国通用的普通话”，为推广普通话确立了法律依据；2001年开始实施的《国家通用语言文字法》，进一步明确了普通话作为中华人民共和国通用语言的地位。

未来的幼儿教师学好普通话是其职业要求。

(三)怎样学好普通话

学习普通话，必须兼顾语音、词汇、语法三个方面。如果语音比较准确，而用了方言中特殊的词汇和语法，仍然不能交流沟通。不过词汇、语法的学习可以通过书面进行，而语音的学习必须通过口耳的训练。

汉语方言的分歧突出地表现在语音方面，不但各大方言之间的语音系统差别大，就是一个地区、一种方言内部也常在语音方面有明显的差异，所以学习普通话，最重要的是掌握普通话的语音系统。

资料卡

学习普通话语音的方法

学习普通话的语音包括发音和正音两个部分。

发音是一种口耳的技能训练。要求掌握普通话的语音系统，即掌握普通话的声母、韵母、声调、音节及轻声、儿化、变调等正确发音。要学好普通话语音应该充分利用汉语拼音这个有效的正音工具，同时学习必要的语音知识。

发音准确是语音学习最基本的要求。如果发音错误，又没有及时发现和纠正，反复练习这些错误的发音是徒劳无益的。我们要通过有效的语音训练，使语音达到相当准确的程度。这必须下一番功夫，不能幻想通过一两次练习就可以轻而易举地达到。少年儿童在学习普通话时，有的音发不准；有些成年人学习普通话会受方言影响，对有的音之间的区分不敏感。这可能跟他们的听音、辨音的能力有关。要首先引导他们提高语音的分辨力，然后指导他们掌握正确的发音。在发音准确的基础上，还要通过反复练习，达到完全熟练的程度，这都是发音训练的重要环节。发音准确还是个最低的要求，只有通过反复训练，养成了普通话的发音习惯才达到了发音训练的较高要求。熟练的标志是不假思索，脱口而出，又完全符合普通话的语音标准。

正音是指掌握汉字、词语普通话的标准读音，纠正受方言影响产生的偏离普通话的语音习惯，这属于一种记忆的训练。方音同普通话语音的差异不是漫无规律的，了解了这些规律就不必一个字音一个字音地去死记，而可以一批一批地去记忆。当然正音训练不仅体现在字和词语上，还要通过朗读、会话的训练逐步运用到实际口头语言中。未经事先准备的即席发言可以真实地检测普通话语音水平的高低。

——宋欣桥：《普通话语音训练教程》，长春，吉林人民出版社，1993。有删减

二、技能训练

[**训练一**]

要求：在教师的指导下，完成下列训练，学习听辨与普通话不一样的语音。

步骤：

(1)教师提示，自己训练。

(2)同桌对练，互相指正。

(3)个别汇报，教师指导。

听一听，指出下面句子中和普通话发音不一样的地方。

1. 我是坐飞(huī)机来的。

2. 他能(léng)不能(léng)自己过来？

3. 那边有一只兔(dù)子。

4. 你也是(xì)广东人吗？

5. 花儿好看我不摘(zāi)，大家都说我真乖。

6. 我看到水里有好多小鱼(yí)。

7. 我的舌(shí)头长疮了，疼死了。

8. 小嘛小二(è)郎，背着书包上学堂……

9. 小鸟落在他的肩(jiē)头。

10. 我是新来的，请多关(guāng)照。

[**训练二**]

要求：在教师的指导下，完成下列训练，学习听辨与普通话不一样的词汇和语法。

步骤：

(1)教师提示，自己训练。

(2)同桌对练，互相指正。

(3)个别汇报，教师指导。

听一听，指出下面句子中和普通话不一样的地方，并说说是属于词汇还是语法方面的不同。

1. 咱们来去逛街。

2. 我有来过广东。

3. 他吃不来辣椒。

4. 我家里来人客了。

5. 我中午就在外面吃盒饭好了。

6. 喝少点酒对身体有好处。

7. 他大约要二三天才回来。

8. 别客气，你走先。

9. 你看，我都高过你了。

10. 不好了，他们两个在打交。

[**训练三**]

要求：综合训练，能够运用普通话的语音、词汇和语法进行表达。

步骤：

(1)教师提示，自己训练。

(2)同桌对练，互相指正。

(3)个别汇报，教师指导。

在同学们面前做自我介绍，请大家判断语音、词汇和语法是否标准，再根据大家的意见进行修正。

任务二　了解语音的基本概念

任务要点

通过案例，从感性上认识掌握有关理论的重要性，再从理论上了解普通话的语音的四要素，音节和音素，元音和辅音，声母、韵母和声调的概念，为后面的听音、辨音、发音、正音、记音奠定理论基础。

案　例

语文课上，老师带学生读词语，当读到“美观大方”的时候，老师停了下来，指出学生的“观”和“方”的发音低了。听到老师这么说，学生放开嗓子大声读，结果老师还是说“低了”。学生弄不明白：这么大声地读，老师为什么还说读得太低？老师一时也解释不了，但就是坚持自己的看法。课堂教学陷入僵局。

发音时，“高声”涉及“音高”，“大声”涉及“音强”，这是两个不同的概念。这件事告诉我们，掌握相关理论有利于我们学好普通话。

一、理论与方法

要学好普通话语音，首先要掌握有关的语音概念。

(一)语音的四要素

语音具有音色、音高、音强、音长四个要素。

普通话中，音色决定声母和韵母；音高决定声调；音高、音强和音长主要决定轻重和语调。

(二)音节和音素

音节是语音的基本单位。除儿化词外，一个汉字的读音就是一个音节。

普通话一共有 400 个基本音节，1250 多个带调音节。

音素是从音节中分析出来的，是语音的最小单位。

普通话一共有 32 个音素。

(三)元音和辅音

根据音素的发音特点，可将音素分为元音和辅音两类。

元音发音时气流在发音器官中不受到阻碍。

辅音发音时气流在发音器官中受到阻碍。

普通话一共有 10 个元音，22 个辅音。

(四)声母、韵母和声调

根据音节的结构特点，可将音节分为声母、韵母、声调三部分。

声母是音节开头的辅音。如果音节开头没有辅音，就是零声母音节。

韵母是音节中除声母以外的部分。

声调是音节的音高变化。

普通话一共有 21 个声母，39 个韵母，4 个声调。

资料卡

《汉语拼音方案》简介

《汉语拼音方案》是根据普通话语音系统制订的，由五个部分组成。它于 1958 年 2 月由第一届全国人民代表大会第五次会议批准通过，成为学习和推广普通话的有效工具。问世以来，在我国经济、文化领域中得到广泛的应用，在社会主义现代化建设中发挥着积极的作用。

汉语拼音方案

一　字母表

字母	Aa	Bb	Cc	Dd	Ee	Ff	Gg
名称	ㄚ	ㄅㄝ	ㄘㄝ	ㄉㄝ	ㄜ	ㄝㄈ	ㄍㄝ
字母	Hh	Ii	Jj	Kk	Ll	Mm	Nn
名称	ㄏㄚ	ㄧ	ㄐㄧㄝ	ㄎㄝ	ㄝㄌ	ㄝㄇ	ㄋㄝ
字母	Oo	Pp	Qq	Rr	Ss	Tt	
名称	ㄛ	ㄆㄝ	ㄑㄧㄡ	ㄚㄦ	ㄝㄙ	ㄊㄝ	
字母	Uu	Vv	Ww	Xx	Yy	Zz	
名称	ㄨ	ㄪㄝ	ㄨㄚ	ㄒㄧ	ㄧㄚ	ㄗㄝ	

注：①v 只用来拼写外来语、少数民族语言和方言。

②字母的手写体依照拉丁字母的一般书写习惯。

二　声母表

b	p	m	f	d	t	n	l
ㄅ玻	ㄆ坡	ㄇ摸	ㄈ佛	ㄉ得	ㄊ特	ㄋ讷	ㄌ勒
g	k	h	j	q	x		
ㄍ哥	ㄎ科	ㄏ喝	ㄐ基	ㄑ欺	ㄒ希		
zh	ch	sh	r	z	c	s	
ㄓ知	ㄔ蚩	ㄕ诗	ㄖ日	ㄗ资	ㄘ雌	ㄙ思	

在给汉字注音的时候，为了使拼式简短，zh、ch、sh 可以省作 ẑ、ĉ、ŝ。

三 韵母表

	i 丨 衣	u ㄨ 乌	ü ㄩ 迂
a ㄚ 啊	ia 丨ㄚ 呀	ua ㄨㄚ 蛙	
o ㄛ 喔		uo ㄨㄛ 窝	
e ㄜ 鹅	ie 丨ㄝ 耶		üe ㄩㄝ 约
ai ㄞ 哀		uai ㄨㄞ 歪	
ei ㄟ 欸		uei ㄨㄟ 威	
ao ㄠ 熬	iao 丨ㄠ 腰		
ou ㄡ 欧	iou 丨ㄡ 忧		
an ㄢ 安	ian 丨ㄢ 烟	uan ㄨㄢ 弯	üan ㄩㄢ 冤
en ㄣ 恩	in 丨ㄣ 因	uen ㄨㄣ 温	ün ㄩㄣ 晕
ang ㄤ 昂	iang 丨ㄤ 央	uang ㄨㄤ 汪	
eng ㄥ 亨的韵母	ing 丨ㄥ 英	ueng ㄨㄥ 翁	
ong ㄨㄥ 轰的韵母	iong ㄩㄥ 雍		

(1)“知、蚩、诗、日、资、雌、思”等七个音节的韵母用 i，即：知、蚩、诗、日、资、雌、思等字拼作 zhi、chi、shi、ri、zi、ci、si。

(2)韵母“ル”写成 er，用作韵尾的时候写成 r。例如：“儿童”拼作 ertong，“花儿”拼作 huar。

(3)韵母“ㄝ”单用的时候写成 ê。

(4)i 行的韵母，前面没有声母的时候，写成 yi(衣)，ya(呀)，ye(耶)，yao(腰)，you(忧)，yan(烟)，yin(因)，yang(央)，ying(英)，yong(雍)。

u 行的韵母，前面没有声母的时候，写成 wu(乌)，wa(蛙)，wo(窝)，wai(歪)，wei(威)，wan(弯)，wen(温)，wang(汪)，weng(翁)。

ü 行的韵母，前面没有声母的时候，写成 yu(迂)，yue(约)，yuan(冤)，

yun(晕)；ü 上两点省略。

ü 行的韵母跟声母 j、q、x 拼的时候，写成 ju(居)，qu(区)，xu(虚)，ü 上两点也省略；但是跟声母 n、l 拼的时候，仍然写成 nü(女)，lü(吕)。

(5)iou，uei，uen 前面加声母的时候，写成 iu，ui，un。例如，niu(牛)，gui(归)，lun(论)。

(6)在给汉字注音的时候，为了使拼式简短，ng 可以省作 ŋ。

四　声调符号

阴平	阳平	上声	去声
ˉ	ˊ	ˇ	ˋ

声调符号标在音节的主要母音上。轻声不标。例如：

妈 mā　麻 má　马 mǎ　骂 mà　吗 ma

(阴平)(阳平)(上声)(去声)(轻声)

五　隔音符号

a，o，e 开头的音节连接在其他音节后面的时候，如果音节的界限发生混淆，用隔音符号(’)隔开，例如：pi’ao(皮袄)。

二、技能训练

要求：在教师的指导下，完成下列训练，掌握语音的基本概念。

步骤：

(1)教师提示，自己训练。

(2)同桌对练，互相指正。

(3)个别汇报，教师指导。

1. 试一试，指出下面句子中，哪些是音节，哪些是音素。

Xuéshēng de sīxiǎng，rú yī miàn míngjìng，Zài jìng zhōng jì néng kàn dào jiàoshī de rénpǐn，yě néng kàn dào shèhuì de fēngshàng。

2. 试一试，指出下面句子中，哪些是元音，哪些是辅音。

Yǔyán shì zhìhuì de yàoshi，zhēnlǐ de wǔqì。

3. 试一试，指出下面句子中，哪些是声母，哪些是韵母。

Jiàoyù bùjǐn shì kēxué shìyè，érqiě shì yìshù shìyè。

任务三　了解发音原理

任务要点

通过案例，从感性上认识掌握有关理论的重要性，再从理论上了解发音器官和发音原理，以及发声训练的方法，并通过训练，使发音清晰响亮，优美动听，而且持久不衰。

案　例

每天晚上七点，守在电视机前收看《新闻联播》的人数以亿计。听那些主播们播音，简直是一种美的享受！这些都是正确地掌握发音原理，长期进行发音训练的结果。

有些人说，发音谁不会啊，还要专门学习训练吗？是的，只要不是有生理缺陷，谁都会发音。但是，将要成为一名幼儿教师的学生，要使自己的发音清晰响亮、优美动听，单纯靠自然的发音就不行了。

一、理论与方法

语音是发音器官发出来的，了解发音器官的结构和发音原理，有助于我们更好地掌握发声技能。

(一)发音器官

人的发音器官可以分为以下三大部分。

呼吸器官：包括肺和气管。

声源器官：包括喉头和声带。

共鸣器官：包括口腔和鼻腔。口腔和鼻腔靠软腭和小舌隔开。软腭和小舌上升，鼻腔闭塞，这时发出来的音是口音；软腭和小舌下降，口腔某部位闭塞，这时发出来的音是纯鼻音。

口腔是最重要的发音器官，包括上下唇、上下齿、齿龈、硬腭、软腭、小舌、舌尖、舌叶、舌面、舌根等部分。

舌头是最灵活的发音器官，它的升降伸缩都可以改变口腔的形状，对共鸣有重要的影响。

专门用于发音的器官是声带。

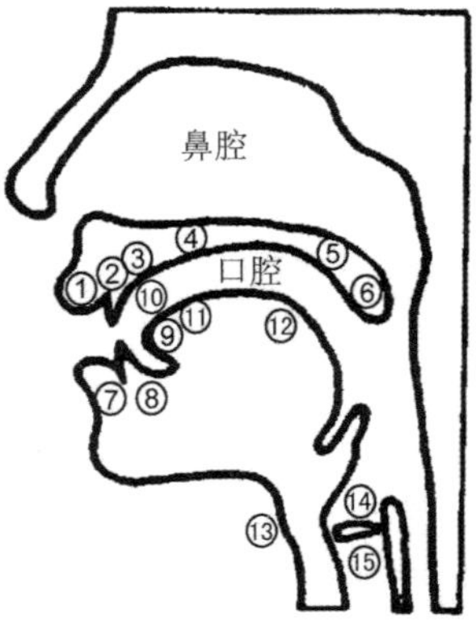

①上唇　②上齿　③齿龈
④硬腭　⑤软腭　⑥小舌
⑦下唇　⑧下齿　⑨舌尖
⑩舌叶　⑪舌面　⑫舌根
⑬喉头　⑭气管　⑮声带

发音器官示意图

(二)发音原理

由肺呼出的气流通过气管，振动了喉头的声带，发出微弱的声音，在口腔和鼻腔等器官的共鸣作用下，得到扩大和美化，声音充分地传播开来。

(三)发声方法

发声方法包括运气发声、共鸣控制和吐字归音。

1. 运气发声。

气流是人发音的原动力。正确地运气才能保证有足够的气流可供发声的需要，才能使声音响亮、清晰、持久不衰。

正确的运气方法是：运用胸腹联合呼吸法，吸得深，呼得匀，收放自如。

当气息不够用时还要补气。补气应该在语言的停顿处进行，要服从感情表达的需要。

2. 共鸣控制。

人体的共鸣器官主要有胸腔、口腔和鼻腔，即包括低音共鸣、中音共鸣和高音共鸣。最为理想的共鸣方式是：以口腔共鸣为主，适当配以鼻腔、胸腔共鸣。

口腔是最重要的共鸣腔体，口腔的开合，舌头的前伸后缩、上抬下降，以及唇形的变化等都能够改变口腔的形状，影响发音的效果。

要学习打开口腔，这样才能保证气流上下贯通，使声波顺利地从喉咙到达口腔，才能给舌头提供更大的活动空间，也才能形成比较大的共鸣腔体，扩大音量，美化音色。

3. 吐字归音。

吐字归音是指把一个音节的发音过程分为出字、立字、归音三个阶段。出字是指声母和韵头的发音过程，立字是指韵腹的发音过程，归音是指音节发音的收尾过程。吐字归音要求出字部位准确、用力弹出，立字拉开立起、饱满响亮，归音干脆利落、趋向鲜明。一个音节的发音要有头有尾，每个音节都圆润饱满，一连串的音节自然流畅，从而达到“字正腔圆”的目的。

资料卡

口部操练习与归音训练要领

一、口部操练习

双唇练习：一是双唇阻住气流，然后突然放开，爆发出 b 音或 p 音。二是双唇紧闭，用力噘嘴，嘴角后拉，前后交替进行。三是双唇紧闭，撮起，向上下左右，交替进行。四是双唇紧闭，撮起，左转 360°，右转 360°，交替进行。

舌部练习：一是刮舌面。舌尖抵住下齿背，舌中纵线部位用力，用上门齿刮舌面，将嘴撑开。二是舌尖练习。力量集中在舌尖，与上齿龈用力接触，然后突然打开，爆发出 d、t 音。三是舌根练习。舌根用力抵住软腭，阻住气流，然后突然打开，爆发出 g、k 音。四是舌的力度练习。先闭上双唇，用舌尖顶住内颊左右，交替进行；然后，舌在唇齿之间左右环绕，交替进行。五是弹舌练习。用舌尖连续轻弹上齿，使舌部放松灵活。

——节选自国家教育委员会师范教育司组编：《教师口语》，北京，语文出版社，1996。

二、归音训练要领

普通话里的字尾，包括元音尾(以 i 和 u 收尾)和辅音尾(以 n 和 ng 收尾)两种。字尾阶段，口腔由开到闭，肌肉由紧渐松，字尾要归到应到的位置上，并趋向渐弱。

——i 的收尾：从字腹到字尾，口腔逐渐缩小、放松，发完音后唇形扁平。

——u(包括 ao、iao)的收尾：从字腹到字尾，口腔逐渐缩小、放松，发完音后唇形收圆。

——n 的收尾：发完音后舌尖回抵上牙床。

——ng 的收尾：气息灌满鼻腔，穿鼻而出。

——节选自李莉等主编：《教师口语训练教程》，郑州，郑州大学出版社，2007。

二、技能训练

[**训练一**]

要求：在教师的指导下，完成下面训练，学习运气、补气、打开口腔的技巧。

步骤：

(1)教师提示，自己训练。

(2)同桌对练，互相指正。

(3)个别汇报，教师指导。

1. 对着镜子，找准口腔中的各个发音部位，特别是硬腭、软腭、舌面、舌根、舌叶。

2. 按照下面的提示进行运气训练。

慢吸慢呼：双脚平稳着地，小腹自然内收，胸部稍向前倾，肩部放松，喉松鼻通，嘴巴微张，脖颈与下巴角度适中。吸气，感觉两肋渐开，小腹逐渐收紧，气吸进肺底，腰带周围胀满，让气息停留一会儿；然后，两肋慢慢还原，小腹逐渐放松，气息在控制中均匀而缓慢地流出，呼气时间不少于30秒。

快吸慢呼：方法同上。吸气的速度加快，气息在肺底停留一会儿后，缓慢呼出。

3. 按照下面的提示进行补气训练。

收紧小腹，两肋张开，口鼻同时吸气。

4. 按照下面的提示进行打开口腔训练。

打开前腔：抬起上颚，放松下巴，舌尖抵在下齿背后发音。

打开后腔：舌尖后缩，舌根抵住软腭发音。

[**训练二**]

要求：在朗读词语和句子中体会发声技能。

步骤：

(1)教师提示，自己训练。

(2)同桌对练，互相指正。

(3)个别汇报，教师指导。

1. 把用气和发声联系起来，进行绕口令练习。

出东门，过大桥，大桥底下一树枣儿。拿着竿子去打枣儿，青的多，红的少。一颗枣儿，两颗枣儿，三颗枣儿，四颗枣儿，五颗枣儿，六颗枣儿，七颗枣儿，八颗枣儿，九颗枣儿，十颗枣儿。十颗枣儿，九颗枣儿，八颗枣儿，七颗枣儿，六颗枣儿，五颗枣儿，四颗枣儿，三颗枣儿，两颗枣儿，一颗枣儿。这是一段绕口令儿，一口气说完才算好。

2. 按照下面的停顿提示朗读句子，体会在语流中的补气。

(1)森林维护地球生态环境的/这种“能吞能吐”的特殊功能/是其他任何物体/都不能取代的。

(2)一连串的问题，使我这个有生以来/头一次在众目睽睽之下/让别人擦鞋的异乡人，从近乎狼狈的窘态中/解脱出来。

(3)无论你在夏天或是冬天经过这儿，你都想象不到，这个小小的、隆起的长方体里/安放着一位/当代最伟大的人物。

(4)爸爸等于给我一个谜语，这谜语比课本上的/“日历挂在墙壁，一天撕去一页，使我心里着急”/和“一寸光阴一寸金，寸金难买寸光阴”/还让我感到可怕；也比作文本上的/“光阴似箭，日月如梭”/更让我觉得/有一种说不出的滋味。

3. 按照下面的提示进行吐字归音训练。

(1)21个声母和四呼韵母的拼合，第一要有一定力度，弹动轻快；第二要注意唇形准确、自然。

开口呼：ba pa ma fa da ta na la ga ka ha zha cha sha ra za ca sa

齐齿呼：bi pi mi di ti ni li ji qi xi

合口呼：bu pu mu fu du tu nu lu gu ku hu zhu chu shu ru zu cu su

撮口呼：nü lü ju qu xu

(2)夸张四声的练习，注意体会气息和声音的支点。

双唇音

bā	bá	bǎ	bà	pō	pó	pǒ	pò	māo	máo	mǎo	mào
巴	拔	把	爸	坡	婆	叵	破	猫	毛	卯	帽

唇齿音

fāng	fáng	fǎng	fàng
方	房	访	放

舌尖前音

zuō	zuó	zuǒ	zuò	cāi	cái	cǎi	cài	suī	suí	suǐ	suì
作	昨	左	坐	猜	才	采	菜	虽	随	髓	碎

舌尖中音

dī	dí	dǐ	dì	tōng	tóng	tǒng	tòng	niū	niú	niǔ	niù	liāo	liáo	liǎo	liào
低	敌	底	弟	通	同	桶	痛	妞	牛	扭	拗	撩	辽	了	料

舌尖后音

zhī	zhí	zhǐ	zhì	chēng	chéng	chěng	chèng	shēn	shén	shěn	shèn
之	直	纸	制	称	成	逞	秤	身	神	审	慎

舌面音

jū	jú	jǔ	jù	qīng	qíng	qǐng	qìng	xiāng	xiáng	xiǎng	xiàng
居	局	举	句	青	晴	请	庆	香	祥	想	象

舌根音

gū	gú	gǔ	gù	kē	ké	kě	kè	hān	hán	hǎn	hàn
姑	骨	古	顾	科	壳	可	克	酣	寒	喊	汗

(3)读准下列象声词。

哗啦啦 吧嗒嗒 淅沥沥 咕噜噜 扑哧哧 滴溜溜 咣当当 乒乓乓 扑棱棱 咯噔噔 叮咚咚 轰隆隆

[**训练三**]

综合训练

要求：能自然地运用气息发声，注意各个共鸣腔的配合，恰当地吐字归音，使普通话语流自然流畅。

步骤：

(1)自我训练。

(2)同桌对练，指出存在的问题，并试作分析。

朗读并演唱《送别》，体会打开口腔和吐字归音。

长亭外，古道边，芳草碧连天。晚风拂柳笛声残，夕阳山外山。天之涯，地之角，知交半零落，人生难得是欢聚，唯有别离多。

长亭外，古道边，芳草碧连天。问君此去几时还，来时莫徘徊。天之涯，地之角，知交半零落，一壶浊酒尽余欢，今宵别梦寒。

项目小结

推广普通话是我国一项基本国策。学习普通话首先要了解普通话的含义，认识推广普通话的重要性。还要了解语音的四要素和音节、音素，元音、辅音，声母、韵母、声调等概念的含义，了解发音原理，初步学会科学的发声方法，为下一阶段普通话的学习打下基础。

项目二
普通话音节训练

项目训练目标

1. 掌握普通话声母、韵母、声调和音节的发音技能，能说比较标准的普通话。

2. 了解地方方言和普通话声母、韵母、声调和音节的对应关系，纠正方言对普通话声母、韵母、声调和音节发音的影响，能够进行方音辨正。

3. 培养热爱普通话的情感，树立使用普通话的法律意识，养成说普通话的习惯。

学习普通话语音是学好普通话的关键。学习普通话语音，就要学习普通话的声母、韵母、声调和音节的有关理论和发音技能，了解地方方言和普通话声母、韵母、声调和音节的对应关系，纠正方言对普通话声母、韵母、声调和音节发音的影响，发准普通话的声母、韵母、声调和音节，这样才能做到发音准确、规范。幼儿教师还要学会运用有关理论，纠正幼儿的错误发音。

任务一　声母训练

任务要点

通过案例，从感性上认识发准声母的重要性，再从理论上掌握普通话声母的发音要领，以及声母的辨正方法，最后通过技能训练，能够发准普通话的 21 个声母，读准词语、句子、语段中的声母。幼儿教师还要能够听辨不同声母，以纠正幼儿的发音。

案 例

2016年10月，广西南宁一个男子因为感情上的问题，录了一段视频传到网上，称“难受”“想哭”。因为发音不准，变成了“蓝瘦”“香菇”。一夜之间，“蓝瘦”“香菇”风靡网络，并被评为当年的十大流行语之一。

究其原因，是因为该男子发声母时鼻音、边音不分，再加上把送气音发成不送气音，所以闹了笑话。

一、理论与方法

声母指的是音节开头的辅音。普通话一共有21个声母。

(一)声母的分类

声母主要是根据发音部位和发音方法以及声带是否颤动来进行分类的。

声母是辅音，发音时气流在口腔中受到各种阻碍，这个受阻的部位叫作发音部位，每一处都是由口腔中两个部分接触或接近形成的。声母的发音还跟阻碍气流的方式有关，这种阻碍的方式叫作发音方法。

1. 根据发音部位的不同，声母可以分为七类。

(1)双唇音：b、p、m

(2)唇齿音：f

(3)舌尖前音：z、c、s

(4)舌尖中音：d、t、n、l

(5)舌尖后音：zh、ch、sh、r

(6)舌面音：j、q、x

(7)舌根音：g、k、h

2. 根据发音方法的不同，声母可以分为五类。

(1)塞音：b、p、d、t、g、k

(2)擦音：f、h、x、sh、r、s

(3)塞擦音：j、q、zh、ch、z、c

(4)鼻音：m、n

(5)边音：l

其中塞音和塞擦音还有不送气和送气之分。

(1)不送气音：b、d、g、j、zh、z

(2)送气音：p、t、k、q、ch、c

3. 根据发音时声带是否震动，声母可以分为两类。

(1)清音：b、p、f、d、t、g、k、h、j、q、x、zh、ch、sh、z、c、s

(2)浊音：m、n、l、r

根据发音部位和发音方法，可以把普通话的21个声母排列成表。

表 2-1-1 普通话声母发音要领表

声母＼发音方法 发音部位		塞音		塞擦音		擦音		鼻音	边音
		清音		清音		清音	浊音	浊音	浊音
		不送气音	送气音	不送气音	送气音				
双唇音	上唇 下唇	b	p					m	
唇齿音	上齿 下唇					f			
舌尖中音	上齿龈 舌尖	d	t					n	l
舌根音	软腭 舌根	g	k			h			
舌面音	硬腭前 舌面前			j	q	x			
舌尖后音	硬腭前 舌尖			zh	ch	sh	r		
舌尖前音	上齿背 舌尖			z	c	s			

(二)声母的发音

按发音部位，声母可以分为七类：双唇音、唇齿音、舌尖前音、舌尖中音、舌尖后音、舌面音、舌根音。声母的发音错误或缺陷多数在于发音部位不准确。

发双唇音 b、p 时，双唇闭合，气流在口腔中积聚，然后双唇突然打开，气流流出。发 b 时流出的气流比较微弱，而发 p 时气流比较强烈。发 m 时气流同时从鼻腔透出，声带颤动。

发唇齿音 f 时自然展唇，下唇内缘和上齿接近，气流从中摩擦而出。

双唇音和唇齿音的呼读音实际为 buo、puo、muo、fuo，所以发音时口形不宜太大。

发舌尖前音 z、c 时，舌尖抵住上齿背，阻塞气流，然后舌尖稍稍离开上齿背，气流从中摩擦而出。发 z 时流出的气流比较微弱，而发 c 时气流比较强烈。发 s 时舌尖接近上齿背，气流从中摩擦而出。

发舌尖中音 d、t 时，舌尖抵住上齿龈，阻塞气流，然后舌尖突然离开上齿龈，气流流出。发 d 时流出的气流比较微弱，而发 t 时气流比较强烈。发 n 时气流从鼻腔透出，声带颤动，发 l 时气流从舌头两边流出，声带颤动。

发舌尖后音 zh、ch 时，舌尖翘起抵住硬腭前部，阻塞气流，然后舌尖稍稍离开硬腭前部，气流从中摩擦而出。发 zh 时流出的气流比较微弱，而发 ch 时气流比较强烈。发 sh、r 时，舌尖翘起接近硬腭前部，气流从中摩擦而出。发 sh 时声带不颤动，发 r 时声带颤动。

发舌尖前音、舌尖中音、舌尖后音时都要用到舌尖，另一个部位则分别是上齿背、上齿龈、硬腭前部，部位越来越靠后，三类声母因此得名。发舌尖前音时，舌头是平放的，所以又叫平舌音；发舌尖后音时，舌头是上翘的，所以又叫翘舌音。

发舌面音 j、q 时，舌面前部上抬抵住硬腭前部，阻塞气流，然后舌面稍稍离开硬腭前部，气流从中摩擦而出。发 j 时流出的气流比较微弱，而发 q 时气流比较强烈。发 x 时舌面前部接近硬腭前部，气流从中摩擦而出。

发舌面音时，因为舌面不容易控制，所以可以将舌尖下垂，迫使舌面抬起，接触或接近硬腭前部。

发舌根音 g、k 时，舌根上抬抵住软腭，阻塞气流，然后舌根突然离开软腭，气流流出。发 g 时流出的气流比较微弱，而发 k 时气流比较强烈。发 h 时舌根接近软腭，气流从中摩擦而出。

发舌根音时，因为舌根不容易控制，所以可以将舌尖后缩，迫使舌根抬起，接触或接近软腭。

(三)声母的辨正

方言区的人在学习普通话声母时，要了解方言和普通话声母的对应关系，辨别两者的差异，纠正方言对普通话声母发音的影响。

1. 容易混淆的声母的辨正。

(1)舌尖后音(翘舌音)和舌尖前音(平舌音)辨正。

许多方言没有舌尖后音，容易把舌尖后音 zh、ch、sh 发成舌尖前音 z、c、s，把 r 发成 n、l 或 y。

(2)舌面音和舌尖前音辨正。

分尖团音的方言，或有舌叶音的方言，容易把舌面音 j、q、x 发成舌尖前音 z、c、s。

(3)f 和 h 辨正。

部分方言没有唇齿音 f，容易把唇齿音 f 发成舌根音 h。

(4)n 和 l 辨正。

部分方言 n 和 l 可以自由变读，容易把鼻音 n 发成边音 l，或者把 l 发成 n。

(5)不送气音和送气音辨正。

部分方言没有送气音，容易把送气音发成不送气的浊音。

对于这些容易混淆的音，首先要正确掌握普通话每个声母的发音部位和发音方法，例如，发 zh、ch、sh、r 时，舌尖翘起接触或接近硬腭前部；发 z、c、s 时，舌尖平伸接触或接近上齿背；发 j、q、x 时，舌面接触或接近硬腭前部，让舌尖深深地垂到下门齿背后，不使舌尖或舌叶在发音中起作用；发 f 时，下唇向上齿靠拢；发 h 时，舌根向软腭靠拢；发 n 时，舌尖上顶，阻塞口腔通道，气流从鼻腔透出；发 l 时，舌尖上顶，气流从舌头两边透出；发送气音时，气流要加强，并控制声带不颤动。

2. 声母辨正的方法。

除了正确掌握普通话每个声母的发音部位和发音方法外，还可以利用一些方法辨记。

(1)利用形声字的声旁类推。

例如，曾 zeng 增憎赠……

争 zheng 睁狰峥铮筝挣……

斯 si 撕嘶厮……

析 xi 晰淅皙……

付 fu 符府咐附驸……

胡 hu 湖糊蝴瑚葫……

宁 ning 咛柠狞拧泞……

令 ling 玲铃龄伶羚聆零岭领……

注意类推中出现的例外字。

(2)利用普通话声韵拼合规律分辨。

例如，z、c、s $\xrightarrow{\times}$ ①ua、uai、uang

zh、ch、sh → ua、uai、uang

f $\xrightarrow{\times}$ ai

h → uai

更多情况见《普通话声韵配合表》。

(3)记少不记多。

例如，zen 怎谮(少)

zhen 真针珍贞斟枕诊震振阵镇圳……(多)

hei 黑嘿(少)

fei 飞非菲啡绯扉妃肥蜚诽翡吠肺废费沸……(多)

(四)学习声母的方法

声母位于音节的起始部分，它的发音正确与否非常重要。要发准声母，应该做到以下几点。

第一，根据发音部位和发音方法的理论指导，发准普通话 21 个声母，特别要注意与方言声母发音相近、相似的声母，防止用方言声母代替普通话声母。

第二，以双音节词为基础，按照单音节词、双音节词、多音节词、辨正音节、对比音节、句子、语段、绕口令的顺序，循序渐进地进行学习，在发音准确的基础上，通过反复练习，达到完全熟练的程度。

第三，提高听音、辨音能力，以提高正音的能力，纠正受方言影响产生的偏离普通话的语音习惯。

---

① $\xrightarrow{\times}$ 表示不能拼读。

资料卡

采桑

春日起每早，
采桑惊啼鸟。
风过扑鼻香，
花开落，知多少。

这首诗歌，包含了普通话的21个声母，所以又叫声母诗。

二、技能训练

[**训练一**]

要求：在教师的指导下，完成下列训练，学习声母的正确发音。

步骤：

(1)教师示范，带读，集体训练。

(2)小组训练，互相评议。

(3)记录自己发不准的音，为下一个训练做准备。

(4)自己训练，努力改正。

1. 借助下列词语进行听音辨音练习，提高语音分辨力。

(1)存在　始终　操作　素材　山水　色彩　蚕丝　郑重
　遵从　住宅　早餐　软弱　书生　赠送　出差　首长

(2)制造　采摘　初次　四周　沼泽　组织　疏散　储存
　种族　餐车　随时　纯粹　竹笋　珍藏　暂时　称颂

(3)写字　猜忌　修辞　洗澡　司机　集资　瓷器　轻松
　起草　铅丝　仔细　杂技　思想　自己　操心　刺激

(4)仿佛　火花　反复　挥霍　祸害　憨厚　肺腑　芬芳
　恢复　花费　挥发　反悔　发慌　腐化　伙夫　荒废

(5)能耐　联络　牛奶　力量　恼怒　泥泞　劳累　理论
　留念　年龄　能量　烂泥　岭南　冷暖　凝练　纳凉

2. 发音练习：发准下列音节中的声母，掌握正确发音。

b-b-——宝贝　把柄　摆布　版本　包办　步兵

p-p-——批判　批评　匹配　偏旁　偏僻　评判

m-m-——盲目　美妙　秘密　面貌　命名　埋没

f-f-——　反复　方法　仿佛　丰富　非凡　芬芳

z-z-——　自在　再造　在座　自尊　做足　坐姿

c-c-——　从此　粗糙　猜测　仓促　草丛　催促

s-s-——　思索　诉讼　色素　松散　搜索　琐碎

d-d-——达到　带动　单调　道德　等待　顶端
t-t-——抬头　探讨　疼痛　天体　团体　谈吐
n-n-——男女　奶牛　恼怒　能耐　泥泞　南宁
l-l-——来临　劳力　理论　力量　联络　轮流
zh-zh-——战争　真正　制止　种植　主张　着重
ch-ch-——长城　出产　超常　赤诚　出差　传承
sh-sh-——时尚　闪烁　设施　少数　手术　舒适
r-r-——仍然　柔软　冉冉　容忍　柔弱　软弱
j-j-——积极　季节　寂静　加紧　坚决　交际
q-q-——前期　侵权　亲切　情趣　请求　确切
x-x-——习性　细心　现象　详细　虚线　学习
g-g-——改革　感官　公共　巩固　广告　规格
k-k-——开垦　可靠　刻苦　宽阔　慷慨　困苦
h-h-——航海　混合　后悔　呼喊　黄昏　绘画

[**训练二**]

要求：自主训练，发准音节中的声母，掌握标准读音，纠正非普通话的语音习惯。

步骤：

(1)教师提示，自己训练。

(2)同桌对练，互相指正。

(3)个别汇报，教师指导。

1. 根据练习“训练一”时存在的问题，有针对性地进行训练。

(1)舌尖后音(翘舌音)和舌尖前音(平舌音)互相混淆的同学，请做以下训练。

zh-z-——职责　制造　制作　种族　著作　准则
z-zh-——杂志　增长　自治　宗旨　组织　尊重
ch-c-——储存　纯粹　差错　成才　储藏　揣测
c-ch-——财产　磁场　操场　操持　草场　存储
sh-s-——世俗　神色　输送　神速　生死　绳索
s-sh-——丧失　宿舍　随时　损失　所属　诉说
zh-c-——政策　贮藏　制裁　中层　主次　注册
zh-s-——折算　真丝　诊所　周岁　住宿　追随
ch-z-——称赞　充足　创造　迟早　出租　吵嘴
ch-s-——场所　沉思　出色　称颂　传诵　垂死
sh-z-——识字　实在　数字　深造　失踪　守则
sh-c-——上层　身材　生存　蔬菜　山村　手册
r-z-——人造　认罪　融资　入座　让座　润泽
r-c-——人才　如此　揉搓　人次　仁慈　认错

r-s-——染色　润色　肉松　肉丝　乳酸　熔丝

(2)r 和 n、l、y 互相混淆的同学，请做以下训练。

r-n-——热闹　热能　忍耐　容纳　乳牛　闰年

n-r-——纳入　男人　内容　女人　能人　懦弱

r-l-——燃料　扰乱　热烈　人类　容量　日历

l-r-——老人　利润　例如　连日　路人　落日

r-y-——人员　任意　日夜　荣誉　容易　如意

y-r-——依然　犹如　友人　炎热　萦绕　圆润

(3)舌面音和舌尖前音互相混淆的同学，请做以下训练。

j-z-——集资　记载　家族　讲座　叫作　节奏

z-j-——杂交　再见　造就　增加　自觉　总结

q-c-——其次　器材　情操　潜藏　清脆　取材

c-q-——采取　从前　彩旗　残缺　瓷器　凑巧

x-s-——习俗　线索　相似　心思　辛酸　羞涩

s-x-——思想　缩小　私心　送行　速写　索性

(4)f 和 h 互相混淆的同学，请做以下训练。

f-h-——发挥　返回　分化　符号　复合　繁华

h-f-——合法　后方　花费　花粉　划分　恢复

(5)n 和 l 互相混淆的同学，请做以下训练。

n-l-——那里　能力　能量　年龄　农历　暖流

l-n-——老年　来年　烂泥　冷暖　利尿　连年

(6)不送气音和送气音互相混淆的同学，请做以下训练。

b-p-——奔跑　逼迫　编排　鞭炮　并排　布匹

p-b-——旁边　普遍　评比　判别　跑步　陪伴

d-t-——地铁　代替　带头　冬天　动态　独特

t-d-——态度　特点　跳动　停顿　同等　推动

g-k-——概括　赶快　公开　顾客　观看　广阔

k-g-——开关　考古　客观　看管　可贵　控告

j-q-——机器　技巧　加强　价钱　健全　精确

q-j-——期间　前进　前景　抢救　清洁　全局

zh-ch-——战场　侦查　真诚　正常　支持　主持

ch-zh-——车站　沉重　成长　初中　船长　垂直

z-c-——自从　资财　紫菜　遵从　再次　早餐

c-z-——操纵　操作　词组　错字　存在　嘈杂

2. 对比辨音。

(1)舌尖后音(翘舌音)和舌尖前音(平舌音)互相混淆的同学，请做以下训练。

zh——z

支援——资源　治学——自学　嘱咐——祖父　主力——阻力

终止——宗旨　正中——正宗　负债——负载　外债——外在

ch——c

池塘——祠堂　重新——从新　初步——粗布　推迟——推辞

电池——电磁　木柴——木材　严惩——岩层　短处——短促

sh——s

示意——肆意　世纪——四季　述说——诉说　熟人——俗人

收集——搜集　山脚——三角　近视——近似　特赦——特色

(2)r 和 n、l 或 y 相混淆的同学，请做以下训练。

r——n

如意——奴役　容积——农机　溶液——农业　荣耀——农药

荣誉——浓郁　日光——逆光　燃点——难点　软和——暖和

r——l

日益——利益　日用——利用　日程——历程　日子——例子

入股——露骨　入口——路口　入境——路径　出入——出路

r——y

日常——异常　日程——议程　日益——意义　值日——执意

绕道——要道　燃料——颜料　染色——眼色　断然——断言

(3)舌面音和舌尖前音互相混淆的同学，请做以下训练。

j——z

激励——资历　基本——资本　机缘——资源　寄居——自居

纪律——自律　既然——自然　出击——出资　实际——识字

q——c

奇异——词义　契机——刺激　气数——次数

x——s

稀释——私事　犀利——私利　稀有——私有　戏院——寺院

西瓜——丝瓜　西域——私欲　喜讯——死讯　珍惜——真丝

(4)f 和 h 互相混淆的同学，请做以下训练。

f——h

废话——会话　飞舞——挥舞　翻腾——欢腾　防空——航空

凡事——环视　开发——开花　花费——花卉　舒服——疏忽

(5)n 和 l 互相混淆的同学，请做以下训练。

n——l

浓重——隆重　年代——连带　年假——廉价　年谱——脸谱

拟物——礼物　逆行——例行　无奈——无赖　水牛——水流

(6)不送气音和送气音互相混淆的同学，请做以下训练。

b——p

鼻子——皮子　鞭子——片子　毕竟——僻静　白眼——排演

d——t

底细——体系　抵御——体育　肚子——兔子　调动——跳动

胆子——毯子　对路——退路　颠覆——天赋　东风——通风

g——k

个人——客人　个体——客体　鼓励——苦力　供需——空虚

工钱——空前　工地——空地　工矿——空旷　官场——宽敞

j——q

及时——其实　集中——其中　金属——亲属　精明——清明

惊喜——清洗　建议——歉意　介意——惬意　合计——和气

zh——ch

侄子——池子　住所——处所　主事——处事　周岁——抽穗

阵势——趁势　壮举——创举　壮志——创制　忠实——充实

z——c

自杀——刺杀　自述——次数　座位——错位　自序——次序

字眼——刺眼　子弟——此地　坐落——错落　清早——青草

[**训练三**]

说明：这个训练有一定难度，第5题绕口令，语音好的同学可以尝试一下。

要求：综合训练，能够发准音节中的声母，能够指出不正确的发音，并进行分析。

步骤：

(1)自我训练。

(2)同桌对练，指出存在的问题，并试作分析。

1. 朗读下面的词语，注意加点的字的发音。

(1)审慎持重　众志成城　善始善终

杀身成仁　仁人志士　蒸蒸日上

知人善任　重中之重　怅然若失

(2)花枝招展　专心致志　真知灼见　出双入对　出神入化　急中生智

郑重其事　水落石出　顺理成章　踌躇满志　实事求是　审时度势

跋山涉水　设身处地　付诸实施　姗姗来迟　鬼使神差　山重水复

置身事外　顺水推舟　出奇制胜　横冲直撞　著书立说　虚张声势

水滴石穿　水涨船高　老成持重　人多势众　如释重负　跃然纸上

泰然处之　为人处世　水深火热　骨瘦如柴　如数家珍　受宠若惊

乘人之危　势如破竹　深入浅出　惹火烧身　料事如神　仗势欺人

时至今日　痴人说梦　人地生疏　漠然置之　了如指掌　引人入胜

弱肉强食　水乳交融　忍辱负重　昭然若揭　众目昭彰　众矢之的

(3)自私自利　错综复杂　所作所为　在所不辞　自作聪明　行色匆匆

村夫俗子　推三阻四　自给自足　苍松翠柏　职责所在

2. 读准下面的词语，要求读得流畅连贯。

自始至终	众所周知	如坐针毡	自作自受	如痴如醉	出生入死
综上所述	自作主张	梁山草泽	笨嘴拙舌	志大才疏	庸人自扰
装腔作势	事在人为	似曾相识	自知之明	以身作则	无所适从
若有所失	视死如归	闪烁其词	安之若素	深思熟虑	斩草除根
束手无策	无所事事	人才辈出	粗制滥造	稍纵即逝	日月如梭
垂涎三尺	矫揉造作	仗义疏财	挥洒自如	身先士卒	知足常乐
朝三暮四	入乡随俗	博采众长	顺其自然	自生自灭	沾沾自喜

3. 朗读下面的句子，注意加点的字的发音。

(1)前事不忘，后事之师。

(2)行是知之始，知是行之成。

(3)行动是老子，知识是儿子，创造是孙子。

(4)千教万教，教人学真；千学万学，学做真人。

(5)站如松，坐如钟，行如风，卧如弓。

4. 朗读下面的语段，注意加点的字的发音。

(1)那是力争上游的一种树，笔直的干，笔直的枝。它的干呢，通常是丈把高，像是加以人工似的，一丈以内，绝无旁枝；它所有的丫枝呢，一律向上，而且紧紧靠拢，也像是加以人工似的，成为一束，绝无横斜逸出；它的宽大的叶子也是片片向上，几乎没有斜生的，更不用说倒垂了；它的皮，光滑而有银色的晕圈，微微泛出淡青色。这是虽在北方的风雪的压迫下却保持着倔强挺立的一种树！(zh、ch、sh、r)

——茅盾，《白杨礼赞》

(2)人们从读书学做人，从那些往哲先贤以及当代才俊的著述中学得他们的人格。人们从《论语》中学得智慧的思考，从《史记》中学得严肃的历史精神，从《正气歌》中学得人格的刚烈，从马克思学得人世的激情，从鲁迅学得批判精神，从托尔斯泰学得道德的执着。歌德的诗句刻写着睿智的人生，拜伦的诗句呼唤着奋斗的热情。一个读书人，一个有机会拥有超乎个人生命体验的幸运人。(r)

——谢冕，《读书人是幸福人》

(3)年少的时候，我们差不多都在为别人而活，为苦口婆心的父母活，为循循善诱的师长活，为许多观念、许多传统的约束力而活。年岁逐增，渐渐挣脱外在的限制与束缚，开始懂得为自己活，照自己的方式做一些自己喜欢的事，不在乎别人的批评意见，不在乎别人的诋毁流言，只在乎那一份随心所欲的舒坦自然。偶尔，也能够纵容自己放浪一下，并且有一种恶作剧的窃喜。(zh、ch、sh、r、z、c、s)

——杏林子，《朋友和其他》

(4)天空的霞光渐渐淡下去了，深红的颜色变成了绯红，绯红又变为浅红。最后，当这一切红光都消失了的时候，那突然显得高而远了的天空，则呈现出一片肃穆的神色。最早出现的启明星，在这蓝色的天幕上闪烁起来了。它是那么大，那么亮，整个广漠的天幕上只有它在那里放射着令人注目的光辉，活像一盏悬挂在高空

的明灯。（z、c、s、j、q、x）

——峻青，《海滨仲夏夜》

（5）莫高窟壁画的内容丰富多彩，有的是描绘古代劳动人民打猎、捕鱼、耕田、收割的情景，有的是描绘人们奏乐、舞蹈、演杂技的场面，还有的是描绘大自然的美丽风光。其中最引人注目的是飞天。壁画上的飞天，有的臂挎花篮，采摘鲜花；有的反弹琵琶，轻拨银弦；有的倒悬身子，自天而降；有的彩带飘拂，漫天遨游；有的舒展着双臂，翩翩起舞。看着这些精美动人的壁画，就像走进了灿烂辉煌的艺术殿堂。（f、h）

——《莫高窟》

（6）那醉人的绿呀！我若能裁你以为带，我将赠给那轻盈的舞女，她必能临风飘举了。我若能挹你以为眼，我将赠给那善歌的盲妹，她必明眸善睐了。我舍不得你，我怎么舍得你呢？我用手拍着你，抚摩着你，如同一个十二三岁的小姑娘。我又掬你入口，便是吻着她了。我送你一个名字，我从此叫你"女儿绿"，好吗？（n、l、r、y）

——朱自清，《绿》

5. 绕口令练习。

说明：绕口令练习是一种技巧训练，语音好的同学可以尝试一下，但是不要单纯地追求速度，一定要注意发准每一个字音。

要求：在准确发音的基础上逐渐加快速度，尽量读得又准又快。

（1）四十四个字和词，组成了一首子、词、丝的绕口词。桃子、李子、梨子、栗子、橘子、柿子、槟子和榛子，栽满院子、村子和寨子。刀子、斧子、锯子、凿子、锤子、刨子和尺子，做出桌子、椅子和箱子。名词、动词、数词、量词、代词、副词、助词和连词，造成语词、诗词和唱词。蚕丝、生丝、热丝、缫丝、染丝、晒丝、纺丝和织丝，自制粗丝、细丝和人造丝。

（2）史老师，讲时事，常学时事长知识。时事学习看报纸，报纸登的是时事。常看报纸要多思，心里装着天下事。

（3）日头热，晒人肉，晒得心里好难受。晒人肉，好难受，晒得头上直冒油。

（4）七巷一个漆匠，西巷一个锡匠，七巷漆匠用了西巷锡匠的锡，西巷锡匠拿了七巷漆匠的漆，七巷漆匠气西巷锡匠用了漆，西巷锡匠讥七巷漆匠拿了锡。请问锡匠和漆匠，谁拿谁的锡？谁用谁的漆？

（5）粉红墙上画凤凰，凤凰画在粉红墙。红凤凰，粉凤凰，红粉凤凰花凤凰。

（6）新脑筋，老脑筋，老脑筋勤学习就会变成新脑筋，新脑筋不学习就会变成老脑筋。

任务二　韵母训练

任务要点

通过案例，从感性上认识发准韵母的重要性，再从理论上掌握普通话韵母的发音要领，以及韵母的辨正方法，最后通过技能训练，能够发准普通话的39个韵母，读准词语、句子、语段中的韵母。幼儿教师还要能够听辨不同韵母，以纠正幼儿的发音。

案　例

幼儿园里，一个小朋友答对了一个问题，老师带领全班小朋友表扬他，大家一边拍手一边念："棒棒棒，你真棒，我比你更棒！"但是听起来却像是在说："笨笨笨，你真笨，我比你更笨！"

原来，老师把后鼻韵母发成了前鼻韵母，再加上发ɑ时开口度不够，"棒"听起来就像"笨"。这可不就闹了笑话了。

一、理论与方法

韵母是音节中除声母以外的部分。普通话有39个韵母。

(一)韵母的分类

韵母的分类方法有两种。

1. 根据内部结构成分的不同，韵母可以分为三类。

(1)单韵母：由一个元音构成的韵母，根据发音时舌头的情况，可以分为舌面单韵母、舌尖单韵母、卷舌单韵母。

(2)复韵母：由两个或三个元音构成的韵母。复韵母中的元音可以分为韵头、韵腹、韵尾三部分。韵腹是韵母的主要部分，开口度最大，发音最响亮最清晰。韵腹前面是韵头，后面是韵尾。根据韵腹的位置，可以分为前响复韵母、后响复韵母、中响复韵母。

(3)鼻韵母：由元音和鼻辅音构成的韵母。根据结尾鼻辅音的不同，可以分为前鼻韵母、后鼻韵母。

2. 根据开头元音的发音口型，韵母还可以分为"四呼"。

(1)开口呼：不是i、u、ü韵母或不以i、u、ü起头的韵母。

(2)齐齿呼：是i韵母或以i起头的韵母。

(3)合口呼：是u韵母或以u起头的韵母。

(4)撮口呼：是ü韵母或以ü起头的韵母。

根据内部结构和发音口型，可以把普通话的39个韵母排列成表。

表 2-2-1　韵母发音要领表

<table>
<tr><th>韵母　按口型分
按结构分</th><th colspan="2">开口呼</th><th colspan="2">齐齿呼</th><th>合口呼</th><th>撮口呼</th></tr>
<tr><td rowspan="6">单韵母</td><td colspan="2">-i(前)
-i(后)</td><td colspan="2">i</td><td>u</td><td>ü</td></tr>
<tr><td colspan="2">a</td><td rowspan="5">后响复韵母</td><td>ia</td><td>ua</td><td></td></tr>
<tr><td colspan="2">o</td><td></td><td>uo</td><td></td></tr>
<tr><td colspan="2">e</td><td></td><td></td><td></td></tr>
<tr><td colspan="2">ê</td><td>ie</td><td></td><td>üe</td></tr>
<tr><td colspan="2">er</td><td></td><td></td><td></td></tr>
<tr><td rowspan="4">复韵母</td><td rowspan="4">前响复韵母</td><td>ai</td><td rowspan="4">中响复韵母</td><td></td><td>uai</td><td></td></tr>
<tr><td>ei</td><td></td><td>uei</td><td></td></tr>
<tr><td>ao</td><td>iao</td><td></td><td></td></tr>
<tr><td>ou</td><td>iou</td><td></td><td></td></tr>
<tr><td rowspan="5">鼻韵母</td><td rowspan="2">前鼻韵母</td><td>an</td><td colspan="2">ian</td><td>uan</td><td>üan</td></tr>
<tr><td>en</td><td colspan="2">in</td><td>uen</td><td>ün</td></tr>
<tr><td rowspan="3">后鼻韵母</td><td>ang</td><td colspan="2">iang</td><td>uang</td><td></td></tr>
<tr><td>eng</td><td colspan="2">ing</td><td>ueng</td><td></td></tr>
<tr><td></td><td colspan="2"></td><td>ong</td><td>iong</td></tr>
</table>

(二)韵母的发音

1. 单韵母的发音。

单韵母是由一个元音构成的韵母。发音时舌位、唇形和开口度按发音要求维持发音状态，始终不变。舌位的前后、舌位的高低(即开口度的大小)、唇形的圆展，决定单韵母的发音。

舌位的前、央、后，指发音时舌面隆起的部分的前后。前元音发音时舌尖和下齿背接触，前舌面隆起；后元音发音时舌尖离开下齿背，后舌面隆起。

舌位的高、半高、半低、低，指发音时舌面隆起的部分和上腭的距离。舌位的高低和口腔的开合有关，舌位越高开口度越小，舌位越低开口度越大。

根据发音时舌头的情况，可以分为舌面单韵母、舌尖单韵母、卷舌单韵母。

(1)舌面单韵母。

发音时主要是舌面起作用，包括 a、o、e、ê、i、u、ü。

a 是央低不圆唇元音，发音时口腔打开到最大，舌尖既不前伸也不后缩，嘴唇呈自然状态。

o、e、u 都是后元音，发音时舌头后缩抬高。其中 o 是后半高圆唇元音，u 是后高圆唇元音，发音时嘴唇向外突出；e 是后半高不圆唇元音，可以用同舌位的 o 来引导，即发 o 后在不改变舌位的情况下将双唇展开。

ê 是前半低不圆唇元音，它除了出现在 ie、üe 中外，单独使用的时候很少。发音时舌尖接触下齿背，前舌面稍稍隆起，口腔不要打开太大。

i、ü 都是前高元音，发音时舌尖接触下齿背，前舌面隆起。其中 i 是前高不圆唇元音，发音时嘴角展开；ü 是前高圆唇元音，发音时嘴唇撮圆，可以用同舌位的 i 来引导，即发 i 后在不改变舌位的情况下将嘴唇撮圆。

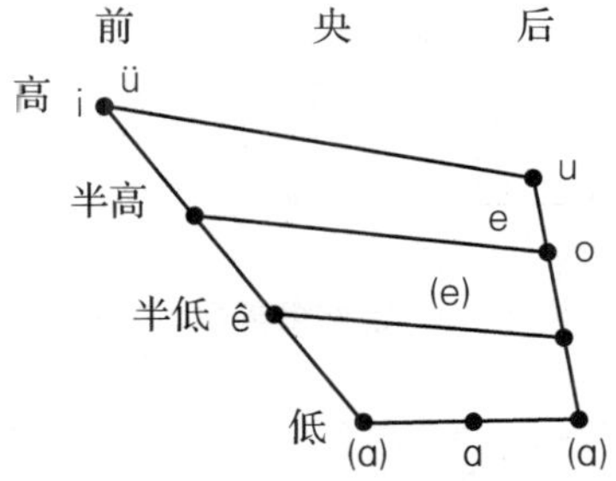

图 2-2-1 舌面元音舌位图

(2)舌尖单韵母。

发音时主要是舌尖起作用，包括-i(前)、-i(后)。

-i(前)除了出现在 zi、ci、si 中，-i(后)除了出现在 zhi、chi、shi、ri 中外，不单独使用。发音时可以分别用 si 和 shi 引导，即发 si 和 shi 后在不改变舌位和唇形的情况下延长发音。

(3)卷舌单韵母。

发音时舌面、舌尖同时起作用，包括 er。

er 是唯一一个由两个字母表示的单韵母，其中 e 是一个央中元音，r 表示卷舌动作，发音时卷着舌头发央中元音 e。

2. 复韵母的发音。

复韵母是由两个或三个元音构成的韵母。发音时舌位、唇形和开口度都有变化，发音是一个滑动的过程，即舌位、唇形逐渐变动，自然连贯；几个元音中，有一个发音重心即韵腹。

根据韵腹的位置，可以分为前响复韵母、后响复韵母和中响复韵母。

(1)前响复韵母。

发音时前响后轻，舌位由低到高，口腔由大到小，开头的元音响亮清晰，后面的元音轻短模糊，只表示大致的活动方向，包括 ai、ei、ao、ou。

(2)后响复韵母。

发音时前轻后响，舌位由高到低，口腔由小到大，开头的元音轻短模糊，后面的元音响亮清晰，终点是确定的，包括 ia、ie、ua、uo、üe。

(3)中响复韵母。

发音时舌位由高到低再到高，口腔由小到大再到小，开头的元音轻短，中间的元音响亮清晰，后面的元音轻短模糊，包括 iao、iou、uai、uei。

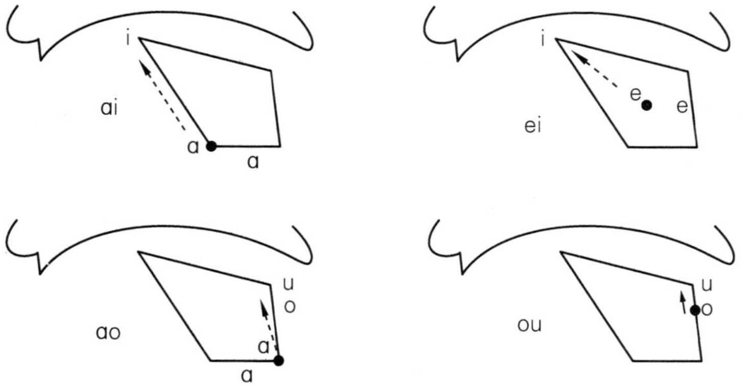

图 2-2-2　前响复韵母发音图

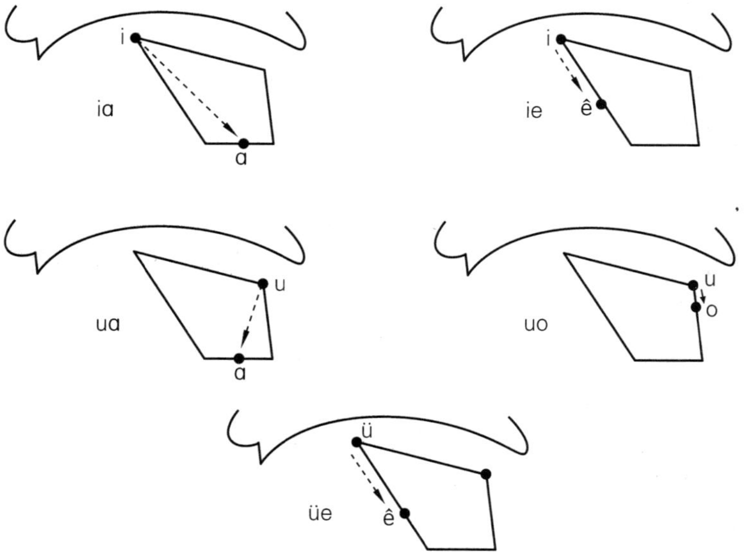

图 2-2-3　后响复韵母发音图

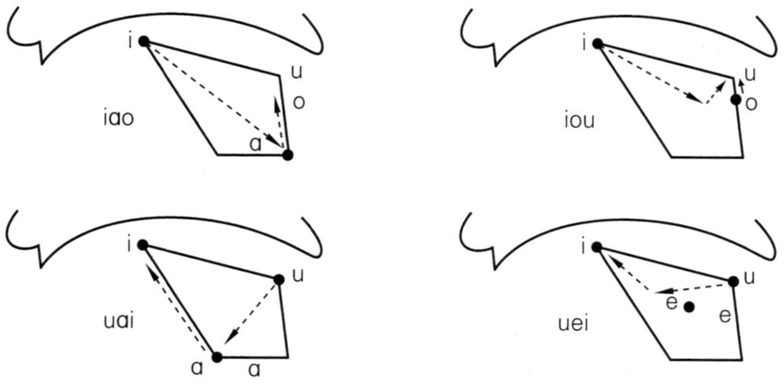

图 2-2-4　中响复韵母发音图

3. 鼻韵母的发音。

鼻韵母是由元音和鼻辅音构成的韵母。发音时由元音向鼻辅音滑动，韵尾受到阻碍，归音到位。

按照结尾鼻辅音的不同，可以分为前鼻韵母、后鼻韵母。

(1)前鼻韵母。

发前鼻韵母时，由元音向鼻辅音-n 滑动，受韵尾-n 的影响，元音前移，舌尖抵住下齿背，口腔最后处于闭合状态，包括 an、en、in、ün、ian、uan、uen、üan。

(2)后鼻韵母。

发后鼻韵母时，由元音向鼻辅音-ng 滑动，受韵尾-ng 的影响，元音后移，舌头后缩抵住软腭，口腔最后处于张开状态。包括 ang、eng、ing、ong、iang、uang、ueng、iong。

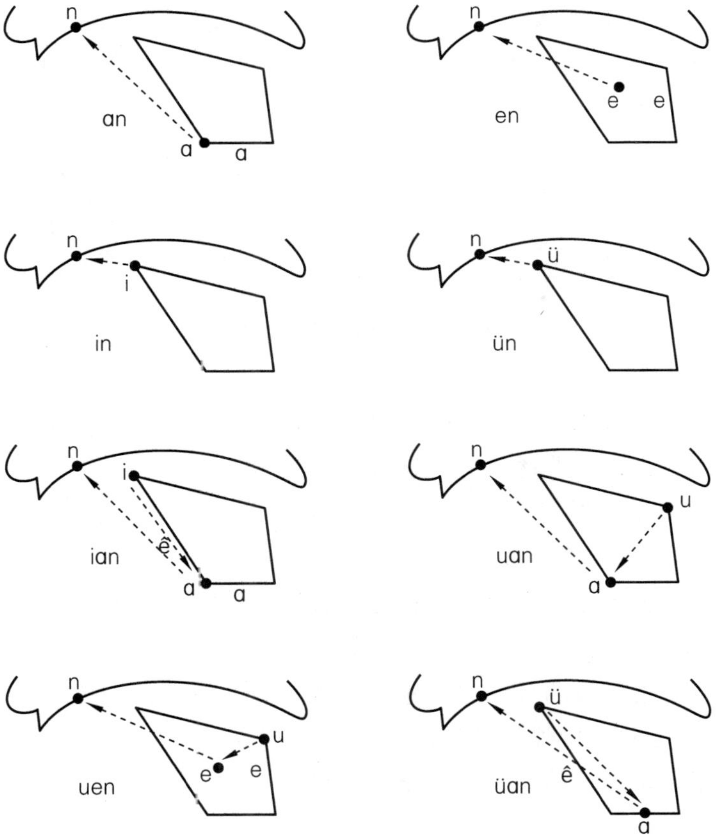

图 2-2-5　前鼻韵母发音图

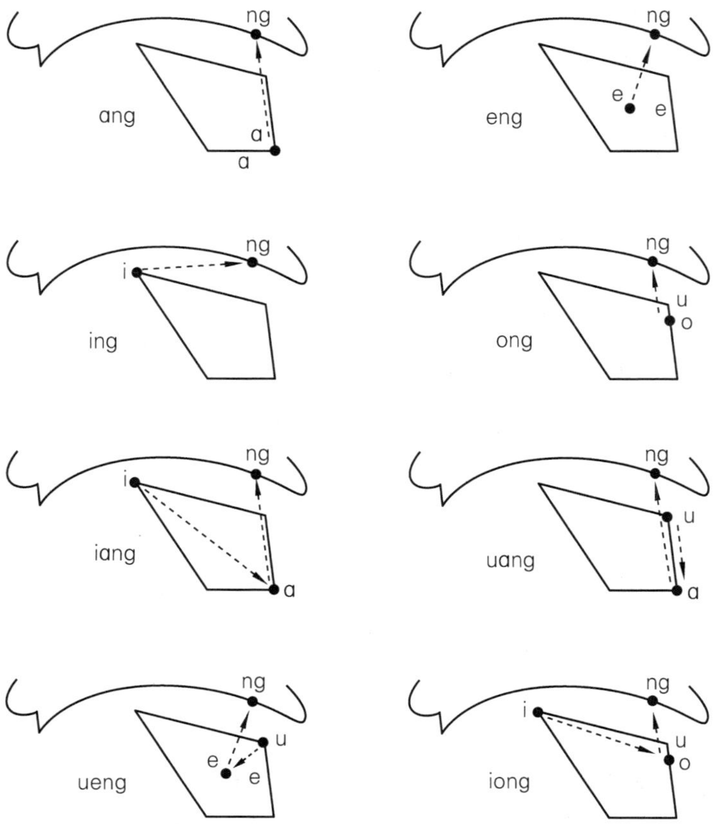

图 2-2-6　后鼻韵母发音图

(三)韵母的辨正

方言区的人在学习普通话韵母时，要了解方言和普通话韵母的对应关系，辨别两者的差异，纠正方言对普通话韵母发音的影响。

1. 容易混淆的韵母的辨正。

(1)前鼻韵母和后鼻韵母辨正。

部分方言没有鼻尾音，或者前鼻韵母和后鼻韵母区分有困难，容易把前鼻韵母 an、en、in、ian、uan、uen、ün 发成后鼻韵母 ang、eng、ing、iang、uang、ueng、iong，或者把后鼻韵母发成对应的前鼻韵母。

(2)齐齿呼韵母和撮口呼韵母辨正。

部分方言没有撮口呼韵母，容易把撮口呼韵母 ü、üe、ün、üan 发成对应的齐齿呼韵母 i、ie、in、ian。

(3)宽窄韵母辨正。

部分方言区分宽窄韵母有困难。“宽窄”指的是舌位动程的大小之间的对比关系。其中复韵母的有 6 对：ai——ei、ao——ou、ia——ie、ua——uo、iao——iou、uai——uei；鼻韵母的有 7 对：an——en、ang——eng、ian——in、iang——ing、uan——uen、uang——ueng、üan——ün。

(4)e 和 er 辨正。

南方方言没有卷舌韵母，容易把卷舌韵母 er 发成舌面韵母 e。

对于这些容易混淆的音，首先要正确掌握普通话每个韵母的发音部位和发音方法。例如，发前鼻韵母时，舌尖抵住下齿背，舌面前部和硬腭前部闭合；发后鼻韵母时，舌根抵住软腭，舌根和软腭闭合。发齐齿呼韵母时，开头元音是不圆唇的；发撮口呼韵母时，开头元音是圆唇的。发宽韵母时，舌位动程比较大；发窄韵母时，舌位动程比较小。发 e 时，舌面后缩抬至半高处；发 er 时，舌面卷起，受卷舌影响，er 中的 e 比单发靠后。

2. 韵母辨正方法。

除了正确掌握普通话每个韵母的发音部位和发音方法外，还可以利用一些方法辨记。

(1)利用形声字的声旁类推。

例如，申(shen)伸绅呻神审……

生(sheng)牲笙甥胜……

几(ji)机肌饥讥叽矶……

居(ju)锯剧据踞……

注意类推中出现的例外字。

(2)利用普通话声韵拼合规律分辨。

例如，d、t $\xrightarrow{\times}$ in

d、t → ing

b、p、m、d、t → i

b、p、m、d、t $\xrightarrow{\times}$ ü

更多情况见《普通话声韵配合表》。

(3)记少不记多。

例如，lüe 略掠(少)

lie 列裂烈冽洌咧趔猎劣……(多)

reng 扔仍(少)

ren 人仁壬忍荏认刃韧纫仞任妊饪……(多)

(四)学习韵母的方法

韵母是音节的主体部分，它的发音正确与否非常重要。要发准韵母，应该做到以下几点。

第一，根据发音部位和发音方法的理论指导，发准普通话 39 个韵母，特别要注意与方言韵母发音相近、相似的韵母，防止用方言韵母代替普通话韵母。

第二，以双音节词为基础，按照单音节词、双音节词、多音节词、辨正音节、对比音节、句子、语段、绕口令的顺序，循序渐进地进行学习，在发音准确的基础上，通过反复练习，达到完全熟练的程度。

第三，提高听音、辨音能力，以提高正音的能力，纠正受方言影响产生的偏离普通话的语音习惯。

资料卡

捕鱼歌

人远江空夜，浪滑一舟轻，
儿咏欸唷调，橹和嗳啊声。
网罩波心月，竿穿水面云，
鱼虾留瓮内，快活四时春。

这首诗，包含了普通话 39 个韵母，所以又叫韵母诗。

二、技能训练

［**训练一**］

要求：在教师的指导下，完成下列训练，掌握韵母的正确发音。

步骤：

(1)教师示范，带读，集体训练。

(2)小组训练，互相评议。

(3)记录自己发不准的音，为下一个训练做准备。

(4)自己训练，努力改正。

1. 借助下列词语进行听音辨音练习，提高语音分辨力。

(1)朗诵　曾经　庄重　听讲　苍劲　奖惩　疯狂　苍穹
　阳平　航空　整形　矿工　象征　广场　东风　澄清

(2)怜悯　询问　森林　婵娟　埋怨　安全　频繁　安稳
　千万　新鲜　团圆　演员　针线　存款　勤恳　宣传

(3)江山　相信　鲜明　广泛　往返　通信　班长　更换
　贫穷　功勋　寒冷　声音　方便　权衡　行进　涵养

(4)归期　夜色　音容　收敛　律师　决赛　群岛　选拔
　必须　拒绝　乐器　原理　原因　全体　玉米　汛期

(5)操守　膨胀　邮票　相应　海内　黑白　投靠　佳节
　要求　版本　影响　论断　瓜果　火花　眩晕　分散

(6)偶尔　饥饿　俄国　恶果　而且　二胡　木耳　白鹅

2. 发音练习：发准下列音节中的韵母，掌握正确发音。

-ɑ-ɑ —— 大厦　发达　沙发　刹那　马达　打岔

-o-o —— 默默　婆婆　伯伯　勃勃　脉脉　馍馍

-e-e —— 合格　特色　折射　隔阂　客车　色泽

-i-i —— 比例 笔记 低级 地理 机器 意义
-u-u —— 初步 读书 服务 孤独 鼓舞 数目
-ü-ü —— 居于 区域 语句 聚居 序曲 寓于
-i(前)-i(前)——私自 自私 四次 字词 自此 此次
-i(后)-i(后)——实施 事实 支持 值日 只是 制止
-er- er——儿(童) 而(且) 耳(朵) 二(胡) (女)儿 (偶)尔
-ai-ai——海带 开采 买卖 爱戴 拍卖 灾害
-ei-ei——非得 配备 肥美 北美 蓓蕾 贝类
-ao-ao——报道 高潮 号召 逃跑 操劳 草帽
-ou-ou——口头 收购 丑陋 抖擞 漏斗 守候
-ia-ia——家家 加压 加价 恰恰 假牙 压价
-ie-ie——姐姐 谢谢 爷爷 贴切 结节 节烈
-ua-ua——呱呱 画画 耍滑 挂花 花袜 哗哗
-uo-uo——骆驼 脱落 错过 懦弱 陀螺 着落
-üe-üe——月月 决绝 绝学 雀跃 约略 略略
-iao-iao——悄悄 巧妙 疗效 萧条 逍遥 小巧
-iou-iou——舅舅 优秀 求救 悠久 久留 牛油
-uai-uai——外快 怀揣 摔坏 乖乖 外踝 甩坏
-uei-uei——回归 水位 垂危 退回 尾随 卫队
-an-an——干旱 感染 谈判 赞叹 展览 散漫
-en-en——本身 认真 身份 深沉 本分 沉闷
-in-in——邻近 辛勤 信心 引进 拼音 亲近
-ün-ün——均匀 军训 芸芸 逡巡 菌群 熨裙
-ian-ian——变迁 电线 检验 见面 鲜艳 眼前
-uan-uan——贯穿 转换 换算 婉转 专断 转弯
-uen-uen——论文 温存 温顺 昆仑 春笋 混沌
-üan-üan——源泉 全权 泉源 渊源 圆圈 全员
-ang-ang——帮忙 当场 上涨 沧桑 苍茫 厂商
-eng-eng——生成 丰盛 风声 更正 萌生 省城
-ing-ing——病情 定型 经营 惊醒 命令 宁静
-ong-ong——冲动 从中 公共 共同 通红 总统
-iang-iang——想象 两样 亮相 响亮 向阳 像样
-uang-uang——往往 状况 狂妄 矿床 装潢 窗框
-iong-iong——炯炯 汹涌 熊熊
-ueng-ueng——嗡嗡 (老)翁 (酒)瓮 蓊(郁) 蕹(菜)

3. 强化训练。

(1)后鼻韵母。

训练提示：

后面带舌根音开头的音节，会对前面的后鼻韵母产生顺同化作用，有利于发准前面的后鼻韵母。

-ingg-——经过 警告 灵感 苹果 情感 性格

应该 饼干 精光 订购 名贵 评估

-ingk-——情况 惊恐 景况 领口 明快 凭空

轻快 请客 听课 幸亏 宁可 盈亏

-ingh-——订货 净化 灵魂 灵活 领会 平衡

听话 订婚 惊慌 精华 情怀 迎合

-engg-——成功 成果 灯光 风格 能够 正规

整个 登高 更改 盟国 能干 征购

-engk-——诚恳 疯狂 冷酷 盛开 腾空 政客

崩溃 乘客 牲口 盛况 风口 横跨

-engh-——称呼 等候 生活 正好 灯火 冷汗

丰厚 烽火 缝合 升华 省会 更换

(2)前鼻韵母。

训练提示：

后面带舌尖中音开头的音节，会对前面的前鼻韵母产生顺同化作用，有利于发准前面的前鼻韵母。

-nn-——本能 电脑 烦恼 愤怒 观念 今年

男女 温暖 患难 晚年 玩弄 亲昵

-nd-——安定 板凳 传达 单调 反动 观点

产地 奋斗 论点 针对 近代 引导

-nt-——本体 传统 春天 点头 今天 难题

神态 衬托 蓝图 津贴 面谈 认同

(3)前鼻韵母。

训练提示：

后面带舌根音开头的音节，会对前面的前鼻韵母产生逆同化作用，不利于发准前鼻韵母。

-ng-——变革 参观 分工 感官 尽管 难过

敏感 民歌 人格 闪光 严格 珍贵

-nk-——板块 参考 存款 反抗 分开 赶快

人口 观看 健康 残酷 艰苦 天空

-nh——变化 关怀 缓和 今后 深厚 损害

电话　暗号　谈话　循环　山河　问候

[**训练二**]

要求：自主训练，发准音节中的韵母，掌握标准读音，纠正非普通话的语音习惯。

步骤：

(1)教师提示，自己训练。

(2)同桌对练，互相指正。

(3)个别汇报，教师指导。

1. 根据练习“训练一”时存在的问题，有针对性地进行训练。

(1)前鼻韵母和后鼻韵母互相混淆的同学，请做以下训练。

-an-ang——反抗　肝脏　赶忙　漫长　南方　战场

-ang-an——当然　档案　方案　抗战　茫然　上班

-en-eng——本能　分成　人生　神圣　真诚　真正

-eng-en——成本　成分　成人　诚恳　承认　城镇

-in-ing——进行　民兵　拼命　心灵　心情　新兴

-ing-in——精心　灵敏　平民　精品　轻信　清新

-ian-iang——边疆　变量　坚强　联想　勉强　现象

-iang-ian——两边　相连　香烟　讲演　抢先　想念

-uan-uang——端庄　观光　观望　宽广　晚装　罐装

-uang-uan——光环　慌乱　王冠　壮观　狂欢　装蒜

-uen-ueng(ong)——昆虫　尊重　滚动　顺从　稳重　遵从

-ueng(ong)-uen——农村　公文　共存　红润　通婚　中文

-ün-iong——运用　军用　群雄　云涌　驯熊

-iong-ün——拥军　用韵

(2)齐齿呼韵母和撮口呼韵母互相混淆的同学，请做以下训练。

-i-ü——比喻　必须　地区　急剧　给予　继续

-ü-i——具体　距离　聚集　与其　语气　预期

-ie-üe——节约　解决　灭绝　协约　谢绝　借阅

-üe-ie——确切　血液　决裂　学界　学业　月夜

-in-ün——进军　嶙峋　阴云　音讯　音韵　因循

-ün-in——军民　云锦　寻亲　云鬓　君临　寻衅

-ian-üan——边缘　电源　健全　演员　边远　厌倦

-üan-ian——全面　宣言　原先　悬念　远见　怨言

(3)宽窄韵母互相混淆的同学，请做以下训练。

-ai-ei——栽培　白费　代培　海内　百倍　败类

-ei-ai——悲哀　内在　胚胎　黑白　内海　佩戴
-ao-ou——保守　报酬　逃走　遭受　报仇　扫帚
-ou-ao——构造　口号　头脑　厚道　手套　周到
-ia-ie——嫁接　下列　佳节　家业　假借　下跌
-ie-ia——接洽　叶芽　液压　野鸭　铁甲　叠加
-ua-uo——花朵　抓获　话说　跨国
-uo-ua——说话　多寡　国画　火花　火化　国花
-iao-iou——交流　要求　郊游　漂流　校友　料酒
-iou-iao——邮票　有效　幼苗　油条　牛角　柳条
-uai-uei——怪罪　快慰　衰退　外汇　衰微　快嘴
-uei-uai——对外　鬼怪　毁坏　追怀　最坏
-an-en——担任　翻身　散文　咱们　单身　烦闷
-en-an——分散　审判　衬衫　分担　伸展　震撼
-ang-eng——长城　当成　方程　上层　章程　抗衡
-eng-ang——成长　膨胀　正常　政党　锋芒　冷藏
-ian-in——面临　前进　先进　现今　电信　偏心
-in-ian——今年　民间　新鲜　信念　勤俭　阴险
-iang-ing——相应　响应　强硬　详情　阳性　养病
-ing-iang——定量　景象　明亮　倾向　形象　影响
-uan-uen——传闻　晚婚　转瞬　万吨　还魂　换文
-uen-uan——存款　混乱　轮船　温暖　轮换　论断
-uang-ueng(ong)——光荣　晃动　双重　霜冻　庄重　惶恐
-ueng(ong)-uang——恐慌　冲撞　冻疮　工矿　空旷　童装
-üan-ün——全军　援军　眩晕
-ün-üan——君权　军犬

(4)e 和 er 互相混淆的同学，请做以下训练。

-e-er——侧耳
-er-e——儿科

2. 对比辨音。

(1)前鼻韵母和后鼻韵母互相混淆的同学，请做以下训练。

an——ang

担心——当心　干净——刚劲　弹簧——堂皇　赞颂——葬送
产地——场地　参天——苍天　开饭——开放　会谈——会堂

en——eng

门牙——萌芽　盆子——棚子　陈旧——成就　审视——省事
伸展——生长　春分——春风　人参——人生　出身——出生

in——ing

因而——婴儿　摈弃——摒弃　贫民——平民　林立——伶俐

留心——流星　行进——行径　亲近——清静　民心——明星

ian——iang

简化——讲话　坚硬——僵硬　钱币——墙壁　路线——录像

留恋——流量　新年——新娘　发言——发扬　显现——想象

uan——uang

玩味——王位　关照——光照　专制——装置　专员——庄园

晚年——往年　机关——激光　感官——感光　手腕——守望

uen——ueng(ong)

吞并——通病　存钱——从前　轮子——笼子　依存——依从

ün——iong

运费——用费　晕车——用车　勋章——胸章　因循——英雄

(2)齐齿呼韵母和撮口呼韵母互相混淆的同学，请做以下训练。

i——ü

系列——序列　季节——拒绝　理由——旅游　名义——名誉

得意——德育　比例——比率　近期——禁区　联系——连续

ie——üe

夜色——月色　截取——攫取　结识——绝食　协会——学会

切实——确实　茄子——瘸子　楔子——靴子　大写——大雪

in——ün

信号——讯号　金钱——君权　金属——军属　信誉——训喻

心机——熏鸡　白银——白云　通信——通讯　电信——电讯

ian——üan

前面——全面　潜力——权利　潜水——泉水　颜料——原料

发言——发源　庄严——庄园　当前——当权　化验——画院

(3)宽窄韵母互相混淆的同学，请做以下训练。

ai——ei

来电——雷电　埋头——眉头　分派——分配　安排——安培

ao——ou

稻花——豆花　考试——口试　高洁——勾结　口哨——口授

ia——ie

大家——大街　出嫁——出界

ua——uo

抓住——捉住　滑动——活动　国画——国货　通话——通货

进化——进货　升华——生活　融化——荣获　异化——抑或

iao——iou

消息——休息　摇动——游动　药片——诱骗　耀眼——右眼

求教——求救　呼叫——呼救　生效——生锈　铁桥——铁球

uai——uei

外来——未来　歪风——威风　怀乡——回乡　甩手——水手

an——en

战士——阵势　展室——诊室　翻身——分身　翻开——分开

盘子——盆子　板子——本子　超然——超人　遗憾——遗恨

ang——eng

躺椅——藤椅　长度——程度　商人——生人　东方——东风

ian——in

颜色——银色　联姻——林阴　践行——进行　先行——新型

iang——ing

降价——竞价　枪弹——清淡　相向——星相　明亮——明令

uan——uen

传情——纯情　万端——万吨

-uang——weng(-ong)

黄光——皇宫

-üan——-ün

元宵——云霄　原油——云游　全体——群体

(4)e 和 er 互相混淆的同学，请做以下训练。

e——er

俄语——耳语　蛾子——儿子

［**训练三**］

说明：这个训练有一定难度，第 5 题绕口令，语音好的同学可以尝试一下。

要求：综合训练，能够发准音节中的韵母，能够指出不正确的发音，并进行分析。

步骤：

(1)自我训练。

(2)同桌对练，指出存在的问题，并试作分析。

1. 朗读下面的词语，注意加点的字的发音。

(1)天真烂漫　震撼人心　蜿蜒盘旋　穿针引线　旋转乾坤　断简残编

辗转反侧　难言之隐　临渊羡鱼　薪尽火传　沁人心脾　怨天尤人

温言软语　全神贯注　循序渐进　惨绝人寰　开门见山　天昏地暗

扪心自问　言传身教　过眼烟云　漫山遍野　深入人心　心宽体胖

人满为患　悲天悯人　庐山真面　盘根问底　人面兽心　难分难舍

(2)风平浪静　诚惶诚恐　形象生动　同声相应　曾经沧海　声名狼藉

大庭广众　声情并茂　相辅相成　纵横驰骋　乘风破浪　大相径庭

黄粱美梦　相映成趣　饱经风霜　功成名就　昂首挺胸　触景生情

光明正大　争强好胜　望子成龙　轻举妄动　窗明几净　穷乡僻壤

蜂拥而上　东张西望　命中注定　月朗风清　两袖清风　冷若冰霜

两情相悦　迎来送往　卖弄风情　众星捧月

2. 朗读下面的词语。

(1)穷形尽相　崇山峻岭　冠冕堂皇　精兵简政　黯然神伤　丧心病狂

成千上万　谨言慎行　忠心耿耿　芸芸众生　胆战心惊　正本清源

满面春风　心甘情愿　心心相印　闻风丧胆　耸人听闻　繁荣昌盛

风卷残云　心明眼亮　三长两短　论功行赏　能言善辩　验明正身

光芒万丈　望洋兴叹　人心惶惶　怦然心动　险象环生　相见恨晚

名正言顺　浑然天成　冷眼旁观　肝肠寸断　惨淡经营　板上钉钉

同病相怜　圆满成功　云淡风轻　风云变幻　冲锋陷阵　两相情愿

(2)安然无恙　相敬如宾　琳琅满目　掂轻怕重　沧海桑田　晕头转向

稳操胜券　涣然冰释　酣畅淋漓　望文生义　盛气凌人　扬长避短

良辰美景　娇生惯养　源远流长　立竿见影　心领神会　人微言轻

流连忘返　针锋相对　拨乱反正　勇往直前　相形见绌　泾渭分明

争先恐后　心旷神怡　语重心长　赤胆忠心　肝胆相照　正气凛然

班门弄斧　防患未然　画龙点睛　前功尽弃　惊天动地　匠心独运

锦上添花　纸上谈兵　身临其境　忍气吞声　相提并论　雄心壮志

心想事成　平易近人　明目张胆　言听计从　另当别论　谈笑风生

年轻气盛　众说纷纭　天方夜谭　风土人情　真情实感　半斤八两

神情恍惚　听天由命　应运而生　言归正传　点石成金　夜深人静

坦白从宽　为民请命　惊心动魄　量身定做　痴心妄想　雪中送炭

3. 朗读下面的语段，注意加点的字的发音。

(1)夜风轻飘飘地吹拂着，空气中飘荡着一种大海和田禾相混合的香味儿，柔软的沙滩上还残留着白天太阳炙晒的余温。那些在各个工作岗位上劳动了一天的人们，三三两两地来到了这软绵绵的沙滩上，他们浴着凉爽的海风，望着那缀满了星星的夜空，尽情地说笑，尽情地休憩。(-ng)

——峻青，《海滨仲夏夜》

(2)然而，我爱这一行的真正原因，是爱我的学生。学生们在我的眼前成长、变化。当教师意味着亲历“创造”过程的发生——恰似亲手赋予一团泥土以生命，没有什么比目睹它开始呼吸更激动人心的了。(eng)

——[美]彼得·基·贝得勒，《我为什么当老师》

(3)台湾岛地处热带和温带之间，四面环海，雨水充足，气温受到海洋的调剂，冬暖夏凉，四季如春，这给水稻和果木生长提供了优越的条件。水稻、甘蔗、樟脑是台湾的“三宝”。岛上还盛产鲜果和鱼虾。(-n)

——《中国的宝岛——台湾》

(4)一个人的一生，只能经历自己拥有的那一份欣悦，那一份苦难，也许再加上他亲自闻知的那一些关于自身以外的经历和经验。然而，人们通过阅读，却能进入不同时空的诸多他人的世界。这样，具有阅读能力的人，无形间获得了超越有限生命的无限可能性。阅读不仅使他多识了草木虫鱼之名，而且可以上溯远古下及未来，饱览存在的与非存在的奇风异俗。(-n、-ng)

——谢冕，《读书人是幸福人》

(5)大街上的积雪足有一尺多深，人踩上去，脚底下发出咯吱咯吱的响声。一群群孩子在雪地里堆雪人，掷雪球，那欢乐的叫喊声，把树枝上的雪都震落下来了。(ü—)

——峻青，《第一场雪》

(6)所以在这阴冷的四月里，奇迹不会发生。任凭游人扫兴和诅咒，牡丹依然安之若素。它不苟且、不俯就、不妥协、不媚俗，甘愿自己冷落自己。它遵循自己的花期自己的规律，它有权利为自己选择每年一度的盛大节日。它为什么不拒绝寒冷？(i—、ü—)

——张抗抗，《牡丹的拒绝》

(7)小鸟给远航生活蒙上了一层浪漫色调。返航时，人们爱不释手，恋恋不舍地想把它带到异乡。可小鸟憔悴了，给水，不喝！喂肉，不吃！油亮的羽毛失去了光泽。是啊，我们有自己的祖国，小鸟也有它的归宿，人和动物都是一样啊，哪儿也不如故乡好！(ao、ou)

——王文杰，《可爱的小鸟》

(8)然而，到了世界杯大赛，天下大变。各国球员都回国效力，穿上与光荣的国旗同样色彩的服装。在每一场比赛前，还高唱国歌以宣誓对自己祖国的挚爱与忠诚。一种血缘情感开始在全身的血管里燃烧起来，而且立刻热血沸腾。(e、er)

——冯骥才，《国家荣誉感》

4. 朗读《新编十三辙歌诀》。

新编十三辙歌诀

新诗韵，根据啥(shá)，
北京音系的普通话(huà)。

第一辙，叫“发花”(fā-huā)，
韵母落音都是 a。
好一朵茉莉花(huā)，
谁也香不过它(tā)，

戴花人又怕人笑话(huà),
想戴它又不敢掐(qiā)。

第二辙,叫“梭坡”(suō-pō),
不是带 e 就带 o。
亲家母呀听我来说(shuō),
你家的姑娘爱唱歌(gē),
哆来咪,咪来哆(duō),
可是她什么也不会做(zuò),
一双花鞋做了半年多(duō),
你看这日子怎么过,可怎么过(guò)。

第三辙,叫“乜斜”(miē-xié),
韵母只有 ie 和 üe。
我家有个老爷爷(ye),
会做衣,会做鞋(xié),
活到老来还要学(xué),
人人都夸他活儿绝(jué)。

第四辙,叫“姑苏”(gū-sū),
个个韵脚都带 u。
锄禾汗滴禾下土(tǔ),
盘中餐粒粒皆辛苦(kǔ)。

第五辙,是“衣期”(yī-qī),
韵母有-i、有 er,还有 ü 和 i。
东边日出西边雨(yǔ),
不知秋霜明镜里(lǐ),
相思树下说相思(sī),
红豆春来发几枝(zhī)。

第六辙,是“怀来”(huái-lái),
韵母押 ai 和押 uai。
黄河儿女情满怀(huái),
梳妆台上梳妆来(lái),
百花任你戴(dài),
春光任你采(cǎi),
幸福闸门为你开(kāi)。

第七辙，叫“灰堆”(huī-duī)，
不是带 ei 就带 uei。
又是春日鸟回飞(fēi)，
潦倒新停浊酒杯(bēi)，
意恐不得把家归(guī)，
难报高堂三春晖(huī)。

第八辙，叫“遥迢”(yáo-tiáo)，
韵脚押在 ao 和 iao。
春眠不觉晓(xiǎo)，
处处闻啼鸟(niǎo)，
江山易改人未老(lǎo)，
花开花落知多少(shǎo)。

九辙“油求”(yóu-qiú)押 ou、iou。
一塘池水静幽幽(yōu)，
水底旋涡滚滚流(liú)，
想唱山歌怎起头(tóu)。

十辙名儿叫“言前”(yán-qián)，
合辙的韵母有 an、ian，
还有 uan，还有 üan。
长亭外，古道边(biān)，
芳草碧连天(tiān)，
晚风拂，笛声残(cán)，
夕阳山外山(shān)。

十一辙，是“人辰”(rén-chén)，
韵押 en、in 和 un、ün。
边疆的泉水清又纯(chún)，
边疆的歌声暖人心(xīn)，
清清的泉水流不尽(jìn)，
声声赞歌唱亲人(rén)。

十二辙，叫“江阳”(jiāng-yáng)，
韵母主要带 ang、uang。
乌苏里江长又长(cháng)，
蓝蓝的江水起波浪(làng)，
赫哲人撒开千张网(wǎng)，

船儿满江鱼满舱(cāng)。

十三辙，是“中东”(zhōng-dōng)，
韵母可押 eng、ing、ong 和 iong。
横看成岭侧成峰(fēng)，
只缘身在此山中(zhōng)。

数罢大辙数小辙儿，
十四辙儿轮到“小言前儿”(yán-qiánr)，
不管韵母 a、ai、an，
加上儿化丢 i 丢 n 都变 ar。
开出门来变了天儿(tiānr)，
太阳一收飞雪花儿(huār)，
乐坏了一群小乖乖儿(guāir)，
骑着马儿跟着雪花儿玩儿(wánr)。

十五辙儿是“小人辰儿”(rén-chénr)，
韵母有 ê、i、ü、-i 和 ei，
再加 o、e 和 u、en，
丢-i 去 n 后加 r。
墨水儿顶针儿没准儿丢了，
小鸡儿、小鱼儿，都吃完了，
有事儿、没事儿，不搭话了，
今儿明儿都不来了。

前面五辙看开口儿(kǒur)，
a、o、e、i 和 u 挨看排儿(páir)，
后面十辙分五对儿(duìr)，
主要元音是 a 非 a 分两势儿(shìr)，
韵尾相同音相似(sì)，
便是一道辙儿一个韵儿(yùnr)，
会拼音，分辨起来真省劲儿(jìnr)。

新诗韵，记得清，
写出文章真好听。

5. 绕口令练习。

说明：绕口令练习是一种技巧训练，语音好的同学可以尝试一下，注意不要单纯地追求速度，一定要发准每一个字音。

要求：在准确发音的基础上逐渐加快速度，尽量读得又准又快。

(1)高高山上一条藤，藤条头上挂铜铃。风吹藤动铜铃动，风停藤停铜铃停。

(2)学习就怕满、懒、难，心里有了满、懒、难，不看不钻就不前。心里去掉满、懒、难，永不自满，边学边干，蚂蚁也能搬泰山。

(3)板凳宽，扁担长，板凳比扁担宽，扁担比板凳长，扁担要绑在板凳上，板凳不让扁担绑在板凳上，扁担偏要板凳让扁担绑在板凳上。

任务三　声调训练

任务要点

通过案例，从感性上认识发准声调的重要性，再从理论上掌握普通话声调的发音要领，以及声调的辨正方法，最后通过技能训练，能够发准普通话的4个声调，读准词语、句子、语段中的声调。幼儿教师还要能够听辨不同声母，以纠正幼儿的发音。

案　例

石室诗士施氏，嗜狮，誓食十狮。氏时时适市视狮。十时，适十狮适市。氏视十狮，恃矢势，使十狮逝世。氏拾是十狮尸，适石室。石室湿，氏使侍拭石室，石室拭，氏始试食是十狮尸。食时，始识是狮尸，实十石狮尸。试释是事。

这篇文章是语言学家赵元任先生写的，堪称奇文。奇就奇在，它看得懂却读不清；奇就奇在，它全都由一个音节“shi”构成。只用一个音节，就能写出这样有人物、有情节的一篇作品，不说绝后，一定空前；国内仅有，外国未见。这种情况，只会出现在汉语这样有声调的语言中。声调，非同小可，功不可没。

一、理论与方法

(一)声调及其作用

声调是音节的音高变化。它具有区别意义的作用。

声调包括调值和调类两个方面。

调值是声调的实际读音。普通话有四种基本调值：[55]、[35]、[214]、[51]，可以用五度制标记法表示。

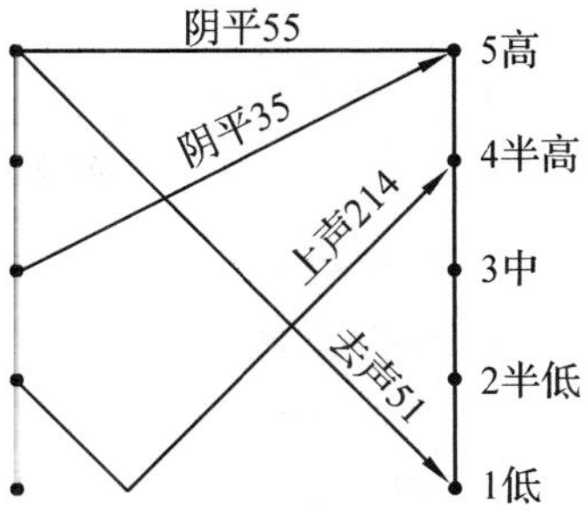

图 2-3-1　五度制标记法

调类是声调的种类，是根据声调的基本调值归纳出来的。普通话有四个调类：阴平、阳平、上声、去声，也称为第一声、第二声、第三声、第四声，分别用ˉ、ˊ、ˇ、ˋ四个符号表示。

(二)声调的发音

阴平声，调值是[55]，发音时又高又平，自始至终保持不变。

阳平声，调值是[35]，发音时从中到高，呈上升状态。

上声，调值是[214]，发音时先降后升，呈曲折状态。

去声，调值是[51]，发音时从高到低，呈下降状态。

(三)声调的辨正

方言区的人在学习普通话声调时，要了解方言和普通话声调的对应关系，辨别两者的差异，纠正方言对普通话声调发音的影响。

1. 容易读错的声调的辨正。

不同方言区的人，受方言的影响，容易用方言中跟普通话相近、相似的声调，代替普通话声调。

2. 声调辨正的方法。

(1)利用五度制标记法发准。

(2)利用其他声调调值发准。

发阴平声时，主要克服调值不够高的问题。可以在阴平音节前面加一个阳平音节，构成词语练习。

发阳平声时，主要克服调值升得不够高，而起点又偏高的问题。可以在阳平音节前面加一个去声音节，构成词语练习。

发上声时，主要克服调值起点偏高的问题。可以在上声音节前面加一个去声音节，构成词语练习。

发去声时，主要克服调值起点不够高，从而带上方言的入声特点的问题。可以在入声音节前面加上一个阳平音节，构成词语练习。

(3)利用方言声调调值发准。

(4)利用动作强化发准。

发上声时，还要注意只降不升的问题，可以借助手势或点头加以强化。

(四)学习声调的方法

声调贯穿音节的始终，它的发音正确与否非常重要。要发准声调，应该做到以下几点。

第一，借助“五度制标记法”发准普通话 4 个声调的调值，特别要注意与方言声调发音相近、相似的声调，防止用方言声调代替普通话声调，以至于带上“方言语调”。

第二，要进行各种声调组合的词语训练，尤其是本方言中比较难以把握的声调组合，以适应各种发音和表达的情况。

第三，提高听音、辨音能力，以提高正音的能力，纠正受方言影响产生的偏离普通话的语音习惯。

资料卡

一、现代汉语中比较常见的入声字词语

剥削	突出	揭发	漆黑	屈膝	歇息	切割	压缩	八十	积极	曲折	缺乏
失足	发达	插曲	七百	曲尺	拍摄	扑灭	忽略	卓越	割裂	督促	激烈
霹雳	伏击	节约	熟悉	袭击	节拍	学说	直接	杰出	隔膜	结核	觉察
及格	哲学	竹笛	洁白	滑雪	峡谷	直属	伏法	白塔	跋涉	答复	德育
的确	格式	活页	协作	独立	节日	植物	决策	学术	合适	隔壁	食物
竭力	抹杀	北伐	笔直	雪白	朴实	铁塔	铁尺	笔墨	法律	角落	劣迹
扼杀	窒息	益发	划一	业绩	密集	木筏	疟疾	列席	掠夺	墨菊	克服
斥责	祝福	恶毒	握别	阅读	确实	越级	蜡烛	六十	肋骨	勒索	烈属
乐曲	彻骨	译笔	木尺	作曲	寂寞	沐浴	目录	物质	木刻	毕业	实习
血液	脉络	策略	陆续	束缚	白色	活力	即刻				

二、陆龟蒙的四声诗之平声词

夏日闲居作四声诗寄袭美·平声

(唐)陆龟蒙

荒池菰蒲深，闲阶莓苔平。
江边松篁多，人家帘栊清。
为书凌遗编，调弦夸新声。
求欢虽殊途，探幽聊怡情。

这首诗歌，都是由平声音节构成的，所以也叫平声诗。

二、技能训练

[训练一]

要求：在教师指导下，完成下列训练，学习声调的正确发音。

步骤：

(1)想一想，说一说。

(2)教师示范，带读，集体训练。

(3)小组训练，互相评议。

(4)记录自己发不准的音，为下一个训练做准备。

(5)自己训练，努力改正。

1. 想一想，议一议，看看这些相同词形不同声调的读法分别代表什么意思。

要求：结合教师的提示，感受普通话声调区别意义的作用。

训练提示：

同一词形，有不同声调的两种读法，代表不同的意思。例如倒车，读作“dǎochē”时指“中途换车”；读作“dàochē”时指“使车向后退”。

把子 bǎzi——bàzi

当日 dāngrì——dàngrì

播种 bōzhǒng——bōzhòng

分子 fēnzǐ——fènzǐ

尽量 jǐnliàng——jìnliàng

转动 zhuǎndòng——zhuàndòng

倒数 dàoshǔ——dàoshù

肚子 dǔzi——dùzi

倾倒 qīngdǎo——qīngcào

受累 shòulěi——shòulèi

当年 dāngnián——dàngnián

当时 dāngshí——dàngshí

教学 jiāoxué——jiàoxué

结果 jiēguǒ——jiéguǒ

正当 zhèngdāng——zhèngdàng

转向 zhuǎnxiàng——zhuànxiàng

倒转 dàozhuǎn——dàozhuàn

登场 dēngcháng——dēngchǎng

好事 hǎoshì——hàoshì

2. 借助下列音节，发准普通话的 4 个声调。

要求：能够发准普通话的 4 个声调，读准词语配合中的声调。

方法：借助“五度制标记法”，读准下列声调。

①ā　á　ǎ　à

pū　pú　pǔ　pù

xuē　xué　xuě　xuè

tōng　tóng　tǒng　tòng

yī　yí　yǐ　yì

mō　mó　mǒ　mò

qiāo　qiáo　qiǎo　qiào

shēn　shén　shěn　shèn

yū　yú　yǔ　yù

dī　dí　dǐ　dì

cāi　cái　cǎi　cài

mēng méng měng mèng

②阴—阴 东方 丰收 灯光 青春 诗歌 珍惜
阳—阳 人民 和平 吉祥 纯洁 勤劳 文学
上—上 广场 理想 美满 舞蹈 水果 影响
去—去 世界 教育 胜利 热爱 锻炼 魅力

③阴—阳 奔流 端详 精华 生活 前途 观察
阴—上 倾吐 冬笋 歌咏 精彩 花圃 清早
阴—去 鞭策 称赞 尖锐 激励 清脆 机智
阳—阴 长期 兰花 阳光 崇高 情操 集中
阳—上 成果 拂晓 完整 晴朗 学者 食品
阳—去 牢固 融洽 合作 来历 严肃 旋律
上—阴 老师 美观 体贴 启发 感激 理亏
上—阳 版图 胆识 锦旗 启蒙 品德 保持
上—去 宝贵 访问 考验 哺育 渴望 掩盖
去—阴 簇新 构思 浪花 气氛 乐章 汽车
去—阳 蜡梅 热情 笑容 现实 练习 序言
去—上 碧海 鉴赏 记者 剧本 进取 驾驶

［**训练二**］

要求：

(1)结合“训练一”的训练情况，有针对性地进行训练。

(2)结合教师提示，进行发音训练。

步骤：

(1)教师提示，自己训练。

(2)同桌对练，互相指正。

(3)个别汇报，教师指导。

1. 根据练习“训练一”时存在的问题，分别进行下列词语训练。

(1)调值不够高的同学，请做以下训练。

训练提示：在起点高的阴平和去声音节前面加一个阳平音节，构成词语练习。

阳—阴 行星 童心 国歌 葵花 霞光 河山
曾经 航空 读书 文章 原因 研究
阳—去 财富 崇拜 服务 能量 情趣 童话
含义 群众 文化 革命 明亮 人类

(2)调值升得不够高，而起点又偏高的同学，请做以下训练。

训练提示：在阳平和上声音节前面加一个去声音节，构成词语练习。

去—阳 善良 热情 富强 地图 自觉 事实

报名　必然　健全　自觉　细节　幸福

去—上　跳舞　信仰　报纸　字母　地址　戏曲

办法　彻底　市场　痛苦　重点　后悔

(3)上声降了不升的同学，请做以下训练。

训练提示：在阴平、阳平、去声后面加上一个上声音节，构成词语练习，并借助手势或点头加以强化。

阴—上　编写　歌舞　艰苦　山水　温暖　增长

标本　清理　观点　光彩　缩短　欣赏

阳—上　成果　读者　平等　遗产　原理　良好

南北　儿女　群体　从此　合理　节省

去—上　翅膀　个体　教养　系统　乐曲　赞美

报纸　误解　外语　用品　看法　历史

(4)把方言中的入声带到普通话中的同学，请做以下训练。

训练提示：在入声前面加上一个阳平音节，构成词语练习，并注意按照普通话的标准声调发音。

阳—阴　沉积　船只　迎接　游击　摩擦　条约

熟悉　潮湿　杰出　学说　节约　萌发

阳—阳　常识　垂直　留学　调节　文学　纯洁

团结　移植　严格　环节　逻辑　其实

阳—上　绳索　棱角　滑雪　魔法　毛笔　磁铁

河谷　额角　合法　龙骨　直属　涂抹

阳—去　茶叶　成立　红色　人物　林业　重复

凭借　合作　明确　模式　隔壁　回忆

2. 读准词语配合中比较难的组合的声调。

训练提示：下列组合比较难发准，请找准调值，进行训练。

阴—阳　青年　欢迎　批评　钻研　心得　生活

安全　出席　经常　积极　周围　星球

阴—上　黑板　辛苦　操场　钢笔　真理　思考

标准　多少　风雨　山水　方法　风景

阳—上　平等　提醒　博览　全体　情感　停止

长久　成长　传统　寒冷　联想　读者

上—阴　北方　感激　火车　老师　补充　抚摸

可惜　晚期　普通　统一　手工　许多

去—阴　大家　客观　认真　信心　唱歌　竞争

必须　教师　汽车　上班　放松　四周

3. 读准古诗句中的声调。

训练提示：读准古诗句中的声调，并且逐渐过渡到读准语流中的声调。

池上	村居
白居易	高鼎
小娃撑小艇，	草长莺飞二月天，
偷采白莲回。	拂堤杨柳醉春烟。
不解藏踪迹，	儿童散学归来早，
浮萍一道开。	忙趁东风放纸鸢。

[**训练三**]

说明：这个训练有一定难度，第 3 题绕口令，语音好的同学可以尝试一下。

要求：

(1)能听辨不同组合的声调。

(2)能指出不正确的读音，并进行分析。

步骤：

(1)自我训练。

(2)同桌对练：一人朗读，一人听记声调。

(3)看看是否正确，并试作分析。

1. 双音节词语声调的听辨。

理智—荔枝—离职—立志　给予—机遇—寄语—鲫鱼

句式—居士—局势—举世　见习—简析—间隙—奸细

2. 四音节词语声调的听辨。

山明水秀　朝秦暮楚　鞍马劳顿　心想事成　挥汗如雨　孤陋寡闻

别具只眼　长治久安　随心所欲　龙飞凤舞　两相情愿　指桑骂槐

等闲视之　俯拾皆是　纸醉金迷　响彻云霄　论功行赏　闭关锁国

浩如烟海　画龙点睛　另请高明　背井离乡　和风细雨　感同身受

3. 绕口令练习。

说明：绕口令练习是一种技巧训练，语音好的同学可以尝试一下，但是不要单纯地追求速度，一定要注意发准每一个字音。

要求：在准确发音的基础上逐渐加快速度，尽量读得又准又快。

(1)妈妈骑马马慢妈妈骂马；妞妞轰牛牛拗妞妞拧牛。

(2)岭顶鹰鸣，酩酊兵丁停艇听。

任务四　音节训练

任务要点

通过案例，从感性上认识发准音节的重要性，再从理论上掌握音节的发音要领，以及音节的辨正方法，最后通过技能训练，能够发准普通话的 400 个基本音节和 1250 多个带调音节。幼儿教师还要能够听辨不同音节，以纠正幼儿的发音。

案　例

在一次职业技术学校举办的演讲比赛中，一个学生在台上慷慨陈词："我要当一名出事的建筑施工员。"台下的人都笑了：出事的建筑施工员？那还了得！

其实，这个学生想表达的是"出色"的建筑施工员。因为平翘舌音混淆，再加上把"e"发成"-i"，就闹了笑话了。

一、理论与方法

音节是语音的基本单位。根据音节的结构特点，可以将音节分为声母、韵母、声调三部分。

(一)音节的发音

音节的发音包括拼读和直呼。

拼读就是根据普通话音节的构成规律，把声母、韵母接续拼合起来构成音节。

比较常用的拼读方法有两拼法和三拼法两种。

两拼法就是"声母＋韵母"的拼读方法。两拼法适用于除零声母外的所有音节。

三拼法就是"声母＋韵头(即介音)＋韵腹(韵尾)"的拼读方法。三拼法只适用于有韵头的音节，而且 ie、üe、ian、üan 除外。

拼读逐渐熟练后，可以过渡到直呼音节，即不需要边想、边拼、边读，而是直接呼读出整个音节。

普通话有 400 个基本音节，带上声调一共有 1250 多个。这些音节是学习普通话的基础和重点。只有同时发准声母、韵母和声调，这个音节才能算是正确的。

除了单音节外，还有多音节。应该把多音节作为一个整体来读，同时注意轻重音格式。

表 2-4-1 普通话声韵配合表(一)

声母＼韵母（音节）	a	o	e	i	u	ü	-i（前）	-i（后）
b	ba	bo		bi	bu			
p	pa	po		pi	pu			
m	ma	mo	me	mi	mu			
f	fa	fo			fu			
d	da		de	di	du			
t	ta		te	ti	tu			
n	na		ne	ni	nu	nü		
l	la		le	li	lu	lü		
g	ga		ge		gu			
k	ka		ke		ku			
h	ha		he		hu			
j				ji		ju		
q				qi		qu		
x				xi		xu		
zh	zha		zhe		zhu			zhi
ch	cha		che		chu			chi
sh	sha		she		shu			shi
r			re		ru			ri
z	za		ze		zu		zi	
c	ca		ce		cu		ci	
s	sa		se		su		si	

表 2-4-2　普通话声韵配合表(二)

音节 韵母 声母	ai	ei	ao	ou	ia	ie	ua
b	bai	bei	bao			bie	
p	pai	pei	pao	pou		pie	
m	mai	mei	mao	mou		mie	
f		fei		fou			
d	dai	dei	dao	dou		die	
t	tai		tao	tou		tie	
n	nai	nei	nao			nie	
l	lai	lei	lao	lou	lia	lie	
g	gai	gei	gao	gou			gua
k	kai		kao	kou			kua
h	hai	hei	hao	hou			hua
j					jia	jie	
q					qia	qie	
x					xia	xie	
zh	zhai	zhei	zhao	zhou			zhua
ch	chai		chao	chou			
sh	shai		shao	shou			shua
r			rao	rou			
z	zai	zei	zao	zou			
c	cai		cao	cou			
s	sai		sao	sou			

表 2-4-3　普通话声韵配合表(三)

音节 韵母 / 声母	uo	üe	iao	iou	uai	uei
b			biao			
p			piao			
m			miao	miu		
f						
d	duo		diao	diu		dui
t	tuo		tiao			tui
n	nuo	nüe	niao	niu		
l	luo	lüe	liao	liu		
g	guo				guai	gui
k	kuo				kuai	kui
h	huo				huai	hui
j		jue	jiao	jiu		
q		que	qiao	qiu		
x		xue	xiao	xiu		
zh	zhuo				zhuai	zhui
ch	chuo				chuai	chui
sh	shuo				shuai	shui
r	ruo					rui
z	zuo					zui
c	cuo					cui
s	suo					sui

表 2-4-4　普通话声韵配合表(四)

韵母 / 音节 / 声母	an	en	in	ün	ian	uan	uen	üan
b	ban	ben	bin		bian			
p	pan	pen	pin		pian			
m	man	men	min		mian			
f	fan	fen						
d	dan				dian	duan	dun	
t	tan				tian	tuan	tun	
n	nan	nen	nin		nian	nuan		
l	lan		lin		lian	luan	lun	
g	gan	gen				guan	gun	
k	kan	ken				kuan	kun	
h	han	hen				huan	hun	
j			jin	jun	jian			juan
q			qin	qun	qian			quan
x			xin	xun	xian			xuan
zh	zhan	zhen				zhuan	zhun	
ch	chan	chen				chuan	chun	
sh	shan	shen				shuan	shun	
r	ran	ren				ruan	run	
z	zan	zen				zuan	zun	
c	can	cen				cuan	cun	
s	san	sen				suan	sun	

表 2-4-5 普通话声韵配合表(五)

声母 \ 韵母 音节	ang	eng	ing	ong	iang	uang	iong
b	bang	beng	bing				
p	pang	peng	ping				
m	mang	meng	ming				
f	fang	feng					
d	dang	deng	ding	dong			
t	tang	teng	ting	tong			
n	nang	neng	ning	nong	niang		
l	lang	leng	ling	long	liang		
g	gang	geng		gong		guang	
k	kang	keng		kong		kuang	
h	hang	heng		hong		huang	
j			jing		jiang		jiong
q			qing		qiang		qiong
x			xing		xiang		xiong
zh	zhang	zheng		zhong		zhuang	
ch	chang	cheng		chong		chuang	
sh	shang	sheng				shuang	
r	rang	reng		rong			
z	zang	zeng		zong			
c	cang	ceng		cong			
s	sang	seng		song			

(二)音节的辨正

方言区的人在学习普通话音节时，要了解方言和普通话音节的对应关系，辨别两者的差异，纠正方言对普通话音节发音的影响。

1. 容易混淆的音节的辨正。

容易混淆的音节除了包含易混声母或易混韵母的音节外，还包括 zhi、chi、shi、ri、zi、ci、si 和 zhe、che、she、re、ze、ce、se 这组音节。

zhi、chi、shi、ri、zi、ci、si 和 zhe、che、she、re、ze、ce、se 辨正。

对于这些容易混淆的音节，首先要正确掌握它们的发音方法，例如 zhi、chi、shi、ri、zi、ci、si 发音时，舌尖一直保持原来的状态，跟单独发 zh、ch、sh、r、z、c、s 一样；而 zhe、che、she、re、ze、ce、se 发音时，舌尖应从原来的部位放下，并稍微后缩。

2. 音节辨正的方法。

除了正确掌握普通话每个音节的发音部位和发音方法外，还可以利用一些方法辨记。

(1)利用形声字的声旁类推。

例如，只 zhi 织职帜枳……

折 zhe 哲蜇浙……

注意类推中出现的例外字。

(2)记少不记多。

例如，se 色涩瑟塞啬(少)

si 思司丝私斯撕嘶厮死四肆饲伺寺……(多)

(三)学习音节的方法

音节是普通话学习的基础和重点。它既是声母、韵母、声调学习的一个总结，又是音变学习的基础，起到承上启下的作用。另外，练习声母、韵母、声调的发音时，又是以音节为训练单位的。所以它的发音的正确与否非常重要。要发准音节，应该做到以下几点。

第一，根据拼读理论的指导，在发准声母、韵母、声调的基础上，通过拼读，发准普通话 400 个基本音节。

第二，从基本音节到带调音节，从一般音节到难点音节，从单音节、双音节到多音节，从拼读到直呼，循序渐进地进行学习，在发音准确的基础上，通过反复练习，达到完全熟练的程度。

第三，提高听音、辨音能力，以提高正音的能力，纠正受方言影响产生的偏离普通话的语音习惯。

二、技能训练

[**训练一**]

要求：熟读《普通话声韵配合表》。

步骤：

(1)教师示范，带读，集体训练。

(2)小组训练，互相评议。

(3)记录自己发不准的音，为下一个训练做准备。
(4)自己训练，努力改正。
[**训练二**]
要求：自主训练。
(1)结合训练一的训练情况，有针对性地进行训练。
(2)结合教师提示，进行发音训练。
步骤：
(1)教师提示，自己训练。
(2)同桌对练，互相指正。
(3)个别汇报，教师指导。

1. 根据练习“训练一”时存在的问题，分别进行下列词语训练。
(1)“zh、ch、sh、r＋n”组合发音不准的同学，请做以下训练。

zhan——	展开	展览	崭新	占据	战斗	战争
	车站	发展	抗战	扩展	侵占	挑战
zhen——	针对	侦察	珍贵	真诚	振荡	震惊
	城镇	地震	方针	认真	天真	传真
zhuan——	专家	专门	专用	专政	转身	转向
	好转	扭转	旋转	运转	周转	自转
zhun——	准备	准确	准则	准绳	准时	准许
	标准	批准	核准	水准	精准	获准
chan——	产地	阐明	颤抖	搀扶	缠绵	产权
	财产	出产	生产	增产	资产	减产
chen——	沉淀	沉思	陈述	沉静	晨光	衬托
	对称	灰尘	清晨	深沉	凌晨	陪衬
chuan——	穿着	传导	传授	传统	船长	串联
	飞船	流传	轮船	宣传	戳穿	祖传
chun——	春分	春耕	纯度	纯净	纯正	淳朴
	单纯	嘴唇	初春	开春	提纯	愚蠢
shan——	山地	山峰	山水	闪电	闪光	善良
	改善	火山	上山	完善	衬衫	妥善
shen——	申请	身材	身心	深入	神色	审查
	出身	浑身	加深	谨慎	精神	终身
shuan——	拴住	门闩				
	血栓	洗涮				
shun——	顺手	瞬间	顺便	顺从	顺心	顺应

	温顺	吸吮	孝顺	转瞬	恭顺	柔顺
ran——	然而	然后	燃料	燃烧	染色	染料
	必然	当然	点燃	感染	仍然	虽然
ren——	人才	人工	认定	人民	忍耐	任命
	本人	病人	公认	信任	行人	责任
ruan——	软骨	软化	软件	软禁	软弱	软肋
	柔软	轻软	温软	疲软	松软	细软
run——	润滑	闰日	润泽	闰年	润笔	润色
	利润	湿润	红润	浸润	滋润	温润

(2)"z、c、s+ng"组合发音不准的同学，请做以下训练。

zang——	脏腑	葬礼	葬身	葬送	藏青	赃物
	肝脏	内脏	心脏	安葬	宝藏	肾脏
cang——	仓库	苍白	苍蝇	仓促	苍天	藏身
	隐藏	蕴藏	贮藏	船舱	粮仓	收藏
sang——	嗓子	丧失	丧事	丧葬	嗓音	丧气
	懊丧	沧桑	扶桑	沮丧	颓丧	沦丧
zeng——	增产	增进	增强	增收	憎恶	赠送
	倍增	递增	激增	捐赠	馈赠	净增
ceng——	层次	曾经	层面	层叠	层级	蹭饭
	表层	底层	基层	阶层	上层	未曾
seng——	僧侣	僧尼	僧人	僧院	僧俗	僧众
	唐僧	沙僧	武僧	老僧	名僧	贫僧
zong——	宗教	宗旨	综合	总额	总数	总算
	操纵	祖宗	放纵	跟踪	失踪	正宗
cong——	聪明	从此	从而	匆忙	聪慧	丛书
	服从	草丛	自从	顺从	洋葱	遵从
song——	松动	松软	耸立	送别	诵读	颂扬
	放松	输送	诉讼	背诵	断送	传送

(3)"g、k、h+n"组合发音不准的同学，请做以下训练。

gan——	干脆	甘心	肝脏	赶紧	感动	感性
	骨干	灵感	美感	敏感	情感	勇敢
gen——	根本	根据	根系	根源	跟前	跟随
	病根	横亘	墙根	寻根	扎根	主根
guan——	关闭	关键	观测	官兵	管理	惯性
	保管	参观	宏观	客观	旅馆	直观
gun——	滚动	滚烫	棍棒	棍子	滚圆	滚筒

摇滚　打滚　　翻滚　木棍　　恶棍　拐棍

kan——　刊登　刊物　　勘探　看待　　看见　看望

报刊　观看　　好看　眼看　　鸟瞰　门槛

ken——　肯定　垦荒　　恳切　恳求　　恳谈　垦殖

宁肯　农垦　　勤恳　围垦　　首肯　诚恳

kuan——　宽大　宽阔　　宽敞　宽容　　款待　款式

存款　罚款　　借款　放宽　　捐款　专款

kun——　昆虫　困境　　困难　昆曲　　困苦　困扰

乾坤　穷困　　围困　贫困　　犯困　春困

han——　含量　函数　　寒冷　罕见　　汉语　汗水

包含　干旱　　呼喊　内涵　　严寒　遗憾

hen——　痕迹　狠心　　很多　狠话　　很久　狠抓

愤恨　悔恨　　泪痕　伤痕　　凶狠　怨恨

huan——　欢乐　欢迎　　还原　缓和　　幻想　患者

呼唤　交换　　喜欢　循环　　转换　归还

hun——　婚礼　婚姻　　浑身　混合　　混乱　混淆

黄昏　结婚　　灵魂　雄浑　　混沌　含混

(4)易将-e和-i混淆的同学，请做以下训练。

-e-i——车子　设施　　设置　撤职　　奢侈　摄制

-i-e——职责　指责　　炽热　施舍　　湿热　史册

2. 对比辨音。

-e——-i

使者——食指　　小车——小吃　　注射——注视　　常设——尝试

社交——市郊　　无头——石头　　热诚——日程　　侧耳——刺耳

3. 多音节词语朗读训练。

普通话词语的轻重音格式的基本形式是：双音节、三音节、四音节词语大多数最后一个音节读为重音。其中双音节词语绝大多数读为“中·重”的格式；三音节词语大多数读为“中·中·重”的格式；四音节词语大多数读为“中·中·中·重”的格式。也就是说，这些结构的词语最后一个音节要比其他的音节读得略重一些、长一些。

(1)双音节词朗读训练。

训练提示：把双音节词作为一个整体来读，同时注意轻重音格式。

下面的双音节词都是属于“中·重”格式，即后一个音节要比前一个音节读得略重一些、长一些。

安全　帮助　　宝贵　本性　　笔记　标准

财富　长期　　沉思　城市　　储蓄　春节

单纯	地震	动员	发芽	飞机	服务
感动	功课	关键	海洋	机制	加强
肩膀	揭示	结婚	经典	军民	开会
开会	立场	灵敏	满意	弥漫	拍摄
片刻	拼音	趋势	确实	沙漠	山脉
时代	世界	思考	太空	旺盛	网络
武器	喜爱	协助	学院	勇气	语法
赞成	占有	整齐	秩序	祝贺	自信

(2)三音节词朗读训练。

训练提示：把三音节词作为一个整体来读，同时注意轻重音格式。

下面的三音节词，都是属于“中・中・重”格式，即最后一个音节要比其他音节读得略重一些、长一些。

氨基酸	办公室	半导体	辩证法	出发点	大多数
大学生	大自然	蛋白质	当事人	服务员	根据地
工程师	公有制	共产党	共和国	国务院	积极性
技术员	解放军	科学家	科学院	劳动力	老百姓
老人家	农产品	派出所	葡萄糖	普通话	轻工业
人民币	生命力	世界观	收音机	水蒸气	私有制
所有制	太阳能	图书馆	拖拉机	望远镜	维生素
温度计	显微镜	现代化	小朋友	研究生	原材料
照相机	直辖市	啄木鸟	自行车		

(3)四音节词朗读训练。

训练提示：把四音节词作为一个整体来读，同时注意轻重音格式。

下面的四音节词，都是属于“中・中・中・重”格式，即最后一个音节要比其他音节读得略重一些、长一些。

无可奈何	因地制宜	自力更生	包罗万象	别出心裁	别有用心
不动声色	不以为然	畅所欲言	持之以恒	出其不意	此起彼伏
错综复杂	大同小异	大相径庭	得心应手	方兴未艾	非同小可
奋不顾身	风起云涌	焕然一新	刻不容缓	了如指掌	慢条斯理
眉开眼笑	目不转睛	岂有此理	轻描淡写	情不自禁	如释重负
若无其事	肆无忌惮				

[**训练三**]

说明：这个训练有一定难度，第 5 题绕口令，语音好的同学可以尝试一下。

要求：综合训练，能够发准音节中的声母、韵母、声调，能够指出不正确的发音，并进行分析。

步骤：
(1)自我训练。
(2)同桌对练，指出存在的问题，并试作分析。

1. 朗读下面的词语，注意加点的字的发音。

炙手可热　浅尝辄止　风驰电掣　十恶不赦　之乎者也　始作俑者
惹是生非　锲而舍之　曲折有致　近朱者赤　适者生存　前车之鉴
下车伊始　穷奢极侈　涉世未深
舍生忘死　大惊失色　尽职尽责
光芒四射　如此这般　侧目而视　清者自清

2. 朗读下面的句子，注意加点的字的发音。

(1)仁者见仁，智者见智。
(2)流言止于智者。
(3)有志者事竟成。
(4)士为知己者死。
(5)知之者不如好之者，好之者不如乐之者。

3. 朗读下面的古诗，注意加点的字的发音。

金缕衣

杜秋娘

劝君莫惜金缕衣，
劝君惜取少年时。
花开堪折直须折，
莫待无花空折枝。

4. 下面六首古诗包含普通话的全部声母、韵母、声调，请读一读。

登鹳雀楼

王之涣

bái rì yī shān jìn
白日依山尽，
huáng hé rù hǎi liú
黄河入海流。
yù qióng qiān lǐ mù
欲穷千里目，
gèng shàng yī céng lóu
更上一层楼。

寻隐者不遇

贾岛

sōng xià wèn tóng zǐ
松下问童子，

yán shī cǎi yào qù
言师采药去。
zhǐ zài cǐ shān zhōng
只在此山中，
yún shēn bù zhī chù
云深不知处。

马

李贺

dà mò shā rú xuě
大漠沙如雪，
yān shān yuè sì gōu
燕山月似钩。
hé dāng jīn luò nǎo
何当金络脑，
kuài zǒu tà qīng qiū
快走踏清秋。

望庐山瀑布

李白

rì zhào xiāng lú shēng zǐ yān
日照香炉生紫烟，
yáo kàn pù bù guà qián chuān
遥看瀑布挂前川。
fēi liú zhí xià sān qiān chǐ
飞流直下三千尺，
yí shì yín hé luò jiǔ tiān
疑是银河落九天。

江雪

柳宗元

qān shān niǎo fēi jué
千山鸟飞绝，
wàn jìng rén zōng miè
万径人踪灭。
gū zhōu suō lì wēng
孤舟蓑笠翁，
dú diào hán jiāng xuě
独钓寒江雪。

小儿垂钓

胡令能

péng tóu zhì zǐ xué chuí lún
蓬 头 稚 子 学 垂 纶，

cè zuò méi tái cǎo yìng shēn
侧 坐 莓 苔 草 映 身。

lù rén jiè wèn yáo zhāo shǒu
路 人 借 问 遥 招 手，

pà dé yú jīng bù yìng rén
怕 得 鱼 惊 不 应 人。

5. 绕口令练习。

说明：绕口令练习是一种技巧训练，语音好的同学可以尝试一下，但是不要单纯地追求速度，一定要注意发准每一个字音。

要求：在准确发音的基础上逐渐加快速度，尽量读得又准又快。

树上结了四十四个涩柿子，树下蹲着四十四头石狮子；树下四十四头石狮子，要吃树上四十四个涩柿子；树上四十四个涩柿子，不让树下四十四头石狮子吃；树下四十四头石狮子，偏要吃树上四十四个涩柿子。

资料卡

一、《普通话测试实施纲要》中的三音节词语和四音节词语

三音节词语

氨基酸	奥运会	办公室	半导体	必然性	辩证法	标准化	差不多
出发点	传教士	传染病	创造性	大多数	大学生	大自然	代理人
蛋白质	当事人	地下水	电磁波	电视剧	电视台	对不起	多边形
发动机	法西斯	方法论	放射性	服务员	根据地	工程师	工商业
工业化	公有制	共产党	共和国	国务院	合作社	化合物	机器人
机械化	积极性	基督教	计算机	技术员	继承人	寄生虫	加速度
解放军	金刚石	锦标赛	进化论	决定性	开玩笑	科学家	科学院
来不及	劳动力	劳动日	劳动者	老百姓	老人家	老太太	老头子
联合国	了不起	农产品	农作物	偶然性	派出所	乒乓球	葡萄糖
普通话	轻工业	染色体	人民币	认识论	三角形	舍不得	社会学
生产力	生命力	世界观	收音机	手工业	手榴弹	水蒸气	私有制
思想家	四边形	所有制	太阳能	太阳系	天然气	天主教	图书馆
拖拉机	望远镜	微生物	维生素	委员会	温度计	无线电	显微镜
现代化	想象力	消费品	小伙子	小朋友	小学生	研究生	一辈子
艺术家	荧光屏	游击队	原材料	原子核	运动员	责任感	怎么样
照相机	直辖市	殖民地	中世纪	中学生	重工业	主人公	啄木鸟

自动化　自然界　自行车　自治区　安理会　八仙桌　芭蕾舞　白话文
百分比　班主任　半成品　保护色　保险丝　保险金　保证人　抱不平
暴风雪　暴风雨　北半球　北极星　比例尺　必需品　避雷针　变压器
辩护人　病原体　博览会　博物馆　不得了　不得已　不动产　不敢当
不见得　不像话　不锈钢　不由得　不在乎　不至于　参议院　长臂猿
长方形　长颈鹿　超导体　超声波　乘务员　吃不消　出生率　穿山甲
催化剂　打火机　打交道　大本营　大不了　大理石　大陆架　大气层
大气压　大人物　代表作　丹顶鹤　胆固醇　胆小鬼　地平线　地下室
电磁场　电解质　电气化　电影院　东道主　东正教　董事会　动画片
动物园　鹅卵石　恶作剧　发言人　反义词　方向盘　防护林　纺织品
放大镜　放射线　飞行器　飞行员　肺活量　肺结核　分水岭　负离子
副作用　高血压　工艺品　工作日　公积金　公务员　古兰经　管弦乐
规范化　哈密瓜　海岸线　红外线　胡萝卜　花岗岩　化妆品　画外音
黄澄澄　黄鼠狼　回归线　回忆录　混合物　混凝土　基本功　吉普车
集装箱　记忆力　继承权　甲骨文　甲状腺　交响乐　交易所　脚手架
教科书　金龟子　金丝猴　金字塔　禁不住　进行曲　经纪人　俱乐部
爵士乐　看不起　靠不住　老天爷　冷不防　离心力　里程碑　连环画
连衣裙　两口子　疗养院　了不得　林荫道　淋巴结　领事馆　留声机
流水线　龙卷风　录像机　录音机　螺旋桨　马铃薯　猫头鹰　蒙古包
穆斯林　南半球　难为情　内燃机　霓虹灯　牛仔裤　判决书　漂白粉
平衡木　葡萄酒　蒲公英　青霉素　轻音乐　人行道　三角洲　三轮车
神经病　神经质　圣诞节　食物链　视网膜　水龙头　糖尿病　体育场
体育馆　天花板　同位素　统一体　外祖父　外祖母　西红柿　细胞核
向日葵　小夜曲　协奏曲　写字台　形容词　蓄电池　亚热带　研究员
叶绿素　胰岛素　咏叹调　幼儿园　羽毛球　圆舞曲　蒸馏水　正比例
指南针　志愿军　中间人　主人翁　注射器　紫外线　自来水　奏鸣曲

四音节词语

千方百计　无可奈何　新陈代谢　因地制宜　自力更生　安居乐业
百花齐放　百家争鸣　百科全书　包罗万象　背道而驰　标新立异
别出心裁　别具一格　别开生面　别有用心　冰天雪地　不动声色
不计其数　不胫而走　不可思议　不可一世　不速之客　不言而喻
不以为然　不约而同　层出不穷　畅所欲言　持之以恒　赤手空拳
出类拔萃　出其不意　出人意料　触目惊心　川流不息　此起彼伏
错综复杂　大公无私　大惊小怪　大同小异　大显身手　大相径庭
得天独厚　得心应手　独一无二　方兴未艾　非同小可　奋不顾身
风驰电掣　风起云涌　根深蒂固　顾名思义　海市蜃楼　汗流浃背

后顾之忧	焕然一新	急中生智	家喻户晓	矫揉造作	精益求精
鞠躬尽瘁	举足轻重	刻不容缓	脍炙人口	来龙去脉	理直气壮
了如指掌	淋漓尽致	琳琅满目	屡见不鲜	漫不经心	慢条斯理
毛骨悚然	眉飞色舞	眉开眼笑	梦寐以求	名副其实	名列前茅
目不转睛	目瞪口呆	弄虚作假	排忧解难	迫不及待	岂有此理
千钧一发	前仆后继	潜移默化	轻而易举	轻描淡写	情不自禁
如释重负	若无其事	司空见惯	似是而非	肆无忌惮	随心所欲
啼笑皆非	天经地义	万紫千红	忘恩负义	相得益彰	心不在焉
心旷神怡	兴高采烈	胸有成竹	一筹莫展	一帆风顺	一目了然
一丝不苟	抑扬顿挫	有的放矢	与日俱增	语重心长	震耳欲聋
周而复始	诸如此类	自始至终	自以为是		

备注：以上词语全部选自《普通话水平测试实施纲要·普通话水平测试普通话词语表》。

二、包含普通话109个常用音节的16首古诗

观书有感

朱熹

半亩方塘一鉴开，
天光云影共徘徊。
问渠哪得清如许？
为有源头活水来。

凉州词

王瀚

葡萄美酒夜光杯，
欲饮琵琶马上催。
醉卧沙场君莫笑，
古来征战几人回。

罢相

李适之

避贤初罢相，
乐圣且衔杯。
为问门前客，
今朝几个来？

悯农

李绅

春种一粒粟，
秋收万颗子。
四海无闲田，
农夫犹饿死。

蜀道后期

张说

客心争日月，
来往预期程。
秋风不相待，
先至洛阳城。

瀑布联句

李忱（香严闲禅师）

千岩万壑不辞劳，
远看方知出处高。
溪涧岂能留得住，
终归大海作波涛。

塞下曲二首

卢纶

林暗草惊风，
将军夜引弓。
平明寻白羽，
没在石棱中。

月黑雁飞高，
单于夜遁逃。
欲将轻骑逐，
大雪满弓刀。

墨梅

王冕

我家洗砚池头树，

朵朵花开淡墨痕。
不要人夸颜色好，
只留清气满乾坤。

冬夜读书示子聿

陆游

古人学问无遗力，
少壮工夫老始成。
纸上得来终觉浅，
绝知此事要躬行。

江南春

杜牧

千里莺啼绿映红，
水村山郭酒旗风。
南朝四百八十寺，
多少楼台烟雨中。

绝句漫兴

杜甫

熟知茅斋绝低小，
江上燕子故来频。
衔泥点污琴书内，
更接飞虫打着人。

画石

刘商

苍藓千年粉绘传，
坚贞一片色犹全。
那知忽遇非常用，
不把分铢补上天！

枫桥夜泊

张继

月落乌啼霜满天，
江枫渔火对愁眠。

姑苏城外寒山寺，
夜半钟声到客船。

相思

王维

红豆生南国，
春来发几枝？
愿君多采撷，
此物最相思。

社日

王驾

鹅湖山下稻粱肥，
豚栅鸡栖对掩扉。
桑柘影斜春社散，
家家扶得醉人归。

项目小结

音节是语音结构的基本单位，它包含声母、韵母、声调三个部分，所以，要发准音节，一定要先发准每个声母、韵母、声调。只有声母、韵母、声调的发音都准确无误，这个音节才能算是正确的。

要学好声母、韵母、声调和音节，首先必须掌握有关的理论；其次要重视用理论来指导发音实践，减少摸索、尝试的时间，少走弯路；最后要注意方言辨正，纠正受方言影响产生的偏离普通话的语音习惯。

项目三
普通话音变训练

项目训练目标

1. 了解变调、轻声、儿化、“啊”的音变等语流音变的规律。
2. 掌握各种音变的技能，说普通话时语流音变运用正确、自然。

学习普通话语音，除了掌握普通话的声母、韵母、声调和音节的正确发音外，还要学习普通话的变调、轻声、儿化、“啊”的音变的有关理论和发音技能，纠正方言对普通话变调、轻声、儿化、“啊”的音变的发音的影响，发准普通话的变调、轻声、儿化、“啊”的音变，这样才能做到表达自然、地道。幼儿教师还要学会运用有关理论，纠正幼儿的错误发音。

任务一　变调训练

任务要点

通过案例，从感性上认识发准变调的重要性，再从理论上掌握普通话变调的发音要领，以及变调的辨正方法，最后通过技能训练，能够发准普通话的各种类型的变调，读准词语、句子、语段中的变调。幼儿教师还要能够听辨各种类型的变调，以纠正幼儿的发音。

案　例

课堂上，一个句子的读法引起大家的争议：“一楼的老张一声大喊把一楼的人都吵醒了。”有的说，应该是“一（yī）楼的老张一（yì）声大喊把一（yì）楼的人都吵醒了。”有的说，应该是“一（yī）楼的老张一（yì）声大喊把一（yī）楼的人都吵醒了。”大家议论纷纷，意见总是没办法统一。最后，老师说话了。原来，这两种读法都可以，不过表示的意思就不一样。当“一”读作“yī”的时候，表示的是“第一层楼”或“第一栋楼”；当“一”读作“yì”的时候，表示的是“整栋楼”。“一(yī)楼的老张一(yì)声大喊把一(yì)楼的人都吵醒了。”说的是老张把整栋楼的人都吵醒了；“一(yī)楼的老张一(yì)声大喊把一(yī)楼的人都吵醒了。”说的是老张吵醒的是第一层楼或第一栋楼的人。

人们在说话时，音节之间会互相影响，使读法发生变化，有时意思、语气也会相应地发生变化。“一”读作“yì”就是属于其中的一种音变——变调。

一、理论与方法

音变就是在语流中，音节和音节之间互相影响，产生的语音变化。

普通话的语流音变主要包括变调、轻声、儿化、“啊”的音变等。

由于邻近音节声调的影响，有些音节的声调往往要发生变化。这种声调变化现象叫作变调。

(一)变调的类型和发音

1. 上声的变调。

上声在非上声(阴平、阳平、去声)前面读成半上，调值由 214 变成 21。

上声在上声前面读成阳平，调值由 214 变成 35。

三个上声相连，当词语结构是“双音节＋单音节”时，前两个上声读成阳平；当词语结构是“单音节＋双音节”时，前一个上声读成半上，第二个上声读成阳平。

一连串上声相连，先根据语意或气息停顿，停顿前的上声读成半上，最后一个上声读成原调，其他上声读成阳平。

2. “一”“不”的变调。

在去声前，“一”“不”都读成阳平。

在非去声前，“一”读成去声，“不”读原调。

夹在词语中间时，“一”“不”都读成轻声。

当“一”作为序数表示“第一”时不变调。

(二)变调的辨正

方言区的人在学习变调时，容易犯两个毛病：一是依然读原调，不读变化后的声调；二是不按变调规律来读，例如，把“上声＋上声”的组合读成“上声＋阳平”，把“单音节＋双音节”的上声组合读成“阳平＋阳平＋上声”。这两个毛病的纠正方法是一样的，即根据变调的规律来发音。

资料卡

《普通话测试实施纲要》中上上相连的词语

保管	保守	保险	本领	本体	彼此	笔者	表演	采访	采取	产品
场所	处理	打倒	党委	导管	导体	导演	岛屿	顶点	腐朽	改组
赶紧	感慨	感染	港口	给以	古典	古老	鼓舞	管理	广场	好比
好转	济济	给予	甲板	假使	减少	尽管	考古	可以	口语	老板
老虎	老鼠	冷水	理解	理想	了解	领导	领土	旅馆	蚂蚁	美感
美好	勉强	敏感	母体	哪里	扭转	女子	偶尔	品种	起点	起码
审美	手表	手法	手脚	手掌	手指	首领	首长	水果	水手	所属
所以	所有	土匪	土壤	往往	侮辱	舞蹈	洗澡	享有	想法	小姐
小组	许可	选举	选手	演讲	也许	以免	以往	引导	引起	影响
永远	勇敢	友好	予以	雨水	语法	允许	早已	展览	整理	整体
只好	只有	指导	主导	主管	主体	主语	子女	总理	总体	阻止
祖母	左手	矮小	把柄	把手	把守	靶场	版本	饱满	宝塔	保姆
保养	堡垒	本土	匕首	比拟	比武	笔法	补给	哺乳	采写	彩礼
惨死	草本	草场	草拟	场景	吵嘴	耻辱	处女	处死	打赌	打搅
打垮	打扰	打扫	打铁	导语	捣鬼	捣毁	诋毁	抵挡	典礼	典雅
点火	抖擞	短跑	短小	短语	躲闪	耳语	法宝	法典	反比	反感
反响	反省	粉笔	抚养	俯首	辅导	改悔	改口	改写	改选	赶场
感想	橄榄	稿纸	拱手	苟且	古典	古朴	骨髓	鼓掌	鬼脸	果品
海岛	海港	海口	海里	好歹	好感	缓解	悔改	火把	火海	火种
给养	脊髓	假想	检举	检索	检讨	减产	减免	剪纸	简短	简朴
讲解	讲理	讲演	奖品	奖赏	脚掌	脚趾	解渴	解体	尽早	警犬
久远	举止	考场	考取	烤火	可耻	可口	可取	可喜	口角	口水
口吻	苦果	傀儡	懒散	老者	老总	冷暖	冷眼	冷饮	礼法	礼品
理睬	脸谱	领海	领口	领取	领主	笼统	卤水	鲁莽	卵子	裸体
马匹	马桶	玛瑙	买主	满口	满嘴	美景	美酒	美满	美女	渺小
母本	母语	拇指	奶粉	恼火	脑海	脑髓	袅袅	普法	普选	谱写
乞讨	起草	起火	浅海	浅显	抢险	取暖	取舍	犬齿	冉冉	软骨
审理	使馆	使者	始祖	手稿	手软	守法	首府	首脑	首尾	爽朗
水草	水产	水火	水井	水鸟	水塔	水獭	水土	水肿	水准	死板
死守	怂恿	索取	倘使	讨好	体检	铁轨	铁索	统领	土产	土语
腿脚	瓦解	婉转	网点	往返	委婉	稳产	稳妥	五谷	武打	舞场
舞女	舞曲	洗礼	显眼	小丑	小鬼	小米	小脑	小品	小巧	小腿

小雪	写法	许久	选取	选种	眼底	眼睑	眼角	养老	窈窕	以往
引水	饮水	勇猛	有理	雨伞	远古	远景	早点	早晚	眨眼	辗转
长老	长者	掌管	诊所	只管	纸板	指点	指使	指引	主考	主演
主宰	主旨	转产	转脸	转手	转眼	准许	总得	总管	走访	阻挡
嘴脸										

备注：以上词语全部选自《普通话水平测试实施纲要·普通话水平测试普通话词语表》。

二、技能训练

[**训练一**]

要求：在教师的指导下，完成下列训练，学习变调的正确发音。

步骤：

(1)教师示范，带读，集体训练。

(2)小组训练，互相评议。

(3)记录自己发不准的音，自己训练，努力改正。

读一读下面上声的变调。

上声＋阴平	饼干	海关	许多	火车	老师	酒精
	保温	雨衣	北方	首先	小说	打通
上声＋阳平	祖国	旅游	朗读	讲台	打球	偶然
	改革	考察	抢夺	坦白	紧急	口型
上声＋去声	广大	土地	感谢	稿件	铁路	努力
	美术	把握	请假	马上	总共	典范

[**训练二**]

要求：读准下列音节中的变调音节，掌握变调的方法。

1. 朗读下面上上相连的变调。

保管	本领	表演	产品	处理	赶紧
港口	古老	好转	减少	可以	老鼠
理解	领导	领土	美好	品种	手表
首长	水果	所以	土壤	舞蹈	洗澡
选举	演讲	也许	影响	永远	勇敢
友好	语法	允许	整理	指导	祖母

2. 朗读下面三个上声相连的变调。

双音节＋单音节	手写体	展览馆	选举法	水彩笔	蒙古语	考古所
	管理者	洗脸水	打靶场	古典美	手表厂	处理品

单音节＋双音节　冷处理　小两口　　海产品　小老鼠　　好女子　耍笔杆

小拇指　买水果　　很理想　有影响　　搞管理　总可以

3. 朗读下面“一”和“不”的变调。

“一”＋阴平　一般　一边　　一端　一心　　一生　一天

“一”＋阳平　一连　一旁　　一齐　一时　　一同　一直

“一”＋上声　一举　一起　　一体　一早　　一朵　一口

“一”＋去声　一半　一带　　一旦　一定　　一共　一律

一切　一向　　一再　一致　　一概　一气

“不”＋去声　不必　不便　　不错　不但　　不定　不断

不对　不够　　不顾　不过　　不快　不利

不料　不论　　不怕　不幸　　不要　不用

不妙　不配　　不善　不适　　不孝　不屑

4. 读准下面“一”和“不”的变调。

一板一眼　一唱一和　一朝一夕　一模一样　一心一意　一张一弛

一目了然　一视同仁　一针见血　一网打尽　一贫如洗　一马当先

一诺千金　一日千里　一衣带水　一成不变　一笔勾销　一技之长

不折不扣　不即不离　不慌不忙　不屈不挠　不卑不亢　不伦不类

不计其数　不谋而合　不置可否　不可思议　不平则鸣　不义之财

不可开交　不动声色　不假思索　不知所措　不约而同　不学无术

5. 读准下面“一”和“不”的变调。

想一想　看一看　　说一说　笑一笑　　走一走　读一读

谈一谈　找一找　　试一试　问一问　　听一听　洗一洗

跳一下　来一个　　买一点　坐一会　　去一次　来一趟

多不多　好不好　　忙不忙　苦不苦　　热不热　快不快

买不买　像不像　　痛不痛　行不行　　美不美　是不是

用不着　差不多　　管不了　拿不准　　说不定　买不起

[**训练三**]

说明：这个训练有一定难度，第 3 题绕口令，语音好的同学可以尝试一下。

要求：综合训练

(1)能够读准语流中的变调。

(2)能够指出不正确的发音，并进行分析。

步骤：

(1)自我训练。

(2)同桌对练，指出存在的问题，并试作分析。

1. 按照上声的变调规律朗读下面的句子。

(1)广场有古典舞蹈表演与剪纸展览。

(2)种马场养有五百匹好母马。

(3)我请雨伞厂鲁厂长选两把好雨伞给柳组长。

(4)辅导组组长李小勇找你写演讲稿。

2. 朗读下面句子，看看加点的词的读法有什么不同。

(1)一团的内务一团糟。

(2)一连的战士一连打了两场漂亮战。

(3)我们一度测到最低气温为零下一度。

(4)只要有一线希望，我们就一定不放弃对一线伤病员的抢救。

3. 绕口令练习。

说明：绕口令练习是一种技巧训练，语音好的同学可以尝试一下，但是不要单纯地追求速度，一定要注意发准每一个字音。

要求：在准确发音的基础上逐渐加快速度，尽量读得又准又快。

(1)一个大，一个小，一件衣服一顶帽。一边多，一边少，一打铅笔一把刀。一个大，一个小，一只西瓜一颗枣。一边多，一边少，一盒饼干一块糕。一个大，一个小，一头肥猪一只猫。一边多，一边少，一群大雁一只鸟。一边唱，一边跳，大小多少记得牢。

(2)不怕不会，就怕不学。一回学不会再来一回，一直到学会，我就不信学不会。

任务二　轻声训练

任务要点

通过案例，从感性上认识发准轻声的重要性，再从理论上掌握普通话轻声的发音要领，以及轻声的辨正方法，最后通过技能训练，能够发准普通话各种类型的轻声，读准词语、句子、语段中的轻声。幼儿教师还要能够听辨各种类型的轻声，以纠正幼儿的发音。

案　例

相传东汉时，洛阳和长安是当时商业繁华的城市，洛阳被称为“东京”，长安被称为“西京”。有人到东京、西京买货物，就说“买东”或“买西”。久而久之，“买货物”也叫作“买东西”。到了近代，北京人口头上的“东西”，读作“dōngxī”的时候指的是“方向”，只有读做“dōngxi”的时候指的才是“物件”。

轻声也是普通话的一种音变现象。有些词语，读轻声和不读轻声，意思是不一样的，如上面的例子；有些词语，读轻声和不读轻声，意思虽然没有什么不同，但是，不读轻声，普通话就显得不够地道。

一、理论与方法

(一)轻声的规律和作用

普通话的每个音节都有声调。但是，在词或句子里，有些音节由于受到前面音节的影响，失去原有的声调的调值，变得音强弱，音长短。这种现象叫作轻声。

轻声对一些词有区别词义的作用，对一些词还有区别词义和词性的作用；而有些词，读轻声还是不读轻声，并不成为两个不同的词，但是不读轻声听起来生硬、不够自然。

(二)轻声的类型和发音

轻声包括规律性轻声和习惯性轻声两类。

规律性轻声指的是某些成分固定读轻声，如语气词、助词、方位词、趋向动词等。

一些口语中极常用的双音节词的第二个音节习惯上读成轻声，属于习惯性轻声。

轻声音节的调值有两种形式：

在非上声(包括阴平、阳平、去声)后，读成短促的低降调，调值 31。

在上声后，读成短促的微升调，调值 34。

(三)轻声的辨正

方言区的人在学习轻声时，容易犯两个毛病：一是把该读轻声的音节读成原来的声调，这样有时会影响意思的表达，有时即使不会，也显得生硬，不够自然；二是把轻声一律读成短促的阴平调，实际上轻声没有固定的音高，它是随着前面音节的声调的不同而不同的。

对于这两个毛病，要区别对待：一是必须掌握具有区别词义的轻声词，并尽可能地掌握习惯性的轻声词；二是根据轻声音节前面音节的声调来确定轻声音节的调值，并准确地读出来。

资料卡

一、《普通话测试实施纲要》中的必读轻声词和可轻读词语

必读轻声词

爱人	爸爸	包袱	被子	本事	鼻子	鞭子	脖子	步子	部分	苍蝇	车子
称呼	除了	窗户	窗子	村子	答应	打扮	打量	打算	打听	大爷	大夫
耽误	担子	地方	弟弟	弟兄	东西	动静	豆腐	肚(dǔ)子	肚(dù)子		
队伍	对付	多么	儿子	耳朵	房子	告诉	疙瘩	哥哥	胳膊	鸽子	工夫
公公	功夫	姑娘	骨头	故事	寡妇	怪物	关系	规矩	闺女	鬼子	孩子

汉子 合同 和尚 猴子 糊涂 护士 活泼 家伙 架子 结实 姐姐 精神
镜子 舅舅 句子 咳嗽 客气 口袋 裤子 快活 筷子 困难 喇叭 老婆
老实 老爷 老子 里头 力气 厉害 例子 粮食 炉子 路子 骆驼 妈妈
麻烦 码头 买卖 馒头 帽子 眉毛 妹妹 名字 明白 模糊 木头 那么
奶奶 脑袋 脑子 你们 念头 女婿 牌子 朋友 脾气 屁股 便宜 漂亮
婆婆 前头 亲戚 清楚 拳头 热闹 人家 人们 认识 日子 嗓子 嫂子
商量 少爷 舌头 身子 什么 生意 牲口 绳子 师傅 石头 时候 实在
似的 事情 收拾 叔叔 舒服 孙子 他们 它们 她们 太太 特务 头发
兔子 娃娃 晚上 尾巴 委屈 为了 位置 蚊子 我们 屋子 媳妇 喜欢
先生 乡下 箱子 消息 小子 笑话 谢谢 心思 星星 行李 兄弟 休息
学生 学问 眼睛 样子 钥匙 爷爷 叶子 衣服 衣裳 椅子 意思 影子
院子 月亮 咱们 早上 怎么 丈夫 帐篷 招呼 这个 这么 枕头 知识
种子 主意 庄稼 桌子 自在 祖宗 嘴巴 琢磨 案子 巴掌 把(bǎ)子
把(bà)子 白净 班子 板子 帮手 梆子 膀子 棒槌 棒子 包涵
包子 豹子 杯子 本子 比方 扁担 辫子 别扭 饼子 拨弄 簸箕
补丁 财主 裁缝 差事 柴火 肠子 厂子 场子 池子 尺子 虫子 绸子
锄头 畜生 锤子 刺猬 凑合 耷拉 打点 打发 大方 带子 袋子 耽搁
单子 胆子 刀子 道士 稻子 灯笼 凳子 提防 笛子 底子 地道 点心
调子 钉子 东家 动弹 豆子 嘟囔 缎子 对头 蛾子 贩子 废物 份子
风筝 疯子 福气 斧子 盖子 甘蔗 杆(gān)子 杆(gǎn)子 干事 杠子
高粱 膏药 稿子 格子 个子 根子 跟头 弓子 钩子 姑姑 谷子 褂子
官司 罐头 罐子 柜子 棍子 锅子 果子 蛤蟆 含糊 行当 核桃 盒子
红火 后头 厚道 狐狸 胡琴 皇上 幌子 火候 伙计 机灵 脊梁 记号
记性 夹子 嫁妆 架势 尖子 茧子 剪子 见识 毽子 将就 交情 饺子
叫唤 街坊 姐夫 戒指 金子 橘子 卷子 空子 口子 扣子 窟窿 框子
阔气 喇嘛 篮子 懒得 浪头 姥姥 累赘 篱笆 利落 利索 栗子 痢疾
连累 帘子 凉快 料子 林子 翎子 领子 溜达 聋子 笼子 轮子 萝卜
骡子 麻利 麻子 马虎 麦子 忙活 冒失 媒人 门道 眯缝 迷糊 面子
苗条 苗头 名堂 蘑菇 木匠 难为 能耐 念叨 娘家 镊子 奴才 暖和
疟疾 拍子 牌楼 盘算 盘子 胖子 狍子 盆子 棚子 皮子 痞子 片子
骗子 票子 瓶子 婆家 铺盖 欺负 旗子 钳子 茄子 勤快 亲家 曲子
圈子 裙子 褥子 塞子 扫帚 沙子 傻子 扇子 晌午 上司 上火 烧饼
勺子 哨子 婶子 师父 虱子 狮子 石匠 石榴 拾掇 使唤 世故 柿子
收成 首饰 梳子 舒坦 疏忽 爽快 思量 算计 岁数 台子 摊子 坛子
毯子 桃子 梯子 蹄子 挑剔 挑子 条子 跳蚤 铁匠 亭子 头子 妥当

唾沫　挖苦　袜子　位子　稳当　稀罕　席子　瞎子　匣子　下巴　吓唬　相声
小气　猩猩　性子　秀才　秀气　袖子　靴子　丫头　鸭子　衙门　哑巴　胭脂
烟筒　燕子　秧歌　养活　吆喝　妖精　椰子　银子　应酬　柚子　冤枉　月饼
云彩　运气　在乎　扎实　眨巴　栅栏　宅子　寨子　张罗　丈人　帐子　招牌
折腾　镇子　芝麻　侄子　指甲　指头　珠子　竹子　主子　柱子　爪子　转悠
庄子　壮实　状元　锥子　字号　粽子　作坊

可轻读词语

白天　报酬　报复　别人　玻璃　长处　成分　诚实　出来　出去　刺激　聪明
错误　答复　大人　道理　底下　地下　懂得　多少　反正　费用　分量　夫人
父亲　干净　感激　跟前　工人　公平　固执　过来　过去　好处　喉咙　后边
后面　花费　回来　回去　活动　机会　机器　记得　家具　价钱　讲究　进来
进去　觉得　看见　客人　会计　老鼠　里边　里面　力量　邻居　逻辑　毛病
没有　棉花　摸索　母亲　哪里　那里　佩服　菩萨　葡萄　妻子　起来　气氛
前边　前面　情形　情绪　任务　容易　上边　上来　上面　上去　身份　神气
使得　势力　书记　熟悉　说法　太阳　态度　听见　痛快　外边　外面　味道
西瓜　下边　下来　下面　下去　显得　想法　小姐　小心　晓得　心里　新鲜
烟囱　摇晃　夜里　已经　意见　意识　因为　应付　用处　右边　遇见　愿意
早晨　照顾　折磨　这里　知道　值得　主人　嘱咐　资格　左边　把手　摆布
摆弄　摆设　褒贬　报应　抱怨　北边　本钱　鼻涕　别致　残疾　尺寸　抽屉
搭讪　当铺　得罪　底细　点缀　惦记　东边　短处　翻腾　分寸　风水　凤凰
扶手　服饰　斧头　干粮　告示　格式　工钱　公道　公家　功劳　恭维　勾当
估量　害处　行家　和气　荷包　滑稽　荒唐　黄瓜　恍惚　晦气　火气　伙食
祸害　忌讳　缰绳　近视　考究　苦头　宽敞　魁梧　拉拢　牢骚　冷清　理事
伶俐　琉璃　露水　埋伏　卖弄　玫瑰　眉目　门面　免得　牡丹　南边　南瓜
南面　难处　泥鳅　挪动　排场　牌坊　喷嚏　碰见　琵琶　篇幅　撇开　泼辣
破绽　魄力　敲打　瞧见　俏皮　亲事　轻巧　去处　洒脱　神仙　生日　尸首
势头　手巾　盘算　孙女　太监　提拔　体谅　体面　替换　通融　透亮　徒弟
围裙　喜鹊　薪水　修行　妖怪　义气　益处　樱桃　右面　鸳鸯　月季　匀称
糟蹋　渣滓　照应　阵势　证人　侄女　志气　周到　住处　左面　座位

二、《普通话测试实施纲要》中含“子”和“头”而不读轻声的词语

含“子”而不读轻声的词语

孢子　弟子　电子　分子(fēn)　分子(fèn)　精子　离子　粒子　莲子　量子
男子　女子　因子　原子　质子　中子　夫子　公子　瓜子　核子　君子　卵子
棋子　亲子　石子　太子　天子　童子　王子　孝子　游子

含“头”而不读轻声的词语

带头　低头　点头　回头　街头　镜头　开头　口头　眉头　年头　山头

抬头　心头　摇头　钟头　案头　车头　磁头　从头　弹头　掉头　额头
分头　坟头　工头　关头　过头　肩头　箭头　接头　尽头　劲头　磕头
叩头　苦头　老头　领头　埋头　矛头　派头　碰头　墙头　桥头　势头
探头　剃头　窝头　迎头　源头　针头　砖头　钻头

备注：以上词语全部选自《普通话水平测试实施纲要·普通话水平测试普通话词语表》。

二、技能训练

[**训练一**]

要求：在教师指导下，完成下列训练，学习轻声的正确发音。

步骤：

(1)想一想，说一说。

(2)教师示范，带读，集体训练。

(3)小组训练，互相评议。

(4)记录自己发不准的音，为下一个训练做准备。

(5)自己训练，努力改正。

1. 想一想，议一议，看看这些词读作轻声和不读轻声的时候，意思有什么不同。

要求：结合教师的提示，感受普通话的轻声的作用。

本事 běnshì——běnshi　　世故 shìgù——shìgu
大爷 dàyé——dàye　　东西 dōngxī——dōngxi
地方 dìfāng——dìfang　　地下 dìxià——dìxia
过去 guòqù——guòqu　　精神 jīngshén——jīngshen
人家 rénjiā——rénjia　　生意 shēngyì——shēngyi
实在 shízài——shízai　　废物 fèiwù——fèiwu
兄弟 xiōngdì——xiongdi　　自在 zìzài——zìzai
大方 dàfāng——dàfang　　地道 dìdào——dìdao
琢磨 zhuómó——zhuómo

2. 比一比下面各组词语的读音。

要求：结合教师的提示，感受普通话轻声的作用。

孢子——包子　分子——份子　粒子——栗子
莲子——帘子　核子——盒子　棋子——旗子

3. 比一比下面句子中加点的词语的读音和意思。

(1)你做买卖怎么能缺斤短两呢？买卖要公平嘛！

(2)你看他今天精神多了，真是“人逢喜事精神爽”啊!
(3)他的本事可大了，把与本事有牵连的人一一查清了。
(4)中专部的干事陆小林干事可勤快了。
4. 读准下列双音节词中的轻声音节。

我们	咱们	什么	怎么	得了	对了
妈妈	叔叔	谢谢	星星	有的	显得
石头	指头	跟头	枕头	孩子	样子
日子	绳子	个子	法子	车子	摊子
先生	事情	认识	部分	朋友	学生
知识	人家	多少	姑娘	困难	明白
衣服	清楚	意思	喜欢	玻璃	师傅
消息	大夫	休息	头发	粮食	工夫

5. 读准下列三音节词中的轻声音节。

豆腐渣	耳朵眼	胳膊肘	小气鬼	工夫茶	故事片
孩子气	合同工	糊涂虫	喇叭花	老爷车	力气活
骆驼绒	脑袋瓜	漂亮话	身子骨	娃娃鱼	行李卷
枕头套	庄稼汉	苍蝇拍	麻烦事	便宜货	姑娘家

[**训练二**]
要求：自主训练。
(1)结合训练一的训练情况，有针对性地进行训练。
(2)结合教师提示，进行发音训练。
步骤：
(1)教师提示，自己训练。
(2)同桌对练，互相指正。
(3)个别汇报，教师指导。

根据练习“训练一”时存在的问题，分别进行下列词语训练。
(1)阴平后的轻声发得不好的同学，请做以下训练。

他们	哥哥	接着	桌子	多么	跟头
衣裳	商量	家伙	招呼	舒服	出息

(2)阳平后的轻声发得不好的同学，请做以下训练。

人们	伯伯	舌头	鼻子	除了	儿子
咳嗽	合同	糊涂	萝卜	活泼	便宜

(3)去声后的轻声发得不好的同学，请做以下训练。

爸爸	似的	后头	例子	这么	木头
骆驼	漂亮	在乎	客气	厉害	利落

(4)上声后的轻声发得不好的同学，请做以下训练。

你们	姐姐	懂得	脑子	尺子	里头
耳朵	尾巴	打量	眼睛	稳当	委屈
老实	脑袋	暖和	使唤	主意	点心
打发	马虎	喇叭	女婿	爽快	养活

[**训练三**]

说明：这个训练有一定难度，第2题绕口令，语音好的同学可以尝试一下。

要求：综合训练

(1)能够读准语流中的轻声。

(2)能够指出不正确的发音，并进行分析。

步骤：

(1)自我训练。

(2)同桌对练，指出存在的问题，并试作分析。

1. 朗读日本作家新美南吉的《去年的树》，注意加点的轻声词的发音。

去年的树①

一棵树和一只鸟儿是好朋友。鸟儿站在树枝上，天天给树唱歌。树呢，天天听着鸟儿唱歌。

日子一天天过去，寒冷的冬天就要来到了。鸟儿必须离开树，飞到很远很远的地方去。

树对鸟儿说："再见了，小鸟！明年春天请你回来，还唱歌给我听。"

鸟儿说："好的，我明年春天一定回来，给你唱歌。请等着我吧！"鸟儿说完，向南方飞去了。

春天又来了。原野上、森林里的雪都融化了。鸟儿又回到这里，找她的好朋友树来了。

可是，树不见了，只剩下树根留在那里。

"立在这儿的那棵树，到什么地方去了呀?"鸟儿问树根说。

树根回答："伐木人用斧子把他砍倒，拉到山谷里去了。"

鸟儿向山谷里飞去。

山谷里有个很大的工厂，锯木头的声音"沙——沙——"地响着。鸟儿落在工厂的大门上。她问大门："门先生，我的好朋友树在哪儿，您知道吗?"

大门回答说："树么，在厂子里给切成细条条儿，做成火柴，运到那边的村子里卖掉了。"

鸟儿向村子飞去。

---

① 选自义务教育课程标准实验教科书：《语文》(四年级上册)，北京，人民教育出版社，2004。

在一盏煤油灯旁，坐着个小女孩。鸟儿问女孩儿："小姑娘，请告诉我，你知道火柴在哪儿吗？"

小女孩回答说："火柴已经用光了。可是，火柴点燃的火，还在这盏灯里亮着。"

鸟儿睁大眼睛，盯着灯火看了一会儿。

接着，她就唱起去年唱过的歌儿给灯火听。

唱完了歌，鸟儿又对着灯火看了一会儿，就飞走了。

2. 绕口令练习。

说明：绕口令练习是一种技巧训练，语音好的同学可以尝试一下，但是不要单纯地追求速度，一定要注意发准每一个字音。

要求：在准确发音的基础上逐渐加快速度，尽量读得又准又快。

(1)房子里有箱子，箱子里有匣子，匣子里有盒子，盒子里有镯子。镯子外有盒子，盒子外有匣子，匣子外有箱子，箱子外有房子。

(2)四个小孩上菜市，提着四只小篮子，买了四个红柿子，路上拾把小石子，回到家里吃柿子，吃完柿子玩石子。

任务三　儿化训练

任务要点

通过案例，从感性上认识发准儿化的重要性，再从理论上掌握普通话儿化的发音要领，以及儿化的辨正方法，最后通过技能训练，能够发准普通话的各种类型的儿化，读准词语、句子、语段中的儿化。幼儿教师还要能够听辨各种类型的儿化，以帮助幼儿正确发音。

案　例

一个人跟北京人学习普通话，学了一段时间后，觉得自己已经掌握得差不多了，尤其是北京话中的儿化，他觉得自己说得并不比北京人差。一天他去坐公交车，跟司机说："师傅，我要在前门儿下车！"司机白了他一眼，说："前门儿不让下。"他急了，问："为什么？"司机说是规矩，前门儿上车，后门儿下车。他说他指的不是这个"前门儿"，而是那个"前门儿"。比画了半天，司机才明白，他指的是"前门"站。司机说："兄弟，这个不叫'前门儿'叫'前门'。"本来想在北京人面前露一下脸的，没想到却栽了，窘得他呀，脸红脖子粗的，赶紧下车走人了。

在普通话中，儿化是把"儿"化到前面的音素中，不仅发音改变了，意思和语气也相应地发生了变化。

一、理论与方法

(一)儿化的规律和作用

在普通话中，er 可以附在音节的后面，使音节带上卷舌动作，韵母产生音变。这种现象叫作儿化。

儿化的变化规律见下表。

表 3-3-1 儿化变化规律一览表

原韵母或尾音	儿化	实际读音
韵母或尾音是 ɑ、o、e、ê、u	不变，加 r	画儿(huàr) 板擦儿(cār) 大伙儿(huǒr) 围脖儿(bór) 个儿(gèr) 旦角儿(juér) 锅贴儿(tiēr) 兜儿(dōur) 爆肚儿(dǔr)
韵母是 i、ü	不变，加 er	玩意儿(yìer) 针鼻儿(bíer) 金鱼儿(yúer) 小曲儿(qǔer)
韵母是-i	去掉-i 加 er	没事儿(shèr) 枪子儿(zěr)
尾音是 i、n	去掉 i、n 加 r	带儿(dàr) 走味儿(wèr) 包干儿(gār) 纳闷儿(mèr)
韵母是 in、ün	去掉 n 加 er	够劲儿(jìer) 音儿(yīer) 白云儿(yúer)
尾音是 ng	去掉 ng 加 r，元音鼻化	空儿(kòr) 鼻梁儿(liár)

儿化不仅是一种语音现象，它还具有语汇意义和语法意义，并有一定的修辞作用。

第一，儿化可以区别词义。

第二，儿化可以区别词性。

第三，儿化可以表示细小、轻微或亲切、喜爱的意思。

(二)儿化的类型和发音

儿化的音变条件取决于韵母的末尾音素是否便于卷舌。

第一，在有利于卷舌的韵母或尾音后直接加上 r。

第二，i、ü 舌位太前不利于卷舌，所以当韵母是 i、ü 时加上 er，-i 则去掉后再加上 er。

第三，去掉不利于卷舌的尾音 i、n、ng，其中 ng 去掉后加上 r，元音鼻化，in、ün 去掉 n 后加上 er。

(三)儿化的辨正

方言区的人在学习儿化时，容易犯两个毛病：一是把儿化音节拆开来，把它读成两个音节；二是虽然没有拆开来，但“化”得不好，读起来显得很生硬，不够自然。

对于这两个毛病，一是要明确儿化音节的“儿”不是一个单独的音节，而是在一个音节的末尾音上附加的卷舌动作；二是要通过训练，把“儿”自然地“化”到前面的音节中。

资料卡

一、《普通话测试实施纲要》中的儿化词

把儿　包干儿　茶馆儿　差点儿　大伙儿　大婶儿　灯泡儿　核儿　老伴儿　哪儿　那儿　年头儿　人影儿　小说儿　笑话儿　这儿　把门儿　脖颈儿　旦角儿　豆芽儿　逗乐儿　饭馆儿　份儿　哥们儿　好玩儿　胡同儿　老头儿　聊天儿　没准儿　门洞儿　面条儿　模特儿　纳闷儿　嗓门儿　石子儿　手绢儿　玩意儿　馅儿　心眼儿　杏儿　雨点儿

二、《普通话测试实施纲要》中含“儿”而不读儿化的词语

女儿　胎儿　小儿　婴儿　幼儿　宠儿　孤儿　健儿　少儿

备注：以上词语选自《普通话水平测试实施纲要·普通话水平测试普通话词语表》。

二、技能训练

[**训练一**]

要求：在教师的指导下，完成下列训练，学习儿化的正确发音。

步骤：

(1)想一想，说一说。

(2)教师示范，带读，集体训练。

(3)小组训练，互相评议。

(4)记录自己发不准的音，为下一个训练做准备。

(5)自己训练，努力改正。

1. 想一想，议一议，看看下面加点的词语的读音和意思有什么不同。

要求：结合教师的提示，感受普通话的儿化的作用。

(1)喝水吧，你想要汽水儿啊，还是要可乐？

(2)我的眼睛不好，不能把线儿从针眼儿里穿过去。

(3)笔尖儿太尖了，不能画画儿。

2. 读准下列词语中的儿化音节。

豆芽儿　找碴儿　裤衩儿　被窝儿　邮戳儿　面条儿

逗乐儿　打嗝儿　小鞋儿　台阶儿　泪珠儿　没谱儿

肚脐儿　玩意儿　毛驴儿　蛐蛐儿　石子儿　没词儿

名牌儿　一块儿　跑腿儿　耳垂儿　拐弯儿　纳闷儿

手绢儿　雨点儿　送信儿　有劲儿　冰棍儿　露馅儿

胡同儿　花瓶儿　门洞儿　人影儿　图钉儿　门铃儿

[**训练二**]

要求：自主训练。

(1)结合训练一的训练情况，有针对性地进行训练。

(2)结合教师提示，进行发音训练。

步骤：

(1)教师提示，自己训练。

(2)同桌对练，互相指正。

(3)个别汇报，教师指导。

根据练习“训练一”时存在的问题，分别进行下列词语训练。

(1)u 后面的儿化发得不好的同学，请做以下训练。

梨核儿　有数儿　碎步儿　媳妇儿　纹路儿　手鼓儿

(2)-i 后面的儿化发得不好的同学，请做以下训练。

记事儿　瓜子儿　挑刺儿　锯齿儿　墨汁儿　铜子儿

(3)ng 后面的儿化发得不好的同学，请做以下训练。

瓜瓤儿　火星儿　钢镚儿　药方儿　抽空儿　蛋黄儿

鼻梁儿　花样儿　透亮儿　天窗儿　眼镜儿　小熊儿

[**训练三**]

说明：这个训练有一定难度，第 6 题绕口令，语音好的同学可以尝试一下。

要求：综合训练

(1)能够读准语流中的儿化。

(2)能够指出不正确的发音，并进行分析。

步骤：

(1)自我训练。

(2)同桌对练，指出存在的问题，并试作分析。

1. 朗读下面的句子，体会加点的词的读法。

(1)我崇敬那只小小的、英勇的鸟儿。

(2)同人一样，花儿也是有灵性的，更有品位之高低。

(3)风儿俯临，在这座无名者之墓的树木之间飒飒响着。

2. 朗读儿歌《雨妈妈》，体会两个“儿”的不同发音。

雨妈妈

雨妈妈，
雨妈妈，
提着水壶跑来啦。
跑来了，
要干啥？
花儿口渴了，
我来给它送点儿茶。

3. 朗读儿歌《我家弟弟真淘气儿》，注意儿化词的发音。

我家弟弟真淘气儿

我家弟弟真淘气儿，
见我他就拍肚皮儿，
吃起西瓜不吐子儿，
吃起黄瓜不洗泥儿，
吃起香蕉不歇气儿，
吃起苹果不削皮儿，
说他轻了不顶事儿，
说他重了不理人儿，
睡到半夜肚子痛，
请来医生给打针儿。

4. 朗读下面的语段，注意儿化词的发音。

(1)大雪整整下了一夜。今天早晨，天放晴了，太阳出来了。推开门一看，嗬！好大的雪啊！山川、河流、树木、房屋，全都罩上了一层厚厚的雪，万里江山，变成了粉妆玉砌的世界。落光了叶子的柳树上挂满了毛茸茸亮晶晶的银条儿；而那些冬夏常青的松树和柏树上，则挂满了蓬松松沉甸甸的雪球儿。一阵风吹来，树枝轻轻地摇晃，美丽的银条儿和雪球儿簌簌地落下来，玉屑似的雪末儿随风飘扬，映着清晨的阳光，显出一道道五光十色的彩虹。

——峻青，《第一场雪》

(2)最妙的是下点儿小雪呀。看吧，山上的矮松越发地青黑，树尖儿上顶着一髻儿白花，好像日本看护妇。山尖儿全白了，给蓝天镶上一道银边。山坡上，有的地方雪厚点儿，有的地方草色还露着；这样，一道儿白，一道儿暗黄，给山们穿上一件带水纹儿的花衣；看着看着，这件花衣好像被风儿吹动，叫你希望看见一点儿更美的山的肌肤。等到快日落的时候，微黄的阳光斜射在山腰上，那点儿薄雪好像忽然害羞，微微露出点儿粉色。就是下小雪吧，济南是受不住大雪的，那些小山太秀气。

——老舍，《济南的冬天》

5. 朗读朱自清的《春》，注意变调、轻声、儿化各种音变现象的发音。

春

朱自清

盼望着，盼望着，东风来了，春天的脚步近了。

一切都像刚睡醒的样子，欣欣然张开了眼。山朗润起来了，水涨起来了，太阳的脸红起来了。

小草偷偷地从土里钻出来，嫩嫩的，绿绿的。园子里，田野里，瞧去，一大片一大片满是的。坐着，躺着，打两个滚，踢几脚球，赛几趟跑，捉几回迷藏。风轻悄悄的，草软绵绵的。

桃树、杏树、梨树，你不让我，我不让你，都开满了花赶趟儿。红的像火，粉的像霞，白的像雪。花里带着甜味儿；闭了眼，树上仿佛已经满是桃儿、杏儿、梨儿。花下成千成百的蜜蜂嗡嗡地闹着，大小的蝴蝶飞来飞去。野花遍地是：杂样儿，有名字的，没名字的，散在草丛里，像眼睛，像星星，还眨呀眨的。

“吹面不寒杨柳风”，不错的，像母亲的手抚摸着你。风里带来些新翻的泥土的气息，混着青草味儿，还有各种花的香，都在微微润湿的空气里酝酿。鸟儿将窠巢安在繁花绿叶当中，高兴起来了，呼朋引伴地卖弄清脆的喉咙，唱出宛转的曲子，与轻风流水应和着。牛背上牧童的短笛，这时候也成天在嘹亮地响。

雨是最寻常的，一下就是三两天。可别恼。看，像牛毛，像花针，像细丝，密密地斜织着，人家屋顶上全笼着一层薄烟。树叶子却绿得发亮，小草也青得逼你的眼。傍晚时候，上灯了，一点点黄晕的光，烘托出一片安静而和平的夜。乡下去，小路上，石桥边，有撑起伞慢慢走着的人；还有地里工作的农夫，披着蓑，戴着笠的。他们的草屋，稀稀疏疏的，在雨里静默着。

天上风筝渐渐多了，地上孩子也多了。城里乡下，家家户户，老老小小，他们也赶趟儿似的，一个个都出来了。舒活舒活筋骨，抖擞抖擞精神，各做各的一份事去。“一年之计在于春”，刚起头儿，有的是工夫，有的是希望。

春天像刚落地的娃娃，从头到脚都是新的，他生长着。

春天像小姑娘，花枝招展的，笑着，走着。

春天像健壮的青年，有铁一般的胳膊和腰脚，他领着我们上前去。

——选自义务教育教科书：《语文》(七年级上册)，北京，人民教育出版社，2016

6. 绕口令练习。

说明：绕口令练习是一种技巧训练，语音好的同学可以尝试一下，但是不要单纯地追求速度，一定要注意发准每一个字音。

要求：在准确发音的基础上逐渐加快速度，尽量读得又准又快。

进了门儿，倒杯水儿，喝了两口儿运运气儿，顺手儿拿起小唱本儿，唱一曲儿，又一曲儿，练完了嗓子我练嘴皮儿。绕口令儿，练字音儿，还有单弦儿牌子曲儿，小快板儿，大鼓词儿，越说越唱我越带劲儿。

任务四 “啊”的音变训练

任务要点

通过案例，从感性上认识发准“啊”的音变的重要性，再从理论上掌握普通话“啊”的音变的发音要领，以及“啊”的音变的辨正方法，最后通过技能训练，能够发准普通话的各种类型的“啊”的音变，读准词语、句子、语段中的“啊”的音变。幼儿教师还要能够听辨各种类型的“啊”的音变，以纠正幼儿的发音。

案 例

在学校的朗读比赛中，王慧朗读了舒婷的诗歌《祖国啊，我亲爱的祖国》。她认真投入，声情并茂，可是每读到“祖国啊，我亲爱的祖国”时，台下的同学就会发出笑声。她很委屈，觉得同学们太不严肃。会后，语文老师告诉她，由于她把“祖国啊”三个音节连读较快，听起来像“祖挂”，所以大家都笑了。

这里的“啊”，受到前面的“国”的影响，读音发生了变化，应该读作“祖国呀，我亲爱的祖国”。作为一个语气词，它还要念得既轻又短，不用特别加以强调。

一、理论与方法

(一)“啊”的音变的规律和发音

语气词“啊”用在句末或句中停顿时，往往受到前面音节末尾音素的影响，读音发生变化。

前面的音素是舌面元音(除 u 外)时，“啊”音变成 ya(呀)；

其他“啊”的音变都是将前面的音素与 a 相拼，连读成音。

“啊”的音变情况可以归纳如表 3-4-1。

表 3-4-1 “啊”的音变情况一览表

“啊”前面音节的韵母	“啊”前面音节末尾的音素	“啊”的音变	汉字写法
a ia ua o uo e ie üe i ai uai ei uei ü	a o e ê i ü	ya	呀
u ou iou ao iao	u(o)	wa	哇
an ian uan üan en uen in ün	n	na	哪
ang iang uang eng ueng ing ong iong	ng	nga	啊
-i(后) er	-i(后) er	ra	啊
-i(前)	-i(前)	za	啊

(二)“啊”的音变的辨正

方言区的人在学习“啊”的音变时，容易犯这样的毛病，即读得比较重，有时比前面的音节还要重，实际上它不仅要根据音变情况发音，作为一个语气词，它还是一个轻声音节，要读得既轻又短，常常由前面的音节顺便带出即可，不用特别加以强调。

(三)学习音变的方法

音变是普通话学习的难点。它主要体现在语流中，在准确的基础上追求发音自然。如果掌握不好，普通话就显得不够地道。要发准音变，应该做到以下几点。

第一，根据音变的理论指导，发准变调、轻声、儿化、“啊”的音变的各种情况。

第二，以双音节词为基础，按照词语、句子、语段、绕口令的顺序，循序渐进地进行学习，在发音准确的基础上，通过反复练习，达到完全熟练的程度。

第三，提高听音、辨音能力，以提高正音的能力，纠正受方言影响产生的偏离普通话的语音习惯。

二、技能训练

[**训练一**]

发音练习：读准下列音节中的“啊”。

根据“啊”的音变规律朗读下面的词语。

傻啊	说啊	乐啊	写啊	谁啊	鱼啊
苦啊	高啊	好啊	跳啊	笑啊	妙啊
干啊	看啊	天啊	难啊	笨啊	惨啊
唱啊	行啊	娘啊	讲啊	听啊	痛啊
是啊	值啊	吃啊	儿啊	撕啊	刺啊

[**训练二**]

要求：能够读准语流中的变调，能够指出不正确的发音，并进行分析。

步骤：

(1)自我训练。

(2)同桌对练，指出存在的问题，并试作分析。

朗读下面的句子，注意“啊”的读法。

(1)你砸他们，说明你很正直善良，且有批评不良行为的勇气，应该奖励你啊！

(2)这又怪又丑的石头，原来是天上的啊！

(3)在它看来，狗该是多么庞大的怪物啊！

(4)我想张开两臂抱住她，但这是怎样一个妄想啊。

(5)大约潭是很深的，故能蕴蓄着这样奇异的绿；仿佛蔚蓝的天融了一块在里面似的，这才这般的鲜润啊。

(6)是啊，我们有自己的祖国，小鸟也有它的归宿，人和动物都是一样啊，哪儿也不如故乡好！

[**训练三**]

说明：这个训练有一定难度，第2题绕口令，语音好的同学可以尝试一下。

要求：综合训练

(1)能够读准文章中的“啊”的音变的读音。

(2)能够指出不正确的发音，并进行分析。

步骤：

(1)自我训练。

(2)同桌对练，指出存在的问题，并试作分析。

1. 朗读陈淼的《桂林山水》，注意语气词“啊”的发音。

桂林山水

陈淼

人们都说：“桂林山水甲天下。”我们乘着木船，荡漾在漓江上，来观赏桂林的山水。

我看见过波澜壮阔的大海，玩赏过水平如镜的西湖，却从没看见过漓江这样的水。漓江的水真静啊，静得让你感觉不到它在流动；漓江的水真清啊，清得可以看见江底的沙石；漓江的水真绿啊，绿得仿佛那是一块无瑕的翡翠。船桨激起的微波扩散出一道道水纹，才让你感觉到船在前进，岸在后移。

我攀登过峰峦雄伟的泰山，游览过红叶似火的香山，却从没看见过桂林这一带的山。桂林的山真奇啊，一座座拔地而起，各不相连，像老人，像巨象，像骆驼，奇峰罗列，形态万千；桂林的山真秀啊，像翠绿的屏障，像新生的竹笋，色彩明丽，倒映水中；桂林的山真险啊，危峰兀立，怪石嶙峋，好像一不小心就会栽倒下来。

这样的山围绕着这样的水，这样的水倒映着这样的山，再加上空中云雾迷蒙，山间绿树红花，江上竹筏小舟，让你感到像是走进了连绵不断的画卷，真是“舟行碧波上，人在画中游”。

——选自义务教育课程标准实验教科书：《语文》(四年级下册)，北京，人民教育出版社，2004

2. 绕口令练习。

说明：绕口令练习是一种技巧训练，语音好的同学可以尝试一下，但是不要单纯地追求速度，一定要注意发准每一个字音。

要求：在准确发音的基础上逐渐加快速度，尽量读得又准又快。

鸡啊，鸭啊，猫啊，狗啊，一块儿水里游啊！牛啊，羊啊，马啊，骡啊，一块儿进鸡窝啊！狼啊，虫啊，虎啊，豹啊，一块儿街上跑啊！兔啊，鹿啊，鼠啊，孩儿啊，一块儿上窗台啊！

项目小结

音变是普通话语音学习的难点。只有掌握了变调、轻声、儿化、“啊”的音变等各种音变的技能，普通话的表达才能显得自然。

要学好变调、轻声、儿化和“啊”的音变，首先，必须掌握有关的理论；其次，要重视用理论来指导发音实践，减少摸索、尝试的时间，少走弯路；最后，要注意方言辨正，纠正受方言影响产生的偏离普通话的语音习惯。

项目四
普通话水平测试与训练

项目训练目标

1. 了解普通话水平测试的性质及等级要求、内容及评分标准和流程。
2. 做好充分的测试准备。

普通话水平测试是检测考生运用普通话的能力和水平的口语考试。国家规定，报考教师资格的人员，普通话水平应当不低于二级。幼儿教师通过普通话水平测试，达到相应的等级，是职业的要求。

为了顺利通过普通话水平测试，必须了解普通话水平测试的性质及等级要求、内容及评分标准以及普通话水平测试的流程，并进行普通话水平测试各个项目的分解训练和综合训练。

任务一　了解普通话水平测试

任务要点

通过学习，了解普通话水平测试的相关情况，特别是内容及评分标准，为参加普通话水平测试做好思想准备。

案　例

“幼儿园是采用全普通话教学吗？”“你们幼儿园老师的普通话水平达到哪个等级？”近年来，在广州，很多幼儿园园长经常被家长问到以上两个问题。不少广州家长渐渐看重幼儿园老师普通话是否标准、平时生活对话是否都用普通话。

这种情况，给未来的幼儿教师提出了新的要求：只有普通话标准，普通话水平测试达到更高的等级，才能满足用人单位和家长的需求，在求职时才会更具竞争力。

一、理论与方法

普通话水平测试是检测考生运用普通话的规范程度、熟练程度，认定其普通话水平等级的口语考试。普通话达到规定的等级标准是教师录用的条件之一。幼儿园《教师资格条例实施办法》规定，教师应该达到的普通话等级标准不低于二级乙等。幼儿教师通过普通话水平测试，达到相应的等级，是职业的要求。

(一)普通话水平测试的性质及等级标准

普通话水平测试是检测考生运用普通话的能力和水平的口语考试。它依据全国统一的标准，对相关人员使用普通话所达到的标准程度进行检测和评定。开展普通话水平测试是促进普通话普及和应用水平提高的基本措施之一。

目前教师和学生进行普通话水平测试，所应达到的水平等级是：①教师应达到二级以上水平，其中语文教师和对外汉语教学教师应达到二级甲等以上水平，普通话教师和语音教师应达到一级水平。②高等院校和中等职业技术学校的毕业生应达到二级以上水平。

(二)普通话水平测试的内容及评分标准

普通话水平测试的内容包括语音、词汇和语法。

试卷由四个组成部分，满分为100分。

1. 读单音节字词。

有100个单音节词，不含轻声、儿化音节，限时3.5分钟，共10分。

评分标准如下。

(1)语音错误，每个音节扣0.1分。

(2)语音缺陷，每个音节扣0.05分。

(3)超时1分钟以内，扣0.5分；超时1分钟以上(含1分钟)，扣1分。

2. 读多音节词语。

100个多音节词，限时2.5分钟，共20分。

评分标准如下。

(1)语音错误，每个音节扣0.2分。

(2)语音缺陷，每个音节扣0.1分。

(3)超时1分钟以内，扣0.5分；超时1分钟以上(含1分钟)，扣1分。

3. 朗读短文。

1篇400个音节的短文，限时4分钟，共30分。

评分标准如下。

(1)每错1个音节，扣0.1分；漏读或增读1个音节，扣0.1分。

(2)声母或韵母系统性缺陷，视程度扣0.5分、1分。

(3)语调偏误，视程度扣0.5分、1分、2分。

(4)停连不当，视程度扣 0.5 分、1 分、2 分。

(5)朗读不流畅(包括回读)，视程度扣 0.5 分、1 分、2 分。

(6)超时扣 1 分。

4. 命题说话。

命题说话，限时 3 分钟，共 40 分。

评分标准如下。

(1)语音标准程度，共 25 分。分以下六档：

一档：语音标准，或极少有失误。扣 0 分、1 分、2 分。

二档：语音错误在 10 次以下，有方音但不明显。扣 3 分、4 分。

三档：语音错误在 10 次以下，但方音比较明显；或语音错误在 10～15 次，有方音但不明显。扣 5 分、6 分。

四档：语音错误在 10～15 次，方音比较明显。扣 7 分、8 分。

五档：语音错误超过 15 次，方音明显。扣 9 分、10 分、11 分。

六档：语音错误多，方音重。扣 12 分、13 分、14 分。

(2)词汇语法规范程度，共 10 分。分以下三档：

一档：词汇、语法规范。扣 0 分。

二档：词汇、语法偶有不规范的情况。扣 1 分、2 分。

三档：词汇、语法屡有不规范的情况。扣 3 分、4 分。

(3)自然流畅程度，共 5 分。分三档：

一档：语言自然流畅。扣 0 分。

二档：语言基本流畅，口语化较差，有类似背稿子的表现，扣 0.5 分、1 分。

三档：语言不连贯，语调生硬。扣 2 分、3 分。

说话不足 3 分钟，酌情扣分：缺时 1 分钟以内(含 1 分钟)，扣 1 分、2 分、3 分；缺时 1 分钟以上，扣 4 分、5 分、6 分；说话不满 30 秒(含 30 秒)，本测试项成绩计为 0 分。

普通话水平划分为三个级别，每个级别内划分两个等次。其中：97 分及其以上，为一级甲等；92 分及其以上但不足 97 分，为一级乙等；87 分及其以上但不足 92 分，为二级甲等；80 分及其以上但不足 87 分，为二级乙等；70 分及其以上但不足 80 分，为三级甲等；60 分及其以上但不足 70 分，为三级乙等。

(三)普通话水平测试流程

普通话水平测试采用计算机辅助测试的形式，即在普通话水平测试的过程中，考生全程面对计算机，按照测试流程完成所有的测试内容。试卷的“读单音节字词”“读多音节词语”和“朗读短文”测试项，由计算机辅助普通话水平测试评分系统评分。试卷的“命题说话”测试项，由各测试站通过管理系统分配至两名测试员审听评分。测试各项得分通过计算机辅助普通话水平测试评分系统合成，合成后的分数为考生的测试初始成绩。在一级乙等以下(含一级乙等)范围的初试成绩，经省级培训测试办公室审核通过后，确认为最终成绩。在一级甲等范围的初试成绩，须经省级培训测试办公室上报，由国家测试机构组织复核确认。

普通话水平测试流程如下。

1. 登录。

考生入座后，按照屏幕提示正确佩戴耳麦，点击“下一步”按钮。

屏幕出现登录界面后，考生输入自己的准考证号，系统会自动显示准考证号的前几位数字，考生只需填写最后四位数字。

填写完成后，点击“进入”按钮登录。

2. 核对考生信息。

考生登录成功后，考试机屏幕上会显示考生个人信息。

考生核对所显示信息是否与自己相符，核对无误后，单击“确认”按钮。

核对时若发现错误，可以点击“返回”按钮重新登录。

3. 试音。

进入试音页面后，考生会听到系统的提示语，提示语结束后，应以适中的音量和语速朗读试音文字，进行试音。

若试音失败，应提高朗读音量重新进行试音。

4. 测试。

测试开始时，每题都会有语音提示，应在语音提示结束并听到“嘟”的一声后开始朗读试题内容；每读完一题后应立即点击“下一题”按钮；有问题可举手示意。

5. 测试结束。

最后一题说话满三分钟后，立即停止答题，点击“确定”按钮结束测试，在工作人员的指引下离开考场。

资料卡

普通话水平测试等级标准(试行)

(国家语言文字工作委员会 1997 年 12 月 5 日颁布，国语普[1997]64 号)

一级

甲等：朗读和自由交谈时，语音标准，词语、语法正确无误，语调自然，表达流畅。测试总失分率在 3%以内。

乙等：朗读和自由交谈时，语音标准，词语、语法正确无误，语调自然，表达流畅。偶然有字音、字调失误。测试总失分率在 8%以内。

二级

甲等：朗读和自由交谈时，声韵调发音基本标准，语调自然，表达流畅。少数难点音(平翘舌音、前后鼻尾音、边鼻音等)有时出现失误。词语、语法极少有误。测试总失分率在 13%以内。

乙等：朗读和自由交谈时，个别调值不准，声韵调发音有不到位现象。难点音(平翘舌音、前后鼻尾音、边鼻音、fu—hu、z—zh—j、送气不送气、i—u不分、保留浊塞音和浊塞擦音、丢介音、复韵母单音化等)失误较多。方言语调不明显。有使用方言词、方言语法的情况。测试总失分率在20%以内。

三级

甲等：朗读和自由交谈时，声韵母发音失误较多，难点音超出常见范围，声调调值多不准。方言语调较明显。词语、语法有失误。测试总失分率在30%以内。

乙等：朗读和自由交谈时，声韵母发音失误多，方音特征突出。方言语调明显。词语、语法失误较多。外地人听其谈话有听不懂情况。测试总失分率在40%以内。

二、技能训练

[**训练一**]

要求：在教师的指导下，完成下列训练，发准音节和音变。

步骤：

(1)教师示范，带读，集体训练。

(2)小组训练，互相评议。

(3)记录自己发不准的音，为下一个训练做准备。

(4)自己训练，努力改正。

1. 单音节字词练习。

怎　虾　冷　残　见　琼　歪　雅　捉　凑　英　条　笨　拱　莫　虽　倦
挖　伙　聘　毁　郑　魂　脸　强　岳　黑　巨　访　字　秋　蛋　思　蹦
耍　德　扰　直　返　凝　告　捅　猫　窘　粗　袄　瓮　选　儿　吕　蹲
忙　哀　囊　训　乳　碟　拴　来　顶　唇　亮　馆　霎　果　憋　捺　撞
裙　京　民　邀　旷　符　肉　梯　传　溺　北　剖　睡　脾　丰　暖　快
久　除　缺　砸　艘　忍　田　颇　日　贼　孔　折　许　陈　谓

2. 多音节词语练习。

扎实　推测　吵嘴　包括　不用　培养　编纂　怪异　听话　佛教　均匀　收成
然而　满口　光荣　按钮　存留　发作　侵略　钢铁　孩子　挂帅　针鼻儿
排斥　损坏　昆虫　兴奋　恶劣　上午　愿望　恰当　采取　利索　荒谬
少女　降低　夜晚　小熊儿　若干　加塞儿　浪费　苦衷　新娘　逗乐儿
全面　电磁波　大学生　前仆后继

[**训练二**]

要求：综合训练，熟悉普通话水平测试的形式。

步骤：

(1)自我训练。

(2)同桌对练，指出存在的问题，并试作分析。

样卷

一、读单音节字词(100 个音节，共 10 分，限时 3.5 分钟)

粗	昂	栽	远	摧	彼	鳞	汞	灼	睁
嘴	墙	软	框	沉	辣	寒	法	怪	纱
馆	日	而	酱	缫	库	堆	绢	普	迈
吃	话	停	月	许	铜	讽	燃	桑	条
炯	膘	咒	稳	釉	焚	艘	让	兵	螺
钾	涡	要	客	乃	掂	楼	字	兜	仗
雅	胸	米	瞪	蕊	趋	扯	休	找	伴
陶	双	醇	跟	特	瓜	群	摔	砍	害
吴	遣	末	您	怯	北	居	型	裂	诀
纳	巡	短	磁	匹	脓	颇	傲	黑	彭

二、读多音节词语(100 个音节，共 20 分，限时 2.5 分钟)

暗中	航空	名牌儿	亏损	作战	凉快	全身
未曾	指南针	完美	恰当	佛学	均匀	博士
相似	挫折	台子	喷洒	提高	宣传	小瓮儿
热闹	黄鼠狼	穷尽	解剖	定额	扭转	外面
挎包	规律	拼凑	叫好儿	侵略	遵守	妇女
低洼	大伙儿	丢人	婴儿	撇开	冷水	繁荣
眼睛	广场	综合	费用	天下	出其不意	

三、朗读短文(400 个音节，共 30 分，限时 4 分钟)

作品 26 号

我们家的后园有半亩空地，母亲说：“让它荒着怪可惜的，你们那么爱吃花生，就开辟出来种花生吧。”我们姐弟几个都很高兴，买种，翻地，播种，浇水，没过几个月，居然收获了。

母亲说：“今晚我们过一个收获节，请你们父亲也来尝尝我们的新花生，好不好?”我们都说好。母亲把花生做成了好几样食品，还吩咐就在后园的茅亭里过这个节。

晚上天色不太好，可是父亲也来了，实在很难得。

父亲说：“你们爱吃花生吗?”

我们争着答应：“爱!”

“谁能把花生的好处说出来?”

姐姐说："花生的味美。"

哥哥说："花生可以榨油。"

我说："花生的价钱便宜，谁都可以买来吃，都喜欢吃。这就是它的好处。"

父亲说："花生的好处很多，有一样最可贵：它的果实埋在地里，不像桃子、石榴、苹果那样，把鲜红嫩绿的果实高高地挂在枝头上，使人一见就生爱慕之心。你们看它矮矮地长在地上，等到成熟了，也不能立刻分辨出来它有没有果实，必须挖出来才知道。"

我们都说是，母亲也点点头。

父亲接下去说："所以你们要像花生，它虽然不好看，可是很有用，不是外表好看而没有实用的东西。"

我说："那么，人要做有用的人，不要做只讲体面，而对别人没有好处的人了。"//……

四、命题说话(请在下列话题中任选一个，共 40 分，限时 3 分钟)

1. 我的愿望(或理想)。

2. 谈谈个人修养。

任务二　普通话水平测试训练

任务要点

通过学习，进行普通话水平测试各个项目的分解训练，特别是长句的断句和话题的拓展，掌握备考和应试的技巧，为参加普通话水平测试做好心理准备。

案　例

一次普通话水平测试中，一个学生在朗读作品："……一些十字路口/处或车站坐着几位老人……"测试结束后，这个学生叫苦不迭：谁知道"十字路口"后面还有一个"处"嘛！

由于对作品不够熟悉，或者气息运用不够恰当，在本来不应该停顿的地方停顿，造成了语义的误解，或表达的断续在普通话水平测试当中，按照"停连不当"扣分。这是考生要注意避免的。

一、理论与方法

(一)语音辨正训练

普通话的学习必须兼顾语音、词汇和语法三个方面。但是，最重要的是语音。

各种方言和普通话的区别主要就在语音。学习普通话，最重要的是要掌握普通话语音系统，包括声母、韵母、声调、音节以及变调、轻声、儿化等的正确发音。同时，找出方言发音和普通话发音的对应关系，掌握汉字、词语的普通话标准读音。

普通话的音节是普通话语音的基本结构单位。普通话音节可以分为声母、韵母和声调三个部分。普通话一共有 21 个声母，39 个韵母，4 个声调。只有掌握好这些声母、韵母和声调的发音，才能掌握好音节，从而掌握普通话语音。

语音测试是普通话水平测试的重点。在 100 分的考试内容中，90 分以上检测的是语音。语音的检测，又是以音节为单位的。

音节测试是语音测试的主要形式。普通话水平测试的第一项读单音节字词、第二项读多音节词语是直接测查普通话的音节的，占 30 分；第三项朗读、第四项说话也是以测查音节的正确为前提的。因此，普通话音节的正确与否至关重要。只有绝大多数的声母、韵母、声调发音准确，普通话才有望达到二级乙等及以上。

1. 测试要求。

《普通话水平测试大纲》规定，普通话水平测试的第一项为“读单音节字词(100 个音节)”，共 10 分；第二项为“读多音节字词(100 个音节)”，共 20 分。其中第一项测查考生声母、韵母、声调读音的标准程度，第二项除了测查考生声母、韵母、声调读音的标准程度外，同时测查变调、轻声、儿化等音变的标准程度。在两项共 200 个音节中，要涵盖普通话的 21 个声母、39 个韵母以及 4 个声调，而且每个声母、韵母和声调出现的次数大致均衡。扣分分“错误”和“缺陷”两种，第一项每个错误扣 0.1 分，每个缺陷扣 0.05 分；第二项每个错误扣 0.2 分，每个缺陷扣 0.1 分。第一项要求在 3.5 分钟内完成；第二项要求在 2.5 分钟内完成。

2. 测试辅导。

这两项虽然占的比分不多，还不到 1/3，但却非常关键。因为这两项是以单音节词和双音节词为主，难度不大，所以这两项要尽量争取多得分。

根据测试的目的和要求，在备考时应该注意以下几个方面。

第一，摒弃侥幸心理，认真、全面地复习。这两项虽然只有 200 个音节，却涵盖了普通话的所有的声母、韵母和声调的发音，也就是说，不管考生有哪方面的语音问题，都会通过这两项的测试暴露出来。所以，在备考时不要心存侥幸，不管是哪方面的问题，都要努力去纠正。

第二，要突破难点，尽量发得到位。每个人的语音问题不会完全一样，但是，有一些问题是带有共性的。比如，声母中的平翘舌音，韵母中的前后鼻韵母，是最普遍的问题。而且由于它们的覆盖面很广，存在问题的话，影响会相当大。所以，对于这些音，要下大力气学。对于有把握的字音，则要努力发得到位。

第三，注意多音字的语境和词语的完整。测试中如果出现多音字怎么办？如果试卷中没有提供语境，则发哪一个音都是正确的，但是建议发一个比较有把握的音。比如“好”有 hǎo、hào 两个读音，如果去声读得比上声好，那就读作 hào。比如“地下”有 dìxià、dìxia 两个读音，如果轻声读得不怎么好，那就读作 dìxià。如果有语境要求，即用括号列出该字所在的词，则必须按照语境的要求读出。

读多音节词语时，除了要发准每个音节外，还要注意将双音节词、三音节词、四音节词作为一个整体来读，同时注意轻重音格式。

第四，尽量减少非普通话因素的影响。普通话水平测试考查的不是文化水平和语文水平，考的不是认不认得字，而是认得的字能不能读得准，所以不会出现太生僻的字。但如果不认得字，则会影响到得分；或读得太慢，以致超时，也会被扣 0.5 至 1 分。这些都属于非普通话的因素，要尽量避免。

(二)朗读训练

1. 测试要求。

《普通话水平测试大纲》规定，普通话水平测试的第三项为“朗读短文(400 个音节)”，限时 4 分钟，共 30 分。这一项主要测查考生使用普通话朗读书面作品的水平。在测查声母、韵母、声调读音的标准程度的同时，重点测查连读音变、顿连、语调以及流畅程度。

评分以作品的前 400 个音节为限(每篇作品第 400 字后均有“//”标志)，每错 1 个音节或漏读、增读 1 个音节扣 0.1 分，缺陷不单独扣分，按声母或韵母的系统性语音缺陷，视程度扣 0.5 分和 1 分。语调偏误，停连不当，或朗读不流畅(包括回读)，都视程度扣 0.5 分、1 分、2 分。超时扣 1 分。

2. 测试辅导。

这一项占 30 分，是非常关键的一项。因为它内容虽多，但有备考的范围，方便考前准备；又有文字凭借，比较容易把握，所以这一项要尽量地争取多得分。

根据测试的目的和要求，在备考时应该注意以下几个方面。

(1)摒弃侥幸心理，认真、全面地复习。因为朗读作品是由抽签决定的，也就是说，《普通话水平测试实施纲要》的 60 篇朗读作品都有可能抽到、考到，所以一定要全面复习，熟练掌握。

(2)针对具体篇目，突破难点。60 篇作品大致分为两大类：一类是书面色彩比较明显的，一类是口语色彩比较明显的。一般来说，书面色彩比较明显的篇目，要注意长句的断句，避免因为断句不当而扣分，比如作品 6 号《读书人是幸福人》；口语色彩比较明显的篇目，往往轻声词、儿化词比较多，要注意发得自然，避免因为发音不准而扣分，比如作品 5 号《第一场雪》。

(3)在准确的基础上追求整体的流畅。从这一项开始，考虑音节在语流中会互相影响，不再逐个扣缺陷，所以，测试的时候一定不要为了个别字音的准确到位，把句子读得支离破碎。备考时不要平均用力，每次都从头读到尾，这样，容易的地方滚瓜烂熟，难点却依然没有击破。可以将作品中的难点字词挑出来单独练习，等到练得比较自然了，再以句子、句群为单位进行练习，最后再进行全篇的练习。比如作品 32 号《朋友和其他》，可以将其中的“种种琐事”“年岁逐增”“顺其自然”“自生自落”等挑出来单独练习，等到练得比较自然了，再进行全篇的练习。

(4)尽量减少非普通话因素的影响。练习的时候，要注意养成良好的朗读习惯，做到不漏读、不增读、不回读，尤其是回读，会被当作不流畅而扣分；还要注意熟练掌握，并处理好长句的停顿，避免因为停连不当扣分。还要避免读得太慢，以致超时而扣分。

(三)说话训练

1. 测试要求。

《普通话水平测试大纲》规定，普通话水平测试的第四项为“命题说话”，限时3分钟，共40分。

这一项由考生从给定的两个话题中选定一个，连续说一段话。主要测查考生在无文字凭借的情况下说普通话的水平，重点测查语音标准程度、词汇语法规范程度和自然流畅程度。其中语音标准程度占25分，词汇语法规范程度占10分，自然流畅程度占5分。说话中出现缺时，朗读文本、离题和无效话语要扣分。

2. 测试辅导。

这一项占40分，是非常关键的一项，也是考生经常感到最没有把握的一项。

根据测试的目的和要求，在备考时应该注意以下几个方面。

(1)选择擅长的话题，避开语音难点和弱点。因为这道题是由考生从给定的两个话题中选定一个，有一定的选择余地，所以一定要充分利用这一点，选择自己擅长的话题。擅长的话题既指有话好说的话题，也指说话中能够避开语音的难点和自己语音弱点的话题。比如，卷舌韵母发得不好，就要尽量避开，像“第二”就可以由“其次”来代替。

(2)注意拓展话题。命题说话的难还难在无文字凭借，说话时要同时兼顾语音和内容，往往会顾此而失彼。如果内容比较有把握，就可以把注意力集中在语音上，从而发得更加准确。因此，要尽量拓展话题，多准备说话的内容。按照正常语速，3分钟可以说700～800字，准备的时候不妨多准备一些。宁可时间到了还没说完，也不要出现没话可说的情况。同时注意控制语速，不要说得太快。

(3)避免方言词汇语法的失误。这道题有10分是测查词汇语法的规范程度，所以在注意语音的同时，还要兼顾词汇和语法。尤其是一些有关本地区的话题，比如《我知道的风俗》《我的家乡》《谈谈美食》《我喜欢的节日》，要注意用词和表达方式的规范，避免把方言及其表达法直接搬到说话中。

资料卡

普通话水平测试用话题

1. 我的愿望(或理想)
2. 我的学习生活
3. 我尊敬的人

4. 我喜爱的动物(或植物)
5. 童年的记忆
6. 我喜爱的职业
7. 难忘的旅行
8. 我的朋友
9. 我喜爱的文学(或其他)艺术形式
10. 谈谈卫生与健康
11. 我的业余生活
12. 我喜爱的季节(或天气)
13. 学习普通话的体会
14. 谈谈服饰
15. 我的假日生活
16. 我的成长之路
17. 谈谈科技发展与社会生活
18. 我知道的风俗
19. 我和体育
20. 我的家乡(或熟悉的地方)
21. 谈谈美食
22. 我喜欢的节日
23. 我所在的集体(学校、机关、公司等)
24. 谈谈社会公德(或职业道德)
25. 谈谈个人修养
26. 我喜欢的明星(或其他知名人士)
27. 我喜爱的书刊
28. 谈谈对环境保护的认识
29. 我向往的地方
30. 购物(消费)的感受

说话的要领

一、语音自然

所谓“自然”指的是能按照日常口语的语音、语调来说话，不要带着朗诵或背诵的腔调。

二、用词恰当

用词恰当首先是要用词规范，不用方言词语。除此之外，还有三点是应该注意的：

1. 多用口语词，少用书面语

例如“诸如”常用在公文里，口头上说，不妨改为“比方说……”更好。“无须乎”也不如“不必”来得生动自然。运用口语词可以使话语显得生动。

2. 不用时髦语

社会上常常流行一种“时髦语”。这些时髦语虽然可以风靡一时，但它们是不规范的，因此也是没有生命力的。满口时髦语不但会削弱语言的表现力，而且暴露出说话人素质的低下。

3. 避免同音词

在口语中没有文字材料做依托，如果遇到同音现象，就容易造成误解。因此说话时，应尽可能避免使用有同音词的语词。

三、语句流畅

要使语句流畅，应该注意以下几点：

1. 多用短句，多用单句

在口语中，如果句子长了，或者结构复杂了，那么当句子末尾进入脑海中时，句子的开头或者已经印象不深了。在听话的人脑子中，句子便不完整。所以，口语中的句子千万不要太长。就连长修饰语也要尽可能避免。

2. 冗余适当，避免口头禅

口语表达时，有时为了强调某个意思，加深听众的印象，可以采用有目的地重复这种办法。有些人在说话时会出现机械地无意义重复的现象，但重复时间长了就会令人生厌，再加上“嗯”“啊”就成了官腔。特别是夹在句子中间的“这个”“的话”“就是说”等口头语，更是一种毫无积极作用的冗余成分，会使句子断断续续，使听众感到语句很不流畅。

但是，我们并不是反对在口语表达中加进一些冗余成分。冗余成分在口语中适当地穿插可以使句子语气舒缓，还可以有助于听众理解。

3. 思路清通，符合逻辑

语句的流畅与否在很大程度上取决于思路是否清通。说不清楚常常是因为没想清楚。当人们从思维转换为语句时，正确的程序应该是：

(1)确定说话的中心。

(2)确定最关键的词语。

(3)选定句式。

(4)选定第一句所使用的词语。

也就是说，人们在开口说第一句话之前，心中应该有了一个讲话大纲。因此，第一句话，第一个词就有了依据，以后的词和句也有了基调。这时，说话的人便可以“胸有成竹”“出口成章”了。

——颜逸明，《普通话水平测试指要》①

① 节选自颜逸明主编：《普通话水平测试指要》，上海，华东师范大学出版社，1995。

二、技能训练

[**训练一**]

要求：在教师的指导下，完成下列训练，学习长句的朗读。

步骤：

(1)教师提示，自己训练。

(2)同桌对练，互相指正。

(3)个别汇报，教师指导。

长句的朗读。

训练提示：断句恰当，朗读准确、连贯。

(1)老板/一边耐心地听着他的抱怨，一边在心里盘算着/怎样向他解释清楚/他和阿诺德之间的差别。

(2)美国的送报员/总是把报纸/从花园篱笆的/一个特制的管子里/塞进来。

(3)自从传言/有人在萨文河畔散步时/无意发现了金子后，这里/便常有来自四面八方的/淘金者。

(4)我/顺着林荫路望去，看见了一只/嘴边还带黄色、头上生着柔毛的/小麻雀。

(5)它/坐落在/我国甘肃省敦煌市三危山和鸣沙山的/怀抱中。

(6)然而中国一些古籍/却多次提到/海外/有个深奥莫测的/无底洞。

(7)育才小学校长陶行知/在校园看到学生王友/用泥块/砸自己班上的同学，陶行知/当即喝止了他，并令他/放学后到校长室去。

(8)然而有一天，我发现母亲/正仔细地/用一小块碎面包/擦那给我煎牛排用的/油锅。

(9)太古大厦的建设者/最后签了合同，占用这个大山坡/建豪华商厦的先决条件/是同意保护这棵老树。

(10)“晚食以当肉”，意思是/人应该用/已饥方食、未饱先止/代替对美味佳肴的/贪吃无厌。

[**训练二**]

要求：在教师的指导下，完成下列训练，学习拓展话题。

步骤：

(1)教师提示，自己训练。

(2)同桌对练，互相指正。

(3)个别汇报，教师指导。

话题的拓展。

训练提示：可以采用时间顺序、空间顺序和逻辑顺序组织内容，如《我的成长之路》可以采用时间顺序，从小学、中学说到大学；如《我知道的风俗》可以采用空间顺序，从一种风俗说到另一种风俗；如《我喜爱的书刊》可以采用逻辑顺序，从喜欢什么说到为什么喜欢。

1. 我的业余生活
2. 我尊敬的人
3. 学习普通话的体会
4. 购物(消费)的感受

[**训练三**]

要求：拓展训练，突破普通话水平测试的难点。

步骤：

(1)自我训练。

(2)同桌对练，指出存在的问题，并试作分析。

1. 长句的断句和朗读。

将《普通话水平测试用朗读作品》中的长句找出来，学习断句，尝试朗读。

2. 话题的分类和拓展。

将《普通话水平测试用话题》中的题目进行分类，学习拓展内容，尝试说话。

项目小结

学好普通话，是顺利通过普通话水平测试，获得理想成绩的前提。除此之外，还要了解普通话水平测试的有关内容和要求，掌握备考和应试的技巧，认真备考，沉着应试。

模块二 幼儿教师一般交际口语训练

恭喜你，你已经初步完成了普通话语音的训练，可以说一口较准确、流利的普通话了。学好普通话是为了什么呢？为了更好地进行口语表达和交际，为了当好一名幼儿教师。

接下来这一模块(项目五至项目八)是幼儿教师一般口语交际训练，这一部分是普通话语音训练的综合运用和提升，又是幼儿教师职业口语的基础，在本书中，与其他部分一样重要。那么，何为一般？就是区别于特殊，是相对于职业口语而言的。幼儿教师首先是具有社会性的人，与其他职业的人一样，要进行口语表达和交际。所以在这一模块，你将掌握幼儿教师口语表达和交际的方法，学会运用相关的技能、技巧进行一般口语交际，也将养成良好的口语交际的习惯和态度，提高口语交际的综合素质。你将成为一个敢说话、会说话的人。

还犹豫什么呢？让我们快来练一练吧。

项目五
幼儿文学作品口语表达训练

项目训练目标

1. 掌握朗读的一般要求和技巧。
2. 掌握幼儿文学作品口语表达的相关技巧。

幼儿文学作品表现幼儿生活，反映幼儿心灵世界，它以无声的语言，给幼儿带来审美享受。运用朗读技巧和幼儿文学作品口语表达的相关技巧来表现幼儿文学作品，可以通过有声语言更加直观、形象展现幼儿文学作品，让幼儿感受语言的魅力，文学的力量。

任务一　朗读训练

任务要点

通过案例引入、理论与方法的学习，了解朗读作品的方法，通过朗读技能训练，使学生掌握正确的朗读方式，学会运用朗读的多种技能技巧，提高有声语言的表现力。

案　例

老师朗读日本作家冈本良雄的散文《大海那边》。

大海那边

早晨，天空现出美丽的玫瑰色。静静的海滩上，三只早起的小螃蟹，挥动着大钳在做体操。

一，二，咔嚓，咔嚓，三，四，咔嚓，咔嚓，五，六，七，八……就像听从指挥一样，小螃蟹的钳子挥着舞着。玫瑰色的天空，渐渐变成了金色。

“瞧！瞧！”小螃蟹停止了做操。这时候，海面上突然冒出了又大又圆的太阳，这里，那里，到处都像撒下金色的粉末一样。

“啊，海那边是太阳的家。”一只小螃蟹说。

中午，三只小螃蟹在热得发烫的沙滩上比赛吹泡泡，噗噜噗噜，噗噜噗噜。这时候，一只白轮船鸣着汽笛，飞快地朝海对面开去。

“那艘船是去美国的。”另一只小螃蟹说，“所以，海那边是美国。”

到了夜晚，三只小螃蟹在漆黑一片的海滩上散步。这时候，对面天空忽然一下子变亮了。小螃蟹觉得大海上仿佛架起了一座银光闪闪的桥，一直从海那边通到海滩上。噢，月亮升起来了。

这时候，第三只小螃蟹说：“海那边是月亮的故乡。”

真的，大海那边到底是什么呢？

老师在朗读这篇散文时，通过语调、顿连、重音、节奏等的处理，将作品朗读得抑扬顿挫，使作品的表现生动感人。

一、理论与方法

朗读是把书面语言转化为有声语言的再创作活动。具体地说，朗读就是用有声语言准确、流利、有感情地再现文章的内容，再创造文学作品的艺术形象，使听众得到更加明晰的信息和艺术享受。朗读训练是幼儿教师口语的有机组成部分，是普通话正音的继续，是说话训练的开始。朗读是幼儿教师的基本功之一，在朗读训练阶段下功夫，可以提高口语表达能力，为幼儿教师口语的训练打下良好的基础。

(一)朗读的要求

朗读的过程是一种再创造的活动过程，“取他人之作，由自己所读，为别人所听”，要学好朗读，就必须掌握朗读的基本要求。朗读的基本要求是：准确、流利、有感情。为达到基本要求，应注意以下几点。

首先，要准确把握作品的基调。作品的基调指作品的主题思想和情感基调。如何确定作品的基调呢？朗读时应通过反复阅读作品，从整体到局部，再从局部到整体，深入研读作品，理清作品结构，领会作品的思想内涵，把握作者思想发展的脉络，在此基础上，确定作品的朗读的主要情感基调，或激昂，或悲哀，或深沉，或忧伤，或喜悦，或欢快，或平实，或亲切……例如，作品《散步》基调平实，在三代人散步的过程中感受生活的哲理；《去年的树》基调温馨，表现了小鸟与树感人的深厚情谊；《春雨的色彩》基调是欢快的，喜悦的，在鸟儿对春雨的颜色的有趣讨论中，展示春雨给大地带来勃勃生机的美好景象。

其次，感受作品，细致品味作品。感受作品，是指朗读者通过作品的文字刺激所产生的内心体会和体验的过程。如果说朗读中理解作品是基础，表达是目的，那么，感受就是从理解到表达的关键环节了。如何更好地感受作品呢？一是要调动自己的生活积累；二是要借助想象和幻想，产生“情景再现”的感受；三是运用移情的方法丰富感受；四是揣摩“内在语”。通过细致品味作品，使文字在朗读者心中“活”起来，从而产生真情实感，使朗读感情真挚、自然，引导朗读者和听众走向文字作品的更深处。

再次，要用准确、流利的普通话确切地表达作品的内容，朗读时做到不丢字、不添字、不改字、不错读字音，要读得连贯自然。因此要继续练好普通话的语音，掌握不同类型作品的朗读方法，学会运用语言表达技巧以增强朗读的表达效果。

最后，朗读时要做到心中有人，区别对待朗读对象，注意与听众进行情感交流。朗读者与听众是朗读过程中相互感应的双方，朗读者只有注意与听众交流，以自己的情感去感染听众，才能引起听众的共鸣，且在朗读过程中，对不同年龄、不同水平的听众要区别对待，才能使朗读做到有的放矢。幼儿文学作品的朗读对象主要是幼儿，因此，朗读时要注意适合不同年龄段的幼儿听众的接受水平和审美情趣。例如，《散步》对于小学生，朗读时侧重于让体会一家人一起散步的温馨；对于中学生，则侧重于体会尊老爱幼的和睦和谐；对于成人，则侧重于理解作者渗透在字里行间的那种生命意识。而幼儿文学作品的朗读对象主要是幼儿，因此，朗读时更要注意适合不同年龄段的幼儿听众的接受水平和审美情趣。

(二)朗读的语言表达技巧训练

语言表达技巧的运用，是实现朗读目的的重要手段。朗读语言表达技巧常见的有四种：语调、顿连、重音、节奏。这四种语言表达技巧，在朗读中的综合运用，使文章的内容转化为生动的有声语言，从而使听众深受感染。

1. 语调训练。

语调是朗读的一种重要的表达技巧，它可以使朗读声情并茂，充分表现作品的内容，从而深深地感染听众。

什么是语调？语调从广义上讲是语气外在的快慢、高低、长短、强弱、虚实等各种声音形式的总和。从狭义上讲，语调就是指一个句子的句调。因此，朗读时，只有语气的千变万化，才有语调的丰富多彩。我们这里讲的语调是狭义的理解，就是句调。

每个句子都有一个基本句调，这就是有声语言中语句的趋向和态势，叫“语势”。在朗读实践中，“语势”大致有四种：平直调、高升调、降抑调、曲折调。

(1)平直调(→)是指语势平直舒缓、没有明显的高低升降变化的调子。多用于陈述句，用来说明意见、叙述事实。

例：①我们在田野散步：我，我的母亲，我的妻子和儿子。

②太阳晒得厉害，水慢慢地给晒热了。小蝌蚪浑身不舒服起来，只好一个劲地扭着身子。

(2)高升调(↗)是指语势先低后高，句末音节语音明显上升。多用于疑问句，或表示愤怒、警告、号召等语气。

例：①爸听了便叫嚷道："你以为这是什么车？旅游车？"

②当你在积雪初融的高原上走过，看见平坦的大地上傲然挺立这么一株或一排白杨树，难道你就只觉得它只是树？

(3)降抑调(↘)是指语势先高后低，逐渐降低，句末说得低而短促。多用于感叹句和一部分祈使句。例：

①我想，这就是人们为什么把及时的雪称为"瑞雪"的道理吧。

②小花鸭叹了口气，说："真是一对小傻瓜!"

(4)曲折调(～)是指句子语势有"低——高——低"的曲折变化。例：

①会不会是他已经表达了，而我却未能察觉？

②这些海鸭呀，享受不了生活的战斗的欢乐：轰隆隆的雷声就把它们吓坏了。

一般来说，陈述句常采用平直调，疑问句、感叹句常采用高升调，但并不是绝对的，应根据具体的内容确定表达的语势。

语调的根本特征是"曲折性"。一句话有一个基本语势，但并不等于说每个句子的语势固定在上扬、下降、平直的框框里。上面说的四种语调，只是从句子的整体语势这个角度说的，而且高升调并不等于越读越高，降抑调也不等于越读越低。如"为什么我的眼里常含泪水？因为我对这土地爱得深沉。"这句子前半部分是曲折调，后半部分是降抑调，在把握准基本语势后，还应注意降中有升等微小的变化。在语言实践中，句子的语调在其平、升、降的总趋势下必有复杂细微的变化，这个变化就是"曲折性"。所以，朗读时为了准确地表情达意，应正确把握住语势，朗读起来才能"得心应口"。

2. 顿连训练。

为了表达作品思想感情的需要，在朗读过程中，往往要作顿连。顿连指的是语流中声音的顿歇和连接。学会顿连技巧，做到"顿到好处，连到妙处"，可以增强有声语言的表达魅力。

(1)朗读中顿歇的运用有以下几种。

①语法顿歇(用符号"﹀"表示)。语法顿歇是句子中一般的顿歇，反映句子结构中的语法关系。在一般情况下，顿歇时间的长短是：句号、问号、叹号＞分号、冒号＞逗号＞顿号。

②结构顿歇(用符号"‖"表示)。结构顿歇是由文章的层次结构决定的，是为了表示文章的层次、段落等所作的停顿。顿歇时间的长短，应根据具体的语言环境而定。在一般情况下，间歇时间的长短是：段落＞层次＞句子。

③强调顿歇(用符号"∧"表示)。强调顿歇是句子中特殊的间歇，是为了强调某一事物，突出某个语意或某种感情，或者为了加强语气，而在不是语法顿歇的地方做适当顿歇，或在语法顿歇的基础上变动顿歇时间，这样的顿歇可以称为强调顿歇，也可称为逻辑顿歇或感情顿歇。

例：这个人∧我不认识，你认识吗？——强调我不认识这个人。

这个人我不认识，你∧认识吗？——强调不知道你是否认识。

这个人我∧不认识，你认识吗？——强调这个人我是不认识的。

朗读中除了运用好顿歇外，还应注意连接的运用。一般来说，在一个完整语意中要读得连贯，这就是连接。有时为了表达的需要，在一些本该有语法顿歇的地方不仅不按规律顿歇，反而要连读，这也是连接。例：

小蝌蚪一齐游到鸭妈妈身边问："鸭妈妈，鸭妈妈，您看见我们的妈妈吗？请您告诉我她在哪里？"

这句话为了表达小蝌蚪找妈妈的焦急心情，在两个鸭妈妈中间不仅不按逗号顿歇时间顿歇，而是将其有意地连读。

(2)朗读中运用顿连应注意以下几个问题。

①朗读时顿歇绝不是思想感情的中断和空白，而应该是朗读者思想感情的继续和延伸，做到声断意连。例：

小马听了，立刻就朝小河跑去。"喂，慢点跑！慢点跑！"咦？是谁在说话呢？小马停住脚步抬头一看，原来是一只小松鼠。

这段话在问句后的顿歇，朗读者的情感应该是：到底谁在叫小马呢？带着这样的疑问来表现作品的内涵。

②朗读时必须根据作品内容安排顿连，顿歇必须服从于表达文章思想感情的需要，不能为技巧而技巧，不能破坏语意的完整。

③作品中的标点符号是朗读者进行顿连的重要参考，但朗读的实践证明，有时不能完全受标点符号的制约。在一定的语境中，应大胆突破标点符号的束缚，让有声语言的"标点符号"——顿连取而代之，从而克服朗读中呆板念字的弊病。例：

奶奶和小女孩在光明和快乐中飞走了，越飞越高，飞到那没有寒冷，没有饥饿，也没有痛苦的地方去了。

这段话为了更好展现人民生活状况的悲惨，以及表现人们对实现美好生活的向往，在朗读时"飞走了"之后的顿歇比逗号应有的顿歇长，以表现出女孩渴望与奶奶相聚，离开凄凉人间的愿望。

3. 重音训练。

朗读时为了表达感情，突出重点，有些地方要读得重些，有些地方要读得轻些，这就需要重音来帮助表情达意。重音是指朗读时为了实现朗读目的，特别强调、突出的短语、词，甚至某个音节。

重音有以下几种类型：

(1)语法重音(用符号"."表示)

语法重音是根据句子语法结构对某个句子成分所读的重音。这种重音往往是自然读出，并不表示什么特殊的含义。语法重音的位置比较固定，一般来说，句中的谓语、定语、状语、补语等习惯上该做重音处理。例：

奶奶把小女孩抱起来，搂在怀里。这时候，火柴灭了，她面前只有一堵又厚又冷的墙。

猎狗慢慢地走近小麻雀。

她们俩飞得很高，很高。

(2)强调重音(用符号“·”表示)

强调重音又叫逻辑重音或感情重音，是为了有意突出某种特殊的思想感情而把句子里的某些词语作重音处理。强调重音在语句中出现并没有固定的规律。朗读时可以根据所要强调的语意而自觉地安排重音。例：

我不能去。(你去)

我不能去。(谁说我能去)

我不能去。(我不是不肯去)

我不能去。(让他来吧)

重音在朗读时根据作品内容的不同而灵活运用，运用时应注意以下几个问题。

①重音是为更好地表现作品的内容服务，是表情达意的重要手段。朗读时，要根据不同语境及表达的需要，准确确定重音。一般来说，一个独立完整的句子有一个主要重音。

②重音不是“加重声音”的简称。突出重音的方法多种多样。可以重复、重读，例如，“不行，不行！你不能喝这儿的水。”也可轻读、拖长，例如，“快到中午了，太阳晒得好厉害!”可以快中显慢，也可重中见轻，可以虚实结合，还可高低相间等。

③要处理好重音与非重音的关系。例如，“它们在做梦呢，梦见漂亮的杯子，清清的泉水，绿色的水草，圆脸蛋的小哥哥。”

4. 节奏训练。

在朗读中，朗读者由一定的思想感情的波澜起伏所形成的，在有声语言的表达上所显示的快与慢、长与短、轻与重、虚与实等种种回环交替的声音形式，就是节奏。朗读过程中，为了更好地表达作品的内容，应注意节奏的变化。

朗读时为了更好地把握朗读节奏，应注意以下几个问题。

(1)节奏是从整体把握来说的，因此，节奏不完全等于语速，但语速是构成节奏的主要内容。正确处理好语速是把握节奏的关键。一般来说，情绪平静时用中速；情绪激昂、活泼、兴奋、惊恐时，语速稍快；情绪失望、沉郁时，语速稍慢；情绪哀伤时，语速更慢。

(2)语速的处理不是绝对的，应随情感的变化而变化。一篇作品一般都有一个基本语速。

(3)注意快与慢、长与短、轻与重、虚与实的回环交替运用，以形成有声语言的节奏美。

资料卡

朗读过程可分为四大环节

第一个环节熟悉作品，即熟悉朗读作品的内容，扫清文字的障碍。

第二个环节理解作品，即分清朗读对象，确定朗读目的；把握朗读基调，设计朗读符号。

第三个环节感受作品，即形象感受作品；逻辑感受作品。

第四个环节表达技巧，包括语气、顿连、重音、节奏。

——《听话和说话》(第一册)，北京，人民教育出版社，2013。有删改

二、技能训练

[**训练一**]

要求：在训练指导的帮助下，准确运用语调、顿连、重音、节奏，完成练习。

步骤：

(1)教师指导，提示，示范。

(2)学生课堂训练，教师指正。

1. 朗读以下句子，准确把握语调。

(1)山坡上静悄悄的，一个人影也没有。

训练提示：句子是陈述、说明的句子，朗读时可采用平直调。

(2)小蝌蚪听了，高兴得在水里翻起跟头来："啊！我们找到妈妈了！我们找到妈妈了！好妈妈，好妈妈，您快到我们这里来吧！您快到我们这里来吧！"

训练提示：句子朗读时语调的趋势是逐渐升高。

(3)艳艳大声喊："站起来，读一遍。"奶奶还是不会读。艳艳生气地说："你不好好学，我告诉你家长！"

训练提示：句子朗读时语调的趋势是逐渐降低的。

(4)天冷极了，下着雪，又快黑了。

训练提示：句子朗读时语调的趋势是高低相间的变化。

2. 请根据符号提示，按照语句的内容和情感表达的需要安排以下句子的停连。

(1)桃树、杏树、梨树，你∧不让我、我∧不让你，都开满了花∧赶趟儿。

(2)这些石刻的狮子∧有的母子相抱，有的交头接耳，有的像倾听水声，千态万状，惟妙惟肖。

(3)母亲∧要走大路，大路平顺；我的儿子∧要走小路，小路有意思。

(4)桂林的山∧真奇呀，一座座拔地而起，各不相连，像老人，像巨象，像骆

驼，奇峰罗列，形态万千……

(5)音响∧就越大了，战鼓声，金锣声，∧呐喊声，叫号声，啼哭声，∧马蹄声，车轮声，机翼声，掺杂在一起，像千军万马∧混战了起来。

3. 请按提示，朗读以下片段，注意顿连的运用。

(1)王后听说白雪公主还活着，气得直咬牙齿："哼，哼，谁比我美丽，我就得害死谁!"

训练提示：两个"哼哼"要连读，以表达王后的气愤心情，"我"后面作顿歇，以表现皇后的恶毒。

(2)二年级时，我进了老师伦纳德夫人的班级。伦纳德夫人很胖，很美，温馨可爱，她有着金光闪闪的头发和一双黑黑的、笑眯眯的眼睛。每个孩子都喜欢她，敬慕她。但是没有一个人比我更爱她。

训练提示："很胖，很美"之间连接，"一双黑黑的、笑眯眯的眼睛"之间连接，"喜欢她，敬慕她"之间连接，以表现对伦纳德夫人的喜爱，在"我"之后顿歇，突出"我"对夫人的喜爱。

4. 按以下句子中标明的语法重音，朗读句子。

(1)风停了，雨住了，太阳出来了。

(2)我们的哨所在那高高的山崖上。

(3)祖国的山河多么美丽!

(4)几对燕子飞倦了。

(5)鬼子把前后院都翻遍了。

(6)你有什么事?

5. 根据不同的语境，分析以下句子的重音有何不同。

(1)这是我的书。　这是我的书。　这是我的书。

训练提示：重音在"这"是为了区分"这"与"那"的物品；重音在"我"是为了突出书的归属；重音在"书"是为了突出"我"的物品是什么。

(2)这事很容易处理。　这事很容易处理。

训练提示：重音在"这事"为了突出要办的事情；重音在"很容易"是为了突出事情的容易程度。

6. 请根据语句的内容和情感表达的需要安排以下句子的重音。

(1)骆驼很高，羊很矮，骆驼说："长得高多好啊!"羊说："不对，长得矮才好呢!"

训练提示：为了突出高矮的对比，以提高和降低字调强调重音。

(2)他们明天就要永远离开这个地方了。

训练提示：以增强音强和拖长字音来强调重音。

(3)然而，在这笼罩之下，我们有并不失掉自信力的∧中国人在。

训练提示：运用顿歇来强调重音。

(4)风轻悄悄的，草软绵绵的。

训练提示：重音轻读。

(5)风，呼呼地刮着，雨，哗哗地下着。

训练提示：运用拖长声音，以及虚声和实声穿插运用来强调重音。

(6)月光照进窗子来，茅屋里的一切好像披了银纱，显得格外清幽。

训练提示：运用实声和虚声来强调重音。

(7)森林爷爷的脚伸在很深很深的泥土里，任凭风魔王怎么摇，他还稳稳地站着。

训练提示：运用快中显慢的节奏变化强调重音。

7. 朗读下列语段，注意节奏的变化。

①大海，蓝蓝的，又宽又远。②沙滩，黄黄的，又长又软。③雪白雪白的浪花，哗哗笑着，涌向沙滩，悄悄撇下小小的海螺和贝壳。

训练提示：第一句语速稍慢，语气舒缓，突出大海的宽大；第二句与第一句呼应，平和，舒缓，突出沙滩的美；第三句语势逐渐上扬，节奏稍跳跃，表现浪花的活泼，顽皮。

①我家庭院里，生长着一棵树，每当金秋时节，那缀满卵形叶片的枝头，便开出一簇簇淡紫色的小花，好香啊！②我叫不出这棵树的名称，只知道在它身上轻轻地抓一下，光滑的树干便会羞涩地颤动起来。③因此，我们大家都称它为“怕痒树。”

训练提示：整个片段语速较慢，以交代“怕痒树”名字的缘由，第一句末了语调逐渐升高，突出花的香，第二句语调舒缓，突出树的羞涩，语速较第一句快，最后一句承接上一句的缘由，节奏放慢。

[**训练二**]

1. 要求：请根据以下语段的内容和情感表达的需要读出语段的重音、停连。

步骤：

(1)阅读语段，准确把握语段基调，标注出重音和停连；

(2)按照标注提示自己进行朗读训练；

(3)小组训练。

语段一：落潮了，站在海堤上极目远望，天连水，水连天，天水相连，浑然一体。那朵朵白云∧不知是浮在天上，还是漂在水面上，那片片白帆不知是漂在水面上，还是滑动在天幕上，∧天水之间，微波茫茫。

语段二：平原上，春天来得格外早。二月末梢，田里的积雪刚刚化尽，粉红娇艳的杏花就开了；柔软的柳枝条上，也抽出了幼嫩的叶子；燕子回来了，在晴朗的蓝天上飞翔，呢呢喃喃，唱着欢乐的歌儿；田野里，这里∧那里，一片春忙景象。

2. 要求：按照语调的标记，（平直调→、高升调↗、降抑调↘、曲折调～）朗读《月光下的琴声》。

步骤：

(1)阅读作品，准确把握作品基调，通过语调、节奏的变化表现人物形象，展开情节；

(2)按照朗读提示自己进行朗读训练；

(3)小组训练。

月光下的琴声

在大森林捉虫子的蜘蛛爸爸是一个远近闻名的捉虫能手，他一天能捉500只害虫。→

这一天，他收到蜘蛛太太给他的信。→信上说，宝贝儿子不学捉虫，竟迷上了音乐。↗

“这还了得！”↗蜘蛛爸爸气极了，↗“我得马上回去，好好教训教训他！↘

蜘蛛爸爸连夜往家赶。→蜘蛛爸爸走累了，坐在路边的石头上休息。→

月光下，林子里传来了一阵阵悦耳的琴声。→那琴声时高时低，像一阵阵拂面的清风，洗去了蜘蛛爸爸的疲劳。→那琴声时快时慢，像是从山间流出的小溪，滋润着蜘蛛爸爸的心田。→

“真好听，是谁在弹琴？”↗蜘蛛爸爸悄悄地向琴声传来的方向走去。→

“那是谁？”↗蜘蛛爸爸看见一个熟悉的身影在一架用蜘蛛丝织成的琴前弹奏。→

“那不是我的宝贝儿子吗？”↗蜘蛛爸爸简直不敢相信自己的眼睛。↗蜘蛛爸爸停住脚步，听着琴声。→

蜘蛛爸爸没有惊动儿子，悄悄地离开了，向大森林走去。→第二天，蜘蛛爸爸给他的太太写了一封信，信上只有一句话：→“太太，孩子大了，他知道怎么走路了。↘要走什么路，该由他自己挑！”↘

（《语言》(大班)，南京师范大学出版社，2007）

3. 要求：按照训练提示，朗读《狼和小羊》。(“·”表示重音，“∧”表示停顿，“⌒”表示连接)

步骤：

(1)阅读作品，把握作品的基调，运用朗读的语言表达技巧准确表现人物性格、心理等；

(2)按照朗读提示自己进行朗读训练。

(3)小组训练。

狼和小羊(寓言)

狼来到小溪边，看见小羊正在那儿喝水。(平直调，语速平缓)

狼非常想吃小羊，就故意找碴儿，说：“你∧把我喝的水弄脏了！你安的什么心？”(曲折调，狼的话提高音量，语速稍慢)

小羊吃了一惊，温和地说：“我怎么会把您喝的水弄脏呢？您∧站在上游，水是从您那儿∧流到我这儿来的，不是从我这儿流到您那儿去的。”(语气轻柔，语速慢)

狼气冲冲地说：“就算这样吧，你总是个坏家伙！我听说去年你在背地里说我的坏话！”(语气加重，语速稍快)

可怜的小羊喊道：“啊，亲爱的狼先生，那是不会有的事，去年我∧还没有生下来呐！”(音量稍提高，语速渐快)

狼不想再争辩了，龇着牙，逼近小羊，大声嚷道：“你这个小坏蛋！说我坏话的不是你就是你爸爸，反正都一样。”说着∧就往小羊身上扑去。(语速富于变化，由快，到稍快，到慢)

[**训练三**]

1. 要求：准确运用表达技巧朗读唐姗的《妈妈的梦》。

步骤：

(1)给作品画出表达技巧符号，自己进行朗读训练。

(2)小组训练，每组推选一名同学在全班进行朗读。

妈妈的梦

唐姗

①有个小朋友，名字叫贝贝。他问妈妈：“我为什么叫贝贝？”

②妈妈说：“因为生你时，妈妈梦见了蓝蓝的大海、白白的浪花、金色的沙滩上撒满了五光十色的小贝壳。”

③“哈！这么美。”贝贝真喜欢妈妈的梦。

④第二天，在幼儿园，贝贝把妈妈的梦告诉了小伙伴。小伙伴咂咂嘴巴说：“你妈妈真聪明，会做这么美丽的梦。”

⑤又过了一天，在幼儿园，所有的小朋友都带来了妈妈的梦。

⑥兰兰说：“妈妈生我的时候，梦见了绿绿的草地，草地上开满了洁白洁白的兰花，所以我叫兰兰。”

⑦晶晶说：“妈妈生我时，梦见了一个金灿灿的世界，里边所有的东西都是亮晶晶的，所以我叫晶晶。”

⑧雪雪说：“妈妈生我时，梦见了白雪公主和会跳舞的小雪花，所以我叫雪雪。”

⑨还有燕燕、佳佳、润润都带来了妈妈的梦。

⑩啊！妈妈的梦！真——美——

2. 要求：准确运用表达技巧朗读《听潮》。

步骤：

(1)给作品画出表达技巧符号，自己进行朗读训练。

(2)小组训练，每组推选一名同学在全班进行朗读。

听 潮(节选)

鲁彦

①海睡熟了。

②大小的岛拥抱着，偎依着，也静静地恍惚入了梦乡。

③星星在头上眨着慵懒的眼睑，也像要睡了。

④许久许久，我俩也像入睡了似的，停止了一切的思念和情绪。

不晓得过了多少时候，远寺的钟声突然惊醒了海的酣梦，它恼怒似的激起波浪的兴奋，渐渐向我们脚下的岩石掀过来，发出汩汩的声音，像是谁在海底吐着气，海面的银光跟着晃动起来，银龙样的。接着我们脚下的岩石上就像铃子、铙钹、钟鼓在奏鸣着，而且声音愈响愈大起来。

⑤没有风。海自己醒了，喘着气，转侧着，打着呵欠，伸着懒腰，抹着眼睛。因为岛屿挡住了它的转动，它狠狠的用脚踢着，用手推着，用牙咬着。它一刻比一刻兴奋，一刻比一刻用劲。岩石也仿佛渐渐战栗，发出抵抗的嗥叫，击碎了海的鳞甲，片片飞散。

⑥海终于愤怒了。它咆哮着，猛烈地冲向岸边袭击过来，冲进了岩石的罅隙里，又拨刺着岩石的壁垒。

⑦音响就越大了。战鼓声，金锣声，呐喊声，叫号声，啼哭声，马蹄声，车轮声，机翼声，掺杂在一起，像千军万马混战了起来。

任务二　发声技巧和态势语训练

任务要点

在上一模块发声训练的基础上，通过发声技巧的训练，使未来的幼儿教师做到以情运气，以气托声，以声传情，同时进行态势语训练，为各种形式的口语活动的开展打基础，从而提高有声语言的表现力。

案　例

老师讲述《鸭妈妈找蛋》的故事片段。

“哎呀，我的蛋呢？我把蛋生在哪儿了？”这不，鸭妈妈又忘了她的蛋生在哪儿了。

于是，她就在墙根下跑来跑去地找，跑遍了墙里墙外怎么也找不着。她就向鹅大婶打听：“鹅大婶，您看见我的蛋了吗？您拾过我的蛋了吗？”鹅大婶想了想说：“哦，我没看见你的蛋。你到别处找找看吧！”

鸭妈妈赶紧又跑到小路上，正好碰上了山羊公公，鸭妈妈就连忙问：“山羊公公，您看见我生的蛋了吗？”

“哦，我没见过你的蛋，哦，你怎么不去池塘边找找看呢？”

鸭妈妈跑到池塘边，低着脑袋找呀找呀，天都黑了还是没找着她的蛋，只好垂头丧气地回到院子里。就在这个时候，她看见老黄牛回家了，鸭妈妈赶紧跑过去问：“牛大伯，您看见我的蛋了吗？我都找了半天了，还没找着。”老黄牛摇了摇头说：“我可没见过你的蛋，你呀，可真粗心，连自己生的蛋都会弄丢。”鸭妈妈低下头，长长地叹了一口气：“哎，有什么办法，我忙呀！刚下水就想着要捉鱼，捉完鱼就得下蛋，下完蛋又要忙其他的事，这么多事情一搅和，就记不清蛋生在哪儿了。”老黄牛说：“这可不是理由啊，你瞧我，成天耕地拉车，一天到晚忙个不停，可我也不像你这么粗心啊！”

讲述时，鸭妈妈、牛大伯、山羊公公、鹅大婶的声音表现都各有特色，如，鸭妈妈声音较尖而亮，牛大伯的声音低而沉。随着角色的情感变化，角色的声音也发生了变化，如鸭妈妈找不着鸭蛋时的着急心情，声音调子较高，而推脱找不到蛋时声音的调子就较低。讲述时，适当地加上态势语，可以使角色形象更加生动、鲜活。

一、理论与方法

幼儿文学作品的口语表达是一个再创造的过程。在这个过程中，必须运用声音技巧和态势语技巧，才能把文学作品的人物形象、情节、环境表现得栩栩如生，给幼儿美的享受。

(一)不同声音效果的发声技巧训练

在朗读、讲故事、戏剧表演等口语活动中，声音的表现力的强弱，直接影响到口语活动的效果。不同的发声，可以表达不同的情感，体现不同的人物特点，以下介绍几种常见声音效果的发声技巧。

1. 表达不同情感的发声技巧。

人的情感是丰富的，如何通过声音准确表达情感呢？下面介绍几种常用的发声技巧。

(1)表达“爱”的情感：声音轻柔，气息绵长，发声松而虚。例如，栗色的大兔子把栗色的小兔子轻轻地放到了树叶铺成的床上，低下头来，亲亲它，祝它晚安。然后，它躺在小兔子的身边，小声地微笑着说：“我爱你，到月亮那么高，再绕回来。”

(2)表达“恨”的情感：声音强硬，气息粗短，发声紧而实。例如，有一天，当王后再问魔镜同样的问题时，魔镜却回答说：“现在白雪公主比你美丽。”王后听了非常生气。“可恶，怎么可以有人比我更美丽，我一定要把她除去。”

(3)表达“喜”的情感：语调较高，气息顺畅，发声轻松。例如，老虎高兴地说：“对，对，狐狸说得对!”老虎不刷牙了，“我要天天吃糖，我的牙不怕糖!”

(4)表达“急”的情感：气息短促，语速稍快，声音富有弹性。例如，她(鸭妈妈)就向鹅大婶打听：“鹅大婶，您看见我的蛋了吗？您拾过我的蛋了吗?”

(5)表达“悲”的情感：声音沉稳，气息有阻塞感。例如，国王走到宋金面前，问他：“孩子，你怎么捧着一个空花盆呀?”宋金哭起来了，他说：“我把花籽种在花盆里，用心浇水，可是花籽怎么也不发芽，我，我，我只好捧着空花盆来了。”

(6)表达“惧”的情感：声音微颤，可用倒吸气、气息的中断等以表达害怕的程度。例如，在大森林里，谁都知道老虎的牙齿厉害。小猴伸着舌头说：“嗬，比柱子还粗的树，大老虎只要用尖牙一啃就断，真怕人哪!”“大老虎嚼起铁杆来，跟吃面条一样……”小兔说着，害怕得缩起了脑袋。

2. 塑造不同人物形象的发声技巧。

不同的人物形象可以通过不同的发声技巧将其不同的性格、鲜明的特点展现出来，下面介绍几种发声技巧。

(1)狡猾的人物形象，声音高而尖，发声的时候带粘，也就是粘字，带甩腔。例如，嗬，狐狸真的去找大老虎了，他带了一大包礼物：“啊，尊敬的大王，我给你带来了世界上最好吃的东西——糖。”

(2)正直、憨厚的人物形象，气息沉稳，声音浑厚，语调稍低。例如，老黄牛说：“这可不是理由啊，你瞧我，成天耕地拉车，一天到晚忙个不停，可我也不像你这么粗心啊!”

(3)活泼、天真的人物形象，声音清脆，语速稍快，说话跳字。例如，小毛猴听了，搔了搔腮说：“我知道，我知道，西瓜是吃瓤儿!”

(4)凶狠、恶毒的人物形象，声音咬牙切齿，气息有挤压感。例如，狼不想再争辩了，龇着牙，逼近小羊，大声嚷道：“你这个小坏蛋！说我坏话的不是你就是你爸爸，反正都一样。”

以上的发声技巧并不意味着表达某种情感、表现某类人物时只能如此运用，语言技巧的运用是复杂而丰富的，必须在具体作品、具体人物中去准确运用发声技巧，才能准确表现作品、表达情感。

(二)态势语技巧

态势语是口语活动中，运用身姿、表情、手势等帮助表达情感、传递信息的一种形式。

态势语在口语活动中，可以拓宽信息传播的渠道，补充和强化有声语言；可以让情感得到更好地沟通、交流；还可以起到暗示的作用，调节口语活动的气氛。

不同的口语活动，需运用不同的态势语。在幼儿文学作品口语表达中，态势语自然、大方、分寸得当的运用，可以使幼儿文学作品的表现更加鲜活、生动。以下介绍几种常用的态势语的技巧。

1. 身姿语的技巧。

身姿语包括行姿、站姿、坐姿等。行姿要稳健，不要摇晃和拖沓。站姿的重心要稳，身子不要摇晃，两脚不要抖动。坐姿应端正而自然，目光平视，座位不要坐太满，忌跷二郎腿和晃腿。幼儿教师给幼儿念儿歌、讲述故事时，为了更好地与幼儿交流，身姿可稍倾，和幼儿拉近距离。

2. 手势语的技巧。

手势语表达的情感相当丰富，运用时要与有声语言协调，做到心到手到。手势要根据内容、对象来选用，手势要适度，即手势的幅度、角度、速度、频度都要适度。幼儿教师诵读、讲述幼儿文学作品时，为了表达得直观、生动，应随教学内容适度运用手势语，借助手势语进行教学。

3. 表情语的技巧。

表情语就是通过面部肌肉、眉、唇、目光等的变化来表达情感。在进行口语表达时表情语应真挚、有分寸。幼儿教师上课时，表情要自然，变化要适度，而进行讲故事等口语活动时，表情可随故事的内容表现得丰富而略带夸张。

资料卡

在对幼儿进行发声训练时，可以设计有趣的口腔操，进行训练。如舌头操，教师念口诀让幼儿活动舌头，“上上下下，卷卷刮刮，我的舌头最听话!”还可以通过拟声词进行发声训练。发拟声词，训练共鸣及吐字归音。如吧嗒嗒、滴溜溜、咕隆隆、扑通通、咣当当、滴滴答答、叽叽喳喳、哗啦哗啦、乒乒乓乓……

——陈丹辉：《幼儿教师语言训练》，北京，高等教育出版社，2010。有删改

二、技能训练

[**训练一**]

1. 要求：根据提示进行训练，学习准确运用发声技巧表现不同的情绪。

步骤：(1)从语境上把握不同的情绪变化。

(2)教师指导，提示，示范。

(3)学生训练。

(4)师生共同评议。

根据下面的提示，用不同的发声技巧说：

①这是你写的作业？

高兴——这太好了！真是大有进步！

怀疑——这不可能吧？是抄的吧？

惊讶——真没想到。你不是一贯不交作业的吗?
惋惜——唉!你不该学成这样啊!
轻蔑——你没这本事，这不是你写的作业!
责备——简直太不像话了!
②你到这里来过?
高兴——这太好了!
怀疑——这可能吗?
惊讶——真没想到!
惋惜——唉!你不该来啊!
冷漠——来没来过与我无关。
③填上不同的语气词，再用不同的发声技巧说。
(　　)，下雨了。
高兴——嘿，下雨了。
　　——哇，下雨了。
惊讶——咦，下雨了。
　　——呀，下雨了。
惋惜——哦，下雨了。
　　——唉，下雨了。
训练提示：准确运用发声技巧表现情感变化。

2. 要求：根据提示进行训练，学习准确运用发声技巧和态势语技巧。
步骤：
(1)从整体上把握文段的内容和感情。
(2)教师指导，提示，示范。
(3)学生训练。
(4)师生共同评议。
根据训练提示，运用发声技巧，朗读下列文段。

(1)这时，妈妈踮起脚尖儿，一步步向花丛走去。妈妈闭着眼，咯咯笑着。突然，妈妈一下把孩子抱住了。孩子仰着脸儿，不明白地问：“妈妈，你怎么知道我藏在花丛里呀?”妈妈甜甜地说：“我的小妞妞，是朵会说会笑的山菊花!”

训练提示：“妈妈，你怎么知道我藏在花丛里呀?”声音清脆，语气天真，表现孩子的童稚可爱；“我的小妞妞，是朵会说会笑的山菊花!”，发音时气息轻柔，表达了妈妈对孩子的爱。

(2)波斯猫把客厅的金鱼缸打翻了，还把小敏名贵的金鱼吃个精光，气得小敏拿起木棍，猛往波斯猫身上打。

训练提示：为了表达小敏生气的情感，发声时气息较粗，语速加快。

(3)小白兔见狼要扑上来，吓得浑身发抖，说：“别，别，你别吃了我!”狼恶狠狠地说：“没门！我饿了一天了，哼哼，终于可以饱餐一顿了!”

训练提示：为了表达小白兔的恐惧，声音断断续续，微颤。狼语气凶，声音大，气息有挤压感。

(4)大老虎正要刷牙，狐狸来了：“啊，你把牙齿上的糖全刷掉了，多可惜呀。”“可听狮子说，糖吃多了会坏牙的。”“唉唉，别人的牙怕糖，你大老虎的牙这么厉害，铁条都能咬断，还会怕糖!”

训练提示：这段话中的大老虎很愚笨，语调偏低，语速偏慢；狐狸聪明，有心计，语调高，语气夸张。

根据以下态势语的设计，朗读幼儿诗《笑脸》。

笑脸	态势语
我爱妈妈的笑脸，	微笑。
像太阳一样温暖；	甜蜜地笑，展开右手，目光随手势向右上角移动。
我爱老师的笑脸，	微笑，右手渐收至胸前。
像泉水一样甘甜。	目光虚视，仿佛沉浸于体味泉水的甘甜中。
啊！亲爱的老师，	目光深情。缓缓伸出双手。
你们的笑脸我常在梦中看见。	双手缓缓收至胸前。

[**训练二**]

要求：恰当运用发声技巧和态势语进行朗读，表现人物的性格与情感。

步骤：

(1)自己先练习一遍。

(2)小组训练，找出问题，互相修正。

1. 恰当运用发声技巧，朗读下列文段。

(1)农场里的鸡呀、鹅呀，都会生蛋，可鸭妈妈生的蛋最好看，光溜溜，亮晶晶的，漂亮极了，大家都说：“鸭妈妈长得好看，生的蛋也这么漂亮!”鸭妈妈听了别提有多高兴了，嘎嘎嘎地叫了起来。

(2)一年一年过去，白雪公主长大了，越长越美丽。一天，王后又去问魔镜：“镜子，镜子，谁是全国最美丽的女人?”镜子回答说：“王后啊，白雪公主比您美丽一千倍!”王后气坏了，找来一位猎人，对他说：“快！快把白雪公主带到树林里！杀死她，拿她的肺和肝来见我!”

(3)妈妈问：“小马，你少玩一会儿，能帮妈妈做点事吗?”“怎么不能呢?”小马放下玩具说，“妈妈，我很愿意帮您做事。你看，我都长这么高了!”

(4)大灰狼来到草房前，叫小黑兔开门，小黑兔不肯开。大灰狼用力撞一下，草房就倒了。小黑兔急忙逃出草房，边跑边喊：“大灰狼来了！大灰狼来了！”木房里的小灰兔听见了，连忙打开门，让小黑兔进来，又把门紧紧地关上。

2. 根据提示，给下面的幼儿诗设计态势语。

雪花	态势语
雪花，	疑问
雪花，	
你有几个小花瓣？	
我用手心接住你，	天真
让我数数看：	
一、二、三、四、五、六。	认真
咦，	童稚的质疑
刚数完，	
雪花怎么不见了？	
只留下一个圆圆的小水点儿。	

[**训练三**]

要求：（这个板块有些难度，基础好的同学可以试一试，教一教）

(1)综合运用发声技巧和态势语技巧来表达，突出人物性格的特点。

(2)以幼儿教师的视角完成练习。

步骤：

(1)自己训练，指出训练要点。

(2)小组训练，互相交流。

(3)以幼儿老师的身份对幼儿进行态势语辅导。

1. 朗读《星星》，注意恰当运用发声技巧和态势语表现人物特点。

是谁把电灯安在天上，这里一盏，那里一盏，比地上的萤火虫还多？

是谁把夜明珠撒在天上，这里一颗，那里一颗，比地上的宝石还多？

那不是电灯，是太阳爸爸的孩子——小星星。你看，太阳下班了，星星闪闪烁烁，在替爸爸干活：照亮大地，照亮山河。

那不是夜明珠，是太阳妈妈的孩子——小星星。你瞧，月亮疲倦了，星星眨着眼睛，在给妈妈解闷儿：叽叽喳喳，七嘴八舌。

啊，多好的星星，多好的孩子！我愿做最亮的星星，最好的孩子，把光亮洒向大地，给妈妈带来欢乐。

2. 综合运用发声技巧和态势语技巧，讲述《没有牙齿的大老虎》。

在大森林里，谁都知道老虎的牙齿厉害。

小猴伸着舌头说：“啃，比柱子还粗的树，大老虎只要用尖牙一啃就断，真怕人哪！”

“大老虎嚼起铁杆来，跟吃面条一样……”小兔说着，害怕得缩起了脑袋。

可小狐狸却说：“你们怕大老虎的牙齿，我就不怕！我还要把它的牙齿全部拔掉呢！”

哈哈哈，哈哈哈，谁相信小狐狸的话呢？

“吹牛！吹牛！”“没羞！没羞！”小猴和小兔一个劲儿地笑小狐狸。

“不信，你们就瞧着吧！”小狐狸拍拍胸脯走了。

项目小结

本项目主要是朗读训练、发声技巧训练和态势语训练。通过案例引入，理论与方法的学习，案例分析与技巧训练，使训练者掌握朗读的技巧，发声的技巧，运用态势语的技巧，为以下的项目训练打好坚实的基础。在训练中，由易到难，由局部训练到整体训练，由教师指导训练到学生自主训练，在阶梯式的训练中，使学生的口语表达能力逐步提高。

项目六
不同体裁幼儿文学作品口语表达训练

项目训练目标

1. 掌握念儿歌、朗读幼儿诗、幼儿散文的技巧，能正确、流利、有感情地朗读幼儿文学作品。

2. 掌握讲述技巧，能生动形象地进行讲述。

3. 养成喜欢朗读，爱讲故事的习惯。

不同体裁的幼儿文学作品可以给读者不一样的艺术感受，根据不同体裁的作品的特点，准确生动地运用口语表达技巧，可以让幼儿文学作品表现得更为鲜活，形象，丰富。

任务一　念儿歌训练

任务要点

通过案例引入、理论与方法的学习，了解念儿歌的方法；通过念儿歌训练学会根据不同作品的特点，准确把握儿歌的节奏，并能初步懂得如何对幼儿进行念儿歌的指导。

案　例

在幼儿园里，孩子们不停地念儿歌《我爱妈妈》。

“手牵/手，上山/坡。

山/上/的小花/有/几多？

一/千朵，一/万朵。

我/爱/妈妈/也有/这么/多。”

他们念的时候一顿一顿的，而且孩子们面无表情，简单机械地重复地念。

儿歌不就是念吗？怎么孩子们念出来的儿歌这么不好听呢？

儿歌是可以念唱的，但儿歌的念并不是念字式的，像孩子们这样没有感情，没有节奏的念，就失去念儿歌的美感。念儿歌应该结合儿歌的内容，有节奏地念，才能将儿歌的韵律美表现出来。

一、理论与方法

儿歌是适合幼儿欣赏诵唱的歌谣。在我国古代，有音乐、乐器伴奏的叫“歌”，没有音乐、乐器伴奏的叫“谣”。现代统称为歌谣。歌谣大多押韵，具有和谐的音韵和明朗的节奏。

儿歌是人一生中最早接触的，也是最容易接受的一种文学形式，儿歌生动的内容，易懂的语言，动听的韵律，可以陶冶幼儿的性情，增添幼儿的生活乐趣，开启幼儿的心智，还能培养幼儿的语言能力。儿歌为幼儿营造了饱浸着爱、溢满着真情的美好乐园。

(一)什么是“念儿歌”

儿歌的节奏感强，韵律和谐，是活在孩子们口头的文学。儿歌的精致韵律，明快的节奏，优美的音乐性使得儿歌更适合诵唱，儿歌的“诵唱”是指有节奏地念，可以让幼儿恰当地运用态势语，韵律优美、生动形象地念儿歌。

(二)念儿歌的方法和要求

怎样才能念好儿歌呢？

首先，要理解儿歌的内容，准确表达儿歌的情感。

其次，要体现儿歌的节奏感和韵律感，准确把握儿歌的音步是关键。音步，即节拍，通常由一个或几个音节构成，如，“走/不稳，站/不牢，走到/桥上/心乱跳。”为了更好地处理音步与儿歌内容表达的关系，念儿歌时不能机械地按音步作停顿，而是应根据儿歌的内容作恰当的处理。例如《会叫的鞋子》中，为了表现小孩穿起鞋子的得意样儿，“走起路来叽叽叫”的“起”与“来”就应该连起来，让音步与儿歌的内容、情感融合起来。要体现儿歌的节奏感和韵律感，应恰当运用表达技巧，通过韵脚的归音，轻重的变化，虚实的穿插，停连的交替……表现儿歌的韵律，使儿歌念得生动、自然。

最后，要运用态势语增强儿歌的表现力。依据儿歌动作感强的特点，念儿歌时可以通过表情、动作、身势等的协助，把儿歌表现得更生动，活泼，有趣。设计儿歌态势语时，应注意动作、手势等的连贯、协调。

在幼儿语言教育领域，教师不仅要念儿歌给幼儿听，还要让幼儿学会诵念儿歌，让幼儿在节奏鲜明，韵律感强的语言情境中受到美的熏陶。

教幼儿念儿歌时，首先要抓住儿歌节奏感强的特点引导幼儿诵念儿歌。幼儿学习语言最敏感的是有声语言的节奏和韵律，儿歌节奏感强、韵律和谐的语句更易于理解和记忆，所以教师在教学儿歌的时候，要抓住儿歌的节奏特点，引导幼儿感受，在鲜明的节奏中念好儿歌。其次，应根据幼儿的情绪和思维特点，恰当地运用语言技巧和态势语技巧，帮助幼儿理解并记忆儿歌内容，使得儿歌念得生动、形象。

念儿歌可以陪伴孩子们度过儿时的快乐时光。直至垂暮之年，很多人对儿时念的儿歌往往还记忆犹新。正如《演小儿语》中所说："童时习之，可以终身体认。"

资料卡

儿歌的传统艺术形式

儿歌在长期的发展演变及流传过程中，形成某些固定的格式，这些固定的格式犹如我国古典诗词中的"格律""词牌"一样，又反作用于作家的创作，使儿歌的艺术形式更加丰富、更臻于完美。儿歌的主要传统艺术形式有：摇篮曲、游戏歌、数数歌、问答歌、连锁调、绕口令、颠倒歌、字头歌和谜语歌。

——陈振桂主编：《新儿童文学教程·儿童文学基础理论》，南宁，广西人民出版社，2007

二、技能训练

[**训练一**]

要求：在训练指导的帮助下，掌握念儿歌的方法。

步骤：

(1)阅读儿歌，从整体上把握儿歌的内容和感情。

(2)教师指导，提示，示范。

(3)学生训练。

1.《雁雁排成队》(传统儿歌)。

雁雁排成队

雁——雁，	破折号处自然停顿，念"雁"字时拖长，做
排成队，	音断意连处理。
后头跟个雁妹妹，	节奏为"后头／跟个／雁妹妹"，重音"雁妹妹"。
雁哥哥，慢点儿飞，	用对比的语气念这两句儿歌，突出"慢点儿"
雁妹妹，快点儿追，	"快点儿"。
一起往南飞，	这两句体现儿歌的主题，重音为"一起"
谁也不掉队。	"谁也"。

训练提示：训练时应注重从儿歌的内容入手，安排节奏、重音，特别是起句的顿连运用，可以形成独特的节奏美。结尾处紧扣儿歌的主题，以重音表达对“友爱团结”精神的理解。同时，在念儿歌的过程中配以动作，使儿歌念得更具动感、节奏感。

2.《小雨点》。

小雨点

唐邑丰

小雨点，沙沙沙，	“沙沙沙”以拉长连音表现春雨的绵绵。
落在花池里，	“落”“张”做重音处理。
花儿乐得张嘴巴。	情绪欢快。
小雨点，沙沙沙，	“沙沙沙”以跳跃的顿音表现欢快的情绪。
落在鱼池里，	“落”“摇”做重音处理。
鱼儿乐得摇尾巴。	
小雨点，沙沙沙，	“沙沙沙”有意拉长，并做顿连，以表现春雨
落在田野里，	给万物带来的生机。
苗儿乐得向上拔。	语调上扬。

训练提示：念《小雨点》时，应注意儿歌重复部分节奏上的变化，三句重复的“小雨点，沙沙沙”做不同的处理，可以避免念儿歌时的单调，同时还可以更好地表现万物对春雨到来的喜悦心情。动词的重音处理使儿歌更富动感。

［**训练二**］

要求：学生在训练提示下，按照正确的方法念儿歌。

步骤：

(1)自己先练一遍。

(2)小组训练，找出问题，互相修正。

1.《会叫的鞋子》。

会叫的鞋子

圣野

我的鞋子真好笑，
走起路来叽叽叫，
小猫把我当老鼠，
跟在后面喵喵喵。

训练提示：

(1)画出儿歌的音步。

(2)思考：念儿歌时如何处理音步与儿歌内容表达的关系？（念儿歌时不能机械

地按音步做停顿，应根据儿歌的内容做恰当的顿连、重音。如“走起路来”的“起”与“来”做顿连的处理。）

（3）“叽叽叫”的节奏与“喵喵喵”的节奏做何不同的处理？

2.《小熊过桥》。

小熊过桥

蒋应武

小竹桥，摇摇摇，
有个小熊来过桥。
走不稳，站不牢，
走到桥上心乱跳。
头上乌鸦哇哇叫，
桥下流水哗哗笑。
“妈妈，妈妈你来呀，
快把小熊抱过桥！”
河里鲤鱼跳出水，
对着小熊大声叫：
“小熊，小熊不要怕，
眼睛向着前面瞧！”
一二三，
向前跑，
小熊过桥回头笑，
鲤鱼乐得尾巴摇。

训练提示：

1. 作品出现了两个形象，一个是娇憨的小熊，一个是伶俐的鲤鱼，念儿歌时应注意以人物语言和动作表现人物的性格。

2. 念这首儿歌时如何把人物语言和叙述语言区分开来？

3. 结尾处应如何体现小熊过桥后的愉悦心情？

[**训练三**]

要求：（这个板块有些难度，基础好的同学可以试一试，教一教）

（1）能生动形象地念儿歌。

（2）说说并指导幼儿念好这些儿歌的方法和要点。

步骤：

（1）自己训练，指出要点。

（2）小组训练，互相交流。

（3）试试以幼儿教师的身份，教幼儿念儿歌。

1.《坐火车》。

坐火车

柯岩

小板凳，摆一排，
小朋友们坐上来，
这列火车跑得快，
我当司机把车开。
（轰隆隆隆，轰隆隆隆，呜！呜！）
抱洋娃娃的靠窗坐，
牵小熊的往后挪，

皮球积木都摆好，
大家坐稳就开车。
（轰隆隆隆，轰隆隆隆，呜！呜！）
穿大山，过大河，
火车跑遍全中国，
大站小站我都停，
注意车站可别下错。
（轰隆隆隆，轰隆隆隆，呜！呜！）
哎呀呀，怎么啦，
你们一个也不下？
收票啦，下去吧，
让别人上车坐会儿吧。
（轰隆隆隆，轰隆隆隆，呜！呜！）

要点提示：作品是一首游戏儿歌，可以边念边做游戏，念的时候要注意节奏。指导幼儿念“轰隆隆隆，轰隆隆隆”时，要有弹性和跳跃感，“呜！呜！”应拖长音。

2.《蝴蝶蝴蝶你找谁》。

蝴蝶蝴蝶你找谁

金波

花蝴蝶，多么美，
张开翅膀飞呀飞；
这里找，那里找，
蝴蝶，蝴蝶你找谁？

黄花开，白花开，
一朵更比一朵美；
这里找，那里找，
我丢了一朵红玫瑰。

你看那，小妹妹，
是她摘了红玫瑰；
这样做，可不对，
戴在头上也不美。

要点提示：这首儿歌由“蝴蝶飞——找丢了的红玫瑰——批评小妹妹摘红玫瑰的行为”三个段落构成，第一段突出“找”，第二段突出“丢”，第三段突出“不对”“不美”。指导幼儿念儿歌时，可以加上动作，让儿歌更具表现力。

3.《七个妞妞来摘果》。

七个妞妞来摘果

一二三四五六七，
七六五四三二一。
七个妞妞来摘果，
七个花篮手中提，
七个果子摆七样，
苹果、桃儿、石榴、柿子、李子、栗子、梨。

要点提示：这是一首数数歌，教幼儿念的时候要注意节奏，特别是末句更显儿歌的韵律美。

任务二 幼儿诗诵读训练

任务要点

通过案例引入、理论与方法的学习，了解念幼儿诗的诵读方法，通过诵读幼儿诗的训练，能根据不同作品的特点诵读幼儿诗，并能初步懂得如何指导幼儿诵读幼儿诗。

案 例

在一节口语课上，一位同学诵读幼儿诗《爸爸的老师》，以成年人的明了缘由的口吻诵读“我一路想这位老师，/该是怎么个人。/他一定是胡子很长，/满肚子的学问。/他当然是比爸爸强，/是位老数学家。/他要不是老数学家，/怎能教我爸爸?”听起来虽也抑扬顿挫，可总觉得缺些什么。到底缺什么呢？同学们马上意识到缺的是童趣。

分析：《爸爸的老师》情感真切，童趣横溢。“我”对爸爸的老师有着好奇、童真般的猜测，应通过充满童趣的诵读精准地表达出来，从而被“我”的可爱所吸引。

一、理论与方法

幼儿诗是适应幼儿欣赏诵读的自由体诗。幼儿诗符合幼儿的心理和审美特点，表现幼儿的情感、性灵和体验，幼儿诗无不透露着幼儿活泼的天性，丰富的想象，成长中的各种情绪。

(一)幼儿诗的特点

幼儿诗虽不受句式、押韵、长短的限制，但幼儿诗的节奏与韵律是内在的，往往表现为一种自然天成的抑扬顿挫及作品内在情感的起伏。幼儿诗追求充满幼儿情趣的意境，感情内涵更加丰富，表达上更讲究用精练、雅致的语言来营造优美的意境，因而幼儿诗的特点使得幼儿诗更适合年龄稍大的孩子欣赏诵读。

(二)幼儿诗诵读的方法和要求

幼儿诗主要有幼儿抒情诗和幼儿叙事诗，诵读幼儿诗时，要真切感受幼儿诗的情感，声情并茂地表现幼儿诗的意趣。

第一，诵读幼儿抒情诗时，要将自己的情感与作者所要表达的情感融为一体，并注意通过富有节奏感的诗的语言展现童心之纯，生活之真，自然之美。

第二，诵读幼儿叙事诗则要准确把握人物性格，体现叙事的层次，通过不同的语调、节奏等诵读技巧，塑造不同的人物形象，表现情节中的童趣。

幼儿诗在诵读时，既要展开丰富的想象，又要善于揣摩幼儿诗的语言，才能准确表达幼儿诗中的情感，营造幼儿诗中的意境。

资料卡

配乐诵读幼儿诗应注意的问题

幼儿教师在诵读幼儿诗时，为了更好地营造朗诵的氛围，提倡运用各种手段辅助诵读。配乐就是一种常用的辅助手段，配乐诵读时应注意以下几个问题。

1. 配乐与诵读作品的情调一致，配乐节奏与诵读节奏大体吻合。

2. 配乐不能喧宾夺主，切忌音乐声淹没诵读声。

3. 配乐可以用事先录制的曲目，也可现场用乐器伴奏，要注意音乐与诵读者的配合。

4. 配乐可以贯穿整个诵读过程，也可以断续于诵读过程中。通常音乐是在诵读之前开始，诵读结束音乐仍继续，形成意犹未尽的效果。

——陈丹辉：《幼儿教师语言训练》，北京，高等教育出版社，2010。有删改

二、技能训练

[**训练一**]

要求：在训练指导的帮助下，学生掌握幼儿诗的诵读方法。

步骤：

(1)阅读幼儿诗，从整体上把握幼儿诗的内容和感情。

(2)教师指导，提示，示范。

(3)学生训练。

1.《如果我是一片雪花》。

如果我是一片雪花

金波

如果我是一片雪花， 你猜，我会飘落到 什么地方去呢？	语调轻快表达孩子天真的想象。 一个“猜”字表现孩子式的调皮、得意。
我不愿飘到小河里， 变成一滴水， 和小鱼小虾游戏。	以下两节中的“不愿”使得朗读时带着悬念，让人不禁会好奇：那么好玩的游戏为何都不能让“我”飘落呢？这两节要形成一个完整的语势，从而为最后一节做好铺垫。

我不愿飘到广场上，	
堆个胖雪人，	
望着你笑眯眯。	
我愿飘落在妈妈的脸上，	最后给出了一个纯真感人的答案，语调轻柔，“妈妈的脸上”“亲亲她”“融化”等语言，表达无限美好的爱意。
亲亲她，亲亲她，	
然后就快乐地融化。	

朗读幼儿诗《如果我是一片雪花》时，要以孩子的心灵去感受那爱妈妈的童稚想法，在整体的轻快节奏上把握情感的变化，即由“猜——不愿——愿”的过程，最后将爱的情感自然而美好地流露出来。

2.《绿色的孩子》。

绿色的孩子

胡木仁

树儿，	语气甜美，节奏轻快。
绿色的扫帚，	
把天空，	指向天空。
扫得湛蓝湛蓝。	语调深沉，表达对自然的深情。
树儿，	语气甜美，节奏更轻快。
绿色的掸子，	
把云朵，	深情而明朗。
掸得洁白洁白。	
树儿，	轻快
绿色的抹布，	
把星星，	更为深情。
擦得闪亮闪亮……	
树儿，	情绪渐进高潮。
绿色的孩子，	
把地球，	赞美的情感。
打扮得多漂亮！	

这是一首意境优美的幼儿抒情诗。作品由四个小节组成，运用精当的比喻，把树分别比喻成绿色的扫帚、绿色的掸子、绿色的抹布、绿色的孩子，在美丽的画面中渗透着对树儿的赞美、感激之情。诵读时，要注意四个小节情感的细微变化，通

过重音，节奏的变化将作品诵读得情真、景美，从而激发幼儿热爱地球母亲的美好情感。

[**训练二**]

要求：学生能在训练提示下，按照幼儿诗正确的诵读方法自主训练。

步骤：

(1)自己先练一遍。

(2)小组训练，找出问题，互相修正。

1.《小弟和小猫》。

小弟和小猫

柯岩

我家有个小弟弟，
聪明又淘气，
每天爬高又爬低，
满头满脸都是泥。
妈妈叫他来洗澡，
装没听见他就跑。
爸拿镜子把他照，
他闭上眼睛咯咯地笑。
姐姐抱来个小花猫，
拍拍爪子舔舔毛。
两眼一眯："妙，妙，妙，
谁跟我玩？谁把我抱？"
弟弟伸出小黑手，
小猫连忙往后跳。
胡子一撅头一摇：
"不妙，不妙，太脏太脏我不要！"
姐姐听见哈哈笑，
爸爸妈妈皱眉毛。
小弟听了真害臊：
"妈！妈！快快给我洗个澡。"

训练提示：

(1)第一节中"我"对小弟的态度如何用重音表现出来？

(2)第二节"我"的心理是怎样的？

(3)第三、第四节"小花猫"这一角色该如何朗读才能读出情趣？

(4)最后一节该如何表现弟弟想改正缺点的迫切心情？

(5)注出诗歌的重音和停顿。

2.《你别问，这是为什么》。

你别问，这是为什么

刘倩倩

早晨，妈妈给我两块蛋糕，
我悄悄地留下一个。
你别问，这是为什么？

中午，爸爸给我穿上棉衣，
我一定不把它弄破。
你别问，这是为什么？

下午，哥哥给我一盒歌片，
我选出最美丽的一页。
你别问，这是为什么？

晚上，我把它们放到枕头边，
让梦儿赶快飞出我的被窝。
你别问，这是为什么？

我要把蛋糕送给她吃，
把棉衣给她去挡风雪，
在一块唱那美丽的歌。
你想知道她是谁吗？
请去问一问安徒生爷爷——
她就是卖火柴的那位小姐姐。

训练提示：

(1)四个“你别问，这是为什么”在诵读时该如何区别？

(2)诗歌由“我”开心、神秘地做了些让人猜不透的事情，为读者设下了疑问，到答案的揭晓，表达作者对卖火柴的小姐姐的无限同情和强烈的爱，这些情感在诗歌诵读中该如何表达？

(3)注出诗歌的重音和停顿。

[**训练三**]

要求：(这个板块有些难度，基础好的同学可以试一试，教一教)

(1)声情并茂地诵读幼儿诗。

(2)说说并指导幼儿诵读这些幼儿诗的方法和要点。

步骤：

(1)自己训练，指出要点。

(2)小组训练，互相交流。

(3)试试以幼儿教师的身份，教幼儿诵读幼儿诗。

1.《雨是云的娃娃》。

雨是云的娃娃

黎焕颐

雨，是云的娃娃，

蹦蹦跳跳自天而下。

走到大海，
大海笑起浪花。

走到沙漠，
沙漠张开嘴巴。

走到森林，
森林沙沙。

走到屋檐，
屋檐哗哗哗。

听，雨在讲话：
“我来啦！我来啦！”
于是，大地牵上
小树、小草、小花，
还有小苗苗，小豆荚，
满山遍野出来迎接它。

要点提示：这首作品以欢快的基调表达下雨时的情形。指导幼儿诵读时，几个“走到”的段落应有所区别，最后一节要注意节奏，以体现层次感。

2.《我的影子》。

我的影子

罗伯特·路易斯·史蒂文森

我有个小小的影子总跟着我走动，
不知他除了让我看见还有什么用。
虽然他从头到尾都和我一样，
却总是比我抢先一步跳上床。

最有趣的是他时刻都在变化，
不像别的孩子慢慢长大，
有时他像是个皮球一窜老高，
有时他又小得让你看不到。

他不懂怎么玩孩子们的游戏，
只好处处学我的样子。
我知道他很胆小，你别笑，
他跟我一样需要妈妈的拥抱！

一天早上，太阳还没起床，
我悄悄地去花园看露珠的闪光，
可我懒惰的影子却留在了家中，
他还躺在床上，睡得正香。

要点提示：这首幼儿诗以孩子特有的触觉写出了对自己的影子充满童真的独特认识。指导幼儿诵读时，应注意运用态势语帮助表达诗歌中的情绪变化，通过语气、语调、节奏、顿连的运用，表现“我”的自信，纯真。

任务三　幼儿散文朗读训练

任务要点

通过案例引入、理论与方法的学习，了解幼儿散文的朗读方法，通过朗读幼儿散文的训练，能根据不同作品的特点朗读幼儿散文，并能初步懂得如何指导幼儿朗读幼儿散文。

案　例

老师朗读幼儿散文《秋姐姐写信》。

秋姐姐写信

秋天到了，好心的秋姐姐摘下树叶忙着写信。

第一封信写给松鼠，提醒松鼠准备过冬的粮食。

第二封信写给黑熊，提醒黑熊寻找冬眠的树洞。

第三封信写给小朋友，提醒小朋友注意添加衣服，别着凉。

……

她写了一封又一封，所有的树叶都被她写光了。

分析：老师朗读《秋姐姐写信》时，带着孩子特有的目光观察秋叶的飘落，饱含关爱、童稚的情怀，将秋天树叶飘落的景致与孩子那颗美好的童心交融在一起，让听众感受秋景的美、童心的美。

一、理论与方法

幼儿散文是传达幼儿生活情趣及其心灵感受，适合幼儿审美需求和欣赏水平的散文样式。

(一)幼儿散文的特点

幼儿散文以优美的语言感染幼儿，以温馨、真诚的情感打动幼儿，给幼儿带来愉悦和美感。幼儿散文的语言既生活化、口语化，又有不少生动形象、规范优美的书面语，可以给幼儿更多的语言熏陶。

(二)幼儿散文朗读的方法要求

幼儿散文的欣赏对象主要是大班的幼儿。为了让幼儿更好地欣赏幼儿散文，幼儿教师就必须朗读好幼儿散文，只有这样才能将幼儿散文的丰富多彩和神奇魅力传递给幼儿。

(三)怎样朗读好幼儿散文

第一，朗读幼儿散文时先要抓住不同作品的线索，有的散文是以情感为线索，有的散文是以事件为线索，有的散文是以景物为线索，等等；再进入童心童趣的意境，特别注意用幼儿的心灵去感受作品，使情感流露真切、自然。

第二，朗读幼儿散文时，既要读出那富于音响和色彩的语言，更要字字含情，让幼儿在欣赏中，获得美感，从而扩大幼儿的视野，丰富幼儿的想象。

第三，为了更好地创设欣赏的情境，在朗读幼儿散文时，可以借助画面、配乐等方式，让幼儿先入境，继而动情，收获美感。

幼儿散文教学在幼儿园的语言教学中是难点，而听在幼儿散文教学活动中尤为重要，幼儿教师对幼儿散文的朗读至关重要。

资料卡

幼儿散文的种类

幼儿散文的种类可以分为以下六类。

一、幼儿叙事散文

幼儿叙事散文侧重描述幼儿生活中的事，具有浓郁的幼儿生活气息。幼儿叙事散文从不同的侧面表现生活的美好，启迪幼儿热爱生活、关心周围的人和事。

二、幼儿抒情散文

幼儿抒情散文重在抒发孩子们对生活中的人、事、景、物的纯洁善良的美好感情。它可以写景抒情，也可以融情于景。

三、幼儿写景散文

幼儿写景散文侧重描绘优美的自然风景、四季变化及其季节特征。它可以写一山一水的某一特点，也可以写某一处的景物，把孩子们隐约感知的自然美显现出来，让孩子们受到美的熏陶。

四、幼儿游记散文

幼儿游记散文着重描述名胜风光、山水人情，以及幼儿在旅途中的见闻感受，让幼儿感知世界的辽阔、美好。

五、幼儿童话散文

幼儿童话散文是用散文样式写童话形象，表现幼儿的日常生活。

六、幼儿知识散文

幼儿知识散文是寓知识于形象描写之中的幼儿散文，它介绍新奇有趣的知识，开阔幼儿的眼界，引导幼儿认识大自然和生活。

——杨佳利，卜庆亮，周杏坤：《幼儿文学教程》，郑州，郑州大学出版社，2008。有删改

二、技能训练

[**训练一**]

要求：在训练指导的帮助下，掌握幼儿散文的朗读方法。

步骤：

(1)阅读幼儿散文，从整体上把握幼儿散文的内容和感情。

(2)教师指导，提示，示范。

(3)学生训练。

1.《萤火虫和星星》。

萤火虫和星星

冰波

太阳下山了，月亮升起来了。天空是一块深蓝色的玻璃。月光是一条温柔的河。	轻柔，舒缓，充满想象。
萤火虫开始飞舞，小草和野花也开始舞蹈。它们摇晃着枝叶，给草丛扇出一阵阵清凉的风。	轻快而欢愉。
萤火虫飞舞得更开心了，飞着飞着，它们竟然在天空迷路了。	语速渐缓。“竟然”一词突出萤火虫由开心到迷路的心情变化。
它们一直往上飞着，飞着，最后和星星们待在一起。	
当萤火虫停住不飞的时候，它们就变成了星星。	语气渐轻快。
萤火虫的星星和别的星星一样，忽闪着淡淡的光。要是它不小心掉下来，掉到草丛里，它们又会变成萤火虫。	突出“别的”和“淡淡”“又会”。
有一些星星是萤火虫变的，有一些萤火虫是星星变的。	两个“有一些”读出童趣和对比。

《萤火虫和星星》是一篇充满想象、童趣浓郁的幼儿散文。朗读时声音轻柔，语速舒缓，透着童真童趣，表现美妙的星虫世界。

2.《一朵会说会笑的山菊花》。

一朵会说会笑的山菊花

滕毓旭

孩子和妈妈在树林里捉迷藏。	平直调，
两只粉红色的蝴蝶从妈妈身边飞走，追着扑棱棱的小辫儿，飘进花丛里不见了。	情绪欢快。目光随移。
“妈妈，你找呀，看我藏在哪?”	天真、欢快。
妈妈故意不往花丛那边看，却向一棵大树走去。树儿轻轻摇，发出哗啦啦、哗啦啦的响声，一簇簇小蘑菇，擎着伞儿站树下。	突出“故意”一词。通过拟声词带出轻松的氛围。

“妈妈，别在大树后面找，那里有小鸟，别吓飞了它！”	天真童稚。 做喊话的手势。
妈妈停住了，还是不往花丛那边望，却故意用手拨开草丛。一只大蝈蝈被惊动了，一个高儿蹦到草尖上，悠悠荡起了秋千。	突出“故意”一词。语调轻快。
“妈妈，别到草丛里找，那里有小兔，别吓跑了它！”	语速加快，表达着急的心情。
这时，妈妈踮起脚尖儿，一步步向花丛走去。孩子闭着眼，咯咯笑着。突然，妈妈一下把孩子抱住了。	语速由慢渐快。 做踮脚尖动作。
孩子仰着脸儿，不明白地问：“妈妈，你怎么知道我藏在花里呀？”	天真，惊讶。
妈妈甜甜地说：“我的小妞妞，是朵会说会笑的山菊花！”	语调轻柔， 充满爱意。

《一朵会说会笑的山菊花》描绘了一幅母女捉迷藏的动人画面，温馨而充满爱意。小妞妞的天真可爱与妈妈的童心未泯相映成趣，作品中孩子对小动物的关爱透着孩子纯真美好的情思，妈妈对小妞妞的比拟，透露着妈妈的爱与欣慰。

[**训练二**]

要求：根据训练提示，自主训练，掌握幼儿散文朗读的方法和要求。

步骤：

(1)自己先练一遍。

(2)小组训练，找出问题，互相修正。

1.《春雨的色彩》。

春雨的色彩

楼飞甫

春雨，像春姑娘纺出的线，轻轻地落到地上，沙沙沙，沙沙沙……

田野里，一群小鸟正在争论一个有趣的问题：春雨到底是什么颜色的？

小燕子说：“春雨是绿色的。你们瞧，春雨落到草地上，草就绿了。春雨淋在柳树上，柳枝也绿了。”

麻雀说：“不对，春雨是红色的。你们瞧，春雨洒在桃树上，桃花红了。春雨滴在杜鹃丛中，杜鹃花也红了。”

小黄莺说：“不对，不对，春雨是黄色的。你们看，春雨落在油菜地里，油菜花黄了。春雨落在蒲公英上，蒲公英花也黄了。”

春雨听了大家的争论，下得更欢了，沙沙沙，沙沙沙……

训练提示：

(1)这篇幼儿散文的基调是什么？整体节奏如何？

(2)小燕子、麻雀、小黄莺在语调、语速上有何区别？

(3)第一段的“沙沙沙”和最后一段的“沙沙沙”有何区别？

2.《小月亮，笑眯眯》。

小月亮，笑眯眯

屠再华

小月亮，真美丽！她捂着脸，笑呀笑眯眯。

我走到树荫下，她在树杈里；走到池塘边，她在池塘里；走到家里面，她在院场里；走到房间里，她在镜子里。

我“沙啦”一下，拉拢窗帘儿，小月亮一晃不见了。咦！是不是把她吓跑了？

我呼噜呼噜睡着了，小月亮悄悄地找到我梦里来；她带我到天上去玩儿。天上有一条大银河，我坐她的金船摇起来。

训练提示：

(1)这篇幼儿散文运用比喻、拟人、排比等手法，绘声绘色地描述了顽皮的“我”与小月亮捉迷藏的有趣情景，作品的基调是什么？整体的节奏如何？

(2)在语调、重音、节奏等方面如何表现“我”的顽皮，小月亮的调皮？

(3)第二段的排比句该如何读出层次和节奏？

(4)结尾处该怎么处理才能表现幼儿美好的想象？

[**训练三**]

要求：(这个板块有些难度，基础好的同学可以试一试，教一教)

(1)声情并茂地朗读幼儿散文。

(2)说说并指导幼儿欣赏这些幼儿散文的要点。

步骤：

(1)自己训练，指出要点。

(2)小组训练，互相交流。

(3)试试以幼儿教师的身份，从指导幼儿欣赏幼儿散文的角度朗诵幼儿散文。

1.《花的学校》。

花的学校

[印度]泰戈尔

当雷云在天上轰响，六月的阵雨落下的时候，润湿的东风走过荒野，在竹林中吹着口笛。

于是一群一群的花从无人知道的地方突然跑出来，在绿草上狂欢地跳着舞。

妈妈，我真的觉得那群花朵是在地下的学校里上学。

他们关了门做功课，如果他们想在散学以前出来游戏，他们的老师是要罚他们站壁角的。

雨一来，他们便放假了。

树枝在林中互相碰触着，绿叶在狂风里肃肃地响着，雷云拍着大手，花孩子们便在那时候穿了紫的、黄的、白的衣裳，冲了出来。

你可知道，妈妈，他们的家是在天上，在星星所住的地方。

你没有看见他们怎样地急着要到那儿去么？你不知道他们为什么那样急急忙忙么？

我自然能够猜得出他们是对谁扬起双臂来：他们也有他们的妈妈，就像我有我自己的妈妈一样。

和我们一样，自然中的花、草、树木也有自己的学校，你想知道花的学校是怎样一个世界吗？那就赶快读这篇文章吧，好多花儿正欢迎着你呢！

要点提示：这篇幼儿散文充满童稚美、语言美和意境美。引导幼儿欣赏时，要启发他们的想象，使他们感受花的学校的生机、美好。

2.《小河》。

小河

金波

我是一条明亮的小河。我不停地向前奔跑着。我望着晴朗的天空，它给我穿一件蓝蓝的干干净净的衣服。当我跑过田野，我看见绿茵茵的麦苗、金灿灿的迎春花，我又换上了一件鲜艳的花衣服。

我是一条明亮的小河。我跑过果园。果园里桃花开了，杏花开了，梨花也开了。春风把花瓣儿撒了我一身。我带着花瓣儿，跑了很远很远的路，人们还闻得到香味哩！

我流过田野、山坡、工地、果园，到处都听到歌声。我又带着歌声流向远方。远方的小河也穿着鲜艳的衣服，飘着香味，带着歌声。我们拉起手来，向前跑啊，跑啊，跑……

要点提示：这篇幼儿散文以第一人称向读者娓娓道来，同时从孩子的视角和感觉描写大自然。一条明亮的小河在春天里不停向前奔跑，给人们带来鸟语花香，姹紫嫣红。引导幼儿欣赏这篇散文时，要让他们学会用诗意幽雅的心态去体味大自然的美，关注大自然和生活的美。

任务四　幼儿故事讲述训练

任务要点

通过案例引入、理论与方法的学习，了解幼儿故事的讲述方法，通过训练，能根据不同作品的特点讲述幼儿故事，并初步懂得如何指导幼儿讲述幼儿故事。

案例

在一节口语课上，一位学前专业的学生讲述《没有牙齿的大老虎》的片段：

嗬，狐狸真的去找大老虎了，他带了一大包礼物：“啊，尊敬的大王，我给你带来了世界上最好吃的东西——糖。”

糖是什么？老虎从来没尝过，他吃了一粒奶油糖，啊哈，好吃极了！

狐狸以后就常常给老虎送糖来。老虎吃了一粒又一粒，连睡觉的时候，糖还含在嘴里呢。

这时，大老虎的好朋友狮子忙来劝他：“哎哟哟，糖吃得太多，又不刷牙，牙齿会蛀掉的。狐狸最狡猾，你可别上他的当呀。”

“嗯。”大老虎答应着，他正要刷牙，狐狸来了：“啊，你把牙齿上的糖全刷掉了，多可惜呀。”

“可听狮子说，糖吃多了会坏牙的。”

“唉唉，别人的牙怕糖，你大老虎的牙这么厉害，铁条都能咬断，还会怕糖！”

她讲得绘声绘色，声情并茂，赢得大家的掌声。

分析：这位学生幼儿故事讲得生动，吸引听众，赢得掌声，她除了善于运用声音技巧表现人物之外，还恰当地运用态势语辅助讲述故事，做到绘声绘色、声情并茂。

一、理论与方法

幼儿故事篇幅精巧，情节单纯而又略有曲折，语言形象，是幼儿接触最多的文学形式。

(一)什么是讲述幼儿故事

讲述幼儿故事就是把我们看到的、听到的和自己编的幼儿故事，用口语绘声绘色地讲述给别人听。对幼儿来说，讲述故事是寓教于乐的很好形式，可以通过讲故事，调动幼儿的听觉和视觉，使幼儿如临其境，从而受到感染和教育。

(二)讲述幼儿故事的要求

讲幼儿故事必须生动，讲述者要把故事中的人物、事件等栩栩如生地展现在听众面前。讲幼儿故事有以下的要求。

第一，要“讲”。讲故事要求使用口语，即用幼儿听得懂的通俗语言来讲故事。

第二，要有技巧，能充分运用各种声音技巧来表现生动的人物和情节的发展，使用态势语辅助讲故事，善于采用拟声的手段渲染气氛，以引起幼儿的联想和想象。

(三)讲述幼儿故事的技巧

在讲故事之前，我们要根据故事的教育意义和幼儿的接受心理精心选择故事的内容，在这个前提下，再谈讲技巧。讲述幼儿故事的技巧主要有以下几个方面。

第一，认真研读和修改故事。

对于故事要认真研读，一是分析故事的主题，确立讲故事的感情基调；二是分析情节，确立讲故事的高潮、过渡和低谷，使得故事峰谷相间；三是分析人物的性格，运用声音、节奏、语调等技巧表现不同人物的不同性格，展现人物在故事中的发展变化。

为了使幼儿故事符合幼儿的认知水平、心理特点，所用的故事不能照搬现成的材料，要对材料进行合理修改。主要有以下几方面的修改。

一是巧设开头和结尾，使故事的开头能吸引幼儿的注意力，结尾能揭示主题或让幼儿有所思索。

二是将书面语改为口语，多用动词、拟声词，多用短句，运用幼儿化的通俗口语，使语言更为生动活泼，易于幼儿理解和模仿。

三是处理好对话中的叙述语言，例如，"'怎么办呢?'小白兔想。"就可改为："小白兔想：'怎么办呢?'"将叙述语言放在对话前面，可以使听众听起来更加清晰。

四是适当调整情节和细节，增加设问，设置悬念，增强故事的戏剧性和艺术性。

第二，准确运用语言表达技巧讲述幼儿故事。

讲述幼儿故事时，情节叙述和情景描写的语言要力求平稳自然，人物对话要依据人物性格，运用声音、语调、节奏等表现人物个性，显现人物的音容笑貌，揭示人物的复杂细微的心理变化等，讲人物对话时，可以夸张些。例如，大象、狮子等形体较大的角色，可以用粗犷、浑厚的声音，较慢的语速表现其性格特点；小白兔、小老鼠等形体较小的角色，声音可以纤细些、稚嫩些。此外，还可以运用一些拟声的声音技巧，使故事更富节奏感，更生动。

第三，恰当地运用态势语讲述幼儿故事。

讲述幼儿故事时恰当地运用眼神、姿势、动作、表情等态势语，可以使人物形象塑造逼真，增强故事的表现力。特别是眼神的运用，不仅可以表现故事中角色的情感，还可以使讲述者与听众更好地交流。

(四)幼儿生活故事和幼儿童话故事的讲述

第一，幼儿生活故事的讲述。幼儿生活故事是以现实的幼儿为主要角色，以他们的日常生活和活动为题材的幼儿故事。

讲述幼儿生活故事要以幼儿的情感、视角去体会故事的情节，感受主人公的情感世界，讲述时要通过故事的起因、经过、高潮、结局来把握故事的脉络，讲出故事的层次，特别要注意区分作品中的人物语言和叙述语言，把握好故事的节奏。

第二，幼儿童话故事的讲述。幼儿童话故事是指以幼儿为对象，贴近幼儿心理，带有浓厚幻想色彩的虚构故事。

幼儿童话在讲述时要注意通过人物的语言的表现来塑造人物形象。要注意区分重复的情节、语言，做到同中有异。讲述时一定要注意体现出故事的层次，而且区分出不同的角色，如果是同类角色，还要区分出不同的性格特点。

(五)图画故事书的讲述

图画故事书是用图画与文字共同叙述一个完整的故事，是图文的合奏，它是透过图画和文字这两种媒介在不同的层面上交织，互动来讲述故事的一门艺术。图画故事书是一个画面接一个画面，人物处于活动中，环境处于变化中。讲述图画故事书时，要善于解读图画，挖掘作品的童趣，把图画转化为语言，把图画动态化。

在讲述时，应注意做到以下几点。

第一，看图读文，注意图中的人物、事件、环境等，理清图中的人与物，图与图的关系。

第二，讲述时，应从封面开始，注意环衬和扉页，有时要结合封底；要抓住图画故事书中的发展线索，把情节发展讲得层次清楚；注意画与画的衔接，画与画的联系。

第三，讲述时，要小心选择叙述角度，即用第一人称还是第三人称，讲述语言做到清晰，注意重音和节奏，多用叠词、拟声词，语气语调做到幼儿化。

此外，图画故事书的讲述不同于其他体裁的故事讲述，图画故事书的讲述在声音表现的同时，更加强调对画面的关注和解读，幼儿视觉欣赏的重点是“图画书”。图画故事书讲述以语言表现为主，虽然语气语调一样力求自然生动，但态势语要远远弱于其他体裁的故事讲述。

资料卡

爱听故事是幼儿的天性，幼儿故事和儿歌一样有着源远流长的历史，是幼儿最早接触的文学样式之一。幼儿故事有广义、狭义之分，广义的幼儿故事包括幼儿能够接受以及适合幼儿聆听或阅读的神话、传说、童话、寓言、笑话等叙事性作品；狭义的幼儿故事是指内容偏重写实、适合幼儿欣赏和阅读的故事。

——王丽红，郑华主编：《幼儿文学》，北京，中国传媒大学出版社，2014。

二、技能训练

[**训练一**]

(一)幼儿故事讲述

要求：在训练指导的帮助下，掌握讲述幼儿故事的技巧。

步骤：

(1)阅读故事，从整体上把握故事的内容和感情。

(2)教师指导，提示，示范。

(3)学生训练。

1.《田田理发》。

田田理发 赵家瑶	
田田天不怕、地不怕，就是怕理发。他是个小男子汉，可是头不像，老长老长的头发，像个小姑娘。	语调平缓。
这天，放学回家，妈妈迎上来，说："田田，我今天在书上看到一首儿歌，我把它背熟了，现在念给你听，听不听？"	妈妈的语气显神秘。
田田不知道妈妈念的是什么儿歌，点着头说："听，你念吧！"	不在乎的语气。
妈妈忍住笑念道："头发长长不去推，像团稻草头上堆，雀儿做窝来下蛋，孵成小鸟往外飞！"	语气轻松。
田田这才知道妈妈是在借这首儿歌批评自己不爱理发，忙捂住耳朵，生气地说："我不听我不听！妈妈坏妈妈坏！"正在这时候，爸爸下班回来了。爸爸严肃地对着田田说："昨天就叫你理发，你还没理？瞧你这头多难看！"	表达生气情绪。 语速稍快。 语速稍慢， 语调偏低。
"我不想理。"田田有些不高兴。	
"我们只让理过发的人吃午饭。"爸爸一本正经地说。	
"不吃就不吃！"田田跑到房里，往床上一躺。他本以为妈妈会为他打圆场，会把他拉起来吃饭的。可是今天，一分钟一分钟地过去，听到爸爸妈妈都吃好了，可就是没谁来叫田田吃饭。	"就"字表现田田赌气的情绪。
田田肚子咕咕叫，实在饿得吃不消了！	叙述语言应随情节的发展而起伏。
他猛地一骨碌爬起来，跑到爸爸面前，噘着嘴大声说："拿钱给我！"	抓住动词表现人物的心理。
爸爸忍住笑，给了他一元钱。他咚咚咚地拔腿向理发厅跑去，妈妈向爸爸做了个鬼脸，轻轻说："每次叫他理发，都要费好大的口舌！"	爸爸妈妈的心理可以通过语调来表达。
半小时后，田田理完发回来了。	
儿子难得理一次发，爸爸妈妈当然要迎出来仔细看看——嘿！不看则已，一看可把爸爸妈妈笑坏了。原来，田田故意把头发剃个精光，像庙里的小和尚一样。田田心想：你们不给饭吃，强迫我剃头想让我好看，我偏不让你们好看！嘻！	语气轻松。 语调由高渐低。 突出"故意""偏不"，表现田田的有趣心理。

《田田理发》讲述田田不愿理发，最后把头剃个精光的有趣故事，在故事中，田田的心理发生了以下变化：害怕理发——不高兴听批评——生气不吃饭——无奈去理发——赌气剃光头。朗读时，教师应随故事情节的发展和人物心理变化把握故事的整体节奏，通过语调、语速等突出表现爸爸、妈妈、田田的性格特点。

2.《小马过河》。

小马过河

彭文席

马棚里住着一匹老马和一匹小马。小马整天跟着老马，样样事情，都要老马帮着他做。	节奏舒缓。突出“样样”一词。
有一天，老马对小马说：“你已经长大了，能帮妈妈做点儿事吗？”	老马声音轻柔。
小马说：“怎么不能？我很愿意帮您做事。”老马高兴地说：“好啊，那么，你把这半袋麦子驮到磨坊去吧。”小马驮起口袋，飞快地往磨坊跑去。跑着，跑着，一条小河挡住了去路。河水“哗哗哗”地流着，能不能过去呢？小马为难极了，他想：“要是妈妈在身边该多好啊！问问妈妈，就知道该怎么办了。”可是，离家已经很远了，他向四周望望，只见一头老牛在河边吃草。小马“哒哒哒”地跑过去，问道：“牛伯伯，请您告诉我，这条河，我能蹚过去吗？”老牛说：“水很浅，刚没小腿，能蹚过去。”小马听了老牛的话，立刻跑到河边，准备过去。突然，一只小松鼠跳到小马跟前，大叫道：“小马，别过河，别过河，河水会淹死你的！”小马奇怪地问：“水很深吗？”松鼠认真地说：“当然！昨天，我的一个伙伴就是掉在这条河里淹死的呀！”小马连忙收住脚步，不知道怎样做才好。“唉！还是回家问问妈妈吧！”	小马语气天真。 节奏由轻快渐舒缓。 “该多好”突出小马对妈妈的依赖。 “老牛”声音低沉，语速慢。 “小松鼠”声音尖，语速快。“小马”语气无奈。
小马甩甩尾巴，走回家去，妈妈见小马回来了，就问它：“怎么回来啦？”小马难为情地说：“河水很深，过……过不去。”妈妈说：“那条河不是很浅吗？怎么过不去呢？”小马说：“是呀，牛伯伯也这么说。可是，松鼠说河水很深，还淹死了他的伙伴呢！”妈妈问：“那么到底是深还是浅呢，你仔细想过吗？”小马说：“没……没想过。”	妈妈语速适中。 语气亲切。 小马的难为情运用吞吞吐吐语气来表现。
妈妈亲切地说：“松鼠和老牛的话都有他们的道理。老牛那样高大，他看河水当然很浅，松鼠那样矮小，一点儿水就能把他淹死，他当然说深。”妈妈接着说：“你比老牛矮多少，又比松鼠高多少，你仔细想一想就会知道你能	妈妈的话语重心长。语速慢。

不能过河了。孩子，光听别人说，自己不动脑子，不去试试，是不行的。”

小马听了妈妈的话，明白了，转身又往河边跑去。到了河边，小马刚刚要下水，松鼠又大叫起来：“怎么你不要命啦?”“让我试试吧。”小马一面回答，一面下了河，小心地蹚过去。原来，河水既不像老牛说的那样浅，也不像松鼠说的那样深。

小松鼠的惊乍与小马的冷静形成对比。

在讲述《小马过河》时，一要运用不同的语调、语速等表现不同人物的特点：妈妈的慈爱温柔，牛伯伯的厚道老成，松鼠的活泼直爽，小马的天真轻信；二要注意叙述语言与人物语言在讲述时的区分。

(二)图画故事书的讲述

要求：在训练指导的帮助下，掌握讲述图画故事书的技巧。

步骤：

(1)阅读图画故事书，正确解读图与文，选好讲述的角度，语言生动，清晰。

(2)教师指导，提示，示范。

(3)学生训练。

讲述图画故事书《一颗超级顽固的牙》时，要通过画面和文字的结合，将塔比莎换牙齿的有趣经历讲述出来，特别要表现出童真童趣。

［**训练二**］

要求：学生能在训练提示下，自主训练，掌握讲故事的技巧。

步骤：

(1)自己先练一遍。

(2)小组训练，找出问题，互相修正。

1.《蓝色的树叶》。

蓝色的树叶

［俄］奥谢耶娃

卡佳有两支绿颜色的铅笔，可是莲娜一支也没有。莲娜向卡佳请求说：“给我一支绿铅笔吧。”

但是卡佳回答说：“我得问一问妈妈。”

第二天，两个小姑娘都到学校里去了。

莲娜问：“妈妈允许了吗?”

卡佳停了一下才说：“妈妈倒是允许了，可是我还没有问过哥哥呢。”

莲娜说：“那有什么关系，再问问哥哥吧。”

第二天卡佳来的时候，莲娜问道：“怎样，哥哥答应了吗?”

“哥哥倒是答应了，可是我怕你把铅笔弄断了。”

莲娜说："我会小心些用的。"卡佳说："小心些，不要削，不要太用劲儿使，不要放到嘴里去，不要用得太多啊！"

莲娜说："我只要把那图画纸上的树叶画成绿颜色的就够了。"

"这可多啦！"卡佳说着，紧紧地皱着眉头，脸上还做出不乐意的样子来。

莲娜看了看就走开了，也没有拿铅笔。卡佳奇怪了，跑着去追她。"喂，你怎么啦？拿去用吧！"莲娜回答说："不用啦。"

上课的时候，老师问道："莲娜，为什么你的树叶是蓝色的呢？"

"我没有绿颜色的铅笔。"

"那你为什么不跟自己的伙伴去拿呢？"

莲娜默默地不说一句话。但是卡佳羞红了脸，像只大红虾似的，说道："我给她啦，可是她没拿去。"

老师看了看两个人说："要好好地给，别人才肯接受呢。"

训练提示：

(1)莲娜借铅笔和不拿铅笔时有何心理活动？

(2)卡佳找理由推脱时是什么心理？

(3)注意运用不同的语调表现莲娜和卡佳的性格特点。

(4)注意区分叙述语言和人物对话。

2.《谦虚过度》。

谦虚过度

水牛爷爷是森林世界公认的谦虚人，很受大家的尊重。小白兔夸它："水牛爷爷的劲最大了！""唉，过奖了，犀牛、野牛劲儿都比我大"；小山羊夸它："水牛爷爷贡献最多了！"它就说："唉，不能这样讲了，奶牛吃下的是草，挤出来的是奶，它的贡献比我多。"

狐狸艾克很羡慕水牛爷爷谦虚的美名。它想："我也来学习一下谦虚吧，这谦虚太好学了。"它想："水牛爷爷的谦虚不就是这两点吗？一是把自己的什么都说小点儿；一是把自己的什么都说少点。嗯，对！就是这样。"

一天，艾克遇到一只小老鼠。小老鼠看到艾克有一条火红蓬松的大尾巴，不禁发出了由衷的赞美："哎呀，艾克大叔，您的尾巴真大呀！"艾克学着水牛爷爷的口气，歪歪嘴说："唉，过奖了，你们老鼠的尾巴比我大多了。""啊，什么？"小老鼠大吃一惊："你长那么长的四条腿，却拖根比我还小的尾巴？"艾克谦虚地说："哎，不能这么讲了，我哪有四条腿，三条了，三条了。"小老鼠以为艾克得了精神病吓跑了。

艾克的谦虚没有换来美名，倒换来一大堆谣言。大家说："唉，森林世界出了一条妖怪狐狸，只有三条腿，还拖一根比老鼠还小的尾巴……"

训练提示：

(1)运用不同的发声技巧，从语调、语速等方面表现人物。

(2)揣摩艾克的心理，准确表达他的假谦虚。
(3)把握故事的整体节奏，注意叙述语言与人物语言的区别。
[**训练三**]
要求：(这个板块有些难度，基础好的同学可以试一试，教一教)
(1)生动地讲述幼儿故事。
(2)说说指导幼儿讲述这些幼儿故事的要点。
步骤：
(1)自己训练，指出要点。
(2)小组训练，互相交流。
(3)试试以幼儿教师的身份，从指导幼儿讲述故事的角度讲述幼儿故事。
1.《张老师的脸肿了》。

张老师的脸肿了

朱庆坪

真怪，张老师左边的脸今天突然肿了起来。是给人打了一巴掌吗？不会的。是给刺毛虫刺了一下吗？那更不会了。小朋友们坐在一起，想呀想，猜呀猜。春春说："我知道了，一定是达达昨天上课拉小娟的辫子，老师生气了，脸才肿的！"

小朋友们都说："对！对！是达达不听话，老师的脸才气肿的！"

达达的脸"腾"的一下子就红了，他眼睛瞪得大大的："我……我不知道老师的脸会肿起来的呀！"说着，眼泪都快滚下来了。新新连忙说："达达，别哭，这不要紧的，只要你以后不欺负小娟，张老师不生气，脸就不肿！"达达使劲点点头。

上课了，张老师走进来，脸还是肿着。达达认认真真地听老师讲课，小娟的小辫子就在前面晃来晃去，达达一动也不去动它。可是，一直到下课铃响了，张老师的脸还是肿着。达达连忙跑到张老师面前，说："张老师，我今天没有拉小娟的辫子！"张老师笑笑，摸摸达达的脑袋，就走了。

第二天早上，春春对达达说："达达，张老师的脸还肿着，他还在生你的气呢！"达达一听，可急坏了，他"噔噔噔"跑到小娟面前，把自己最心爱的小象卷笔刀往小娟手里一塞，说："送给你。"他又跑到老师跟前，对张老师说："张老师，张老师，我把小象卷笔刀送给小娟了！"张老师又是笑了笑，没说话。达达急得结结巴巴地说："张老师，你……你别生我的气……"

张老师愣住了："我生你什么气呀？"

达达说："前天，我拉了小娟的辫子，您的脸就气肿了。"

张老师一听，格格笑了起来："老师早就不生你的气啦，老师的脸肿是因为牙齿疼呀，达达对老师这么好，老师的病一定好得更快啦！"

达达乐得蹦了起来，大声嚷着："张老师的脸不是我气肿的，不是我气肿的……"

要点提示：讲述故事时，要让幼儿从达达的动作和语言，表现出达达调皮的性格，同时要抓住达达有趣的心理，寻找达达的行为根源，从而让爱老师的美好情思表现出来。

2.《没有牙齿的大老虎》。

没有牙齿的大老虎

冰子

在大森林里，谁都知道老虎的牙齿厉害。

小猴伸着舌头说："嗬，比柱子还粗的树，大老虎只要用尖牙一啃就断，真怕人哪！"

"大老虎嚼起铁杆来，跟吃面条一样……"小兔说着，害怕得缩起了脑袋。

可小狐狸却说："你们怕大老虎的牙齿，我就不怕！我还要把它的牙齿全部拔掉呢！"

哈哈哈，哈哈哈，谁相信小狐狸的话呢？

"吹牛！吹牛！""没羞！没羞！"小猴和小兔一个劲儿地笑小狐狸。

"不信，你们就瞧着吧！"小狐狸拍拍胸脯走了。

嗬，狐狸真的去找大老虎了，他带了一大包礼物："啊，尊敬的大王，我给你带来了世界上最好吃的东西——糖。"

糖是什么？老虎从来没尝过，他吃了一粒奶油糖，啊哈，好吃极了！

狐狸以后就常常给老虎送糖来。老虎吃了一粒又一粒，连睡觉的时候，糖还含在嘴里呢。

这时，大老虎的好朋友狮子忙来劝他："哎哟哟，糖吃得太多，又不刷牙，牙齿会蛀掉的。狐狸最狡猾，你可别上他的当呀。"

"嗯。"大老虎答应着，他正要刷牙，狐狸来了："啊，你把牙齿上的糖全刷掉了，多可惜呀。"

"可听狮子说，糖吃多了会坏牙的。"

"唉唉，别人的牙怕糖，你大老虎的牙这么厉害，铁条都能咬断，还会怕糖！"

"谢谢，谢谢。"老虎捂着嘴巴说。

狐狸一看老虎的嘴巴就叫了起来："哎哟哟，你的牙全得拔掉！"

"啊！"老虎歪着嘴，一边哼哼，一边说："唉，只要不痛，拔……就拔吧……"

吭唷，吭唷，狐狸拔呀拔，拔了一颗又一颗……最后一颗牙，狐狸再也拔不动了。

嘿，有办法了！狐狸拿着一根线，一头拴住大老虎的牙，一头拴在大树上。然后他拿个鞭炮放在老虎耳朵边，一点火，呼——啪！"啊哟！"老虎吓得摔了个大跟头。最后一颗牙齿也掉下来了！

哈哈，哈哈……这只没有了牙齿的大老虎成了瘪嘴老虎啦！他还用漏风的声音，对狐狸说："还是你最好，又送我糖吃，又替我拔牙，谢谢，谢谢！"

要点提示：讲述故事时，要指导幼儿区分不同动物的语气，以表现不同动物的特点。特别要指导幼儿运用声音技巧讲好故事中的拟声词，更好地表现人物。

3.《猴儿吃西瓜》。

猴儿吃西瓜

猴王找到了一个大西瓜，但是，他不知道西瓜的吃法。有心请教别人吧，又不好意思，那样就显得自己太无知了。“这……哎！有了！”

猴王想出了一个妙计。他把猴子、猴孙，那一大群猴儿召集到一块儿。猴王说：“今天我找到了一个大西瓜，把你们请来饱餐一顿。可是我要先考考你们。这西瓜的吃法嘛，我是知道的，可我要看你们说的对不对。谁说对了就多吃一份，谁要是说错了，可是要受罚的。”

小毛猴听了，搔了搔腮说：“我知道，我知道，西瓜是吃瓤儿！”

“不对！”一只短尾巴猴说：“我不同意他的说法！上次我到姑姑家吃过甜瓜，甜瓜是吃皮的。我想甜瓜是瓜，西瓜也是瓜，总而言之都是瓜。西瓜当然也吃皮啦！”

“吃西瓜吃瓤！”

“不对，西瓜是吃皮的！”

“这……”猴王不知谁是谁非，就把眼光转到了年岁最大的老猴身上。

老猴一看，大家的目光都集中到自己身上，就哆哆嗦嗦地站起来，说话了：“这个这个这个……就西瓜当然……是吃皮的啦！我之所以老而不死，就是吃了西瓜皮的缘故！”

听老猴这么一说，猴子们都喊叫起来：“对，吃西瓜吃皮！吃西瓜吃皮！”

猴王一看大家都说西瓜是吃皮，就以为真正的答案找出来了。他大着胆子对大家说：“你们大家说得都对，吃西瓜是吃皮。哼，只有小毛猴说错了，那就让它吃瓤，我们大家都吃西瓜皮。”说着拿起刀“扑”的一下把西瓜剖开。

吃着吃着，一只小猴子觉得不是味儿，捅了捅旁边的说：“哎，我说，这东西怎么不好吃呀？”

“那，那是你吃不惯。我过去常吃西瓜，西瓜嘛，就是这个味儿。”

（《听话与说话》（第二册），北京，人民教育出版社，2014）

要点提示：讲述故事时，要指导幼儿运用态势语表现人物形象。

4. 讲述图画故事书《猜猜我有多爱你》。

要点提示：讲述图画故事书时，要指导幼儿通过画面感受爱的主题。

任务五　幼儿戏剧作品的说台词训练

任务要点

通过案例引入、理论与方法的学习，了解幼儿戏剧语言的特点；通过训练，学习如何说好幼儿戏剧作品的台词，并初步探讨如何指导幼儿进行幼儿戏剧表演。

案　例

老师示范说《小熊拔牙》的台词片段：

小熊：妈妈上班了，啦啦啦，现在我当家啦啦啦。先唱个小熊歌，1234，哇呀呀呀，呀。再跳个小熊舞：5432 蹦蹦蹦蹦，哒。

小熊：哎呀，答应过妈妈洗脸呀。先洗洗小熊眼，再擦擦熊嘴巴，熊鼻子抹一抹，熊耳朵拉两拉，熊头发梳三下，嗯，就不爱刷牙。那——那就不刷吧！

小熊：饼干拿一叠……唉！答应过不吃它。糖球抓一把……唉！也答应过不吃它。这罐糖蜂蜜，哈，没说过不吃它。这瓶果子酱，哈，妈妈也忘了提它。

小熊：先吃一勺蜜，呀，真甜！再来它一勺酱，哈，多鲜哪！哼，匙子才舀一点点，不如盛一盘；越吃越想吃，干脆添一碗。一匙、一盘、一大碗，吃完挨个儿舔三舔……

小熊：小熊吃得真高兴，小熊吃得肚子圆，啦啦啦，甜到舌头底，啦啦啦，甜到牙齿尖，咦？嗞，嗞，嗞——怎么甜变了酸？酸到舌头底、酸到了牙齿尖。哎呀呀！嘶，嘶，嘶，怎么变成了疼？疼的没法儿办。

小熊：哎哟，哎——哟！疼得小熊直打转，疼得小熊直叫唤。

分析：幼儿戏剧台词占据很大的分量。每一部幼儿戏剧都是通过台词展现戏剧冲突，推动情节发展的。老师在示范时要恰当地运用语音和态势语技巧，通过台词生动地展现小熊爱吃糖不刷牙的形象。

一、理论与方法

幼儿戏剧是戏剧的一个分支，是指以幼儿为对象，适合他们接受能力和欣赏趣味的戏剧。幼儿不可能直接阅读剧本，他们是通过观看和参与舞台表演来接受和欣赏幼儿戏剧的。

幼儿戏剧的主要部分就是剧本，即幼儿戏剧文学。幼儿戏剧语言是剧本最主要的组成部分。幼儿戏剧语言包括人物台词和舞台提示语。台词就是戏剧中人物(角色)自己所说的话，幼儿戏剧文学主要是通过角色的语言——台词，来塑造人物形象，推动剧情发展，表达主题思想的。所以，说好台词是幼儿戏剧表演的关键。

（一）幼儿戏剧语言的特点

幼儿戏剧要适合幼儿排演和欣赏，因此幼儿戏剧语言要符合幼儿的发展水平。幼儿戏剧的语言要求朴实、浅显、口语化、生活化，同时要生动、活泼、动作感强、充满童趣。

（二）如何说好台词

第一，准确把握人物的性格，抓住戏剧冲突。要把台词说好，就要深刻体会人物的个性特征，从人物的语言、动作中理解人物的思想、情感、态度等深层次的内容，特别要注意潜台词的表达。说台词时，要运用语速、语调及声音变化，表现人物的性格、情感变化。

第二，要区分人物对话、独白、旁白。人物对话是通过人物之间交谈的方式进行的，任何一方都是在积极感知对方的谈话之后，根据特定情境做出的相关反应。对话时，既要把握人物的个性特点、情感变化，又要顾及对方的反应、与对方的交流。独白是角色在舞台上独自说出的台词，它是把人物的内心感情和思想直接倾诉给观众的一种艺术手段；独白时，既要把独白的内容说给自己听，又要注意与观众的交流。旁白是角色在舞台上直接说给听众听，内容主要是对对方的评价和本人的内心活动的披露。旁白时，不需与其他人物交流。

幼儿戏剧语言是人物为了达到自己的目的，向特定对象采取某种行动时所必须说的话，因而，幼儿戏剧语言原则上不允许是静态的、说明性的、叙述性的，而应是动态的，在人物的语言背后有人物活跃的思想活动、行为目的等。

资料卡

幼儿戏剧表演要注意以下几个问题

1. 幼儿戏剧，不只是简单说台词，而是要在表演中，即使没有台词，心理表演一刻也不能停止，要处于积极的行动中，即无论人物在说或沉默，都要将人物的内心状态与观众交代清楚，要与别的角色交流，要与观众交流。

2. 塑造人物形象时，要注重人物的细节，通过对人物的研读，展开丰富的想象，表演时，人物的情绪脉络要由内而外地表现出来，不能间断。

3. 幼儿戏剧表演者的表演是在假定的规定情境中真实再现生活，因此，表演者应善于还原生活的真实。

4. 表演时演员的站位要避免“背台”“偏台”和“人挡人”等，表演时应该充分利用舞台的区位，表演者的方向和高度、上下场、灯光、音乐、服装等舞美手段，来突出强调主要角色和重要剧情。

——陈丹辉：《幼儿教师语言训练》，北京，高等教育出版社，2010。有删改

二、技能训练

[**训练一**]

要求：在训练指导的帮助下，进行说台词训练，掌握台词表达的技巧。

步骤：

(1)阅读幼儿戏剧剧本，把握戏剧的情节发展和人物的个性特征。

(2)教师指导，提示，示范。

(3)学生训练。

小熊拔牙

柯岩

妈妈：我是狗熊妈妈。

小熊：我是小熊娃娃。

妈妈：我长得又胖又大。

小熊：我就像我的妈妈。

妈妈：妈妈要去上班。

小熊：小熊在家玩耍。

妈妈：不对，你要先洗脸……

小熊：嗯嗯……好吧，洗一下。

妈妈：不对，你还要刷牙……

小熊：嗯嗯……好吧，刷一下。

妈妈：不对，要好好地刷，还有……

小熊：还有，还有……什么也没啦！

妈妈：不对，想想吧！……不自己拿饼干，……不自己拿……

小熊：好啦，好啦，都知道啦！不自己拿饼干、不许抓糖果、还不许打架……

(小熊用脑袋把妈妈往门口顶，妈妈疼爱地戳一下他的额头，出去了。)

训练提示：这一节要表现小熊在妈妈的督促下，刷牙、洗脸，马虎应付，对妈妈的态度是不耐烦。妈妈声音温柔，语速舒缓。小熊声音稍高稍尖，语气调皮，说话节奏富于变化。

小熊：妈妈上班了，啦啦啦，现在我当家啦啦啦。先唱个小熊歌，1234，哇呀呀呀，呀。再跳个小熊舞：5432 蹦蹦蹦蹦，哒。

小熊：哎呀，答应过妈妈洗脸呀。先洗洗小熊眼，再擦擦熊嘴巴，熊鼻子抹一抹，熊耳朵拉两拉，熊头发梳三下，嗯，就不爱刷牙。那——那就不刷吧！

小熊：饼干拿一叠……唉！答应过不吃它。糖球抓一把……唉！也答应过不吃它。这罐糖蜂蜜，哈，没说过不吃它。这瓶果子酱，哈，妈妈也忘了提它。

小熊：先吃一勺蜜，呀，真甜！再来它一勺酱，哈，多鲜哪！哼，匙子才舀一点点，不如盛一盘；越吃越想吃，干脆添一碗。一匙、一盘、一大碗，吃完挨个儿舔三舔……

小熊：小熊吃得真高兴，小熊吃得肚子圆，啦啦啦，甜到舌头底，啦啦啦，甜到牙齿尖，咦？咝，咝，咝——怎么甜变了酸？酸到舌头底、酸到了牙齿尖。哎呀呀！嘶，嘶，嘶，怎么变成了疼？疼的没法儿办。

小熊：哎哟，哎——哟！疼得小熊直打转，疼得小熊直叫唤。

训练提示：以上这一节要突出动作化的台词，特别要注意台词的节奏，表现小熊的活泼、调皮、马虎、任性的特点。

兔医生：身穿白衣裳，手提医药箱，每天给人去看病，小兔大夫真正忙。

小熊：大夫，大夫，快来呀！我牙齿疼得像针扎。

兔医生：你先别哎哟，别直着嗓子叫。张开嘴巴来，让我瞧一瞧。哎，你的牙齿真不好。唔，这一颗要补一补，唔，这一颗嘛，要拔掉。你坐好，呀，我够不着，你怎么长得这么高？搬个板凳当梯子，爬上去给你打麻药。你坐好，别害怕，钳子夹牢才能拔，……拔呀、拔呀，拔不动它，唉，你的牙怎么这么大？

小熊：哎哟哟，快拔掉，你怎么长得这样——小？

小兔：小狗小狗快快来，

狗：汪汪汪，我来了。

兔狗：帮助快把牙拔掉，拔呀，拔呀，拔不动……你这颗牙齿怎么这么重?!

小熊：哎哟哟，快拔掉，疼得小熊眼泪冒。

狗、兔：小猫小猫快快来，

小猫：喵喵喵，我来了，

众：帮助快把牙拔掉，拔呀，拔，哎呀！（众人差一点儿跌倒）

兔：呀！夹碎了，你这颗牙齿都烂透了。

小熊：哎哟哟，快拔掉，疼得小熊双脚跳。

众：松鼠松鼠快快来。

松鼠：吱吱吱，我来了。

众：帮助快把牙拔掉，拔呀，拔，还是拔不动，你这颗牙齿可真要命，小鸟，小鸟，快快来！

鸟：叽叽叽，我来了。

众：帮助快把牙拔掉，拔呀，拔呀，拔不掉，一二，一二，一二，哎佐，哎佐，哎佐哟！（咕咚！大家一齐摔倒在地）总算拔掉了。

训练提示：这一节要注意表现不同动物的特点：兔医生的稳重，小熊牙疼得难受，着急，小猫、小狗、小鸟的活泼，乐于助人。

兔：现在还疼吗？

小熊：嘻，一点儿也不疼了。

兔：好，现在涂上一点药，以后牙齿要保护好；不然一颗一颗都要烂，一颗一颗都要这样来拔掉。

小熊：嗯嗯，我不来，嗯嗯，我不干——为什么光叫我牙疼，你们牙齿都不烂？

兔：我们从来不挑食。

狗：汪汪汪，从来不多吃甜饼干。

猫：喵喵喵，也不偷把蜂蜜吃。

松鼠：吱吱吱，也不偷把果酱舔。

鸟：也吃菜、也吃饭。

猫：也吃鱼。

狗：也吃蛋。

松鼠：也吃胡萝卜。

鸟：也吃棒子面……

众：阿姨给什么吃什么，牙齿每天刷几遍。

小熊：那……以后我也不挑食，每天也把牙齿刷几遍。

众：早一遍，晚一遍。

小熊：嗯，早一遍，晚一遍。

众：（示范）这样刷，这样刷。

小熊：（学样）嗯，里里外外全刷遍。

小兔：说到一定要做到，省得把牙齿全拔完。

小熊：是！说到一定要做到。

众：省得把牙齿全拔完。

训练提示：这一节要注意众人物的对话的衔接，小熊认错的诚恳与前面的马虎形成对比。

[**训练二**]

要求：学生能在训练提示下，分角色自主训练，掌握运用口语表现喜剧人物特点的方法与技巧。

步骤：

(1)自己先练一遍。

(2)小组分角色训练。

训练提示：

(1)妙乎和猫大夫、小兔、小牛、小鹅各是什么性格特点？

(2)通过三个结构相似的情节循环，使戏剧气氛慢慢膨胀起来，到最后妙乎被捉弄，并意识到自己的缺点。请你分清戏剧发展的各个阶段。

(3)在训练时，如何运用语气、节奏、声音等准确表现人物的心理活动，性格特点？

“妙乎”回春

方园

人物：猫大夫（著名的动物医生）

小猫“妙乎”（猫大夫的儿子）

小兔　小牛　小鹅

时间：早晨

场景：“动物医疗站”。一间芭蕉叶盖的屋子。墙上挂着写有“妙手回春”的横幅，猫医生的椅子像只倒放的灯笼辣椒，病员坐的是扁豆荚形的长凳。床、桌等各有特色。

〔幕启时，只见小屋外戴眼镜的猫大夫在打太极拳。远处公鸡叫，一会儿，他侧耳听听屋里，见没动静，摇摇头，向树林跑去。不一会儿，躺着的小猫“妙乎”翻过身蒙头大睡。猫大夫回来，敲窗。〕

猫：妙乎，该起来了！唉！还想当名医呢！

妙：（又翻了一个身）呜……呜……

猫：（进门）妙乎，妙乎，这么不响啊？

妙：妙——呜！妙——呜！爸爸，您不知道我在背书吗？

猫：背书？我看你连书都不翻，还背什么书？

妙：您在家，我跟您学！您不在家，我才念书！

猫：好了，我没空和你斗嘴。我要去出诊了，有谁来了你就记下来。有急事，你打电话来，号码369。

（拿起电话拨号，听筒和话筒是苹果形，柄是香蕉形）

喂，喂！嗯，没人接电话，一定病得很重，我得赶快去了。

妙：（起床坐到桌边）爸爸，您去好了。有谁来看病，我给看。

猫：你还没学会，好好看书，将来我教你。（匆匆忙忙下）

妙：（边吃东西边翻书）ABC，CBA，看书真想打瞌睡，当个医生谁不会？胡说八道信口吹！哎哟，好累呀！（伏在书上睡着）

〔小兔挎着草莓篮上。〕

兔：猫大夫！猫大夫！

妙：（抬起头）妙呜妙呜！（开门）喂，你是谁？

兔：我是小兔。猫大夫在吗？我请他看病。

妙：不在家。

兔：您是他的儿子吗？

妙：我不回答你。不过我告诉你，我是大名鼎鼎的妙乎医生。

兔：真的吗？我怎么没听说过？

妙：我才当医生，你当然不知道。不过，有句话你该知道。

兔：什么？

妙：人家赞扬我医术高明，是“妙乎回春”！

兔：好像只有妙手回春……

妙：不对，你记错了，我这儿有书为证。（翻书）翻不着，反正是你错了。

兔：我不跟您争了。妙乎医生，今天猫大夫不在家，请您给我看看好吗？

妙：行，小事一桩，坐下吧。（给小兔按脉，看面色）哎哟不好！你生大病啦！

兔：（吓一跳）什么什么？

妙：你生一种出血病，出血病，危险透了！

兔：（吓坏了）啊！

妙：（拿起镜子）你看，你的眼睛都变红啦！

兔：（松了一口气）我们从小就是红眼睛，我爸爸妈妈，爷爷奶奶，哥哥姐姐，弟弟妹妹……生来就是红眼睛，不是出血。

妙：生来就这样？那就是遗传性的毛病，非看不可。

兔：（糊涂了）那，那猫大夫怎么从来没讲过？

妙：（一本正经）你到底听谁的？

兔：那请您给看看吧。

妙：这是红药水，一天吃三顿，还用它滴眼睛，也是一天三次。（拿一大瓶红药水给小兔）

兔：（不敢接）红药水能吃、能滴眼睛吗？

妙：你不照照你的眼睛，都红成什么样了！坐着马上吃，马上滴！

〔兔怀疑地接过，坐着犹豫不决。小牛上。〕

妙：还磨蹭什么？谁不知道我“妙乎回春”！

牛：哞——，谁的喉咙这么大呀？

兔：（如获救）小牛快来，妙乎医生让我吃红药水，还要用红药水滴眼睛。我有点儿害怕。

牛：从没听说红药水能吃呀！

妙：妙呜妙呜，你是谁，来这儿大发议论？

牛：哞——，我是小牛，您是医生吗？

妙：我是得过“妙乎回春”锦旗的医生妙乎！

牛：什么！“妙乎回春”？

妙：对。

〔小牛反刍，胃里的草回上来，用口嚼着，没有能接话。〕

妙：你怎么啦？不作声光努嘴？

牛：（咽下草）哞——，不是，刚才我胃里的东西回上来，得嚼一嚼。

妙：（拍拍小牛背）得了，又是一个病号！

牛：怎么啦？

妙：你呀，生了大病啰！

牛：什么病？

妙：吃的东西要回上来，那是胃病；经常回上来，那就是胃癌。

牛：癌？

妙：对，这非我看不可！

牛：我们从小吃东西都要回上来嚼嚼，我爸爸妈妈，爷爷奶奶，哥哥姐姐……

妙：得了，跟小兔一样，遗传的病。你可得开刀才行！要不半路上倒下去，我可不会救啰！

牛：（害怕地）那我怎么办呢？

妙：躺在那床上去，我来磨刀，给你做手术。

〔妙乎拿起一把大菜刀，在门槛上磨起来。小鹅上。〕

牛：（慢腾腾躺上去）真害怕呀！怎么拿菜刀给我动手术……

兔：（坐立不安地）真害怕呀！红药水吃下去肚子不疼吗？

鹅：（鞠个躬）吭——，请问，谁在里面叫害怕？

妙：（抬起头）是小兔小牛，我给他们治病。喔，你也是来看病的？

鹅：我没生病。

妙：不，很明显，你生了大病。

鹅：（镇静地）什么大病？

妙：脑瘤。脑子里的瘤都长到外面来了！非开刀不可！

鹅：（笑）吭吭吭，我们生来就这样……

妙：那你和他俩一样，得了遗传病。

鹅：（继续笑）吭吭吭，你这样的医生我也会当。

妙：乱讲！我可是得了“妙乎回春”的锦旗的！

鹅：吭吭吭，只有妙手回春，没有“妙乎回春”！

妙：你们三个都一样地读白字！

鹅：（端详着他，灵机一动）好吧，就算你对。（看看发抖的小兔、小牛）不过，我也学过一点儿医，我看你也生了大病。

妙：（有点儿紧张）别骗人！我生了什么病？

鹅：吭——，你生了未老先衰病。

妙：（不明白）怎么讲？

鹅：你小小年纪就衰老得不行了，不医好马上得完蛋。

妙：（更紧张，凑近他）你，你有什么根据？

鹅：自然有。（拿起镜子给他）你自己瞧瞧，瞧你的胡须有多长！

妙：（照着）胡须？这胡须一生下来就……

牛：（疑问地）哞——，那也是遗传病？

妙：啊！我？

鹅：是吧？你爸爸妈妈，爷爷奶奶，姐姐哥哥，弟弟妹妹，生下来都有胡须……

妙：（害怕起来）难道我也是遗传病，那我当不了名医了！妙呜呜呜……（哭起来）

鹅：（推推小兔小牛）有一个办法可以治好。（这时猫大夫回来了，在门外拄着手杖听）

妙：只要能救我，用什么办法都行。

鹅：我先问你：小兔和小牛到底得了什么病？

妙：天知道他们生什么病。

兔：你不是说我生了出血病，眼睛都变红了吗？

牛：哞——，不是说我得了胃癌，走不到家半路就会倒下去吗？

妙：我是随便说说。

牛：哞——，随便说说？我差点儿没让你用菜刀宰了！

兔：嘿，我差点儿没把红药水吃掉！

鹅：（笑）吭吭吭，他俩没病，你倒是真有病啊！

妙：（又紧张起来）怎么办？

鹅：小兔小牛帮个忙。（拿出一根细绳，在墙上一个铁环中穿过，一头交给小兔、小牛，另一头拿着）来，"妙乎回春"大夫，把胡须结在这一头，拉它七七四十九次，胡须掉下来就好啦！

妙：不疼吗？

鹅：有一点儿，可是要病好哪。（用绳子扎住他的胡须）

兔、牛：（开心地用力拉）嗨哟，哞——

妙：（怪叫）哎哟！妙——乎！妙乎！妙——乎！……

鹅：（一本正经）一下、两下、三下、四下……

妙：哎哟、哎哟，哎哟哟！（全身跟着绳一上一下）

兔、牛：哈哈，哈哈！

妙：（忍不住）几下啦？

鹅：十三，十四，十五……妙乎大夫，还有二十几下就行啦！

妙：什么大夫不大夫，我连书都没好好看过一本。（把绳子从胡须上取下，抓起电话拨号）369，喂喂！

〔猫大夫出现在门口。〕

兔、牛、鹅：猫大夫好！

妙：爸爸！您可回来了……

猫：我早就在窗外边，瞧你吹得晕头转向的！（搂住小鹅肩）孩子，你今天帮助了妙乎，我谢谢你，也谢谢小兔、小牛！（小动物们摇头表示不必）

妙：爸爸，（摸摸胡须羞愧地）我今后一定老老实实学习，不吹牛了！

鹅：到时候啊，我送你一面锦旗，就写上"妙乎回春"四个大字！

〔众笑。幕落。〕

训练提示：

(1)妙乎和猫大夫、小兔、蛤蟆、小鹅、小鸭各是什么性格特点？

(2)通过三个结构相似的情节循环，使戏剧气氛慢慢膨胀起来，到最后妙乎被捉弄，并意识到自己的缺点。请你分析戏剧发展的各个阶段。

(3)在训练时，如何运用语气、节奏、声音等准确表现人物的心理活动及性格特点？

[**训练三**]

要求：(这个板块有些难度，基础好的同学可以试一试，教一教)

(1)分角色说幼儿戏剧台词。

(2)说说指导幼儿分角色说幼儿戏剧台词的要点。

步骤：

(1)自己训练，指出要点。

(2)小组训练，互相交流。

(3)试试以幼儿教师的身份，指导幼儿分角色说幼儿戏剧台词。

小熊请客

包　蕾

角色：小熊、小猫咪、小狗、小公鸡、狐狸

背景：大森林(场景一)、小熊家(场景二)

道具：食物、礼物、头饰、家庭布置、石头道具等。

第一场：森林里，大树下

狐狸：我的名字叫“狐狸”，一肚子的坏主意，人人见我都讨厌，说我好吃懒做没出息。太阳升得高又高，可我肚子里还没吃东西，饿得我呀两条腿一点劲儿都没有了，嗨！还是让我到大树底下歇一会儿吧！

(小猫咪提着一包礼物，唱着歌跑出来：喵、喵，小猫叫)

狐狸：小猫咪，小猫咪，你今天打扮得这么漂亮，这是要到哪里去呀？

小猫咪：今天过节，小熊请客，我们到它家去，又吃又玩又唱歌，真呀真快活！

狐狸：(焦急地)小猫咪，你带我一块去吧！

小猫咪：(指着狐狸的鼻子)狐狸狐狸你没出息，自己不劳动，还想白白吃东西。哼！我才不带你去呢！(说完就跑掉了)

狐狸：小猫咪真是个坏东西！

(狐狸叹了口气，刚想躺下去，忽然看见小花狗蹦蹦跳跳地提着一件礼物跑出来)

狐狸：小花狗，小花狗，你今天打扮得这么漂亮，这是要到哪里去呀？

小花狗：今天过节，小熊请客，我们到它家去，又吃又玩又唱歌，真呀真快活！

狐狸：（焦急地）小花狗，小花狗，你带我一块去吧！

小花狗：（指着狐狸的鼻子）狐狸狐狸你没出息，自己不劳动，还想白白吃东西。哼！我才不带你去呢！（说完就跑掉了）

狐狸：小花狗真是个坏东西！

（狐狸叹了口气，刚想躺下去，忽然看见小公鸡蹦蹦跳跳地提着一件礼物跑出来）

狐狸：小公鸡，小公鸡，你今天打扮得这么漂亮，这是要到哪里去呀？

小公鸡：今天过节，小熊请客，我们到它家去，又吃又玩又唱歌，真呀真快活！

狐狸：（焦急地）小公鸡，小公鸡，你带我一块去吧！

小公鸡：（指着狐狸的鼻子）狐狸狐狸你没出息，自己不劳动，还想白白吃东西。哼！我才不带你去呢！（说完就跑掉了）

狐狸：（生气地）你们这些坏东西！好哇！你们不带我去，我自己去。到了小熊家，我就把好吃的东西，一口气都吞到肚子里，你们等着吧！

（说着舔舔舌头，摇摇尾巴，挺着胸，大摇大摆地朝小熊家走去）

第二场：小熊的家

小熊：（在家里正忙）把地扫干净，桌子椅子擦干净，朋友来了多高兴！

（忽然听到敲门声）谁呀？

小猫咪：我是小猫咪。

小熊：欢迎你，欢迎你！

小猫咪：这包礼物送给你！

小熊：谢谢你，谢谢你，我也请你吃东西。这是骨头、小鱼和小虫，随便吃点别客气！

小猫咪：骨头、小虫我不爱，小小鱼儿我最欢喜！

（小猫咪在吃的时候又响起了敲门声）

小熊：谁呀？

小花狗：我是小花狗。

小熊：欢迎你，欢迎你！

小花狗：这包礼物送给你！

小熊：谢谢你，谢谢你，我也请你吃东西。这是骨头、小鱼和小虫，随便吃点别客气！

小花狗：小鱼、小虫我不爱，香香的骨头我最欢喜！

（小猫咪和小花狗在吃的时候又响起了敲门声）

小熊：谁呀？

小公鸡：我是小公鸡！

小熊：欢迎你，欢迎你！

小公鸡：这包礼物送给你！

小熊：谢谢你，谢谢你，我也请你吃东西。这是骨头、小鱼和小虫，随便吃点别客气！

小公鸡：骨头、小鱼我不爱，小小虫儿我最欢喜！

（门咚咚响，狐狸在门外拼命敲门）

小熊：谁呀？

狐狸：（大声地）快开门，我是大狐狸！

小熊：（吓了一跳，急得团团转）哎呀！是这个坏东西来了。

狐狸：（把门敲得更响了）快开门，把好吃的东西都拿来！

小熊：（悄悄地与伙伴围在一起商量）

合：好！

（小熊把石头分给了大家，小熊开门，狐狸大踏步地走进门，东瞧瞧，西看看）

狐狸：快把好吃的东西拿来！

合：给你！给你！（大家边喊边扔石头）

狐狸：（抱着头）哎呀！疼死我啦！（边喊边逃走了）

合：我们胜利啦！

要点提示：指导幼儿分角色说台词时，一是要分清不同人物的性格特点：狐狸狡猾，声音高而尖，偶尔要滑腔；小熊个子较大，声音较粗，语速稍慢；小猫咪、小花狗、小公鸡性格活泼，语调较高，轻快。二是要注意台词间的衔接，也就是角色之间的配合。三是要注意台词的韵律感。

项目小结

通过三个板块的幼儿文学作品表达训练，掌握念儿歌、幼儿诗诵读、幼儿故事讲述、说台词等相关的幼儿文学作品的表达方法，并能运用这些方法初步指导幼儿进行幼儿文学作品的表达训练。

这三个训练板块彼此之间有联系，训练要求不断提高，第一个板块训练是在教师的指导示范下，师生共同完成；第二个板块是学生在训练指导的帮助下自主训练；第三个板块是学生自我训练的同时，初步探索如何指导幼儿进行幼儿文学作品表达训练。

项目七
幼儿教师口语交际技能训练

项目训练目标

1. 了解幼儿教师一般口语交际的相关技能。
2. 掌握幼儿教师一般口语交际中思维、心理及语境等方面的特点和要求。
3. 培养口语交际中良好的思维品质和心理素质。
4. 学会正确把握语境进行交际。

口语交际是听说双方在共同所处的语言情境中相互传递信息、分享信息的过程，是交际双方的互动，是人与人之间交流和沟通的基本手段之一。幼儿教师在工作和生活中必须具备与人交往的一般口语能力，因此必须培养敏捷而深刻的思维品质、自信的心理素质，能正确地把握语境进行交际。

任务一　口语交际中的思维训练

任务要点

通过案例，从感性上认识思维对口语表达的重要性，再从理论上了解思维方式和思维品质及其训练方法，最后通过案例分析和情境训练，掌握思维方式，提高思维品质，以提高口语表达能力。

案　例

有位美国记者在采访时对周恩来总理说："一个国家向外扩张，是因为该国的人口过多。"周恩来当即反驳："我们不同意你这种看法。第一次世界大战前，英国人口只有4500万，不算太多，但是英国在一个很长的时期内是'日不落'的殖民帝国。美国的面积略小于中国，且美国的人口不及中国的1/5，但美国的海外驻军却达150万。中国人口虽多，却没有一兵一卒驻在外国领土上，更没有在外国建立军事基地。可见，一个国家是否向外扩张，并不决定于它的人口多少，而决定于它的社会制度。”

这是一段非常精彩的反驳，充分展现了周恩来总理的外交家风采。在这里，周恩来总理清楚美国记者的挑衅意图，不先讲中国如何，而是从英美国家入手，将中、英、美的人口和是否向外扩张相对照，有比较才有鉴别，事实确凿，使对方再也无话可说。这就是思维在口语交际中的重要作用，周恩来总理思路开阔，思维敏捷灵活、条理性强，所以说理有力，终占上风，有力地回击了别有用心的美国记者。

一、理论与方法

思维是语言的基础，语言是思维的工具，口语表达的过程实际就是把思维的结果表述出来的过程，口语表达又对思维有加工、提高的作用，二者互相依存，密不可分。思维能力直接决定着说话的质量和效率，口语训练离不开思维训练，思维训练的重点是：掌握思维方式，提高思维品质。

(一)思维方式

常见的思维方式从思维的轨迹来看，有发散思维与集中思维、正向思维与逆向思维。

1. 发散思维和集中思维。

发散思维是指思路从某一中心向不同层次、不同方向辐射，从而引出许多新的信息的思维方式，是一种同中求异思维。训练发散思维能使说话者思路畅通，擅长联想发挥，善于应急变通。集中思维就是将许多新的信息围绕中心进行选择、归纳和重新组合。训练集中思维能使表达目的明确、重点突出，具有概括性。

(1)发散思维。

发散思维可以通过以下几种联想进行。

①接近联想：因两种事物时间或空间距离相近而促成联想。如从月亮想到星星，再想到天空。

②相似联想：由两种事物(或情景、心绪)之间性质相似而产生联想。这种联想使思路开阔、诠释生动、说理形象。如由圆圆的月亮想到月饼，由月饼想到中秋节，由中秋节想到家人团圆的情景。

③对比联想：通过对照比较，寻找两种事物同中之异的联想。对比联想一般分以下几步：寻找相同点，确定可比因素，确认对比焦点，突出重大反差。如：“朱门酒肉臭，路有冻死骨。”

(2)集中思维。

集中思维常见的形式主要是散点连缀，即把几个思维点拢向一个核心，组成一段完整的话。如在上海市“钻石表杯”业余书评授奖会上，一个获奖者的演讲：

"今天，我参加'钻石表杯'业余书评授奖大会，我想说的一句话是：钻石代表坚韧，手表意味时间，时间显示效率。坚韧与效率结合，这是一个人读书的成功之所在，一个人的希望所在。谢谢大家！"

这段话由"钻石""手表"这两个散点，联想到"时间""效率"两个散点，以读书为中心，把这四个散点连缀起来，言简意赅。

2. 正向思维与逆向思维。

正向思维是指常规的思维方式，逆向思维是指与常规思维相反的一种思维方式，也就是从相反方向思考问题，或者说对思维对象进行反向思考。逆向思维可以打破人们的思维定式，能够对一些传统观念进行反思更新，使人在口语交际中新意迭出。例如，对于小草精神人们多从褒扬的角度去讲，但是也有大学生指出：

"如果小草也算英雄的话，天下就不会有大树。年轻的朋友，当你高喊一声'我是一棵小草'的时候，你的内心是何种感受？是觉得自己高大了，还是渺小了？是觉得自豪，还是失落？是觉得有了进取之心，还是觉得已经找到了混日子的借口？你问过自己吗？为什么我是一棵微不足道的小草？为什么我不去争做一棵参天大树呢？难道我们不应该坚决地摒弃这种可悲可怜的小草精神，立志做一棵敢挡东西南北风，能为社会做出较大贡献的参天大树吗？"

这段话从新的角度进行反思，提出"我是一棵小草"这种说法的消极之处，言之成理，体现当代大学生积极进取的精神，具有积极意义，又颇有新意。这正是逆向思维的积极效果。

(二)思维品质

要保证思维效果，提高思维效率，必须具有良好的思维品质。良好的思维品质主要指思维的条理性、开阔性、敏捷性、灵活性和新颖性。

1. 思维的条理性。

说话必须中心明确，条理清晰，言之有序，这就是思维的条理性的表现。条理性是思维的最基本要求。思路清晰，才能保证语流清晰畅达，思路不清晰，必然会导致语言杂乱，叙事不清，说理不明。思维的条理性主要指：议论要有论点、论据，有一步一步地论说过程；叙事要主线明确，层次分明，衔接严密。

2. 思维的开阔性。

思维的开阔性，也就是思维的广度。我们不仅要全面地、辩证地看问题，而且要富于联想、善于想象，要运用各种思维方式进行思考。这样，在口语交际中才更有谈资，才能取得更好的效果。当然，要思维开阔，必须多听、多看、多读、多想，积累丰厚的知识。如上述案例中，周恩来总理如果不是掌握了大量的数据和事实，是不可能有开阔的思路并迅速做出反应，从而回击美国记者的。

3. 思维的敏捷性。

口语的突出特点是：双向交流，即席表达。它要求说话人必须思维敏捷，反应快速。因此，在口语交际中，思维敏捷以及思维向语言的快速转化是最重要的思维品质，也是衡量一个人口语能力的重要标志之一。要培养敏捷的思维能力，就必须加强快速观察、分析、判断能力和临场应变能力的训练。要能根据情况快速反应，或正面应对或曲答反诘，变被动为主动，变不利为有利，才能立于不败之地。

4. 思维的灵活性。

思维的灵活性即思维的变通性，要求当事人根据具体情境与临场变化随机应变地做出切合情境的巧妙反应。

5. 思维的新颖性。

在口语交际中，如果什么问题都重复别人的观点，缺乏个人见解，一定不会受到欢迎。要使表达有新意，就要求思维打破固有的模式，不能形成思维的定式，要善于运用发散思维和逆向思维等思维方式，而且要有一定的广度(思维的开阔性)和深度。

思维方式和思维品质是不能截然分开的，它们是统一的。能发散思维，思维才更深刻，更敏捷、灵活；能逆向思维，思维才能更有新意。

幼儿教师不是外交家，也不是谈判专家，不需要与人针锋相对进行论争，但幼儿教师同其他人一样，具有社会性，必须与人交往沟通，如与幼儿、与同事、与家长、与亲人朋友等交往。在工作中，幼儿教师还要和家长、领导、同事打交道，如果没有敏捷而深刻的思维，在口语交际中，就会处于被动状态。久之又会影响自己口语交际的心理素质，甚至可能造成心理障碍，造成口语交际的失败，影响自己的职业生涯。在生活中，如果没有良好的思维品质，不善于口语交际，同样也会影响自己的人际关系。所以，要想成为一名合格的幼儿教师，成为受欢迎的人，平时就要多听、多看、多读、多想，多练，掌握多种思维方式，提高思维品质，以提高口语表达能力。

资料卡

提高思维能力的五个训练法

1. 推陈出新训练法

当看到、听到或者接触到一件事情、一种事物时，应当尽可能赋予它们的新的本质，摆脱旧有方法的束缚，运用新观点、新方法、新结论，反映出独创性，由此进行思维训练的方法。

2. 聚合抽象训练法

把所有感知到的对象依据一定的标准“聚合”起来，显示出它们的共性和本质的思维训练方法。

3. 循序渐进训练法

这个训练法对学生的思维很有裨益，能增强分析思维能力和预见能力，能够保证事先对某个设想进行严密的思考，在思维上借助逻辑推理的形式，把结果推导出来。

4. 生疑提问训练法

此训练法是对事物或过去一直被人认为是正确的东西或某种固定的思考模式敢于并且善于或提出新观点和新建议，并能运用各种证据，证明新结论的正确性。

5. 集思广益训练法

此训练法是在一个组织起来的团体中，借助思维大家彼此交流，集中众多人的集体智慧，广泛吸收有益意见，从而达到提高思维能力的目的。

二、技能训练

［**训练一**］

要求：通过案例分析，掌握思维方式和思维品质，能用连贯、有条理的话说出自己的意见。

步骤：

(1)自己先想一想，再说一说。

(2)小组讨论，补充修改。

(3)在小组中发言，小组评议。

(4)师生共同讨论。

1. 分析下列案例中教师的语言，说说运用了什么思维方式，表现了什么样的思维品质。

(1)一位孩子告诉老师，他为什么爱哭，因为他发现哭很管用：哭可以让妈妈买玩具，可以跟小朋友争东西。老师听后这样对他说："可是，哭虽然有时是有用，但它也有坏处：第一，人家会觉得你很差劲，用哭鼻子赢来的，不光彩；第二，你哭了，老师和爸爸妈妈会难过，你让关心你的人伤心，这样是不是不太好?"在孩子若有所思后，老师又说："这样吧，这个哭的方法，我们尽量不用。让小朋友听你的话有很多方法，我相信你能找到比哭更好的方法!"

——尹坚勤、管旅华，《幼儿园教师专业标准(试行)案例式解读》

(2)一位年轻的幼儿园老师参加一次演讲比赛。她登台刚讲几句，竟一下子忘词卡壳了，台下立即骚动起来，还有人鼓掌喝倒彩。但这位老师并没有因此惊慌失措，只见她定了定神后，从容自若地说："我刚讲了两句，就赢得了大家的掌声。既然大家那么欣赏我的开头语，那么就让我接着往下说吧。"于是她接着往下演讲，结果讲得很顺利，很成功，最后博得了听众真正友好而热烈的掌声。

——李莉，《教师口语训练教程》

2. 限时推理训练：限时 1 分钟，立即回答推理过程和结果。说话要条理清楚。

（1）某学校一宿舍住着甲、乙、丙、丁四人。住宿规则规定，每晚由最后一个回宿舍的人关电灯。有一次这个宿舍灯亮了一夜，不知谁忘了关灯。总务处来查这件事，丙说："我比乙先进宿舍。"甲说："我进宿舍时看见乙在铺床。"乙说："我进宿舍时丙跟丁都睡了。"丁说："我很疲倦，一上床就睡着了，什么也不知道。"请说说看，是谁忘了关灯。

（2）一位公安局长与一位老工人在谈话。这时跑来一个小孩，气喘吁吁地对公安局长说："你爸爸和我爸爸吵起来了。"老工人问："这孩子是你什么人?"公安局长说："是我儿子。"试问两个吵架者与公安局长是什么关系？

［**训练二**］

要求：根据所学理论与方法，进行思维方式和思维品质训练，掌握多种思维方式，提高思维品质。

步骤：

(1)自己先想一想，再说一说。

(2)小组训练，看谁说得好

(3)补充修改。

(4)个人汇报，学生点评。

1. 两个人见面，经常会出现无话找话的尴尬，如"今天天气，哈哈哈……"有的人无法接下去，便出现了冷场。你能接下去说话吗？你是怎么做到的？运用了什么思维方式？请把你要说的话有条理地、连贯地说出来。

训练提示：可从发散思维方面进行训练，如由天气讲到服饰，心情等，再发散开去。

2. 对下列成语，分别从正面、反面进行阐述。

知足者常乐——不知足者常乐

只要功夫深，铁杵磨成针——即使功夫深，铁杵未必能磨成针

训练提示：主要是训练四种思维方式，话题给出的论点，要从正向和逆向进行思维，还要进行发散思维，寻找论据，最好分点或分项表述，最后用集中思维进行概括，再次点明论点。

3."自我表现"常被视为缺乏自我修养，请在小组中，以"自我表现有什么不好"为题，说一段话，表明自己的观点。

训练提示：训练逆向思维，以训练思维的深度、广度，灵活性和新颖性。

［**训练三**］

要求：根据下列话题，讲一段话，注意运用思维的方式，思维要有条理性、开阔性、敏捷性、灵活性和新颖性。

步骤：

(1)先预设情境，进入情境。

(2)设计一段话，说一说。

(3)在小组中讨论和试教。

1. 普通话水平测试话题训练。
(1)我的愿望(或理想)。
(2)谈谈卫生与健康。
2. 教育大班幼儿不能浪费粮食。
3. 教中班小朋友画公共汽车。

任务二　口语交际中的心理素质训练

任务要点

通过案例，从感性上认识心理素质对口语表达的重要性，再从理论上了解口语交际中的心理障碍及克服的方法和心理沟通的方法，最后通过案例分析和情境训练，初步掌握克服心理障碍的方法，学会心理沟通，逐渐形成自信的心理，以更好地进行口语交际。

案　例

在交际场合，我总表现为不安、局促，变得沉默、内向和自卑，心里总觉得有一种恐惧感。我和同宿舍的同学之间关系总处不好，不想同她们说话。我曾几次调换宿舍，但郁闷的心情总摆脱不掉。(摘自一位大学生手记)

每个人在口语交际中，都可能或多或少存在心理障碍，如果不积极进行调整，就会影响学习、工作和生活，而这种心理障碍是可以通过训练克服的。只要你肯下功夫，就会发现这种口语交际的恐惧程度会逐步减少，这时它就是一种助力，而不是一种阻力了。

一、理论与方法

心理是人脑对客观现实的能动反映。人的心理素质，包括观念、意识、情感、意志等，与一个人的生活、学习、事业、人际交往都有直接联系。积极良好的心态是保证口语交际成功的重要因素。我们在口语交际中，可能会有胆怯、自卑、自傲的心理障碍，从而影响了交际的效果。所以，克服心理障碍，具备健全的心理素质，懂得心理沟通的方法，形成自信的心理，是人际交往和口语交际获得成功的前提条件。

(一)克服口语表达中心理障碍的方法

一个人要把话说好，离不开过硬的心理素质。交际能力强、会说话的人在什么时候都能做到自信、自控与自强，拥有主动性、坚毅性和果断性。这些良好的心理素质不是先天具备的，而是通过后天的训练形成的。只要时刻保持说话的热情，学会调节说话中的自卑、羞怯及其他消极心理，学会处理说话中的冷场等情况，善于向他人学习，就会慢慢向一个善于沟通的说话高手迈进。

1. 口语交际中的心理障碍。

在面对公众说话时，许多人都有不自在、担心、害怕等心理反应，这些不良或不适的心理反应现象即心理障碍，心理障碍是影响口语交际的重要因素，口语交际过程中常见的心理障碍主要表现为以下几种情感及心理活动。

(1)胆怯。有些人面对黑压压的听众，站在演讲席上心慌意乱，不知该如何是好，这种由紧张所产生的语言、神态紊乱及表情尴尬的心理问题就是胆怯。一些师范生或新教师初登讲台，或者在陌生人，尤其是在众人面前讲话，也会出现胆怯心理。具体表现是声音细小，目光呆滞，不敢与别人对视，面红耳赤，呼吸急促，甚至手腿发抖等。胆怯心理不仅是口语交际的严重障碍，也是刚上讲台的年轻教师常见的心理障碍。

胆怯心理产生的原因很多，有的是因为个性问题，有的是因为认知问题，如过分注重自我，怕被别人耻笑、怕出丑，还有的是因为遭受过失败和挫折等。但总的来说，出于保护自我的本能，青年人初次在陌生人或公众面前说话时，出现轻微的慌张与胆怯，属于正常的心理现象。即使一些著名演讲家，在初练演讲时，也常有胆怯和失败的经历。重要的是要逐步克服胆怯，不能由胆怯而恐惧，再由恐惧而自卑，形成难以扭转的心理定式。所以要想克服胆怯，一定要用意志来克服害怕的心理，努力提高自信心，多给自己鼓励，而不是自己吓自己。

(2)自卑。自卑是一种消极的心理状态，在口语交际过程中，有自卑心理的人，不敢大大方方地与人平等交往，担心受别人冷落与嘲笑，在进行言语交际中，他们也常常会情不自禁地出现脸红心跳、语无伦次、手足无措等现象。如此反复，便逐渐强化了怯懦感与自卑心理。

自卑的本质是自我意识的弱化。自卑的人总是过分地看重自己的弱点，而看不到自己的优势，它使人离群、孤立、苦闷、失去自信心，甚至导致嫉妒、沮丧、暴怒、自欺欺人等不良情绪的产生。很多人就是因为害怕别人嘲笑而不敢在公众面前进行话语表达的，这样不仅难以提高口才水平，也会因此产生极度的抑郁心理，影响心理健康。自卑心理对于口语交际，尤其是对于教师开展正常的教育教学工作，都是十分有害的。

(3)自傲。自傲是一种以自我为中心的心理倾向。在口语交际中表现出自傲心理的人，只把注意力集中在自我身上，他们往往有一定的口语表达基础，但是过高地估计了自己的能力。于是在交际会话中滔滔不绝，自以为技压群雄；在演讲中高谈阔论，不顾听众情绪，口语交际的效果并不好。自傲心理使人孤傲离群，使交际双方关系难以协调，对口语交际极为有害。所以，自傲也是应该克服的心理障碍。

自傲与自尊是两种截然不同的心理倾向。自傲是建立在以自我为中心基础上的一种超现实的自我评价与自我态度；自尊是建立在客观实际基础上的正确的自我评价与自我态度，是青年上进的内驱力。在口语交际中要建立自尊心理，消除自傲心理。

2. 口语交际中良好的心理素质。

口语交际中良好的心理素质包括自尊自信、真诚热情、宽容果敢等。

(1)自尊自信。自尊，就是尊重自己的人格和荣誉；自信，就是对自己现有能力和潜在能量的充分估计。自尊自信是做人的基本标准，也是口语交际顺利进行的前提。

在生活中，只有自尊自信的人，说话才有说服力，才能影响别人的心理和行为；只有自尊自信的人，才能有所作为，受人尊敬。

(2)真诚热情。真诚是高尚的品德，热情是友善的标志。只有真诚，尊重别人，以心换心，才能使交际双方从心理上确立安全感和信任感，促使交际的深入。所以，真诚热情是交际的前提和基础。

(3)宽容果敢。宽容是做人的美德，果敢是强者的表现。在社会交往中，面对一些矛盾尖锐、复杂难解决的问题，应该具有一种宽容而又果敢的心态。宽容可以化解矛盾，赢得信任；果敢可以争取时间，创造机遇。在口语交际中，要宽容大度，得理要让人。不能咄咄逼人，说话不饶人，也不能说话含含糊糊，模棱两可，让人摸不着头脑，费时费力。

3. 克服口语交际中心理障碍的方法。

克服口语交际中的胆怯、自卑和自傲等心理障碍，根本在于正确地认识自己和估计自己。同时，还要通过积极的自我暗示进行有意识的口语交际实践，在实践中摆正自己在人际交往中的位置，逐步形成健康的交际心理。心理素质是可以训练的。如果训练方法得当，就能取得较好的效果。

心理训练的要领，在于根据造成心理障碍的原因有针对性地选择训练方法，形成良好的心理素质。

(1)心理稳定法。初上讲台或在大会场所讲话，事先可采取以下方法使心理状态趋向稳定：做几次深呼吸，使呼吸与心跳趋向正常；慢慢喝水，慢慢咽下，稳定情绪，专心致志考虑讲课或演讲内容；上台后不急于开口，扫视全场，待静场后再开讲。很多人初次在大庭广众下讲话觉得紧张，目光无处可放或呆呆地望着某处不动，甚至会低头以躲避台下听众的目光，对此可通过目光接触来稳定心理。不要只探究别人目光的含义，而要用自己的目光去同别人交流，并尽量体会自己的目光是否体现出友好的交流感，如这样训练仍然感到紧张，则也可以用虚视或扫视的办法来解决。

(2)自我心理暗示法。由于自我分析不当，期望值过高而形成自卑，可采用此法，有意识地做自我心理调节。同陌生人、名人、异性交谈时出现紧张心理，可用自我心理暗示的方法加以调控。比如说，可以这样暗示：大家都是人，有什么好紧张的；也许他（她）正想同我交谈而难以启齿呢；我做了充分准备，比他(她)有利，交谈一定能成功。这样一想，可以帮助克服紧张心理。具体做法：一是上讲台前，闭上眼睛，扩张胸腔，深呼吸数次，心中暗暗说“我有把握讲清楚，会表现得比别的同学好”。二是目光向前平视并自我暗示“只要我不慌，紧张一定就会消除”“说话语速慢一些，语调坚决一点”等。

①直接暗示。有人把直接暗示称为“镜子技巧”。一些教师、企业家、律师、演讲家在出去讲课、演讲或参加社交活动时，先对着大镜子修饰一下自己的容貌，然后自信地凝视着自己的形象大声说几遍：你今天一定成功！最后精神焕发地跨出家门。这种做法说来可笑，其实是一种自我暗示。自我肯定的潜意识会帮你克服自卑与胆怯，增强信心。

②联想求同。如果在教学评比或演讲比赛中发现有强大的对手，决不要盲目自卑：“我的普通话、风度都不及他，我多么无能呀!”而应该这样想：“他能这样绝不是一朝一夕形成的，也许开始还不如我呢。如果我站起来，绝不比别人矮半截。”这种避开现实中的差距，通过联想找出双方共同点的心理暗示方法叫联想求同法。

③交叉比较。有自卑与自傲心理的人应采用两种不同的比较法。自卑者要找出自己的长处同对方短处比，然后想：“天生我材必有用。我并非一无是处，只要扬长补短，我也会超过他。”自傲者要找出自己的短处比别人的长处，然后想，“我这方面不如A，那方面不如B，哪里值得骄傲呢?”交叉比较的心理暗示，有利于克服自卑与自傲的心理障碍。

(3)渐进、强化训练法。

①渐进训练法。如果在口语交际中，自卑心理障碍一时不能很快克服，也不必急躁，可以用渐进训练的方法，先从容易的事情做起，即使不显眼，也不要放过训练的机会，逐渐增强自信。比如，第一次试教或演讲不成功，可以先从在自己班级(或小组)内讲一段话开始；与性格内向的人交往不成功，可以先从与性格开朗的人交往开始等。这些由易到难的训练，会使你发现自己并非不会上课、不会演讲、不会口语交际，从而增强自信心，在这个基础上，逐渐提高口语表达难度和口语交际水平。

②强化训练法。因为性格内向而不爱讲话，或吐字不清、不善讲话而引起胆怯与自卑，则可采用此法，通过增加实践机会来取得效果。

总的来说，渐进、强化训练就是一要做到战术上重视敌人，战略上藐视敌人；二要做到付出最大的努力，寄予最小的期望；三要全方位备战，进行充分准备；四要满怀信心，迎接挑战。

以上介绍的这些方法不是独立的，可以有交叉，对于初上讲台，刚踏入社会的学生或老师，可以综合运用，提高自己的心理素质。

(二)口语表达中心理沟通的方法

口语交际中的心理沟通，是争取对方密切协调配合的过程。对教师来说，能否与学生沟通，是教育口语和教学口语能否取得成效的关键之一。

口语交际中心理沟通的方法有倾听、认同、调控等。

1. 倾听。

倾听是心理沟通的前提。倾听可以满足对方自尊的需要，为心理沟通创造有利的氛围。倾听的过程也是深入了解对方并考虑如何进一步做出反应的过程。因此，倾听不只是用耳朵去接收信息，必须耐心、虚心、会心地听，这就需要良好的心理素质。

2. 认同。

建立认同心理，就是设法寻找谈话对方的共同语言，以求得心理上的接近与趋同。认同心理是相互沟通的基础。认同的方法有以下两种。

(1)存异求同。需要沟通的双方，往往存在严重的分歧，这些分歧可以暂时搁置，双方可以先找一些比较接近的方面取得共识。待双方有了接近的气氛之后，再转入需要沟通的话题，效果要好得多，容易取得共识。共同的兴趣、爱好，共同熟悉的人或事，共同的经历、专长等，都是形成认同感的话题，用这些话题展开交流，有利于双方的认同。

(2)设身处地。先绕开敏感话题，设身处地为对方层层分析。当他觉得你的确为他着想的时候，他在精神上就会处于松弛和开放的状态，也就可能较为客观地理解和评价你的观点，沟通的目的也就容易达到。有时，双方的情感落差很大，这时也需要设身处地体察、领悟对方特定境遇中的情感，形成认同感。

3. 调控。

口语交际中的调控是指为达到控制说话主动权以实现沟通心理、统一思想的目的而运用的言语技巧。对一些难以直说或不便单刀直入的问题，可以采取“曲径通幽”的办法，通过类比、推理等办法来达到心理沟通的目的，这叫迂回诱导。迂回诱导是进行心理调控的主要方法。另外，交际过程中，一个人谈高兴的事，对方也愉快；一个人说不幸的事，让对方也难过，这叫情绪感染，这也是调控的一种好方法。

良好的心理素质，较强的沟通能力是现代人的良好素质的体现，也是幼儿教师必备的职业素质。幼儿教师要在长期的语言实践中形成自信的心理，掌握沟通的方法，才能更好地进行口语交际，顺利地开展教育教学活动。

资料卡

克服心理障碍的训练“五步练功法”

第一步：“站”的练习。①在室内自由站立，站直身体，不能依靠任何物体。②两腿只分开几厘米，并把自己的体重均匀地分配在两条腿上；必要时，可以把体重移到左腿或右腿上，但不能向某一侧过分倾斜。③两臂交叉着放在胸前，两手轻松地或沉重地落下，让胳膊感觉到放松。④创造机会，登上讲台，寻找“居高临下”的那种感觉。

第二步：“看”的练习。①站直自己的身体，两眼正视前方；不能左顾右盼，更不能低头弯腰。②如果有人投来友好的目光，要以礼相待；即使是挑衅的目光，也要处变不惊才是。③只要出现在公共场合，就绝不错过“看”人的机会。

第三步：“念”的练习。①经常朗读优秀的文学作品，声音洪亮，感情充沛。②积极参加口语表达训练活动，反复朗读“演讲词”，注意语调和节奏。③利用班会或其他的课外活动，尽可能多地在公共场合争取听众。

第四步：“说”的练习。①语速适中，要让听众能跟得上。②语调自然，要让听众或观众能听得懂。③句式灵活，要尽最大可能做到口语化。

第五步：“演”的练习。这里所说的“演”：1. 手势灵活，眼神自然，服饰大方而得体。2. 有助于有声语言的表达，让听众或观众便于理解。

口语表达五步练功诀：先找讲台练“站”功，站在台上练“看”功；看着听众练“念”功，念熟讲稿练“说”功；说着话题练“演”功，甩手自在显神通！

——赵明，曾媛：《大学生口语表达训练过程中的心理素质训练》，载《锦州医学院学报》，2004(3)。有删改

二、技能训练

[训练一]

要求：通过案例分析，掌握克服心理障碍的方法和心理沟通的方法。

(1)自己先想一想，再说一说。

(2)小组讨论，补充修改。

(3)在小组中发言，用准确连贯的一段话说出自己的意见。

(4)在讨论中，与大家分享自己克服心理障碍的成功经验，或提出自己困惑的问题，大家一起解决。

1. 在口语交际中，你也有心理障碍吗？你是如何克服的？如果还没克服，你将如何做？

2. 从下列案例中你看出陶行知先生具有什么样的心理素质？他是如何与学生沟通的？你从中学到了什么？

放学后，陶行知来到校长室，王友(用泥块砸自己班上的同学)已经等在门口准备挨训了。可一见面，陶行知却掏出一块糖果送给王友，并说：“这是奖给你的，因为你按时来到这里，而我却迟到了。”……

随后，陶行知又掏出一块糖果放到他手里，说：“这第二块糖果也是奖给你的，因为当我不让你再打人时，你立即就住手了，这说明你很尊重我，我应该奖你。”……

陶行知又掏出第三块糖果塞到王友手里，说：“我调查过了，你用泥块砸那些男生，是因为他们不守游戏规则，欺负女生；你砸他们，说明你很正直善良，且有批评不良行为的勇气，应该奖励你啊!”王友感动极了，他流着眼泪后悔地喊道：“陶……陶校长你打我两下吧！我砸的不是坏人，而是自己的同学啊……”

陶行知满意地笑了，他随即掏出第四块糖果递给王友，说：“为你正确地认识错误，我再奖给你一块糖果，只可惜我只有这一块糖果了。我的糖果没有了，我看我们的谈话也该结束了吧!”说完，就走出了校长室。

——刘照雄，《普通话水平测试大纲》

3. 下列案例中的老师运用了心理沟通中的什么方法？请简单分析。如果你是老师，碰到这样的情况，你会怎么办，会说些什么？

一位小朋友刚入园的时候，很爱哭，哭了整整一个月，每次外婆送他入园的时候，都要多陪他一会儿，可等外婆一走，他就开始哭。有一次，在他入园哭闹的时候，老师对他说：“老师也很想妈妈，怎么办呀?”他听了，哭声马上就停了，老师继续问：“我也很想妈妈，可是刘老师有没有哭啊?”他说：“没有。”“那就对了，你看刘老师多勇敢呀，想妈妈了都没哭，你是男子汉，怎么能这么爱哭呢?”他很认真地看着老师，说：“刘老师，我以后不哭了，做个好宝宝。”“对了，真棒！以后不要再哭了，做个勇敢的男子汉，行吗?”他笑嘻嘻地点点头，脸上路出了久违的笑容。

——陈泽铭、王先达，《优秀幼儿教师教育艺术99例》

[**训练二**]

要求：通过模拟情境训练，培养良好的心理素质，克服口语交际中的心理障碍，初步学会沟通。

步骤：

(1)模拟情境，自主训练

(2)小组训练，补充加强。

训练提示：下列训练为渐进式训练，从自我训练到小组训练，从有准备到即兴发言，循序渐进。训练要落到实处，表达要中心明确、重点突出，语言准确、清晰、连贯，条理性强。

1. 自我调整。对着镜子，一边看着自己的眼睛，边想边说“现在，我应该用柔和、信任的目光去与听众交流，感谢他们注意听我的发言。”“现在，我应该用平和、企求的目光去征询听众的意见‘听懂了吗？我讲清楚了吗？’”“现在，我应用火热、亲切的目光与听众交流，表达感情上的共鸣”。

2. 主持班会。上台布置周末文艺活动主要事项：介绍活动项目，活动时间地点，活动要求，会场布置由哪些同学去做，服务工作由哪些同学去做，征求同学对活动安排的意见。

3. 上台演讲。指定5人上台，抽题后当场讲述。题目应有助于肯定自我形象、提高自尊与自信。例如：“我就是这样一个人”“我有个优点”“我的特长”“我最得意的一件事”，等等。

讲完后，由其余同学评论5人的心理素质，可以当场质疑、讨论。最后由5人答辩，谈谈怎样稳定心理。

[**训练三**]

要求：在训练中强化心理素质，加强对沟通方法的理解掌握，能与各种人物沟通。

步骤：

(1)先预设情境，进入情境。

(2)设计一段话，说一说。

(3)在小组中讨论。

(4)角色扮演，模拟谈话，经推选在全班同学面前试讲，供大家评议。

1. 在全班同学面前讲述下列话题。

(1)我的学习生活。

(2)我喜爱的职业。

2. 根据以下材料，作一次模拟家访谈话，也可以随幼儿教师家访，实地观摩并做记录。

(1)向家长介绍幼儿在一日生活中的行为、习惯、交友、语言发展等方面的表现。

(2)向家长宣传、讲解科学育儿知识，传递当前幼儿园教育的信息。

(3)征求家长对教师工作及幼儿园工作的意见、要求。

任务三　适应语境的口语表达训练

任务要点

通过案例，从感性上认识把握语境的重要性，再从理论上了解语境的内涵和要素，掌握适应语境进行表达的方法，最后通过案例分析和情境训练，准确把握语境的内涵，能针对特定的语境进行相应的口语交际活动，使表达更加得体、恰当。

案例

不得要领

“救火！”“救火！”电话里传来了紧急而恐慌的呼救声。

“在哪里？”消防队急救部的电话员问。

“在我家！”

“我是说失火的地点在哪里？”

“在厨房！”

“我知道，可是我们该怎样去你家？”

“你们不是有救火车吗？！”

这是一则笑话，旨在讽刺那位迂腐的报警人。消防队急救部的电话员问“在哪里”，是要报警人说出地址，才能安排消防车去救火，而报警人不理解这样的语境，语无伦次，不得要领。这则笑话从口语交际的角度，告诉我们说话要抓住要领，特别要注意语境，根据语境选择最佳表达。

一、理论与方法

语境是语言环境或使用语言的环境的简称，也指人们使用语言进行交际的环境，“语境”从字面意义来看，就是“语言环境”。语境既包括语言因素，如作品的上下文或说话的前言后语等，还包括非语言因素如交际的时间、地点、场合、时代、交际对象以及社会、文化背景、自然环境、语体环境等。总的来说，语境具有交际对象、前言后语、交际场合和交际背景四大因素。

(一)语境的作用

口语交际中，语境具有解释语言意义、辨析歧义与反语、选择最佳表达等作用。

1. 解释语言意义。

在口语交际中，人们会根据对话者所共知的背景情况而省略一些成分。因此，在言语交际中，有些句子是残缺的，但是这并不妨碍表达者圆满地表达自己的思想，接受者也能获得完整的信息，原因就在于语境在此提供了潜在的信息。

口语表达中独语句、省略句非常多，但在语境中不但能照常表情达意，而且还具有生动、简洁的效果。例如，一群孩子在草地上玩，有一个孩子大喊：“飞机！”大家都抬头望天。在当时的特定语境下，这句话的潜在信息就是：“天上飞过一架飞机。”又如，妈妈端着一盆水走到门口，叫道：“小明，快来帮妈妈开门，我没有手。”这句话的意思不是妈妈真的没有手，而是腾不出手，因时间紧急，只能用简短的句子表达，但双方都知道是什么意思。

2. 辨析歧义与反语。

有些语言表达可有不同理解，即所谓歧义现象；有些语言表达的意思和字面意义刚好相反，即所谓反语现象。语境对这种歧义、反语都具有辨析、鉴别的作用。在口语交际中，任何一句话都不可能突然出现或孤立存在，而总是以一定的时间、场合、目的、方式等为其条件的。所以可以说，只要有歧义的话语进入到具体的语境中，歧义就自然排除了，人们对言语的理解也就更容易了。比如，“我现在想起来了。”是一个歧义句，但依靠语境的辨析功能，都分别只有一种理解：一种是躺下或坐下一段时间后说的，一种是在解题时或思考问题以后说的，在具体语境中，意思表达是不一样的。

3. 选择最佳表达。

在交际过程中，表达者如果能选择符合语境的语言表达式来表达某种特定的含义，那就可以使表达更恰当、得体。常言说，“到什么山，唱什么歌”“见什么人，说什么话”。在特定语境的制约下，一次口语表达只能有一种最佳说法，只能有一种最佳选择。我们就要锻炼针对不同语境选择恰当词语、句式进行表达的能力。

综上所述，在口语交际中，表达者必须根据语境来表达，接受者也必须根据语境来理解话语，根据语境的变化来准确把握对话语信息，这样才能达到预期的交际效果。

(二)适应语境的表达训练

说话脱离不了语境。口语交际的理想效果，取决于语言和语境在交际过程中达到高度的适应、协调和统一。如果脱离语境，任何一种语言方式、语言风格都无所谓好不好。比如，不能认为说话用了形容词就是好的，不能认为幽默的风格必然产生好效果。只有与语境相适应的语言才是好的。在特定的语境中说出恰当、得体的话，这是口语交际的一条重要准则，进行适应语境的训练也是教师口语训练的重要内容。可以从以下三个方面来进行适应语境的表达训练。

1. 准确把握语境的各种因素。

对语境诸因素进行准确的审察，是训练得体性表达的第一步。任何一次口语交际，都要对语境审时度势，因人而异、因时而异、因地而异、因事而异地进行口语表达。

(1)在口语交际中，要根据交际对象的不同年龄、不同身份、不同职业、不同的文化层次，根据不同的交际目的，选择不同的表达方式，才能达到预期效果。

(2)除了交际对象外，语境还包括前言后语、交际场合和交际背景等，这些都是谈话取得成功不可忽视的因素。口语交际中，要注意交际的场合和背景，选择恰当的表达内容和方式。

2. 巧妙地联系前言后语来说话。

口语交际中，可以运用“语脉接引法”“顺承转接法”“避实就虚法”等技巧来接应对方的话语，进行适应语境的口语表达。

3. 设计有利于口语表达的情境。

针对特定语境进行适应性表达，不是一个被动的行为。在口语交际中往往可以用语言或其他手段营造出一种氛围，设计一个情境，使表达取得更好的效果。

幼儿教师不论在学习、生活或工作中，都会在各种场合与各种各样的人进行交往，教师的工作对象——幼儿也是各有差异，所以要学会适应语境的表达，才能使自己在口语交际中取得成功。

资料卡

语境的妙用

1. 言表意里——语言语境的妙用

马克·吐温来到一个旅馆办理入住手续，他看了一下登记簿，发现有许多旅客都是这样登记的，比如：拜特福特公爵和他的仆人……于是，马克·吐温挥笔写道："马克·吐温和他的箱子。"本来一个简单的句子，并无趣味可言。但放在特定的上下文中，就显得明快、犀利、讽刺尖刻，入木三分。

2. 切身切境——情景语境的妙用

从语用学来看，交际双方对话语含义的歧义产生于其对情景常规理解的不同。所谓常规理解，就是人们根据常规关系进行推理，扩展说话人话语的信息内容，所获得的对话语的理解。如果交际双方的常规理解发生错位，往往会引起歧义。

3. 采奇象外——背景语境的妙用

公共汽车上，有个小伙子十分粗鲁，横冲直撞，踩了一位老人的脚，却装得没那回事儿似的。老人看了他一眼，这个小伙子不仅不道歉，还气势汹汹地说："你看我干啥！想把我吃了吗！"老人答道："不敢，我是回民。"老人的回答似乎答非所问，问答之间可谓不关联。但是，语义上的不关联，在语用上却具有潜在的关联性，同样可以获得语境效果。正是这"答非所问"，才表现出说话人的言外之意。非语言语境拓展了老人话语的意义，由回民忌猪，隐指这个粗鲁的小伙子像一头猪，从而产生令人捧腹的幽默效果。

——韩小聪：《语境与幽默》，载《洛阳工业高等专科学校学报》，2005(1)。有删改

二、技能训练

[**训练一**]

要求：通过案例分析，把握语境的作用及相关各个要素，学习成功的经验。

(1)结合语境的有关理论进行分析。

(2)自己先想一想，再说一说。

(3)小组讨论，补充修改。

(4)在小组中发言，用准确连贯的一段话说出自己的意见。

1. 下列故事中，阿凡提是如何作弄吝啬的牧师的？

阿凡提当理发师时，牧师常来理发，却从不给钱，于是阿凡提想惩罚他。有一

次，牧师又来理发，阿凡提给他剃光了头，刮脸时问他：“牧师，是否要眉毛?”“这还用问，眉毛岂能不要?”牧师说。“好，你要我就给你!”说着，嗖嗖几刀，就把牧师的眉毛刮下来递到他手里。牧师气得说不出话来，谁叫自己说要呢。“牧师，胡子要吗?”阿凡提又问。“不要，不要!”牧师连忙说。“好，你不要就不要。”嗖嗖几刀就把牧师的胡子刮下来。

——完颜雯洁，《浅谈语境对言语交际的影响》

2. 下列是两则外交谈话，哪一则是成功的？为什么？

①我国一位民间人士，参加一次国际会议，受到外国友人的隆重接待。宴会上，这位人士的一番讲话，受到东道主的称赞：“先生的口才真好，你可以当外交官。”“这句话说得很对”，他答道，“我是应该当外交官的，而我没做，这是我国外交部的一个失误。”这些话立即使在座的外国友人和当地的政府人员愕然失色。

②1991年年底，在中美知识产权谈判中，美方代表一见面就出言不逊，说：“我们是在和小偷谈判。”吴仪马上针锋相对地顶了回去：“我们是在和强盗谈判。请看，你们展览馆里的展品，有多少是从中国抢来的!”对方顿时哑口无言。

3. 下列是两则家访谈话，哪一则是成功的？为什么？

①一位教师与一位文化程度不高的家长的谈话：

教师：张师傅，你们家的小明的确不错，每次考试，他的成绩总是名列前茅。

家长：嗯……(低着头)

教师：……在我们班他真是凤毛麟角了……

家长：嗯……菱角？菱角……(不解)

教师：不过，我们班成绩好的同学最近如雨后春笋，出了不少，张小明同学的优势已经不太明显了。我希望他能充分发挥他的能量，同时，希望家长能好好配合我们。

家长：能量?

教师：言止于此吧。不知张师傅还有什么好的见解没有?

家长：见解？我能有啥办法去见解？见解……老师能见解的事就听老师的吧。什么菱角、能量都行……

——李莉，《教师口语训练教程》

②一位教师与学生的老祖母的谈话：

教师：“……您老身体挺硬朗的啊！我哪是来告状的，您孙子在学校没做错事，有啥告的呀？不过，就是念书没使劲儿，数学又挂‘红灯’啦！您也别着急，咱们当老师的抽空给他补补课；可在家，您可别总是由着他，也要敲敲边鼓啊……”

——国家教育委员会师范教育司，《教师口语》

[**训练二**]

要求：针对具体情境，设计适应语境的语言，学习在不同语境下，能运用恰当的口语与不同的人进行交际。说话中心要明确，语言要准确规范，条理清晰，具体连贯。

步骤：

(1)先阅读情境，进入情境。

(2)自己先想一想，再说一说。

(3)小组训练，看谁说得好。

(4)补充修改。

(5)个人汇报，学生点评。

1. 你们班对学校学生管理工作有些意见，作为班长，你收集同学们的意见后要向辅导员反映，你要怎么说。请结合实际情况说一说。

训练提示：这一题重点在于反映的是意见，对象是辅导员，目的是希望问题得到解决或希望辅导员向学校反映。

2. 有一个孩子，爸爸妈妈不在身边，每天由爷爷或奶奶送到幼儿园，孩子非常任性霸道。你觉得有必要进行一次家访。家访的时候，发现孩子爷爷养了许多花，爷爷刚好在给花修枝、除草。这时候，你要如何进行交谈？

训练提示：要注意交际对象是幼儿的爷爷，是长辈，而且可以以爷爷正在干的活作为切入点。

3. 大一班的小芬活泼好动，上课时总坐不住；同班小朋友小凡温顺文静，常不愿意到户外活动。可她俩却是好朋友。请你对她俩分别进行疏导。

训练提示：这道题针对不同性格幼儿，说话要有不同，而且还要注意时机。

[**训练三**]

要求：理解话题或先预设情境，把握语境的要素，设计适应语境的语言。

(1)先理解话题或预设情境。

(2)设计一段话，说一说。

(3)在小组中讨论。

(4)角色扮演，模拟谈话，经推选在全班同学面前试讲，供大家评议。

1. 普通话水平测试话题训练。

(1)我的成长之路。

(2)谈谈社会公德(或职业道德)。

2. 假设你是一名刚刚上岗的青年教师，怎样与不同身份、年龄的同事交谈，并给对方留下良好的第一印象？自己设计话题，在班上分角色练习，同学们评议。

与你的谈话对象是：

(1)老年教师。

(2)比你年长但学历比你低的中年教师。

(3)与你同龄的青年教师。

项目小结

本项目主要是口语的交际技能训练。通过训练能学习运用各种方式进行思维，提高思维品质；能克服口语交际中的心理障碍，学会沟通，形成口语交际中自信而相容的心理；能掌握语境的各要素，学会适应语境与不同身份的人进行交际。本项目训练充分体现理论与实践相结合的原则，在训练中，由易到难，由案例的分析学习到自主地表达，使学生能力逐步提高。学生由个人完成到小组交流，既自主学习，又合作探究。训练内容没有标准答案，能符合要求言之成理即可，充分体现训练的个性化。

项目八
幼儿教师不同形式的口语交际训练

项目训练目标

1. 了解幼儿教师一般口语交际的几种类型。

2. 掌握幼儿教师命题演讲、即兴演讲、交谈和辩论等口语交际形式的特点和要求。

3. 学会在公开场合演讲和即兴说话。

4. 能有效地进行沟通和交谈。

5. 初步具备辩论的能力。

幼儿教师必须具备与人交往的一般口语能力，并能适应工作中各种口语交际的需要，因此必须掌握演讲、即兴说话、交谈和辩论等口语交际形式的特点和要求，能够运用相应的技巧进行演讲和交谈，初步学会辩论，培养良好的口语交际能力。

任务一　命题演讲训练

任务要点

通过案例，从感性上认识命题演讲训练的重要性，再从理论上了解命题演讲几个环节的具体方法，最后通过案例分析和情境训练，掌握命题演讲的技巧，克服心理障碍，培养良好的心理素质，学会在公开场合进行命题演讲。

案　例

著名的演说家和心理学家爱德华·威格恩先生曾经非常害怕当众说话和演说，在他读中学时，一想到要起立做5分钟演讲，就惊悸莫名。他曾诚恳地说“活在这个世界上，我最不敢期望做到的，就是当个大众演说家。”但他经过努力之后却克服了恐惧。在他大学毕业一年后，他便自告奋勇，就健全币制发表演说，“开始时，我窒息、结巴，眼看就要全军覆没了，不过，听众和我都勉强撑了过来，小小的成功使我勇气倍增，我继续往下说了自以为大约15分钟，使我惊奇的是，其实我已经说了1个半钟头。”

——李莉，《口语交际过程中的心理障碍及其克服方法》

从爱德华·威格恩练习演讲的故事中，我们可以得到这样的启示：不管什么人，都不是天生的演说家，但是通过努力训练是可能做到的。我们在学习、工作、生活中都可能需要演讲，如何使演讲成功，最可行的办法就是多练，以获取的成功经验为后盾，不断积累经验。当然，没有丰厚的知识积累，想要成功地演讲也是不可能的。

一、理论与方法

演讲是就某个问题，面对听众发表意见，从而感召听众的口语交际活动。它是以口语和态势语为表现手段，以事理情结合为内容，以说服听众为目的的。从形式上看，演讲可分命题演讲和即兴演讲。命题演讲就是根据事先给定的题目或范围而做的有准备的演讲。幼儿教师不论职前还是职后，都有可能被要求或自愿参加各种命题演讲，命题演讲能更好地表达自己的观点和情感，引起听众的共鸣，是学习和工作中常见的交际形式。命题演讲训练能提高幼儿教师的口语表达能力，培养口语交际中良好的心理素质，是教师口语训练的一个重要方式。

命题演讲的训练主要包括拟稿、试讲记忆和正式演讲三个方面的训练。

(一)拟稿

命题演讲是根据预定的题目事先写好讲稿的演讲，演讲前有比较充裕的准备时间，是凭借文字材料进行口语表达训练的重要方法，因此，命题演讲首先要做的准备就是写好演讲稿。演讲稿是命题演讲的重要凭借，演讲稿的好坏直接关系到演讲的成败。

1. 演讲稿的结构。

一篇完整的演讲稿包括标题、开头、主体和结尾。

(1)标题。拟定演讲稿的标题的常见方式有：①揭示主题，如“为了孩子而努力，再努力”；②揭示场合，如“在马克思墓前的讲话”；③形象的比喻或象征性的词语 ，如“人格是最高学位”；④使用祈使句，如“注意，路上处处有红灯”。

(2)开头。演讲稿开头也可以是开场白，有的以人文场景开篇，有的以问题开篇，有的以事例(故事)开篇，有的从日常生活或切身体会说开去，有的信手拈来，由物而发，有的以直白式开篇，直奔主题，有的以取喻明理式开篇，化抽象为具体，将观点寓于比喻之中。凡此种种，目的都是为了集中听众注意力，控制场上气氛，为接下来的内容做好铺垫。

(3)主体。演讲稿的主体要承接开场白，选好重点，安排好段落层次，设计好高潮。

(4)结尾。结尾可以采用总结式、要点式、理喻式、激情鼓舞式、名言警句式等方式。

2. 演讲稿的特点。

演讲是一种既有实用价值又有审美价值的口语表达形式。演讲者要提出人们在生活和工作中最关心的问题并发表自己的见解，带给人启示，促成问题的解决。演讲同时又是语言的艺术，演讲者要以生动的语言、真挚的感情感染观众。

(1)主题集中，内容真实、具体，有针对性和说服力。演讲是一种社会活动，是用于公众场合的宣传形式。它以思想、感情、事例和理论来晓谕听众，打动听众，征服听众，必须要有现实的针对性和说服力，从听众的角度来讲，它诉诸听觉，所以主题要集中，内容要真实，提出听众所关心的具体问题。演讲者只有以明确的主题，可靠的事实、雄辩的逻辑力量、真挚的情感来打动听众，赢得听众的信任，才能实现演讲的目的。

(2)结构精巧，语言通俗、生动，有鼓动性和感染力。演讲稿讲究开头、主体和结尾三个部分的写法，努力做到："响"开头，"曲"主体，"蓄"结尾。

"响"开头，就是要精心设计好第一段话，力求开头就一炮打响，调动听众的情绪；"曲"主体，就是主体部分要波澜起伏，要根据内容和情感的发展，统筹安排，做到条理清楚，层层深入，过渡自然，节奏有张有弛；"蓄"结尾，就是最后不要把话说得那么直露，要留下思维空间，让听众去思索、回味。

演讲稿是书面表达形式，但又通过口语表达出来，所以，演讲稿的语言运用是口语和书面语的高度融合，既要阐述观点、表达情感，又要通俗朴素，口语化，能让听众听得清楚、听得明白。演讲稿的语言经常运用各种表达方式和修辞手段，使语言产生强烈的感染力。

(二)试讲记忆

命题演讲的内容相对较多，时间较长，有充裕的准备时间，所以在写好演讲稿的基础上，要做好试讲工作。

第一，认真揣摩，准确把握演讲稿的感情基调，逐句逐段地分析，抓住观点和材料进行试讲。

第二，与有声语言、态势语的技术处理结合起来，在讲稿上做出相应的标记，以便能声情并茂地演讲。演讲是一种综合性的艺术活动，以讲为主，以演为辅，因此要注意"讲""演"结合。

"讲"要注意有声语言的重音、停顿、节奏、语调等的处理，这关系到能否体现演讲艺术的魅力，关系到演讲的成败。而这类处理应以"朗读"部分的知识为指导，但要注意"读"和"讲"的区别，"讲"口语色彩浓，而且还会受语境影响。

命题演讲对有声语言的技巧要求较高。声音调控的优劣，直接影响演讲的效果。演讲口语的声音调控，重点应该在语调、响度、清晰度、流畅度和节奏感等方面下功夫。一是提高清晰度，响度适中，发音吐字清楚不含糊，话语干净利落，“语清意自明”；二是提高流畅度，词能达意，层层相依，连贯自然；三是强化节奏感，符合表达情境的变化，控制语速的缓急、声音的起伏、语势的强弱等，各种要素相互对比，相互协调，共同组成一个基调鲜明的节奏。

“演”指演讲者的态势语，是其内心情感的真实流露。恰当的态势语能强化有声语言所表达的思想感情，所以也是演讲成功的必要条件。当然，态势语的设计也应以“态势语”部分的知识为指导。

在演讲中，态势语作为有声语言的补充，对有声语言起着辅助和加强的作用。演讲中的态势语主要有三类，即面部表情、手势和其他形体动作。

面部表情要自然，最生动的部分是眼神。眼睛最能反映出演讲者丰富而复杂的内心世界，它是演讲者与听众沟通的桥梁，可采用平视法、环视法、注视法和虚视法进行传情达意。手势动作表现力强，可以用情意手势表达思想感情，用提示手势指示具体对象，用象征手势使抽象事物具体化，但要注意运用适度。其他的形体动作主要是站姿和移位，站姿以自然稳重为原则，但不要自始至终采取一种站姿，恰到好处的变换和移动，不但有助于演讲内容的表达，而且可以显示出演讲者的优美风度。

第三，反复试讲，不断改进。反复试讲，可以使演讲中暴露出来的问题有效地被克服。通过试讲，可以检查自己吐字的清晰度、流畅度，对语音、语调、节奏等进行调整，还可以检查态势语是否得体。此外，试讲还可以促使自己更加熟悉演讲内容，加深理解，培养感情、增强信心。进行试讲时，要像正式演讲一样，这样才能形成一个良好的势头，取得理想的效果。

第四，利用演讲稿结构上的特点帮助记忆，脱稿演讲。演讲一定要熟悉演讲稿，脱稿演讲。熟悉演讲稿不能只顾记忆而轻视思考。演讲不能忽视对演讲内容的推敲和再认识，不能把演讲看成简单的背诵。只有清晰的思考，才能产生清晰深刻的表达；只有感情的真实流露，才能使听众受到感染，引起共鸣。所以，必须在深刻思考的基础上科学地记忆演讲稿，利用演讲稿结构上的特点帮助记忆。可以采取提纲挈领法或联想法，还可以采用高声朗读法，随声思考，进行记忆。

(三)正式演讲

正式演讲就是与听众直接交流，用自己的演讲去感召听众，说服听众，以引起听众的共鸣，所以要把握以下几个关键处。

1. 亮相与开场。

亮相是上台之后让听众第一眼就看清楚演讲者的面目神情。演讲者走上讲台时，要抬头挺胸，精神饱满，从容镇定。上身直立，目视前方，步伐紧慢有序，双手自然摆动。走上讲台后要慢步自然转弯 ，面向观众站好，向全场投去亲切的目光，并诚恳地点头或鞠躬，端庄大方，亲切自然，给听众留下良好的第一印象。

开场白要根据场上情况或演讲主题，独运匠心，精心设计。或奇论妙语，或幽默自嘲，或即景生情，或顺水推舟，或制造悬念，或直奔主题，总之，要以新颖有趣、生动敏慧给听众留下深刻的印象，控制场上气氛，吸引听众注意力，更好地展开下面的演讲的开场白。

2. 高潮与蓄势。

每一次演讲都会有高潮，没有高潮的演讲是平淡的、乏味的。但是要注意的是，高潮不是高声大叫，它是内在感情的不断涌动和积聚。高潮不是突然出现的，而是情绪、情感不断积聚直至喷发的过程。因此，高潮前要造势，就是在感情积聚到一定程度的时候造成一种气势、一种情势。高潮要做强化处理，如高潮前真真切切的叙述和描述具有强大的感染力，由此顺势把感情推到最高峰。

3. 沟通与应变。

演讲的目的就是要引起听众的共鸣，所以演讲中的沟通非常重要。这种沟通在上台伊始直至结束贯穿始终。演讲者走上演讲台后不要急于开口，首先应尽快建立起与听众之间的沟通与交流。为了实现有效的沟通和交流，演讲者不仅要注视每位听众的脸，还要将心灵的体验通过眼神传递给听众，激起听众的热情，增强他们的听讲兴趣和求知欲，使听众的思维处于积极的状态，以此提高信息的接受率。当演讲者用目光与听众沟通交流之后，演讲的思想、内容，演讲者的情感及兴趣才能自然而快速地为听众所接受、所信服。同时，通过交流，演讲者也可以从听众的眼神、面部表情及反应上，得到一些演讲信息的反馈，从而及时地调整自己的演讲内容和语调。演讲时的语气也很重要，运用“交谈式”的语气可缩短与听众的距离，增强与听众之间的交流感，使听众乐于理解与接受。

4. 调节与控制。

演讲的目的在于影响、感染听众，要达到这一目的，就必须实施有效的现场调节和控制。这种调控包括自控和控场，自控主要是克服自己的怯场心理，控场主要表现在遇到意外情况的应变。

(1)克服怯场的技巧。演讲怯场是演讲中常见的心理现象，对演讲的成功影响极大。下面介绍几种战胜怯场、消除紧张情绪的方法。

①心境调节法。在临场前应注意创造良好的外界环境来影响自己。在坚信自己能成功的心境下，去听听轻音乐，读读小画册，听些幽默故事，与人开个玩笑，或者闭目养神，用心静想自己曾经生活过的一个静谧、优雅的环境，以及在那种环境中的舒适感受。

②语言暗示法。可以自我暗示，也可以他人暗示；可以用语言暗示，也可以用手势暗示。譬如演讲前可以这样暗示自己：“今天听众很熟悉，没有紧张的必要”，也可以做相反的暗示：“今天的听众一个也不认识，没熟人怕什么呢”等，以增强自信心。同时也可以由他人来暗示：“你准备得很充分，一定能成功”，或者他向你竖大拇指等。

③分散注意法。临场前可以有意识地把注意力分散在其他事物上。例如，可以

对一只杯子、扩音器等细心地“研究”“揣摩”，也可以欣赏会场建筑的艺术特点。总之，力求以对某一事物产生的新兴趣来抑制紧张情绪。

④假装勇敢法。指在临场前明明非常害怕，但努力假装得非常勇敢，像一位大胆而成功的演讲者那样上台演讲，这样往往能有效地战胜怯场。美国前总统罗斯福就是这种方法的受益者。

在发现自己怯场时，可以交叉或同时使用几种方法来对付怯场。但上述种种方法并非对每个人都有很大的效果，有必要找出对自己最有效的方法，以便在关键时刻及时发挥作用。如何战胜怯场，说到底是一个实践问题。只有大胆实践，反复实践，才能逐步克服怯场。

(2)应付意外情况的技巧。即使做好了充分准备，即使调整好了情绪，但演讲中途还是可能出现意外。下面介绍几种演讲中出现意外的情形以及如何克服意外的方法。

①中途忘却怎么办？在演讲中，遇到突然卡壳的情况，不可中断演讲，也不可拿出稿子翻找下文。最好的办法是随方就圆，想起哪里，就由哪里接着讲下去。

②讲错怎么办？首先绝对没有必要声明“这句我讲错了”。如果话无关紧要，则可以置之不理，面不改色心不跳地讲下去。如果这句话有原则性问题，则可以自圆其说地在错话后面问：“刚才这种说法对不对呢?”或者说：“刚才这种明明是错误的思想，偏有个别人信奉为真理”，等等。

③听众反应冷淡或者会场不安静怎么办？在演讲中，由于时间、环境，或内容、方法等原因，演讲引不起听众的兴趣，甚至会场躁动起来，怎么办？一般地讲，不宜一意孤行地讲下去。有经验的演讲者事先在准备演讲稿时，会准备一两个与主题、内容有关的幽默故事或笑话，以防万一，在必要时用来调节会场的气氛。其他方法也可用，如压缩听众不感兴趣的内容，突然短暂地停讲，临时增加设问等。

有的人会说，我又不参加演讲比赛，为什么要学习命题演讲？其实，不管是职前还是在职老师，都可以把命题演讲训练当作提高自己口语表达能力的主要手段，因为命题演讲是一种综合的口语表达训练，其中既有思维的、心理的、语境的训练，又有语言表达技巧(包括有声语言和态势语)的训练。从整个过程来看，一节课与一场命题演讲是有相似之处的：结构相同，特点相近。特别是初登讲台的年轻教师很可能会出现怯场、中途出现意外不知如何处理的情况。随着教育改革的不断发展，教师资格考试、上岗考试等需要面试，教师登台参加各级各类的教学评比的机会也越来越多，命题演讲训练可以帮助你从心理上做好准备。

资料卡

在内化中凸显演讲语言节奏

演讲语言的节奏技巧，在演讲技巧中占据着重要地位，其处理难度也最高。

只停留在认知层面上对演讲语言节奏的自觉，演讲者不可能真正领悟演讲艺术的真谛。演讲者对演讲语言节奏的认知，这种意识到的东西应该重新回到意识之外去。这一过程，即是我们所谓的“内化”。内化是一个提升的过程，随着内化的深入，演讲者表现演讲语言节奏的能力会不断增强，境界会不断提高。从内化的阶段上来划分，我们可把内化提升过程分为如下四个阶段。

第一，泛化阶段。指演讲者初学演讲时，动作姿态紧张生硬，用不同于日常话语的节奏来进行演讲，初步生成演讲的朦胧节奏意象。

第二，分化阶段。演讲者体会到演讲语言节奏与一般话语节奏的不同，经过反复练习和上台演讲实践，多次强化，不断地感悟演讲语言的节奏，逐渐形成了正确的节奏概念。

第三，巩固阶段。通过不断练习，演讲者节奏条件反射系统逐步巩固，并建立了感应和表达演讲话语的节奏图式。

第四，自由化阶段。也是内化的最高阶段。演讲者对演讲语言节奏的规则、规律和技巧彻底淡化，对演讲语言节奏的感应和表达几乎达到“下意识”，可以完整、准确地利用演讲内容与听众的心理节奏形成契合，自由节奏意识得到凸显。

以上四个阶段，是演讲者逐级升格的阶梯。从节奏意向到节奏概念，再到节奏图式，最后到自由节奏意识的形成。演讲者如果想达到理想的高度，必须找到主要的内化途径，才能成为优秀的演讲者。

——陈萍：《试论演讲语言节奏》，载《青海师范大学学报》，2005(2)。有删改

二、技能训练

[**训练一**]

要求：结合命题演讲的有关理论知识对案例进行分析，掌握演讲的特点。

步骤：

(1)自己先想一想，再说一说。

(2)小组讨论，补充修改。

(3)在小组中发言，用准确连贯的一段话说出自己的意见。

(4)运用演讲技巧讲一讲。

1. 先说说下列几个演讲的开头有何特点，再运用技巧把几个开头讲一讲，体

会其妙处。

(1)同学们，你们看我手中拿的是什么？是一片落叶吗？不错。然而，仅仅是一片落叶吗？不。它是穿过时空隧道的过客，是一叶凝聚的时间，是一首哀叹时间一去不回头的诗。我们读它，仿佛是在与那来去无踪的时间对话。从这里，我们看到了时间的力量和冷峻。绿叶婆娑，那是时间的恩典；黄叶飘零，那是时间的摧残。面对它，我们还有什么理由不加倍珍惜时间呢……

(2)当我站在台上注视着各位，我知道我的眼睛里映射着大家的声影；当然我也从你们的眼眸里看到了我自己。我们在朝夕相处间相互了解。同样，在我与孩子们进行眼神的交流，心灵的沟通时，我们彼此间建立了一种密切的关系。

2. 说说下列演讲稿有何特点，高潮部分在哪里。你受到感染了吗？为什么？

所以大家可以看到，一个人的成功跟你所上的学校没有必然的联系，跟你内心的冲动有关系，跟你内心的渴望有关系。所以我常常说，一个人可以过贫困的生活，一个人可以过孤独的生活，但是一个人不能过内心没有火焰的生活，一个人不能过内心没有渴望和向往的生活。我说的这些渴望和向往，不是指你每天渴望吃一顿饭，不是说你每天渴望喝两瓶啤酒，不是说渴望每天要交几个女朋友或者男朋友，尽管你可以有这些渴望，但是所有这些渴望应该放在你更大的渴望之下。这份渴望，就是渴望自己能够变得伟大，渴望自己能够变得成功，渴望自己能够变得有影响力，渴望自己能够养活自己、养活家庭，渴望自己为这个社会做贡献。这种渴望是你走向未来的强大动力。

……

人的成长有两种：一种叫作自然成长；另一种叫作心灵的成长。我们在座的所有同学都可以自然地成长。你完全可以预料到你 18 岁到 30 岁会是怎么样，30 岁到 40 岁怎么样，到 50 岁怎么样。现在如果经过电脑的精确计算，你能够精确地看到 90 岁长成什么样。我曾经输入过我的头像，发现 90 岁是一个干瘪的、头发花白、满脸皱纹的，但充满智慧的老头形象。我相信我这个人可能一辈子什么都会丢掉，但是有一点肯定不会丢，就是我对生活的渴望和自我创造的渴望。在我的生命中，杨振宁教授一直是我学习的榜样。杨振宁教授今年已接近 90 岁的高龄，还在不断地到处做演讲，指导年轻的科学家。人是一种可以不断地燃烧，可以源源不断地发现自己的能量，可以不断地产生燃气的这样一种动物。你只要想烧，永远是烧不完的。大家有没有发现一个现象：只有懒惰的人身体才会不好，而勤奋、有理想的人往往身体会不断地好起来。像年纪大的人中间，那些勤劳的人往往很少得老年痴呆症，而那些不需要干活的人常常会得老年痴呆症。为什么？他不再行动，不再动脑子。从这个意义上来说，人像动物一样，是要干活的。任何一个动物，如果失去了捕食的能力，就会被饿死。所以，你可以看到在非洲草原上被活活饿死的狮子。为什么？因为它失去了捕食能力。

我们可以预料自己活多少岁，甚至可以预料我们的长相是什么样的。但是，请在座的同学想一想，你能预料你30岁能获得什么成就吗？你能预料你40岁获得什么成就吗？你能预料你80岁获得什么成就吗？你预料不到。人只有这一点没法预料，你永远没法预料你的潜力。但是，你的潜力在什么地方？在你的心里面。我从来没有预料到今天我所做的一切事情是我能够做出来的。今天我能做出一点儿事情来，是因为我对生命有一种内在的渴望和向往。

——俞敏洪，《走进大学，只是一次生命真正的开始》

［**训练二**］

要求：运用有声语言和态势语的技巧进行演讲，学习演讲的技巧和方法，学习临场应变和沟通。

步骤：

(1)在反复研读的基础上，把握演讲基调。

(2)对演讲稿做精心的设计和技巧处理。

(3)反复练习，脱稿演讲。

(4)小组训练，互相学习。

(5)登台演讲，注意临场应变。

1. 根据文段括号中和右边的提示，进行演讲训练。

前几天我在北大听到一个新故事，清新而感人。一批刚刚走进校园的年轻人，相约去看季羡林先生，走到门口，却开始犹豫，他们怕冒失地打扰了先生。(表情)最后决定，每人用竹子在季老家门口的土地上留下问候的话语。然后才满意地离去。(手势、目光) 这该是怎样美丽的一幅画面！在季老家不远，是北大的博雅塔在未名湖中留下的投影，(手势、目光)而在季老家门口的问候语中，是不是也有先生的人格魅力在学子心中留下的投影呢？只是在生活中，这样的人格投影在我们的心中还是太少。 听多了这样的故事，便常常觉得自己是只气球，仿佛飞得很高，仔细一看却是被浮云拖着；外表看上去也还饱满，肚子里却是空空。这样想着就有些担心了，怎么能走更长的路呢？(表情) ——白岩松，《人格是最高学位》	这几段文字先叙述故事，再议论抒情。感情比较平缓，不激越，但必须有所变化，两处反问——“怎样”“是不是”是高潮。应做重音和语调处理。总的节奏应为中速，开头稍快，结尾稍慢。反问句、排比句应强调。注意长句的停顿。

训练提示：结合右边的提示进行训练，当然也可以自己做合适的处理。除提示的之外，还要注意句子的重音和顿连，注意节律和节奏。

2. 给下列文段做演讲提示，然后进行演讲训练。

(1)一个人可以过贫困的生活，一个人可以过孤独的生活，但是一个人不能过内心没有火焰的生活，一个人不能过内心没有渴望和向往的生活。我说的这些渴望和向往，不是指你每天渴望吃一顿饭，不是说你每天渴望喝两瓶啤酒，不是说渴望每天要交几个女朋友或者男朋友，尽管你可以有这些渴望，但是所有这些渴望应该放在你更大的渴望之下。这份渴望，就是渴望自己能够变得伟大，渴望自己能够变得成功，渴望自己能够变得有影响力，渴望自己能够养活自己、养活家庭，渴望自己为这个社会做贡献。这种渴望是你走向未来的强大动力。

——俞敏洪，《走进大学，只是一次生命真正的开始》

(2)四十年前，当马丁·路德·金先生倒下的时候，他的那句话“我有一个梦想”传遍了全世界。但是，一定要知道，不仅仅有一个英文版的“我有一个梦想”。在遥远的东方，在一个几千年延续下来的中国，也有一个梦想。它不是宏大的口号，并不是在政府那里存在，它是属于每一个非常普通的中国人。而它用中文写成“我有一个梦想”。

——白岩松，《我的故事以及背后的中国梦》

训练提示：学习第一题的做法，先做处理再讲出来。先要从整个文段把握演讲的感情基调，再做技巧处理。

3. 用下列提供的稿子练习演讲，注意试讲记忆和临场应变技巧的运用，注意有声语言和态势语的处理。

叶的事业

徐宁

雨果曾经说过：“世界上最广阔的是海洋，比海洋更广阔的是天空，比天空还要广阔的是人的心灵。”幼儿教师，正是塑造人的心灵的工程师。她们，用真、善、美启迪了无数颗幼稚的童心，帮助一代又一代人树起了第一块生命的里程碑。年复一年，青丝堆雪，可她们的青春却在千千万万个孩子的身上得到了延续。这，就是生命的价值；这，就是生活的真谛。

为了报答老师对我的爱，更为了所有需要爱的孩子，我的心促使我做出了这样的选择——报考幼儿师范。当我把这个决定告诉给我的启蒙老师时，这位20世纪50年代的大学生，现在的幼儿园主任，竟双眼含满了泪水，拉着我的手连连说：“好，好，谢谢，谢谢！”老同学和朋友们也都真诚地祝愿我：“愿你成为一名幼儿教育专家！”

但是，也不是所有的人都能理解和尊重我的选择。当我佩戴着校徽走在大街上时，常常会迎面遇见那么鄙夷的一瞥，或是那么讥讽的一笑：“哼，高级保姆”——这就是他们赠送给我的雅号。但我并不为此感到害臊。请听，高尔基都在为我辩护。他说：“单单爱孩子，母鸡也会这样做，但是要善于教育他们，这却是一件伟大的公共事业。”幼儿教师之所以高级，就在于她不仅要爱孩子，照料孩子，还要教孩子怎样去认识世界，怎样去生活，怎样去做人。幼儿教师是人类知识的开拓者，未来的领袖和将军、科学家和诗人也将在幼儿园成长。幼儿园，这个小小天地，反映着我们伟大祖国的面貌，文明的曙光就在这里升起，能说幼教事业不神圣、不伟大吗？毫无疑义，幼教事业的迅猛发展必将导致民族的兴旺，国家的富强！

在有些国家，幼教工作已经相当普及。幼儿教师大都是大学生，有的甚至是研究生。相比之下，我们国家就明显地落后了。幼儿入托难的问题在全国各地都普遍存在着。就拿我们南京来说吧，有的重点幼儿园，也只能录取报名人数的20%。难怪人们要说："上幼儿园比上大学还难！"

我有一位邻居，是位高级工程师。几十年来，他没有被一次高难度的设计任务所难倒，却为他小孙女的入托问题犯了愁。幼儿园报名的那天，正下着大雨，年近七十的他，为了心爱的小孙女，凌晨三点就冒着雨到幼儿园排队报名，就是这样，也已经是第十几名了。他感慨地说："李太白曾叹息'蜀道之难，难于上青天'，想不到在有了宇宙飞船、电气火车的今天，我倒要叹息，上幼儿园难，难哪！"听听吧，这位老工程师发自肺腑的叹息，难道不是千万个孩子家长的心声吗？难道不是对要求发展幼教事业的呼吁吗？

再看看上了幼儿园的孩子吧，他们是不是都能够受到良好的教育呢？有一次，我们来到一个街道幼儿园，一进门，就看见许多小朋友一溜排地坐在痰盂上，眼巴巴地盯着正在一旁打毛线的老师。我们奇怪地问这是为什么，一个老师很坦然地说："噢，他们坐在痰盂上就不会乱跑了，我们也就不用劳神了。"多么令人痛心的场面啊！这简直是对幼儿天性的摧残。

朋友们，想想吧，那位年迈工程师的叹息，难道仅仅出于私心？那一双双谴责与渴求的眼睛，不是向你、向我、向全社会发出呼救的信号？我国幼教事业的落后，势必影响整整一代人的成长；忽视幼儿教育，是对历史的严重犯罪！愚昧无知应当同我们绝缘，迅速改变幼教事业的现状，是时代赋予我们的神圣使命。

伟大诗人泰戈尔有这样一段名言："花的事业是甜蜜的，果的事业是珍贵的，但让我干叶的事业吧，因为叶总是谦逊地垂着她的绿荫的。"幼教事业又何尝不是叶的事业呢？每一个幼儿教师，都像是一片绿叶，在党的阳光下进行光合作用，孕育着花，孕育着果，孕育着神州大地的万千桃李。

让所有年轻的爸爸妈妈们都放心地把孩子交给我们吧，我要把我的爱，我的智慧和我的整个生命都奉献给他们。假如命运允许我选择一百次，我还是要选择幼教事业！

我也愿在座的和所有的年轻朋友们，都尽自己的力量，干好叶的事业、花的事业、果的事业，共同为我们欣欣向荣的祖国增一分明媚的春光，添一片绚丽的秋色。

训练提示：这是一篇完整的演讲稿，训练时可以适当做一些调整，如设计开场白，语句做一些处理等。

［**训练三**］

要求：自己拟写演讲稿，并运用演讲技巧进行演讲，掌握演讲的拟稿、试讲记忆和正式演讲的特点、方法和技巧。

步骤：

(1)结合拟稿的知识拟写讲稿。

(2)对演讲稿做精心的设计和技巧处理。

(3)反复练习，脱稿演讲。

(4)小组训练，互相学习。

(5)登台演讲，注意临场应变。

1. 续讲练习。演讲的开头至关重要，应该不同凡响，一下子吸引听众。请根据训练一的两个演讲的开头，承接原文，或充实、阐释，或引申、论证，写一段话，反复试讲，然后登台演讲。续讲时间不超过3分钟。

2. 请从下面题目中选择一个作为自己的演讲题，自己拟稿，作命题演讲练习。

(1)我有一个梦想。

(2)我的青春在××闪光。

任务二　即兴演讲训练

任务要点

通过案例，从感性上认识即兴演讲，再从理论上了解即兴演讲的特点、要求与技巧，最后通过案例分析和情境训练，使学生掌握即兴演讲的技巧，培养即兴演讲的意识和能力，学会在公开场合进行即兴演讲。

案　例

各位家长：你们好！很高兴有这样一次交流的机会，让我们彼此了解，学习。你们各位的积极参与就是对孩子教育的重视，也是对我们工作的支持，再次表示感谢！我和王老师从九月入园接手这批孩子到现在，有四个月的时间了。四个月的朝夕相处，孩子们到现在有了以下的进步……当然在孩子进步成长中也有些不足之处……我们需要家长配合的事项……我们在工作上有疏忽的，请家长们及时指出，我们和家长一样："一切为了孩子，为了孩子的一切"，我们希望和孩子共同成长。总之，我们所做的工作希望得到您的理解、支持，您有什么问题请及时和我们联系。谢谢大家。

这是一个幼儿教师在家长会上的即兴发言，是一个典型的"三部曲"式的即兴演讲：开头扣现场，对家长支持表示感谢；中间谈看法，着重介绍班级情况及需要家长配合的事项；最后表希望，点到即止，非常得体。

一、理论与方法

即兴演讲是在特定情境和主题的诱发下，或者是自发或者是别人要求，立即进行的演讲，是一种不凭借文字材料进行表情达意的口语交际活动。即兴演讲是临场有感而发的演讲，演讲者在很短的时间内要言之有物，言之有序，而且流畅、连贯，能表达观点，传达情感，引起观众共鸣，所以它要求演讲者要思维敏捷、快速构思、出口成文。

即兴演讲重在即兴，一般在正式场合的公开的即兴发言也可属于即兴演讲。幼儿教师学习、工作中经常自愿或被邀即兴发言，如参加各种会议等，所以要掌握即兴演讲的要求和技巧，培养即兴演讲的意识和能力。

(一)即兴演讲的特点

即兴演讲与命题演讲相比，无法事先拟就讲稿，也不允许反复修改、反复试讲、反复排练。即兴演讲有如下特点。

第一，即兴发挥。即兴演讲大多只有两三分钟时间打腹稿，是靠“临阵磨枪”即兴发挥，故而得名。至于即兴演讲比赛，更是当场抽签得题，临时做演讲准备，马上进行比赛的。

第二，篇幅短小。由于临时准备、即兴发表的讲话很难构思出长篇大论来，所以即兴演讲一般是主题单一、篇幅短小、时间短暂的演讲。有的两三分钟，有的甚至寥寥几句。

第三，使用面广。即兴演讲在日常生活中使用面很广，如小范围社交聚会中的欢迎、欢送、哀悼、竞选、就职、答谢、婚礼、寿庆等场合下的发言或讲话。对于教师而言，在主题班会、迎新仪式、毕业典礼、节日联欢、家长会等场合，即兴演讲也有广泛的运用。在这些场合，演讲者只要言简意赅，当场表示某种心意即可，不宜作过于冗长的演讲。

(二)即兴演讲的要求及技巧

美国纽约交际学院院长达尔·卡内基认为，即兴演讲并不是“无任何准备的演讲”，“那是信口漫话，或叫信口开河”。这就是说，即兴演讲在任何情况下都是可以有些准备的。这种准备，一是预测性准备，参加某次会议、某个活动，可以先想一想，如果要我讲话，我讲些什么；二是临场性准备，不管临场演讲开始前的时间多么短暂，即使只有两三分钟，也提供了宝贵的准备时间。

1. 及早准备。

及早准备，首先要做好心理上的准备。参加集会之前，就要根据集会内容，考虑自己届时有无可能被指定即兴演讲。只要有可能，就要考虑将讲什么、怎么讲，以免到时被动。另一种情况，如果出席集会，自己有强烈感受，主动要求发言，就更需要精心准备，打好腹稿，必要时还可列出提纲。

2. 快速构思。

在即兴演讲前，演讲者必须快速构思。首先，构思的重点是确定演讲的议题，议题要贴近现场。演讲者可根据集会的主旨、情境、听众、会场布置以及自己的知识与生活积累，选择恰当的议题，找准切入点，借题发挥，引申开来。即兴演讲的议题涵盖面不宜太宽，几分钟的演讲，能讲清一两个问题就相当不错了，没有必要也没有可能长篇大论。其次，要掌握构思方法。有经验的即兴演讲者习惯以一个模式框架作为依傍进行快速构思，使自己的表达既符合人们的认识规律，又能引起人们的兴趣。这种模式框架的种类很多，可以选择运用。即兴演讲常用的模式主要有“结构精选模式”“三部曲”式、“‘意核’拓展”式、选点连缀式和“借题发挥”式。

(1)“结构精选模式”。“结构精选模式”是美国公共演讲专家理查德(Riehard. C. Borden)所归纳的演讲模式，他从听众的认知心理出发，着重考虑怎么说才能引起听众的注意，使他们感兴趣。对于演讲者来说，运用这个模式可以开启思维，紧扣话题组织语言，从而在演讲时言之有序、言之成理。理查德认为，即兴演讲应当记住以下几句话，它是各个层次的提示信号：

①喂，请注意。(开头就激起听众的兴趣)

②为什么要费口舌？(强调指出听演讲的重要性)

③举例子。(用具体事例形象化地将一个个论点印入听众的脑海里)

④怎么办？(具体讲清大家该做些什么)

这四句话，既可作演讲前构思的启发，又可作演讲的过程中思路线索的提示；既可以预防“放野马”式的信口开河，又有助于较好地表达题旨。

(2)“三部曲”式。“三部曲”式演讲的结构分为开头、主体、结尾三部分，常用的套路是“开头扣现场，中间谈看法，结尾表希望”。其中开头部分不宜展开，要结合会议的议题开门见山地提出自己的意见，中间部分具体谈自己的意见和看法，要有理有据，内容翔实，结尾部分要言简意赅，收束及时。这种结构层次清楚，三部分内容各有重点，便于演讲者学习掌握。

(3)“‘意核’拓展”式。有时候，演讲者在演讲之前，把通篇演讲的中心意思概括成一句话或一个词，这就是所谓“意核”。“意核”是演讲的主旨，演讲者往往采用开门见山的方法把“意核”提出来，接下来再对“意核”进行扩展和阐发，引用适当的事例或名言加以论证。运用这种结构模式，可以突出讲话的主旨，使听众轻松地把握演讲主题。对演讲者来说，在“意核”的统领之下，演讲不会离题很远、中心不明。

(4)选点连缀式。所谓“选点”，就是选好沟通演讲者与听众心灵的人或事物。由于即兴演讲事先无法精心构思演讲稿，所以在演讲时，必须临场选择听众所熟悉的或易于理解的人、事、物作为媒介物来传递信息，才能激发听众的共鸣。同时，所选的人、事、物又必须与演讲的主题和谐一致，也只有这样，才能充分表达演讲者该时该地的特定的思想感情。“连缀”，就是通过联想，把已经选好的点有机地联系起来。

“连缀”常见的方法有以下三种。

以“物”为点：抓住某物在特定场合、特定时间下的象征意义，借题发挥。

以“环境”为点：以会场的环境或某种氛围为点，点明其象征意义，从而表现主题。

以“前者讲的内容”为点：当场从前面演讲者的演讲里，捕捉话题，加以引申、发挥，讲出新意，从而给人启迪。

(5)“借题发挥”式。“借题发挥”式演讲是言在此而意在彼的一种方法，通常是受到与演讲有关的某句话、某个词语的触动而产生灵感，再抓住这个触动点进行发挥，引申出另一番新意来。

3. 多用例证。

在即兴演讲中，例证能论证和说明演讲者的观点，使内容更为具体、不空洞，吸引听众的注意力，还能帮助演讲者消除紧张情绪，增强自信心，使演讲渐入佳境。列举实例可以多谈自己的亲身经历，这样能使听众感到亲切、真实。对实例的叙述要具体、生动，使听众如见其人，如临其境，但举例不能故弄玄虚，也不能引用老掉牙的故事。

4. 言之有序。

演讲要让听众听清楚，思维要有条理性，表现在语言上就是言之有序。演讲者杂乱无章的表达是不能被理解和接受的，所以演讲者既要有很好的思想，还得说得有条有理。对于初学即兴演讲的人来说，常犯的毛病就是语无伦次。一上场，由于紧张、缺乏经验，原先考虑好的内容都突然间忘了或是记不清了，于是绞尽脑汁苦思冥想，想到什么就说什么，一会儿讲这件事，一会儿讲那件事，这件事还未讲完，突然又想起了关于那件事的精彩细节，马上转而讲那件事了，导致语句前后脱节，层次紊乱不清，兴致所至，任意发挥。言之有序就是把自己所想的内容条理清晰、前后连贯地说出来，这样才能清楚地表达自己的思想，让听众听明白。

(三)如何培养即兴演讲的能力

第一，要以积极的态度对待即兴演讲。要相信自己的话对大家有所启发。自卑心理是即兴演讲的最大的心理障碍，必须消除。

第二，要注意培养“即兴意识”，平时要有所准备。即兴演讲能力的高低并非单纯的技巧问题，很大程度上取决于这方面的实践。因此，要培养“即兴意识”，即让我说，我该怎么说。

卡耐基说过：“随时整理思考状态是你随时发表演说的先决条件。”也就是说，你应当随时假设你被指名发表即兴演讲，然后针对这些假设进行准备。只有这样，当你真的碰到这种情况时，才能用冷静的态度、正确的行动来处理。那些即兴演讲非常精彩的人，与他平时就“常备不懈”有关，即兴演讲不过是特定场合所诱发出的长期积累的火花。平时的准备还包括要博学强记，拥有一个丰富的材料“仓库”是即席演讲的先决条件。

第三，要多练。培养即兴演讲能力的方法有多种，这里提供几种做参考。

(1)说“句”成“群”法。发言的基础单位是句群，每一个句群都有一个明晰的中心意思，可以浓缩为一句话来概括，称为“意核”。如果能准备三个或更多的“意核”，再把一个个“意核”发挥成句群，一篇即兴演讲词就出来了。

比如，老同学聚会，有人突然提议你向大家讲话。你可以迅速构思这样几个“意核”：第一，参加这次聚会很高兴；第二，奔腾的思绪勾起美好的回忆；第三，大家此时重逢别有一番新意；第四，下次相会我们各自将会取得更大的成绩。然后，可按照这几个意核构思，从容不迫地边想边说。如果临场发挥得不错，便可以成为一篇成功的即兴演讲词了。

(2)说话游戏法。就是几个人聚在一起，每个人在纸条上写一个演讲题目，写好后把纸条折叠好混在一起，然后每人随便摸一个，打开后立即站起来按条子上的题目谈一分钟，题目如“友谊”“学习”等可随便拟定。开始，练习者也许讲得不怎么样，但可以尽力使题目适应自己已掌握的知识和已经熟悉的事物。这种游戏做多了，参加者便可接触多种多样的话题，更重要的是面对任何场合，都能很快把自己心中的想法、知识整理出来，无形中就可以发展即兴演讲的能力。

(3)想象连缀法。参加练习的人要用自己想象的稀奇古怪的开头来讲故事，时间一分钟。比如：“前天我正在路上走着，突然一个穿着铠甲的人向我走来，他大约2米高，走路‘砰砰砰’地响，当时我就……”这时时间到了，另一位接着这个话题往下讲，如此循环下去。

这种在毫无心理准备的情况下训练演讲技能的方法非常有效。经过这样训练后，在社会上一旦遇到即兴演讲的场合，就能够将这种能力充分发挥，达到你所期望的甚至是意想不到的效果。

即兴演讲是一个人综合素质的体现，是一个人口语表达能力高低的体现。在学习和工作中，幼儿教师都可能需要即兴演讲，如参加聚会、座谈会、讨论会，召开家长会、见面会等。工作经验尚浅的教师，可能会因为种种原因影响即兴演讲，如没有做好准备、中途突发事件、由于怯场而引起惊慌等，所以要增加训练机会，培养即兴意识，克服心理障碍，增强控场能力，提高即兴演讲的能力。

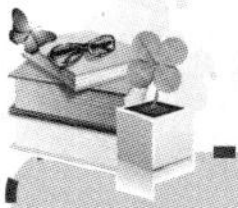

资料卡

即兴演讲的公式

1. 宽度＋深度＋案例＋结论

宽度：对事物的解释，包括种类、结构、颜色、功能……占演讲内容的15％。

深度：指事物的原理、发展历程、前景等，也可以是一些具有象征意义、引申意义的内容，占演讲内容的15%。

案例：结合自己和他人相关事例来讲述、证明自己的观点，占演讲内容的60%。

结论：用一句话总结要表述的观点，占演讲内容的10%。

2. 点石成金公式

点即观点，石即案例。

二、技能训练

［**训练一**］

要求：通过案例分析，学习即兴演讲的构思模式，掌握即兴演讲的特点和要求。

(1)结合即兴演讲的有关理论知识进行分析。

(2)自己先想一想，再说一说。

(3)小组讨论，补充修改。

(4)在小组中发言，用准确连贯的一段话说出自己的意见。

(5)运用演讲技巧自己讲一讲。

1. 先说说下列几个即兴演讲分别采用了什么模式，有什么特点，再把几个演讲片段讲一讲，体会几种模式的妙处。

(1)下面是一位幼儿家长在一次家园沟通会上的发言。

“很感谢咱们幼儿园组织这个活动，提供这样一次机会，让我们就孩子的培养进行沟通。我认为咱们进行这一次沟通，最大的受益者是我们的孩子。刚才很多家长谈了很多，这些意见和建议我觉得很有道理，我赞同。下面谈谈我的一点看法，咱们园地理位置优越，师资力量强，教育理念先进，教学手段也很科学。可是，孩子们室外活动的场地小了点。你看，孩子晨间锻炼挤得密密麻麻的，小胳膊、小腿都伸展不开，锻炼哪会有效果呢？孩子白天都在咱园里，运动和锻炼需要得到保证。是不是可以尝试分批锻炼、分班锻炼的办法？这个问题解决起来是比较棘手，但我认为也很重要。我相信，咱们领导和老师一定会考虑我的意见。”

——钱维亚，《幼儿教师口语》

(2)下面是一份获奖感言。

“我很荣幸代表全校获奖的同学在此表达我们对学校及老师们的感激之情。首先，我很感谢学校。……使我们在学习上不敢有丝毫懈怠。另外，我还要感谢培育我们的老师们，因为有了你们的辛勤付出，才有了我们今天的收获。

此时此刻我捧着手中的奖，心里感慨万千。……因为我们是青春、潇洒的‘90

后'，风雨过后我们依然会展露笑容……我相信我们会做得更好。

不过，获得了奖并不意味着就达到了我们的目标而可以停滞不前。…… 我们要如何前进？答案就掌握在我们自己的手中。……

作为一名学生，面对获奖，我除了些许的紧张，更多的是一份坦然，我相信努力就会成功。在此，我也想送上我衷心的祝福，希望我们大家能放飞自己的理想，创造出更加灿烂的辉煌。"

(3)有一位学校领导参加一个学生座谈会，他走进会场时看见学生正在台下等他上台演讲。他灵机一动，略加思索，由会场的座位安排做切入点，说道："同学们，我想最好把今天的座位调整一下，摆成一个圆圈。这样，我就成了这个圆圈上的一点，大家就有了共同的圆心和相等的半径，我们就心心相印了。"

2. 下面这段即兴发言有什么问题？应如何修改？

下面是一位刚参加工作不久的幼儿园老师在家长会上的即兴发言："亲爱的家长们，你们好！很感谢大家在百忙中抽时间来参加家长会！我们班的孩子个个都很聪明，就是有些生活习惯还不太好，比如中午不午睡，吃饭动作很慢，但是，他们都很开朗，都很热情。……我为自己能成为他们的老师感到骄傲和自豪。怎么说呢，尽管我很年轻，没有什么教育经验，但是，我精力充沛，善于学习，希望各位家长支持我！噢，我记起来了，目前，我们班有不少孩子在语言表达方面还需要咱们家长重视一下，帮助一下，这也是对我工作的支持……"

[**训练二**]

要求：运用各种技巧和训练方法，训练即兴演讲能力。

步骤：

(1)熟悉各种技巧及训练方法。

(2)小组训练，互相修改补充。

提示：这个训练主要是培养即兴能力。要注意言之有物，言之有序，适当运用语音和态势语的技巧。

1. 说话游戏法。

小组中每个人在纸条上写一个演讲题目，写好后把纸条折叠好混在一起，然后按顺序，每人随便摸一个，打开后立即站起来按条子上的题目谈一分钟，可以运用各种模式构思。

2. 想象连缀法。

小组中一个人先编一个故事开头，讲一分钟，其他人按顺序轮流接龙，各讲一分钟，体会故事接龙的奇妙之处。

3. 模拟情境即兴演讲。

(1)在幼儿园实习见面会，有实习班级的老师和小朋友以及实习组成员，班级老师要求各位实习生做一个简单的自我介绍，你将会如何说，请把你要讲的话连贯地说出来。

(2)在幼儿园见习总结会上，园长总结了见习学生的表现后，要求同学们发表自己的意见，同学们都低头不语，场面很尴尬。你觉得有必要打破僵局，站起来发言。你将如何讲?

(3)初中同学聚会，主持人要求每个人都说一段话，话筒已经传到你手里，你将如何说?

[**训练三**]

要求：就下列话题进行2～3分钟即兴演讲训练，注意运用模式进行构思，掌握即兴演讲的要求和技巧，学会即兴演讲。

步骤：

(1)运用模式进行构思。

(2)小组训练，互相学习。

(3)登台演讲，注意临场应变。

1. 普通话水平测试话题训练。

(1)我喜爱的文学(或其他)艺术形式。

(2)谈谈社会公德(或职业道德)。

2. 选择下列一个话题做即兴演讲。

(1)当你被误解的时候。

(2)竞选××演讲(××填上要竞选的职务名称)。

任务三　交谈训练

任务要点

通过案例，从感性上认识交谈的方式和方法，再从理论上掌握交谈及其各种形式的特点、要求和技巧，最后通过案例分析和情境训练，能根据语境把握话题，进行各种形式的交谈，提高口语交际能力，为学习和工作做好准备。

案　例

杨澜(以下简称杨)：如果是一个陌生人看到你，首先你的形象会给他留下一个很深刻的印象。因为您的穿戴打扮都不是我们这个时代的人。

田沁鑫(以下简称田)：我爸我妈也没跟我商量就把我带到这个时间段出生。

杨：是，我们都没商量过。

田：是，没商量过，就来了。不是特别适应。我喜欢比较优雅的，在人和人之间有着这种尊重的，稍微理想化一点的环境吧……比如我是做戏剧的，戏剧环境其实并不好。虽然现在戏剧环境活跃了一些，但是我们开始做戏剧的时候，都是以独特的个性来使很多观众喜欢我们的作品。

杨：您能不能跟普通人解释清楚，为什么这么少的女性做戏剧导演呢，压力在什么地方。

田：其实我觉得谁都能做吧。

杨：显然不是谁都能做。

田：谁都可以来做，但为什么那么少，我觉得可能是游戏规则是由男性来制定的吧。

交谈的方式很多，访谈就是其中一种方式。上面案例是杨澜在《杨澜访谈录》栏目中采访著名话剧女导演田沁鑫的开场片段。田沁鑫是一个十分有个性的女性导演，导演过《风华绝代》《生死场》《红玫瑰与白玫瑰》《四世同堂》等经典剧目。杨澜作为采访者，始终抓住“女性导演——个性化作品”这个话题来进行。首先从田导演富有个性的穿戴打扮谈起，又从女性导演做戏剧的压力这个角度来进一步展开话题，引出田导演做戏剧要“以独特的个性来使很多观众喜欢我们的作品”这个观点，以及对女性导演压力问题的看法。田导演作为被访者，交谈中也紧扣话题，而且语言风趣幽默。双方有回应，有承转，交谈顺利展开并不断深入。

一、理论与方法

交谈是指两人或多人之间的口语交际活动，是人际间最直接、最广泛、最简便的言语交往形式，它既包括日常生活的寒暄、谈心，也包括各种工作的劝说、采访和谈判等。

交谈是为了交流思想感情，建立良好的人际关系而进行的口语交际活动。在生活、学习、工作中，交谈可以传递信息、增加知识、建立友谊。它是生活的纽带、学习的途径、工作的手段，是事业成功的条件。现代社会，人们的交往日趋频繁，交谈也越来越重要。善于交谈已成为现代社会人才的重要条件，是幼儿教师的必备素质。

（一）交谈的特点

交谈是一种会话体的说话形式，它是人与人之间的直接对话，所以具有以下几个方面的特点。

第一，话题灵活。交谈时可以就一个共同话题展开，也可以随时提出新的话题。

第二，听说兼顾。交谈往往处于多向信息传递活动中，说与听须相互配合，才能保证交谈的进行。

第三，口语化。交谈时说的话一般不作刻意的修饰，随想随说，有自然明快的口语特征。

(二)交谈的要求

只要有人群的地方，就会有各种形式的交谈。人们在交谈中可以交流思想、联络感情、互通情报、洽谈事务、切磋技艺、商讨对策等。要想通过交谈达到预期的目的，必须注意最基本的要求。

1. 分清角色。

西方心理学家把角色语言概括为三个方面：一是必须说的话，二是允许说的话，三是禁止说的话。这三点告诉我们角色语言的要求是严格的。如果在交谈中不注意自己的角色规范，就很容易产生误解和不快。

把握角色语言主要从两方面入手。

(1)认清自己。我们在现实生活中担任的角色，会随着人际交往关系的变化而变化。在学校，既是学生，又是同学；在家里，是儿女，又是孙子(女)，也可能是兄姐或弟妹；在社会上，是朋友、顾客、旅客……在这种种关系的变化中，我们每个人都要及时摆正自己的位置，认清自己的身份，使自己的言谈适应角色的变化，反之会处处碰壁。

(2)了解对方。要使交谈融洽，达到预期的目的，还必须观察、了解交谈对象，做到因人而异。观察、了解对方，可了解其姓名、年龄、职业、职务、文化素养、性格爱好、生活阅历以及嗜好、忌讳等。了解的目的是为了建立良好的人际关系，取得最佳的交谈效果，避免引起不快。

交谈中分清角色、把握角色语言非常重要。只有充分地考虑到双方角色，使用正确的角色语言，才有可能创造良好的环境气氛，促使交谈成功。

2. 观察语境。

除了交际对象外，语境还包括前言后语、交际场合和交际背景等，这些都是谈话取得成功不可忽视的因素。

3. 把握话题。

从语用角度看，会话结构呈现出一定的特点。任何一段会话，不论长短，都有开始、主体和结束部分。在主体部分，如果包含多个话题，还会涉及话题转换的问题。所以在交谈中要注意话题的提出与展开、转换与控制，从而达到交谈的目的。

(1)话题的提出。话题集中反映交谈的动机，限制着交谈的内容和范围。根据交谈时不同的语言环境，话题的提出可以有三种选择：一是直截了当地提出来，很快进行深入的交谈；二是迂回切入，即先不入正题，而是从对方感兴趣的方面谈起，创设良好的气氛，然后入题；三是引而不发，即耐心地用与话题相关、相近的题外话，启发对方提出话题。

(2)话题的展开。展开话题，首先要会说，用自己的话，诱发对方的谈兴。另外要会看、会听，及时做出反应。当自己说得过多，对方兴趣不浓时，可以用商榷的语气交谈。对方表述不全，可做补充；对方表述抽象，可以补例证；对方表述简单，可以设疑探究。洗耳恭听的姿态、热情的眼神，都有利于在感情沟通的情况下使交谈深入下去。

(3)话题的控制。由于交谈气氛的融洽，常会出现话题偏移的情况，及时调整和控制是必要的。其方法，一是委婉提醒，在“岔”到某个阶段时，重新把话题提出来；二是间接引入，即提出相应或相关的话题，渐渐过渡到正题。控制话题要因人制宜、因时制宜，并尊重对方。

(4)话题的转移。如果原话题已通过交谈达到了目的，或原话题由于意想不到的原因无法深入下去，或者交谈中出现了新的必须一议的话题，这时，用适当的方式转换话题是必要的。其方法，一是先归纳前面交谈的内容，然后明确提出新话题；二是淡化或冻结前一话题，很快过渡到新的话题，引起交谈者的兴趣。

另外，在话题的提出、展开、控制和转移的过程中，交谈者适时、适境地运用诙谐与幽默调整人际关系、维系良好的交谈气氛，也是十分重要的。

4. 注意体态、语调。

谈话时的体态表达着丰富的无声语言信息。例如，交谈时如果跷着“二郎腿”，斜靠在沙发上，这样傲慢轻率的体态，一开始就可能使对方产生逆反心理。再说语调。交谈的第一句话至关重要，如果是用亲切委婉的语调说，这就给交谈定下了一个和谐的基调。

(三)不同形式的交谈

交谈的形式主要有聊天、拜访、洽谈、采访、谈心、劝说与求职等。下面详细介绍这几种常用的形式。

1. 聊天与拜访。

聊天与拜访都属于比较自由灵活的交谈形式，都具有话题随意、内容广泛、气氛和谐等特点。

聊天比拜访更加自由活泼，它是形式上不拘一格，没有预定主题的一种谈话方式。聊天要注意：①掌握一个“交”字，注意交替发言，听说兼顾，使双方不断有所发现，得到启示，得到满足和愉悦，从而使聊天始终保持热烈的气氛，有持续的动力；②围绕一个“兴”字，注意找到各方共同感兴趣的话题，保持兴味浓烈，还要注意不断更换新话题，把兴趣维持下去；③避免一个“俗”字，使聊天成为“精神会餐”而非传播小道消息、搬弄是非的渠道。

拜访也包括聊天，但讲究礼节，是一种联络感情、拓宽社交范围的礼节性交谈形式。①注意运用礼貌语言和谦虚的姿态，坚持“对方中心”的原则；②以听为主，答语简洁而有分寸，谈自己的见解时要争取认同；③尽量避免争论，注意话题的控制与选择。

走亲访友、接待应酬可以联络感情、开阔视野、拓宽社交面，是经常用的交际方式。有这方面能力的，要提高交际质量；缺乏这方面能力的，可以按如下步骤提高自己访友待客的交谈能力：①先当一个好听众，细听别人说话；②不直接发表见解，提出问题，对别人的话作附和式的交谈(运用顺承接引技巧)；③每次只以别人的话头为起点，发表一种见解，力求得到认同；④情绪放松，广泛畅谈。

2. 谈心与劝说。

谈心与劝说都是晓之以理、动之以情的交谈过程。

谈心强调心灵对心灵的影响，其实质在于创造一个融洽的交际氛围，从而更好地实现交际的目的。因而，对谈心的总的要求是，交谈双方都应避免采用诘问和咄咄逼人的强硬语气，尽可能地用较为缓和的口吻，造成一种轻松愉快的谈话气氛，从而达到既坚持自己的正确意见，又不至于加深彼此分歧的目的。

谈心的方式有以下几种。

(1)诱导式。当交谈对象是一位性格内向而又不善于言辞的人时，谈心者可采用诱导的交谈方式，即对对方积极启发，循循善诱，使之接受正确的观点和见解。

(2)靠拢式。当交谈对象是一位性格外向或者思想、文化水平较高的人时，谈心者应采取积极靠拢的方式，即付出自己的意志努力，积极向交谈对象靠拢。

劝说是说服对方改变观点、立场、态度的口语交际活动，是一项艰苦细致的思想工作。进行劝说时，要注意做到以下几点。①要把自己“摆”进去，设身处地为对方考虑，做到心理相容，取得对方的信任。②要遵循明理、动情、适切等原则，不能争辩、争吵。③掌握几种方法。a. 和风细雨，循循善诱。说话不急不躁，善于一步一步引导，平等相待，晓之以理，动之以情。b. 避实就虚，语汇包抄。先谈其他话题，以形成亲切感，然后自然转入有关话题。c. 以退为进，欲擒故纵。只谈对方的长处、优势，不正面涉及其短处和问题。d. 激发对方，用激将法。即有意地适当压抑对方的自尊心，调动其潜在的积极性。

3. 洽谈和求职应聘。

(1)洽谈。洽谈是向对方提出要求并期望得到合作的口语交际形式，目标明确。在良好的气氛中提出要求以后，关键是突破障碍，诱导对方认可，以取得洽谈的成功。主要技巧有以下几种。

①提出假设。用商量的口气说话，提出要求时，以假设为前提，如“如果可能的话……就……”

②顺势推。先摆出对方无可退避的事实，当对方确认以后，再提出要求。

③讲前提。先提出自己准备承担的义务，或准备给对方的补偿，然后提出具体的要求。

④“登门槛”。先提出对方不易推托的低要求，然后利用对方“帮人帮到底”的惯性心理，将要求提高一点，争取洽谈的成功。

⑤“门面”技术。先提出一个很可能被拒绝的高要求，然后利用对方维护公共形象的心理，将要求降低，促使洽谈成功。

这几种形式没有严格的界限区分，运用时不必讲究要用哪一种，只要能达到目的就好，可综合运用。

(2)求职应聘。求职时的交谈是用人单位对求职者形象仪表、品质素养、业务能力诸方面的直观性检测。对求职者来说，这是一种被动的交谈，可以进行一些预测。主试者重点要了解的一般是三个方面的情况：作热爱、向往的程度；二是你是不是适合做这个工作；三是你是不是个工作。因此，求职者面对任何情况，在回答时都应把这三个方面清楚。

求职交谈中，要注意答问技巧，例如：①听清主试者的提问，根据当迅速确定表述的侧重点，从容不迫地作答；②珍视认同点，创造良好气氛；真诚而客观，不故作谦虚，也不故意卖弄、夸饰；④多从对方的表述中引申不节外生枝与对方争论；⑤适度赞美对方，表达求职的诚意。

总之，面试应答有法而无定法，重要的是要能相时而动，随机应变。美国一辅导求职公司的总裁安妮·韦恩女士说过，“几乎每个人都能学会应付求职问答这一关。你要做的就是简单明了地亮出你的有利条件，但决不要像推销员的样子，要认识自己的优势，相信比别人强。”这段话应当对我们有所启发。

交谈是最常见的生活现象，交谈水平的高低，直接影响着交际目的的实现。幼儿教师的工作性质要求要善于交谈。教师与幼儿、幼儿家长、同事、领导，还有各种各样的人打交道，最直接的方式就是交谈。所以幼儿教师要学习、掌握交谈的技巧，以便更好地开展工作。

资料卡

交谈的时机

1. 抢说的时机

抢先说话，一般适用于接受任务、承担某种义务和责任的时候。如果与同事一起违规犯纪，或是工作上造成失误，抢先说，主动把过失往自己身上揽，能够显出负责任的态度。抢着说要讲究方法，选好时机，分清场合。

2. 滞后说的时机

滞后说，适用于自己的观点与别人达不成一致的时候。等别人把话说完了，自己才开始从头反驳，态度要从容，说话要平静。最要紧的话放在后面说，使对方无法辩驳。滞后说，态度还要诚恳，不要有斥责或讥笑对方的意思，免得引起新的纷争。

3. 多说的时机

多说并不是啰唆，而是要使自己显得有诚意和耐心。所以，当向别人表示真诚、友谊和关怀时，应该多说；当阐述某个听众感兴趣而又不熟悉的问题时，也应该多说。

4. 少说的时机

在许多时候，应该少说为妙，有时涉及某些机密事情，少说还要巧说。还有，当开会或做报告快要结束时，大家都疲倦了，有些心不在焉了，这时，最明智的做法是少说为妙，在大家还没有烦你的时候就结束说话。

5. 主动说的时机

主动说是一种机智而又巧妙的“封堵”方式。在遇到尴尬局面或处于被动地位的场合时主动说，能取得主动，先发制人，或先堵住对方的口，不让对方说出不利的话，不提出过分的要求。当然，主动说、主动出击，要讲究方式，把握分寸，权衡时宜。这样，既不得罪人，又达到自己的目的。

6. 插话说的时机

插话，有时是在不明白的地方发问，有时是对方对谈话的内容失去兴趣需寻找新话题，有时是表示专心听别人说话并表示你的热情和兴趣，有时是遇到自己不便或不愿意谈的话题的礼貌岔题。插话千万不要太唐突，以免被人认为没礼貌，也会扫人谈兴。插话的内容，最好是礼貌而真诚地评价对方说的话，适时地加以总结。

——陈国安等：《新编教师口语》，上海，华东师范大学出版社，2008。有删改

二、技能训练

［**训练一**］

要求：通过案例分析，学习交谈的特点、要求和方法。

步骤：

(1)结合交谈的有关理论知识进行分析。

(2)自己先想一想，再说一说。

(3)小组讨论，补充修改。

(4)在小组中发言，用准确连贯的一段话说出自己的意见。

1. 说说下列案例中甲、乙两个同学谈话谁说得好，为什么？

小华平时体弱多病，且多愁善感，这次患了重感冒，一连高烧几天，在家卧床休息，她的两位同学来看她。

甲：你平时身体就不好，应该多注意点，我听说，这次流感打针都不见效，这样下去，考试怎么办？

乙：小华，你得的是流感，一般得一两个星期才能彻底康复，班上还有几位同学也感冒了。不过，你别着急，按时吃药，多休息、多喝开水，很快就会好。

2. 说说下列两则家访案例中，教师的交谈为什么能成功？如果你是老师，遇到这些情况，你将会怎么说，才能获得成功？

(1)一位班主任到某学生家家访时，见客厅里有两位年纪相仿的成年男子，她根据学生容貌相似的特征，向其中一位说道：“我是某某的班主任老师。如果没有

猜错的话，您就是某某的父亲。”对方点头称是。另一位则指着学生父亲插言道：“他是我们的×长。”班主任微微一笑，答道：“这一点我早从学生登记表中知道了。不过，我这次来可是找学生的父亲的。”接下来她侃侃而谈，毫不拘谨，博得了家长的敬意。

(2)毛老师到高干子弟谭小彬家走访。小谭妈妈一开头就发了一通议论，说自己孩子怎么怎么不好，但没有一句击中要害。毛老师一边认真地听，一边不停地思索、分析，听完家长的话，她诚恳地说：“你这样直截了当地谈谭小彬的错误缺点，具有军人豪爽的风度，使我很受教育。有你这样的家长配合，更增添了我教育好谭小彬的信心。”听了毛老师的赞赏，家长心里甜滋滋的。毛老师接着说：“既然你那么爽快，我也直言不讳地跟你一起研究几个问题。”于是，她把小彬一个又一个问题讲出来，透彻地分析了产生这些问题的原因。

3. 下面是两则求职交谈的片段，比较其优劣，说出为什么前者败而后者胜。

如果你到幼儿园求职，碰到如(1)中的情况，你会怎么说？

(1)一个人到幼儿园求职。

主考人：你成绩不错，平时一定很用功。

应试者：没什么，在学校考试有时是瞎蒙，而且分数不能说明问题。

主考人：啊，你有什么特长吗？

应试者：(拿出书法作品)一点小爱好。

主考人：你的书法不错呀！

应试者：没什么，没什么。

主考人：看得出，你是下功夫练习过的。

应试者：差远啦，信笔涂鸦而已。

主考人：……

(2)一个人到报社求职。

主考人：你从事新闻写作多少年了？

应试者：时间不长，三个多月。

主考人：只有三个多月？

应试者：是的。您看看我的文章吧。

主考人：(一目十行)写得不怎么样。

应试者：请相信我没有借鉴别人的写法，这些都是我经过多次采访写出来的。

主考人：(又拿起来看)写法是与别人不同。

应试者：谢谢您的鼓励。

主考人：你独立采访，有闯劲，也有创造性。很好。我们录取你，试用期为3个月。

[**训练二**]

要求：模拟情境，运用各种形式的交谈技巧进行训练，掌握交谈的方法。

步骤：

(1)自己想一想，再自己说一说。

(2)小组训练，看谁说得好。

(3)补充修改。

(4)个人在班上汇报，学生点评。

1. 在一次补考前的一个周，你最要好的同学没有认真准备，不想自己去补考，却请求成绩优秀的你去顶替她补考。你认为冒名顶替补考不对，但你又不想破坏两人的友谊，你要如何说服她？

训练提示：自己要有正确的是非观。对于这样的同学，你要从真正帮助她入手来劝说。可以提出其他的一些帮助她的方法。

2. 你有两个好朋友，一个活泼好动，总是坐不住，总爱往外跑，很多时候不能完成集体合作任务，同学们对她意见很大。另一个同学文静内向，不喜欢户外活动，碰到一点不顺心的事就唉声叹气。你如何分别来劝说这两个朋友？

训练提示：要注意谈心的相关技巧，还要注意抓住谈心对象的特点和时机。

3. 求职应聘训练。

求职应聘是一种检测性被动交谈。招聘部门通过一次或多次面试谈话，从应聘者的举止仪表、谈吐应对、业务能力、思维能力、品德素养等方面了解其是否符合他们的需要。测试者的提问，看似漫无边际，但实际上我们可以归纳为如下几个问题。请同学们练习。

训练提示：求职应聘训练在小组进行，一人模拟应聘者，其他人都当考官，给他(她)打分。从内容和语言技巧方面打分，小组先商定评分标准。

练习内容

(1)请说说您是怎样的一个人？

(这是自我介绍。介绍学历、经历，要强调专业性优势，指出自己的理想、向往与所求工作的投合之处。开头几句就要给人以良好印象。要简练，不要过多涉及其他方面。)

(2)你为什么到我们这里求职？

(接语要快，切莫迟疑，显示坦诚与热情，并再次强调“投合”。眼睛看着对方，要恳切。)

(3)您来我们这里能干些什么？

(事先进行调查，做到心中有数，并且适当透露自己“一专多能”的优势，显示信心。)

(4)你的能力如何？

(指的是业务水平、工作态度、办事能力、学术业绩、自信心和创造力等，最好能简述事例并加以说明，给人深刻印象。但要控制时间。)

(5)你的缺点是什么(或有什么不足)?

(此问并非真要了解题面所指的内容，而是了解是否诚实正直，心态是否平衡。可以讲一件小事，说明由于什么缺点造成并不严重的失误。重在讲教训。)

(6)你喜欢什么样的领导?

(此问是了解应试者是否爱同领导闹矛盾。有人这样说："这样的领导我喜欢：他有能力，办事果断，给我效力的机会，指导我、教导我，当我办错事能严格批评我、帮助我。")

(7)你最大的成就是什么?

(重点讲近几年来自己引以为傲的例子，注意顺序，并尽量出示证明材料。)

临别时，再次概述适合此项工作的理由，以表明自己的诚意，加深印象。

设想你要到某幼儿园求职，请对上面提出的问题认真准备，然后请同组同学对你进行模拟测试。要"假戏真做"，进入"角色"。

[**训练三**]

要求：能预设情境，讲一段话，注意符合交谈的要求，注意角色、语境、话题的把握。

步骤：

(1)先预设情境，进入情境。

(2)设计一段话，说一说。

(3)小组训练，补充修改。

(4)个人在班上汇报，学生点评。

1. 请就学校宿舍管理问题，分别设计学生与校长、学生与班主任、同学之间的谈话。

2. 劝说别人赞同你的一个建议或设想。

3. 劝说家长不要溺爱"独苗苗"。

任务四　辩论训练

任务要点

通过案例，从感性上认识辩论这种口语交际形式，再从理论上掌握辩论及辩论赛的特点和技巧，最后通过案例分析和情境训练，能初步进行辩论，提高口语交际能力，为学习和工作做好准备。

案例

刚才冯仑说的我非常赞同，我觉得自主选择很好，你适合在职场就在职场，妇女解放不是说给她一份工作就是解放了，而是恰恰相反，她干完外面的工作回家还要做家务。我现在觉得不能作某种倡导，只有职场妇女才是成功的妇女，我觉得这是对家务劳动的歧视。造物主把处理家庭事务的能力给了女人，一个社会的稳定和家庭的稳定离不开，家庭生活质量的提高和女人有很大的关系。妇女走出去家务劳动谁来做？现在妇女愿意做什么可以自主选择，不受任何障碍，你是经理的料你去做经理，你是家庭主妇就做家务。在美国全职太太丈夫是要给工资的，德国是要给钱的，日本也有相应的政策。这个太需要注重了，因为长期的被忽视。去年有一个人大代表呼吁：应该让妇女回家，现在劳动力过剩。我觉得这是非常不切实际的说法，不能让妇女回去，有多少妇女比男人能干。冯总(冯仑)说机会均等，我相信冯总在挑人的话能力在第一位，当然如果两人能力均等，冯总肯定选男的，因为男的不生孩子。

这是著名女作家王海鸰在“亚洲女性论坛”上就男女和谐问题的一段论辩。这个论辩观点鲜明，并且采用了例证：关于男女和谐问题，必须以自主选择为基础，不必做某种倡导。她既肯定男嘉宾代表(冯仑)的话，又捍卫女嘉宾队的立场，向男嘉宾队抛出一个难题：“冯总说机会均等，我相信冯总在挑人的话能力在第一位，当然如果两人能力均等，冯总肯定选男的，因为男的不生孩子。”紧扣论题，有守有攻；语言清晰明确，条理性强。

一、理论与方法

辩论，也称论辩，是指交谈双方围绕同一个问题，力争证明自己的观点和见解的正确，从而驳斥对方的口语交际形式。辩论是一种运用语言的艺术，辩论时要求做到：思维机敏，语言应对快，讲说有力。

(一)辩论与辩论赛

辩论与辩论赛不完全相同，辩论是为了辨明是非，探求真理，而辩论赛双方的观点是由抽签决定的，并不是为了探求真理。掌握辩论的技巧，能在辩论赛中取得更好的效果。

1. 辩论的特点。

辩论是以阐述为基本表达方式，以彰扬真理，否定谬误为基本目的，由观点对立的双方就同一个话题，阐述己见、批驳对方的口语交际活动。

辩论具有对立性、逻辑性、应变性等特点。

辩论的对立性，指辩论各方的观点是截然对立的，至少是有明显分歧的。辩论者既要千方百计地证明自己的观点的正确性，并得到对方承认；又要针锋相对地批驳对方的观点，并迫使对方放弃这种认识。这就决定了各方立场的鲜明对立性。没有对立就没有论辩。

辩论的逻辑性，是指论辩各方都必须遵循逻辑思维的规律，做到概念明确，判断恰当，推理严密。

辩论的应变性，是指辩论各方所处的辩场具有现场性，辩论者必须机智敏捷，反应迅速，随机应变，如果任何一方不注意洞察、应对辩论现场的风云变化，一味照读事先准备的辩词，是不能适时地把握辩机，取得胜利的。所以，辩论者一方面必须坚守本方阵地，另一方面又要善于从对方的阐述中寻找漏洞，伺机反击。

2. 辩论赛的特点。

辩论赛具有辩论的特点：对立性、逻辑性、应变性等。但辩论赛又有自身的特点。所谓辩论赛，是指两支辩论队在事先规定人数、规定程序、规定题目、规定时间的情况下，按抽签所选定的各自立场，通过交替发言，论证本方观点、攻击对方观点，最后通过评委打分，来决定胜负的一种比赛。在口语学习中，可以把辩论赛作为一种口语训练方法。

辩论赛是一种短兵相接的言语对抗，也是机敏应变能力的较量。在辩论赛中，双方随时都可以从各个角度向对方发难。同时，双方又必须面对一些意想不到的难题，随机应变、快速应对。因此，你有来言我有去语，快速问答，便是辩论赛中语言的显著特点。

3. 两者的区别。

辩论可以用口头语言或书面语言进行，辩论的目的在于批驳谬误、探求真理，参加辩论的可以是对立的两方，也可以是意见不同的许多方。而辩论赛是训练口才的有效手段，所以辩论赛的目的不是为了“探求真理、宣传真理、捍卫真理”，也不存在“明辨是非、借以说服或驳倒对方”的问题。辩论赛必须用口语进行，而且一场辩论赛只能是两支队伍参赛。

辩论知识是辩论赛的主要武器，辩论赛则是辩论训练的主要途径。

(二)辩论的要求

辩论必须做到紧扣论题，能攻善守，注重风度。

1. 紧扣论题。

辩论双方都必须紧紧围绕论题发表意见。如果双方都背离论题，互不交锋，就不称其为辩论了。

2. 能攻善守。

在论辩中，攻，是驳论；守，是立论。攻，就要集中精力攻击对方的基本观点。守，就要确保本方引用的事实、数据、典故等准确无误，而且论证过程要严密，不给对方以任何可乘之机。辩论讲究的是攻守兼备。只守不攻，对论敌的观点不予反驳，不能构成威胁，显得过于懦弱；只攻不守，看似咄咄逼人，但对论敌提出的问题始终避而不答，也会给人色厉内荏的感觉。

3. 注重风度。

在辩论中，要尊重对方人格，做到“讲理不伤人”。若进行人身攻击，不仅会失去听众的信赖，同时也降低自己的人格。即便受到论敌的辱骂，也要努力克制自己，表现出良好的教养。如若论敌一再恶语中伤，方可有理有节地给予回击。

(三)辩论的技巧

参加辩论不仅要对辩题有透辟的研究，还要掌握论辩的方法。

1. 阐述论题，善用事实。

在辩论中要努力阐述自己观点的正确性。论题固然要辩、要驳，但归根结底要使对手、听众确信自己的认识和主张。因此，要立论鲜明、持之有据，要充分阐述事理，列举事例。事实胜于雄辩，在辩论中，应选用典型事实或数据来证明自己的观点，反驳论敌的观点。

2. 追加前提。

任何观点的成立都依赖于一定的前提条件。如果前提条件发生了变化，观点也会发生相应的变化。在辩论中，为了更好地立论和反驳，常常需要追加前提，使本来比较抽象笼统的论题具体化、现实化，或者更有利于己方的辩论。如在1988年亚洲大专辩论赛上，北京大学队与香港中文大学队相遇。辩题是“发展旅游业利多于弊”，明显对反方北京大学队不利。如果仅仅简单地持反对意见，与对方硬拼，必然会理亏词穷。北大队采取了“追加前提”的办法，将辩题追加了条件，提出：因为世界各国条件不同，基础不同，文化传统不同以及世界政治经济变化无常，这些因素无疑对旅游业的发展造成影响。因此，“不分时间、环境，盲目地发展旅游业必定弊多于利”。

3. 适时反驳。

反驳时不必面面俱到，可从对方论点、论据、论证中的任何破绽入手，抓住本质，痛击要害。

4. 直接辩论。

直接辩论是指用事实或道理来证明论题真假的辩论。常见的有三段论法、选言法、假言法、二难法、归纳法、类比法及喻证法等。

(1)“三段论法”辩论：以三段论推理为主的辩论。三段论是由三个判断组成，其中两个判断是前提，另一个判断是结论。

(2)“选言法”辩论：以选言推理为主的辩论。选言推理就是前提中有一个为选言判断的演绎推理。选言判断是在几个事物中至少有一个事物情况存在的判断。

(3)“假言法”辩论：以假言推理为主的论辩。假言推理就是前提为假言判断的演绎推理。假言判断是断定事物情况之间条件联系的判断，包括充分条件的假言判断和必要条件的假言判断。

(4)“二难法”辩论：以二难推理为主的论辩。二难推理就是以假言判断和选言判断做前提的演绎推理。

(5)“归纳法”辩论：以归纳推理为主的论辩。

(6)“类比法”论辩：以类比推理为主的论辩。

(7)“喻证法”辩论：与“类比法”的区别在于，“喻证法”辩论是建立在比喻基础上的辩论，“类比法”则是建立在类比机理的基础上。

5. 间接辩论。

间接辩论指通过用事实或道理证明某一中间判断的真假来证明论题真假的论辩。常用反证法、淘汰法、归谬法等。

(1)“反证法”辩论，就是先不证明论题，而是先证明反论题的虚假性，从而得出原论题是真实的结论。

(2)“淘汰法”辩论，就是先巧妙地设立一个包含原论题在内、有几个小论题组成的更大的论题，在淘汰了其他小论题后，只剩下了原论题，这样原论题的真假也就得到了证实。

(3)“归谬法”辩论，顾名思义，为了证明某一论题的虚假，先假定它是“真实”的，并由它的“真实”推导出荒谬的结论来，从而否定了该论题。

不论什么辩论，都要求参与者头脑要冷静，思路要开阔，考虑问题要全面。在证明中，要求立论要正确而适中，论据要真实而充分，论证要科学而严密。反驳时则不必面面俱到，可从对方论点、论据、论证中的任何破绽入手，抓住本质，痛击要害。

6. 识别诡辩。

诡辩，就是为了论证某一个虚假的论题是真实的，常常从主观需要出发，施展某种计谋，故意挑选个别事例或似是而非的逻辑关系来构造虚妄的联系，竭力使人们觉得这种论证具有逻辑性，诱使人们受骗上当。诡辩貌似有理，实际上是违反逻辑的，它故意颠倒黑白，混淆是非，是一种巧妙的不易为人察觉的逻辑错误。在辩论中，要善于识破对方的诡辩，找到攻击的突破口，从而揭露、驳斥对方的不良动机和目的，争取辩论的胜利。常见的诡辩方法有以下几种。

(1)偷换概念。诡辩者为了达到其诡辩的目的，往往随意偷换某个概念的含义，用一个概念去取代另一个概念，而且是非常巧妙地将错误隐藏起来，以此扰乱视听。偷换论题也是偷换概念的一种，就是在论证过程中故意违反论题要明确、要同一的规则，偷偷地转移论题。偷换论题和偷换概念是联系在一起的。一般来说，偷换论题常常表现为偷换论题中的某些重要概念。

(2)虚假论据。虚假论据是指故意违反论据要真实的规则，用编造的例证和错误的原理作为论据，去论证论题。

(3)循环论证。在辩论中，论据是用来证明论题的，论题的真实性是由论据推出来的，这就要求论据必须是无可怀疑的，而循环论证就是在论证过程中，论据的真实性反过来依赖论题的真实性，靠论题去证明论据，再循环用这个论据去证明论题。

(4)以人为据。在论据中，把对某人的品质的评价移到对某人提出的论断的评价上去。换言之，用对某人品质的评价代替对论题的论证，或是对论题不作任何论证，只是拿出权威的只言片语吓人、骗人，用权威人士的个别言论代替对论题的逻辑论证。

(5)机械类比。辩论时故意把两个性质根本不同，或只具有某种表面相同(或相似)的对象拿来作类比，由其中一个对象具有某种性质，推出另一对象也具有某种性质的论证的手法。用这种机械类比得到的结论是不可靠的。

(6)以偏概全。辩论中故意用片面的、不充足的根据冒充全面的、充足的论据去进行论证，以个别片面情况概括为一般。

辩论是一门语言艺术，也是一种综合性、实践性很强的思想交流活动，它广泛地应用于我们的日常生活之中。随着社会的发展，辩论对个人综合素质培养的作用越来越显著。幼儿教师进行辩论训练，可以拓宽知识面，学会正确地判断、推理，掌握科学的思维方法，使思维变得敏捷迅速，养成清晰、明确、有条理的说话习惯，学会用准确的语言表达复杂的思想。通过辩论训练，还可以养成分析的习惯、提高明辨是非的能力和论证、反驳的能力，使自己的智慧和素质得到全面提高。

资料卡

辩论赛比赛规则

一、比赛流程

执行主席致辞，简要介绍赛况、赛程和比赛规则，即进入本场比赛。

1. 执行主席介绍辩题、正反双方代表队和评判团成员情况，并宣布开始比赛。

2. 双方自我介绍（共 2 分钟）

先由正方进行自我介绍，再由反方进行，时间各 1 分钟。

3. 开篇立论(陈词阶段)（共 6 分钟）

先由正方一辩进行立论，再由反方一辩立论，双方时间各 3 分钟。(2 分 30 秒时响短铃铛声提醒，结束为长铃铛声。)

4. 攻辩阶段（共 12 分钟）

A. 由正方二辩选择反方二辩或者三辩进行攻辩，时间为 3 分钟。

B. 由反方二辩选择正方二辩或者三辩进行攻辩，时间为 3 分钟。

C. 由正方三辩、反方三辩重复上述步骤。(一方两攻辩手可以重复选择对方同一辩手进行攻辩)

选择对手完毕后，由攻辩方向对方提问，由对方作答。攻方只能提问，反方只能回答，每轮攻辩限时 3 分钟。(2 分 30 秒时举旗提醒，结束为挥旗，若辩手还未停止，由主持人提醒)

在每个攻辩阶段中，攻辩双方不能中途换人，攻守双方站立进行。

5. 攻辩小结（共 4 分钟）

由正方一辩进行攻辩小结，再由反方一辩进行攻辩小结，时间各 2 分钟。

(1分30秒时举旗提醒，结束为挥旗，若辩手还未停止，由主持人提醒。)

6. 自由辩论(共8分钟)

由正方开始自由辩论，双方每次一人轮流发言，不可由同一方连续发言，每方分别计时4分钟。在一方时间到后，可以由时间未到的一方四位辩手自由发言直到时间用尽，也可以由时间未到的一方放弃时间结束自由辩论。(3分30秒时举旗提醒，结束为挥旗，若辩手还未停止，由主持人提醒。)

7. 总结陈词(共8分钟)

先由反方四辩进行总结陈词，再由正方四辩进行，时间各4分。(3分30秒时举旗提醒，结束为挥旗，若辩手还未停止，由主持人提醒。)

8. 执行主席请评判团退席评议和裁决。

9. 场外观众与选手交流阶段：时间为4分钟(不计入比赛分数)，正反双方的啦啦队员和场外可针对本场比赛的论题对任意一方的辩手予以提问，相应的辩手是否回答，由执行主席予以裁决。

10. 执行主席邀请本场评判团代表分析赛情，作评判发言。

11. 执行主席宣布本场比赛的“优秀辩手”和获胜代表队名单。

12. 执行主席宣告本场比赛结束，有序退场。

二、自由辩论规则

1. 自由辩论时间总共为8分钟，每队各占4分钟。

2. 自由辩论必须交替进行。当自由辩论开始时，先由正方的任何一位队员起立发言完毕后，反方的任何一位队员应立即发言，双方依次轮流发言，直到双方时间用完为止。

3. 在自由辩论时间里，每位辩论队员的发言次序、次数和时间均不受限制。

4. 当一队的发言时间只剩30秒时，会有铃铛声提示，当该队的发言时间用完时，用铃铛声警示，该队应立即停止发言。

5. 如果一队的发言时间已用尽，另一队还有时间，则该队的一名和多名队员可以继续发言，直到该队的时间用完为止。

辩论员应充分利用自由辩论这段时间，简洁明了地加强自己的论点，反驳对方论点。如进行空洞无物的进攻，有意回避对方的质询，发生言语混乱，将影响到该队成绩。

三、评分标准

每名辩手的评分标准(满分为100分)：

1. 论据内容丰富，引述资料充实、恰当。满分30分。

2. 论证的逻辑性、说服力强。满分30分。

3. 机智、反驳和反应能力强。满分20分。

4. 普通话标准，语言的表达流畅，有文采、有幽默感。满分 10 分。
5. 举止、表情大方、得体，风度佳。满分 10 分。
A. 每名队员满分是 100 分，四名队员相加即 400 分；
B. 若全体队员整体配合，则设团体协作精神 100 分；
所有辩论队员在比赛中必须尊重执行主席和对方辩友。
参赛时可以自备卡片、小纸条，但切忌通篇宣读。

二、技能训练

[**训练一**]

要求：通过案例分析，了解辩论的要求和基本方法。

步骤：

(1)结合辩论的有关理论进行分析。

(2)自己先想一想，再说一说。

(3)小组讨论，补充修改。

(4)在小组中发言，用准确连贯的一段话说出自己的意见。

1. 分析下面的辩词违反论辩哪些基本要求。

(1)对于什么是“人才”，什么叫“人才流动”，我方已不厌其烦地解释了四五遍了，为什么对方辩友充耳不闻，故作痴呆，傻乎乎地一问再问呢？我们真不明白，是你们智商太低，还是别有用心！

(2)甲：双休日没有啥优越性。星期六做完家务，星期天就无所事事，难打发，真不如上班。

乙：双休日就是好，过去没时间辅导孩子做功课，没时间陪妻子逛商店。有了双休日，时间充裕了。

甲：双休日时间太长。年轻人东游西逛，惹是生非，酗酒赌博，聚众斗殴，这难道不是实行双休日的后果吗？

乙：有了双休日，过去不大走动的亲朋好友，往来也多起来了，有利于联络感情。

2. 请用有关论辩的知识，分析下列文字材料属何种论辩。

(1)一次，钢琴之王李斯特到克里姆林宫演奏。他开始演奏了，沙皇还在谈着闲话。于是，他停止了演奏。沙皇问他为什么不弹了？他谦卑地(实质是骄傲)欠身说：

“陛下说话，小子理应缄默(不弹钢琴)。”

(2) 早晨，去集市的路上，一位老农妇牵着两头驴，两位贵族骑着马，不期而遇。

贵族：你早，驴妈妈！

农妇：你们早，我的孩子们。

[**训练二**]

要求：针对具体问题，进行辩论训练。

步骤：

(1) 自己先想一想，再说一说。

(2)小组训练，看谁说得好。

(3)补充修改。

(4)个人在班上汇报，同学点评。

1. 诵读训练。论辩以语言取胜，除了内容之外，语音和态势语的技巧也十分重要，请运用有关技巧，把下面辩论词表达出来。

我方说，逆境更有利于人的成长，是基于三个理由。第一，我方认为，逆境增长人的理念与知识，当我们发现，这条路我们走错了，我们就多知道一条错的路是怎么走的，所以我们人生的见识以及经验就更丰富了。第二，我们认为逆境拓展了人的视野及格局，当我们发现，这条路比我们想象中走得更困难的时候，下一次我们做的那种预期将会做得更高，我们做得准备将会更多。一个人如果预期他三分钟完成一个问题，结果他花了八分钟的时间，下一次他就会做八分钟的准备。第三，我们认为，逆境有助于刺激我们的潜能，在路上我们有风险，有了挑战，我们才会激发出我们原来自己也想象不到的这种能力。在心理学上来看，孩童在学习的过程当中，如果老是对他在高于预估的能力上挑战，发展的结果是更美好的。

我相信在座每位都看过《西游记》，熟悉《西游记》的人都知道，西天取经其实最重要的不是取经的结果，而是这一路上克服了困难的这种过程。所以我们说，天将降大任于斯人也。谢谢大家！

——2003 年国际大专辩论会 A 组总决赛“顺境更有利于人的成长/逆境更有利于人的成长”反方一辩的开篇陈词，有删改

训练提示：这一题安排诵读训练，一方面是为了给训练者提供借鉴，另一方面培养辩论时的特殊语感和语势。

2. 立论训练。请结合下列辩题及提示，分为正反双方进行立论。

(1)“吃亏是福”的观点是否有利于社会和谐。

“吃亏是福”是一句广泛流传的老话，有人认为这句话意在教导他人在困境中吸取教训并学会宽容他人，也有人认为如果每个人都秉持这种观点，不反抗恶势力无异于不辨是非，只会让施恶之人更加猖狂，因此，崇尚“吃亏是福”是否是一种美德就存在争议性。此辩题为利弊辩题，双方立场明确，且都具可辩性，结合社会实际老话新辩，具有现实的指导意义。

(2)全才/专才更容易在社会竞争中胜出。

此辩题强调人才的培养，对学习、就业和创业都有一定的启发。对于人才的培养，是全面地提升其综合素质，还是专注地培养其专门技能？哪一类人才能够在社会这个大熔炉中脱颖而出？此辩题为比较型辩题，对于正方来说，强调全才的综合素质高，这样的人才可以胜任更多的工作，接受各项挑战；对于反方来说，可以强调专才的专门技能，这类人才可以精益求精，在某方面做出突出的业绩。

训练提示：立论是辩论的关键，只有立论准确才能立场鲜明，捍卫有力。立论时要注意追加前提，对相关概念进行明确的界定，对对方可能做的界定有一定准备，为攻守做好准备。

3. 反驳训练。

(1)请用有说服力的语言反驳下列错误说法。

我知道这里“不准随地吐痰”，可是我吐在墙上，没有吐在地上啊！

(2)请将下面的交锋继续下去。

在道德和金钱二者不能兼得时，我选择了道德，你呢？

训练提示：反驳时要注意运用辩论的技巧。

[**训练三**]

要求：选择下列一个辩题，在班级中开展一场辩论赛。

步骤：

(1)选出执行主席和评委(3～5 人)。

(2)分组抽签，决定正反方观点。

(3)各组分头准备，各派五名选手，其中一名为替补，其他同学组成智囊团。

(4)各方熟悉比赛流程和规则、标准等。

辩题：

1. 微博有利于社会发展/微博歪曲社会发展。

2. 知识创新与知识积累相比，知识创新更重要/知识积累更重要。

3. 富二代比穷二代容易获得成功/穷二代比富二代容易获得成功。

项目小结

本项目从案例分析入手，通过理论与方法的学习，探讨了命题演讲、即兴演讲、交谈和辩论等口语交际形式的特点和要求。通过案例分析和模拟情境训练，使训练者能学会在公开场合演讲和即兴说话，能有效地进行沟通和交谈，初步具备辩论的能力。大量的技能训练，有利于掌握、巩固命题演讲、即兴演讲、交谈、辩论等口语表达形式的技能技巧，从而有效提高口语表达能力，进而为学习幼儿教师职业口语做好准备。本项目充分体现理论与实践相结合的原则，在训练中，由易到难，由案例的分析学习到自主地表达，形成阶梯式训练，使学生能力逐步提高。

模块三
幼儿教师职业口语训练

学好普通话就能成为一名合格的幼儿园教师吗？或者说经过前面两个模块的训练，你就能信心满满地站在幼儿面前，教育幼儿，指导幼儿开展活动吗？

本模块(项目九至项目十三)就是要告诉你这些都还不够。你要在普通话训练和一般口语表达训练的基础上，进行提高和扩展训练，就是幼儿教师职业口语训练，这一模块的训练更具针对性，专业性更强。

通过学习和训练，你将会理解幼儿教师职业口语的特点，掌握幼儿教师职业口语的基本技巧，能够设计、运用幼儿园教育教学活动和其他工作中的用语。你会发现，当一名幼儿园教师还有这么多学问，你也会感受到幼儿是多么可爱，做一名幼儿教师这项工作是多么重要又是多么有趣啊！

准备好了吗？让我们迎接挑战，向着更高、更强的目标出发！

项目九
认识幼儿教师职业口语

项目训练目标

1. 了解幼儿教师职业口语的含义和类型。
2. 掌握幼儿教师职业口语的特点和要求。
3. 学会幼儿教师职业口语的基本技巧。
4. 培养热爱幼儿、热爱幼教事业的职业情感。

幼儿教师职业口语是一种特殊的口语，它用于幼儿园的教育教学活动中，必须符合幼儿的心理特征和认知规律，因此幼儿教师职业口语有鲜明的特点和要求。幼儿教师经常运用各种表达方式和技巧进行口语表达，开展教育教学工作。

任务一　幼儿教师职业口语及其特点

任务要点

通过案例，从感性上认识幼儿教师职业口语有别于其他职业口语，再从理论上了解幼儿教师职业口语的特点和要求，最后通过案例分析和情境训练，掌握幼儿教师口语的特点和要求，使语言表达基本做到规范简明、具体形象，具有童趣、体现差异。

案　例

教孩子洗手

“小朋友们，吃饭以前，我们要把手洗干净。大家先看看老师是怎么洗手的。我先把手放到水里浸一浸，然后涂上肥皂。现在看我搓手：手心搓搓，手背搓搓，要用劲搓。现在可以冲水了，要把肥皂冲得干干净净的。洗好了，要五个手指头朝下，让水滴在地上，再拿毛巾把手上的水擦干净，擦过以后，毛巾挂在原来的地方。好，现在请小朋友们像老师这样洗手。现在怎么样？……好，肥皂不要涂得太多，有脏的地方要用劲搓几下……洗好了，五个手指头要怎么样？对，要朝下，不要乱甩手，把水甩到别人身上就不好了……好，我们都学会洗手了——都记住，吃饭以前一定要洗手！”

洗手，在大孩子和成人看来是非常简单的事情，我们经常会说：“去洗手，把手洗干净。”上述的这一段话，如果是对大孩子或大人讲，对方一定会不耐烦。但对幼儿讲，我们会觉得讲得非常好，很符合幼儿教师的身份。这段话既有知识教学——洗手的步骤和方法，又有行为习惯的教育——吃饭前要洗手，洗手后不能乱甩手。这位老师很有耐心，说话时，用词贴切，语序自然连贯，条理清楚，通俗易懂，而且一边演示，一边解说，有动感，能吸引幼儿的注意，关键内容反复强调，这样让幼儿清楚明了，起到非常好的教育教学效果。这样的口语表达有别于其他职业口语的表达，是幼儿教师所特有的，这就是幼儿教师职业口语。

一、理论与方法

幼儿教师职业口语是幼儿教师从事教育教学活动时的工作用语，是用标准的普通话表达的符合教育教学要求的幼儿教师专业用语。

幼儿教育是基础教育的组成部分，是学校教育和终身教育的起始阶段，应为幼儿的近期和终身发展奠定良好的素质基础。幼儿教师口语就是幼儿教师完成培养幼儿良好素质，发展幼儿健康个性的任务的最重要的工作手段。幼儿期是语言发展，特别是口语发展的重要时期。幼儿的语言能力是在交流和运用的过程中发展起来的。幼儿教师是幼儿主要的沟通和交流对象，幼儿教师的语言是幼儿学习语言的榜样。因此，幼儿教师职业口语必须符合幼儿教育教学的一般规律和幼儿个性心理与认知发展规律。

(一)幼儿教师职业口语的特点

幼儿的认知特点和心理发展水平，决定了幼儿教师的职业口语鲜明的特点，这些特点也是教师职业口语的要求。

1. 规范准确，简明易懂。

3～6岁的幼儿，天真好奇，认知能力不强，有意注意时间短，有他们自身的语境，对于烦冗深奥的话难以理解和记忆。幼儿教师承担着向幼儿传授知识、培养能力、开发语言的职责，其职业语言应该规范准确而又简明易懂。具体应做到以下几点。

(1)使用标准、规范的普通话。教师要做到语音标准，合乎普通话词汇、语法标准，为幼儿学习普通话树立良好的榜样，并能及时纠正幼儿错误的发音，为幼儿学好普通话打下良好的基础。

(2)准确运用概念，语言表述符合事物的客观规律，不要随意或模棱两可。

(3)使用幼儿能听得懂的词语，选择幼儿喜欢的简短的句式，目的明确，重点突出，条理清楚，层次分明，让幼儿一听就懂。

(4)准确调控声音，做到语音清晰，音量适中。准确不等于深奥，要简明通俗。通俗不等于粗俗，教师的职业用语应该是文明优雅，滋养幼儿纯洁、文明、健康的心灵世界，也为幼儿使用文明、健康的语言树立榜样。

幼儿的模仿能力强，教师的语言要尽可能克服自己的语病，如“嗯”“啊”“那么”“然后”等，以免因自己的不注意影响幼儿的语言发展。

2. 具体鲜明，通顺流畅。

幼儿以形象思维为主，需要依赖视觉形象、听觉形象以及其他感官形象来认识事物。所以幼儿教师职业口语应直观具体、形象生动而又通顺流畅。具体应做到以下几点。

(1)选用拟声、摹色类的词语，做到有形、有声、有色。

(2)选用一些动态词语(主要是动词)，而且要用态势语来辅助，将话语的含义直观地显现出来，帮助幼儿理解和感受，激发幼儿活力。

(3)选用浓郁情味的话语，用满面春风的语态，包含激情的语气来感染幼儿，使幼儿为之感动，从而获得理想的教育效果。

(4)语句通顺，语流连贯，节奏鲜明，快慢适度，明晰通畅，使幼儿听得轻松，听得明白，有效激发幼儿听讲的意愿。

简明不等于简单，要具体鲜明，有动态感觉，有情感色彩，对具体的人、事、物进行具体生动的描述，唤起幼儿对具体事物的真切感知。

3. 形象生动，富有童趣。

幼儿天真活泼，而教师的任务不仅仅是传递知识，还要通过与幼儿之间的接触，交流情感。这就要求幼儿教师要有童心，有童趣，在口语表达上就是要幼儿化，形象生动，童趣盎然。

幼儿化并不是一味模仿幼儿说话，而是指教师的口语应贴近幼儿生活，反映他们的要求，表现他们的情感，符合他们的心理特征和认知水平。所以，幼儿化的要求除包括上述几个方面的要求外，还要求幼儿教师口语具有儿童情趣。

(1)内容有趣。教师要热爱幼儿，用幼儿的眼光去观察周围的事物，在自己的口语中注入幼儿喜爱的趣味因素，使道理故事化，生活游戏化，学习娱乐化。幼儿教师要常用比喻、比拟、对比、夸张等多种修辞方法，使口语表达更形象生动，直观可感，新奇有趣。

(2)形式有趣。形式有趣主要表现为以下两点。

①幼儿教师与幼儿说话时须态度亲切、情绪饱满，形成宽松、和谐的语境，使幼儿在心理上接受教师的教育。

②教师要通过声音的变换，模拟各种年龄、性别、性格的人或其他动物的腔调，表现热情、快乐、紧张、悲伤等语气或描摹其他声响，使幼儿听起来有身临其

境的真实感觉，激发他们参与活动的兴趣和积极性。

4. 面向全体，重视差异。

幼儿教师既要面向全体幼儿开展教育教学工作，还要注意了解不同年龄、不同个性幼儿的特点，学会用恰当的话语与他们沟通，注意选用恰当的词语和句式，同时注意自己的语气语调。

①对小班(3～4岁)幼儿要注意词语简单易懂，多用动词、名词，多用单句、短句；表扬或批评内容应具体，有感情色彩；态势语稍多，语气稍夸张；语言拟人化；语速慢，多重复。对中班(4～5岁)幼儿说话句式要多样化，语言表达的内容应更丰富；提问的内容稍宽泛，答案有多种；语言重复次数减少。对大班(5～6岁)幼儿说话语言中应出现一些表示概念的词，复句增加，语言更简洁。

②对外向型的幼儿说话须具体明确，语气肯定，加强语势；对内向型的幼儿要多用鼓励的话语和肯定性的评价，语调要柔和，语气要亲切、婉转，鼓励他们树立自信心。

(二)幼儿教师应具备的口语能力

1. 具有准确、清晰、流畅的普通话水平。

幼儿教师主要是通过口语来完成对幼儿的教育的，普通话水平必须达标，这是幼儿园教育教学工作的特殊需要。幼儿的模仿力强，幼儿教师的普通话水平直接影响着幼儿的语音和表达，所以幼儿园教师要有较高的普通话水平。此外，幼儿教师还必须具备一定的听音、辨音能力，了解幼儿语言发展特点，对幼儿的语言学习给予指导，为幼儿学好普通话打下良好基础。

2. 具有较强的语言表达能力。

幼儿教师想要较好地完成教育教学工作，就必须具备良好的语言表达能力。由于工作对象的特殊性，幼儿教师要掌握职业语言的表达技巧，既准确规范又有童趣。既要能准确生动地用有声语言再现幼儿文学作品，还要能运用具有较强表现力和感染力的教育教学口语对幼儿进行教育教学。

3. 具有良好的语言示范和评价能力。

3～6岁是幼儿语言发展的关键时期，这一时期的幼儿对语音最敏感，掌握语音、词汇最为迅速。幼儿的语言习得很多来自于外界的刺激和对外界的模仿，幼儿教师是他们学习语言的最主要对象。因此，幼儿教师应具备较强的语言示范能力，发音清晰准确，用词准确，词汇、句式丰富，语法规范，条理清楚，通顺连贯，为幼儿语言学习树立良好的榜样。

另一方面，这一时期的幼儿正处于形成正确的道德意识、道德情感和道德行为的时期，幼儿教师不仅要具备对幼儿语言和行为正误、优劣做出判断的能力，还要有良好的语言评价能力，运用恰当的方法和语言技巧引导、教育幼儿，提高幼儿语言和智力水平，培养幼儿良好的行为习惯、正确的道德是非观。

4. 具备一定的知识储备和灵活应变能力。

语言是人的思想的外在表现，思想浅薄、知识浅陋的人不可能有良好的口头语言表达能力。幼儿教师的工作对象年龄小，但不等于工作就简单容易。幼儿教育所涉及的知识是多种多样的，幼儿教师必须具备多方面的知识才能胜任幼儿园的工作，必须有良好的语言表达能力、语言示范能力和评价能力，才能应对幼儿教育教学工作中经常出现的意外情况，从而引导、教育幼儿健康全面地发展。

资料卡

3～6 岁幼儿语言发展特点

1. 词汇的发展。

(1)在语音方面，声母、韵母的发音随着年龄的增长逐步提高。幼儿期是儿童学习语音的最佳时期，4 岁以上的幼儿一般能掌握本民族语言的全部语音。

(2)在词汇方面，幼儿掌握的词汇量不断增加，幼儿在 3 岁左右的词汇量为 1000 个，到 6 岁时约达 3500 个；词汇的内容不断丰富，幼儿掌握的常用词中包括人物的称呼、身体部位、生活用品、交通工具、自然常识、社交、个性、时间、空间概念等；幼儿词汇的词类范围不断扩大，在名词动词之外，掌握了大量副词、数量词等；积极词汇(主动词汇，即既能理解又能使用的词)不断增加，消极词汇(被动词汇，即对词义不十分理解，或者虽然有些理解但不能正确使用的词)不断转亿为积极词汇。

2. 语言表达能力的发展。

幼儿在掌握丰富词汇和基本语法结构的同时，他们的语言表达能力也很快地发展起来。

(1)在句子方面，幼儿阶段的言语表达以简单句为主；随着年龄的增加，简单句和复杂句均在不断增加，但是复杂句增加得更多，在所有言语表达中的比例不断提高。幼儿句子的平均长度也随着年龄增加而递增。

(2)幼儿口头表达的顺序性、完整性和逻辑性均随着年龄的增长而日趋完善。但口语表达能力的三个特点的发展是有差异的，顺序性发展最好，逻辑性最差，这显然与其抽象逻辑思维能力的发展状况密切相关。

(3)婴儿阶段的言语以婴儿与成人之间的交际对话为主，主要特点是情境性。幼儿阶段，随着实际活动的发展，以及集体生活的展开，儿童的独立性大大增强起来，需要把自己看到、听到的事情以及自己的体验和意图，以独白言语的形式连贯地表达出来，这促使儿童的连贯性语言发展起来。但是，在整个幼儿阶段，语言表达仍然带有很大的情境性，尤其是幼儿对所叙述的内容感到激动而事先又未加以准备时。如果儿童对表达的内容比较熟悉，事先又经过成人的组织(如事先看图片或提出问题)，语言的连贯性就会更好。

二、技能训练

[**训练一**]

要求：通过案例分析，掌握幼儿教师职业口语的特点和要求。

步骤：

(1)自己先想一想，再说一说。

(2)小组讨论，补充修改。

(3)在小组中发言，用准确连贯的一段话说出自己的意见。

(4)每组派一个同学代表小组发言。

(5)师生共同讨论。

1. 分析下列案例体现了幼儿教师职业口语的哪些特点，是否符合幼儿教师职业口语的要求？为什么？

(1)教师教幼儿进行家畜家禽分类。把动物卡片和画着房子的两张白纸发给每个幼儿。对大家说："我请小朋友让小动物分别住进两间房子里，动脑筋想一想，哪些动物能住在一起。"

(幼儿操作、讨论)

"小朋友们把牛、羊、马、猪放在一个房子里，为什么让它们这样住呢？哦，因为它们都有四条腿，有蹄子，有尾巴；能生小牛、小羊、小马、小猪；还能喂奶，又都是家里养的。它们有共同的特点，所以让它们住在一起，我们管这样的动物叫家畜……"

(2)教师：我们都知道蚂蚁很小很小，小得我们都注意不到它，走路的时候不小心就会踩到它。我们只有蹲下仔细看时，才能看见它们跑来跑去。可是，小朋友们，你们知道吗？小蚂蚁的力气可大可大了，它们可以拖着比自己身体大很多很多的树叶跑来跑去，太厉害了！

2. 请把下面两句话作一比较，看哪种说法恰当，为什么？

(1)"没有付钱，就不能拿糖果店里的糖果。"

(2)"糖果，虽然仅仅是一粒，但不给钱就拿走是一种损人利己的行为，它会使自己的思想沾上污点，我们每个人都应引起注意。"

[**训练二**]

要求：根据幼儿教师职业口语的特点和要求，针对具体情境，设计并运用规范简明、具体生动、富有感染力、易于沟通理解的工作语言。

步骤：

(1)先阅读情境，进入情境。

(2)自己先想一想，再说一说。

(3)小组训练，看谁说得好。

(4)补充修改。

(5)个人汇报，学生点评。

1. 把下面老师说的话说出来。

讲《三只羊》的故事时，教师说：“大灰狼从洞里窜出来，向三只羊扑去。三只羊一起对付大灰狼，小羊用头撞，中羊和大羊用角顶，它们一起把大灰狼撞倒了，大灰狼滚下山去摔死了。”

训练提示：

(1)体会教师的话中动词的用法，注意几句话的层次条理。

(2)注意运用有声语言的技巧，注意音量的调控和音色的变化。

(3)配合态势语把教师的话表现出来。

2. 把下面这段话改成具体生动、具有童趣的话。

冬眠的小熊醒了，发现春天来了，他急忙打电话告诉小松鼠，让小松鼠快快出来玩。

训练提示：

(1)把握小熊可爱的特点，多选用描摹小熊动作神态的词语和拟声词语，把小熊说的话描摹出来。

(2)注意有声语言和态势语的恰当运用。

3. 吃午点时，小二班很多小朋友都能把果皮丢到垃圾桶里，而个别小朋友却把果皮随手扔在地上或课桌上。教师就此对全班进行教育。

应采用怎样的说法，才能产生好的教育效果呢？请用一段连贯清晰的话说出来。

训练提示：

(1)教育不等于一定要批评，要告诉幼儿怎么做。

(2)注意教育对象是小班幼儿，语意应该更加明确，词语易懂，句式简短，条理要清楚。

(3)注意语气语调。

4. 李飞和乐乐都是大一班的小朋友，李飞内向文静，乐乐活泼好动，富有正义感。一天，李飞碰倒了椅子，没把椅子扶起来就走开了。乐乐把李飞抓了回来，大声说：“把椅子扶起来，不然揍你!”李飞不情愿地把椅子扶了起来。

请就此对他俩进行教育。把对他俩说的话分别说出来。

训练提示：

(1)注意不同对象。

(2)注意语气语调。

(3)注意运用态势语。

[**训练三**]

说明：这个板块有些难度，没有提示，没有情境。自己必须预设情境。最后一题针对已有见(实)习经验的同学。

要求：能模拟教学情境，讲一段符合教师职业口语要求的话，初步探索如何运用教师职业口语进行教育教学活动。

步骤：

(1)先预设情境，进入情境。

(2)设计一段话，说一说。

(3)在小组中讨论和试教。

1. 告诉小班幼儿离园之前要收拾好玩具。

2. 向中班幼儿介绍一种水果。

3. 回顾见(实)习中某位老师设计的一个活动片段，进行模仿，自己设计一个同样题目的活动，分组进行训练。

任务二　幼儿教师职业口语常用技巧训练

任务要点

通过案例，从感性上认识幼儿教师职业口语常用的技巧，从理论上了解如何运用幼儿教师职业口语常用技巧，最后通过案例分析和情境训练，初步掌握在幼儿教师职业口语中调节音量、变换音色、把握语气语调、运用修辞方法、运用述与说等技巧，增强幼儿教师口语的表达效果。

案　例

在一次语言活动中，教师让中班的幼儿表演《三只蝴蝶》的故事，给他们戴上事先准备好的头饰。幼儿很兴奋，随着音乐扮演起了各种花儿和小动物。一会儿，有的幼儿就忘记了自己的任务，其中一个扮演蝴蝶的小朋友在一旁玩起了其他东西。教师看到了，张开双手，扮成动物，“飞”入“小动物”当中，把手搭成话筒，朝其他小朋友大声地说：“小伙伴们，小蝴蝶迷路了，哪个小动物愿意帮助他，找回自己的同伴呢?”其他小朋友听了，都纷纷过去帮助他找到自己的同伴，重新进入角色之中。

在幼儿的童心世界里，人和动物、植物是可以交流沟通的，他们能很容易进入这些有生命的动物和植物的世界，扮演各种各样的动物或植物的角色。案例中老师运用比拟的方法，符合这种角色游戏的情境特点，没有把孩子从童话世界拽出来，使游戏能继续进行。这样的口语符合幼儿的认知水平和情感特点，充满浓郁的童趣，为幼儿所接受。在教育教学活动中，教师须经常运用各种修辞手法，运用语音和态势语技巧，使表达更加形象生动。

一、理论与方法

幼儿教师面对的是 3～6 岁的儿童，3～6 岁是儿童身心发展的关键时期，教师的引导作用十分重要，这一时期也是儿童语言发展的关键时期，对教师的语言十分敏感，这就要求幼儿教师职业口语具有较好的效果。要使口语表达效果好，就要准确规范，还要生动形象，富有童趣；既要发音准确、规范，又要音量适中、音色甜美、情感真挚、语气语调符合表达内容，还要恰当地使用态势语，只有这样才会受到幼儿喜欢。

(一)口语的修辞技巧

幼儿教师在教育教学活动中，口语的修辞方法很多，常用的有比喻、比拟、夸张、对比等。充分恰当地运用各种修辞方法，能使教师的口语表达更生动、具体、形象、有趣，更加儿童化，把幼儿不熟悉的事物变得可认知，把深奥的道理变得浅显易懂，使语言更有艺术性、审美性，也可以为幼儿文学语言的学习和获得打下基础。因此，幼儿教师要掌握这些修辞的方法并加以应用，以此提高教育教学的艺术水平，提高幼儿语言表达能力。

1. 比喻。

比喻是一种比较常用的修辞手法。它可以把抽象的东西或幼儿不熟悉的东西讲得形象，既可激发幼儿的学习兴趣，又可以启发幼儿的想象力。如“松鼠的尾巴好像一把伞”“孔雀的尾巴好像一把扇”。教师在使用比喻时，要注意本体和喻体的相似性，启发幼儿主动思考。

2. 夸张。

为了表达强烈的情感或给读者留下深刻的印象，故意夸大或缩小事物的形象、数量、特征、作用等，这种修辞手法叫夸张。幼儿园教学活动中也常会用这种修辞手法，以引起幼儿的关注和兴趣。儿童化语言的夸张包括语意的夸张和语气的夸张。通过夸张突出其个性特点，渲染气氛，富于感染力，使儿童对人和事物的印象更加深刻，记忆更加持久。

3. 比拟。

比拟包括拟人和拟物，是幼儿园教学中常用到的修辞手法。在成人世界里，多用拟人，少用拟物；在儿童世界里，拟物和拟人一样常用。这是因为幼儿富于想象，把动物、植物当作好朋友，认为它们和自己一样可以说话、做游戏。因此，幼儿教师要抓住幼儿的这一特点，运用拟人、拟物等方法设计教育教学活动，增强教师口语表达的效果，使幼儿对教学内容更感兴趣。

4. 对比。

对比可以使幼儿更容易认识到两种事物的不同，或者同一事物的两个不同方面，是一种把抽象的道理、复杂的问题简单化的一种修辞手法。

(二)语音的表现技巧

语音是语言符号系统的载体。它由人的发音器官发出，负载着一定的语言意义，音高、音强、音长、音色构成语音的四要素。普通话语音在前面已经进行过系统训练，这里不再赘述。但是在具体的口语表达训练中，要注意随时正音，使语音准确清晰。这里所讲的语音的表现技巧主要指音量的调节、音色的变换、语气语调的把握等方面的技巧。

1. 调节音量。

幼儿教师大多数时候面对的是群体，而且幼儿注意力不集中，若教师的音量太小，幼儿听不清楚，也听不进去。因此要让每一个幼儿都听得见，听得进，就需要教师把音量适当调大。但音量又不可过大，因为过大的声音，一方面会使幼儿感到恐慌、烦躁，影响教学效果；另一方面会使教师自身很累，致使声带受损。因此，首先，教师要以中音区发音为主，发音轻柔有力，声音高而不噪，低而不虚，归音吐字清晰；其次，音量要有一定变化，变换自然、层次分明，这样才能唤起幼儿的注意力，显示口语表达的层次和情态，使口语更富有魅力，达到最佳的效果。

音量调节训练可以从发声训练入手。训练发声时，要抓住以情运气、以气托声、以声传情的发声的基本原理，学会发出大小、高低、强弱不同的声音，使语音丰富多彩。

音量不是一下子就能控制好，特别是初次上课的教师，因此教师要有目的地进行训练，不断提高自身驾驭音量的能力，提高声音的表现力。

2. 变换音色。

音色也叫音质，教师口语的音色应该是清晰、圆润、富于变化、清新悦耳的。在幼儿园的教学活动中，幼儿教师常常运用不同的声音来表现文学作品中不同年龄、性别、性格的人或动物，表达他们快乐、悲伤、紧张的情感，也用各种不同的声音来表现自己的情感。各种不同的声音就主要靠音色的变换来完成。

音色的变换主要靠共鸣。熟练地掌握共鸣腔的形状、位置，就会产生不同的声音效果，如说话声音比较细小或感情比较急切的，一般发音在口腔的前区；说话瓮声瓮气或感情缓慢沉重的，一般发音在口腔的后区。通过共鸣腔不同位置的调节产生的音色变化，能使幼儿听起来有身临其境的真实感，会激发他们的学习兴趣和积极性。

音色的变换要以自己真实的声音为主体，发音自然，在此基础上稍加改变，略有夸张，不能装腔作势。

3. 把握语气语调。

语气是说话人在交际中流露出来的“喜、怒、哀、乐、欲、恶、惧”等情感的丰富繁杂的不同色彩，在语音方面，表现为高低、强弱、快慢及音色的精细变化。语调是语气的载体，语气是借助于语调来表现的，幼儿教师在进行教学活动时语调应更加儿童化，富于变化。只有起伏变化的语调，才能更加吸引幼儿，提高教学成效。语气语调是重音、语速、节奏、句调等具体声音形式所表达的语义内容。说话时的语音技巧与朗读基本相同，不同之处在于说话时运用语音技巧，要口语化、生活化，要说而不是读。

(1)重音。重音是指有声语言在传情达意时需着重强调的音节或词语。幼儿教师在说话时，要根据表达需要，或强调语意，或突出感情，有意强调某些词语或音节，做重音处理。与朗读一样，重音是强调的意思，不一定加重，也可用重音轻说，巧用虚声，与顿连结合起来进行处理。

(2)语速。语速是指教师说话的速度，与教师说话时的顿连有关。幼儿教师在进行教学活动时，教学口语速度一般分慢速、快速、中速三种。慢速用于讲解，教师多用停顿，或停顿的时间较长，但语断意连，用以叙述平静庄严的事情，或烘托悲壮气氛；快速多用连接，或停顿时间较短，用于叙述急事，表示慌乱惊恐、兴奋激动的情绪，烘托紧张气氛。中速的顿连适当，用于一般的叙述说明，表达平淡的感情。

(3)节奏。节奏不完全等于语速，节奏是说话者内心感情的体现，或舒缓或紧张，或轻快或凝重，或低沉或高亢。节奏与重音、语速、句调等的运用有密切关系。节奏的准确把握能体现口语的层次性，使幼儿更容易理解教师说话的意思及所传达的感情态度。

(4)语调。这里所说的是狭义的语调，即句调。每一句话在特定条件下都有其独特意义，因而也就有了独特的语调。一般来说，一句话如果平淡、庄严、沉郁，说出来时声音强弱高低变化不明显，语调落音平直；表示疑问、愤怒时，说出来的句子语调落音上扬；表示感叹、祈愿、坚定，说出来的句子语调落音下降；表示讽刺、幽默等，说出来的句子语调则落音曲折颤动。幼儿教师在故事的讲述中要根据具体内容综合运用以上各种语调；在进行其他教育教学活动时，要亲切和蔼，语调落音应多以平直为主，但要有变化。在平直的语调中，根据需要，加上疑问时的上扬，表示幽默有趣时的曲折，表示感叹时的下降等语调，使语言表达更加抑扬顿挫，吸引幼儿的注意力，有时还可以略为夸张。

(三)态势语技巧

在幼儿教师教育教学工作中，态势语主要包括仪表态势语和动作态势语。

1. 仪表态势语。

仪表态势语包括服饰、表情语等。

教师的服饰应大方端庄，不能一味追求潮流，也不能落伍，应让人觉得舒服，有朝气。幼儿教师的着装还要考虑方便，因为经常要带幼儿进行户外活动，经常要弯腰下蹲等。

面部表情使用最广泛、表现力最丰富的是微笑语和目光语。在教育教学活动中，教师面部表情若轻松柔和、微笑大方、眉目传神，就会显得和蔼可亲、精神饱满、兴致勃勃。幼儿受其影响，心情就会轻松自如，气氛就会活跃。若板起一副面孔，拉长脸皮，幼儿就会望而生畏，心情会变得压抑。

2. 动作态势语。

动作态势语是以动作传递信息的无声语言。包括手势语和身姿语。

手势语的运用范围很广，使用频率也相当高。如与幼儿谈话时，教师可以用手抚摸孩子的头，拍拍他的肩或背，这样可以拉近师生间的心理距离，使幼儿更加亲近老师，更听老师的话。又比如，在教学活动中，有的幼儿精神不集中，教师可用目光注视着他，并用食指轻轻点一下自己的耳朵，提醒他注意听讲，这种暗示性的提醒，会使幼儿意识到自己的错误，并改正错误 。

正确、良好的身姿语体现了教师的基本素质。教师应当注意自己的立姿、坐姿、步姿，站有站相，坐有坐相，走有走的样子，用正确的姿势表现出饱满的精神和高昂的情绪；不要站没有站相，坐没有坐相，走路慢慢腾腾，一副无精打采的样子，将对幼儿产生不好的影响。

资料卡

优秀幼儿教师的口语应具有的特征

1. 情感真诚，用爱唤醒心灵。
2. 表达准确，合乎语法规范。
3. 充满童趣，注重启发引导。
4. 体态优雅，彰显师表风范。

二、技能训练

[**训练一**]

要求：通过案例分析，掌握运用幼儿教师职业口语技巧的要求。

步骤：

(1)自己先想一想，再说一说。

(2)在小组中讨论案例，补充修改。

(3)在小组中发言，用准确连贯的一段话说出自己的意见。

(4)每组派一个同学代表小组发言。

(5)师生共同讨论。

1. 说说下列案例中教师的语音和态势语的处理是否恰当，为什么？自己把案例中教师说得好的话练习说一说，对说得不好的或做得不对的，请予以改正。

(1)今天，咱们教室里来了一个新朋友(重音)，它有一对长长(重音，语速慢)的耳朵，一双红红(重音，语速慢)的眼睛，一身白白(重音，语速慢)的毛。你们猜一猜，它是谁？(上升调，疑问语气)

(2)小朋友你们看，这棵果树长得可真高！(降调，感叹语气)上面还挂满了圆圆的、红红(平直调)的果子，你们喜欢吗？

(3)幼儿：老师，你看，我妈给我买的新衣服漂亮吗？

老师：(头也不抬)嗯，漂亮。

2. 说说下列案例中，哪位老师说得好？为什么？

教师带小朋友们进行户外活动，看到牵牛花开了，小朋友们很好奇，问老师："老师，这是什么花？"

教师 A：这朵花真漂亮，像紫色的小喇叭，她有一个好听的名字叫牵牛花。

教师 B：这朵花叫牵牛花。

3. 先分析下列案例分别采用了什么修辞方法，有什么好处，再进行模拟训练，自己把这些话说出来，体会其妙处。注意语音技巧和态势语技巧的运用。

(1)中班的体育活动，教师带孩子们做操时说了下列一段话。

(上肢运动)教师：秋天到了，秋风轻轻吹，苹果树摇摇摇。(做两个八拍)

(下蹲运动)教师：秋风把苹果吹到地上，我们把它们捡起来。(做两个八拍)

(腰背运动)教师：苹果树妈妈真高兴，连忙说："谢谢，谢谢!"(做两个八拍)

(跳跃运动)教师说：今年苹果大丰收，小朋友们真高兴。(做两个八拍)

(2)故事讲完后，教师说："小朋友们，故事中的小兔子爱学习，爱劳动，还爱帮助大家做事情，所以大家都是它的好朋友！而小猴子呢？不爱学习，贪玩，自私自利，还爱笑话其他小动物，所以它没有一个朋友!"

[**训练二**]

要求：根据幼儿教师职业口语的各种技巧运用的要求，针对具体情境，设计并运用恰当的口语进行表达。

步骤：

(1)先阅读情境，进入情境。

(2)自己先想一想，再说一说。

(3)小组训练，看谁说得好。

(4)补充修改。

(5)个人汇报，学生点评。

1. 音量、音色、语气语调训练，体会教师职业口语的语音特点。

(1) 模仿山谷回声由大到小，由远及近地喊一喊。

A. "喂～～～～～～～～～～～""喂～～～～～～～""喂～～～～～""喂～～"

B. "你好吗？""你好吗？""你好吗？""你好吗？"

训练提示：这是音量控制的训练，要注意运气，气足音响。声音由大到小自然过渡，要注意用共鸣腔，不要扯着嗓子喊，音色才好听。

(2)由小声到大声地模仿动物叫声。

小老鼠：吱吱吱　　　小花猫：喵喵喵

小鸭子：嘎嘎嘎　　　小青蛙：呱呱呱

大花狗：汪汪汪　　　大老虎：嗷呜嗷呜嗷呜

训练提示：这是音量、音色的综合训练，模拟不同动物音色应有不同。注意各种拟声词语音发音位置的不同，“嘎嘎嘎”和“呱呱呱”靠前，“吱吱吱”发音在中靠后，其他几个靠后。

(3)用适当的语气语调说出下列语句。

A. 现在，老师看看哪位小朋友能够轻轻地上床睡觉。

B. 小朋友们，听完这个故事，你们知道怎样做才能保护好牙齿吗？

C.《拔萝卜》片段。

拔萝卜

老公公喊：“老婆婆，老婆婆，快来帮忙拔萝卜！”

老婆婆喊：“小姑娘，小姑娘，快来帮忙拔萝卜！”

小姑娘喊：“小花狗，小花狗，快来帮忙拔萝卜！”

小花狗喊：“小花猫，小花猫，快来帮忙拔萝卜！”

小花猫喊：“小老鼠，小老鼠，快来帮忙拔萝卜！”

训练提示：这个训练中的A、B要讲得亲切，语速中等，语调平和，语气自然陈述和反问，可以采用重音技巧，以示强调：“轻轻地”重音轻读，“怎样做”重音慢读。C节选自故事《拔萝卜》当中的人物对话，人物较多，年龄、性别、性格有很大差异：老公公，年龄最大的男性，声音最粗，低沉，语速缓慢；老婆婆，年龄最大的女性，声音适中，音色要苍老沙哑些，语速缓慢；小姑娘声音细、甜美、圆润，音色幼稚；小花狗力气大，声音略粗，语速加快；小花猫声音尖细，语速快。只有运用不同的音色表现出不同的人物形象，故事才能讲得生动形象、惟妙惟肖。

2. 小一班的青青玩玩具的时候，把刚玩过的布娃娃摔在地上，就去玩别的玩具，老师看见了，要怎么说？

训练提示：

(1)运用修辞手法，使儿童更容易接受。

(2)注意语气语调。

3. 春天来了，百花盛开，两个同学一组，练习报花名。一个同学说花的特点，另一个同学说出花的名字。问答轮流。如：“报告春天什么花”“报告春天迎春花”。

训练提示：

(1)注意思维的敏捷性、灵活性和新颖性。

(2)注意突出花的特点，综合运用比喻和比拟等修辞手法进行问答。

(3)注意语言的节奏。

[**训练三**]

说明：这个板块有些难度，没有提示，没有情境。自己必须预设情境。最后一题针对已有见(实)习经验的学生。

要求：模拟教学情境，恰当地运用各种技巧，使表达更真实、有效，更符合教师职业口语的要求。

步骤：

(1)先预设情境，进入情境。

(2)设计一段话，说一说。

(3)在小组中讨论和试教。

1. 几个人分别设计一组不同时段的(如起床时间、家庭晚餐时间、晚上休息娱乐时间、上床时间)家庭对话(其中要有家长和幼儿)，分别扮演不同年龄段的角色进行交流，音色要充分表现人物的年龄特征。

2. 设计一段话，帮助不睡午觉的幼儿入睡(可独白也可问答)。

3. 设计中班绘画课“水果的画”，抓住水果切面的特点，启发幼儿展开想象，把水果切面比喻成一些事物进行绘画，并指导幼儿运用修辞方法描绘画出来的画。

任务三　幼儿教师职业口语常用的表达形式训练

任务要点

通过案例，从感性上认识幼儿教师职业口语常用的表达形式，再从理论了解复述、描述、评述、解说几种口语表达形式的特点、要求和方法，最后通过案例分析和情境训练，学会运用这几种口语表达形式进行教育教学实践。

案　例

(体育游戏“不走原来的路”)老师：“小朋友，今天我们来玩一个帮助解放军叔叔取情报的游戏。下面，听老师的要求，从脚下的这条线出发，画白线的是取情报的路，中间的圆圈里是敌人岗哨，小朋友走的时候要小心，到岗哨时要脚步轻轻地从旁边绕过去，然后从没有岗哨的路走回来。不准跑，看哪一队先回来就是优胜队，现在听我吹哨子，哨声一响，就开始！”(游戏开始)教师不时提醒幼儿：“走过岗哨，脚步要轻！”“不准跑，要轻轻地走！”“从没有岗哨的路走回来，郝奇走错了，回去重走！”“沈溪这一队又快又好！”“为优胜队鼓掌！”

——人民教育出版社中学语文室，《听话和说话》

在这个案例中，教师主要采用解说的方式向孩子们说明游戏的规则，如出发的地点、行走的线路和要求都讲得非常清楚。在解说当中又有描述，要求幼儿经过岗哨的时候要“脚步轻轻地从旁边绕过去”，在游戏过程中，教师又用评述的方式加强幼儿对规则的理解，促使活动顺利进行。

一、理论与方法

幼儿教育是全面的、综合的教育，教师的口语也是多样性、综合性的。在教育教学中，不管是讲授知识、培养良好的行为习惯，还是组织活动、指导游戏，教师都是通过口语来进行的。在这些过程中，除了交谈之外，教师最常用的口语表达形式是独白体的讲述，包括复述、描述、评述、解说等形式。交谈已在前面讲过，本任务专门介绍复述、描述、评述、解说等形式。

(一)复述

复述是指幼儿教师在理解和记忆的基础上，对教材或有关读物的内容加以整理，用自己的话有重点、有条理、有感情地把内容再现给幼儿的一种表达方式，讲故事是复述的一种特殊形式。复述熔理解、记忆、归纳、表达于一炉，是教师在教学中常用的一种表达方式。

1. 复述的基本要求。

复述不等于“背诵”，也不是“重复”，它有自己的基本要求。

第一，忠实于原材料，完整、准确地体现原材料的中心和重点。

第二，条理清楚，反映各部分内容的内在联系，线索分明，前后连贯，层次井然。

第三，把书面语转换为口头语，语言通顺流畅，语调自然，语气得当。

2. 幼儿教师常用的复述形式。

从对原材料的处理方式看，幼儿教师常用的复述形式有以下三种。

(1)详细复述。详细复述，即把原语言材料的内容原原本本地重述出来，内容上不做增删，表现方法上不做改变，语言风格尽量保持原样。但并非背诵，一字不可改，相反允许且有时必须进行必要的调整，如对儿童文学作品中的人物语言和叙述语言的顺序进行调整等，对一些说明材料中书面化语言的修改等。

幼儿教师在给幼儿讲述故事的时候经常采用详细复述的形式。详细复述要做到细而不乱。这是对表达条理性的一种锻炼，有助于幼儿教师职业口语风格的形成。

(2)概要复述。概要复述，又叫简要复述，是对材料的浓缩概括。它是在保留原材料的中心意思的前提下，简明扼要地讲述原材料内容的一种口语表达形式。概要复述的要领是：把握整体，理清线索，舍枝去叶，反映原貌。

成功的概要复述首先要对原材料认真阅读和理解，同时注意记忆的技巧：既有框架记忆，又要有细节记忆；留意能提示记忆的重点语句，注意前后的衔接和结构的完整。

幼儿教师在采用故事导入语的时候，可用概要复述的形式。概要复述要防止取舍不当，偏离中心。首先要分清主次，突出中心；其次要避免过分的概括，变成内容提要或是复述提纲。

(3)创造性复述。创造性复述，即在不改变原材料的中心意思和主干的基础上，根据复述的目的要求，对原材料的内容和形式进行某些创造性的改变，再把它复述出来的一种复述方式。

创造性复述的要领是：①根据原有材料进行合理想象，或者作合理性延伸，但不要背离原意和基本框架；②不面面俱到，根据原材料的中心确定改变的重点；③根据表达的需要运用描述、解说、论证，以及比喻、对比、夸张等多种修辞手法。

具体的方法有：改变顺序、改变人称、改换角度、变换结构、改变体裁、增添某些细节、扩展一些情节、增加些修饰性的内容等。但无论怎样都必须忠实于原材料，不可改变原材料的基本思想、基本结构，应围绕中心，合情合理地进行适当的创造，使得内容更具体、丰富，语言更鲜明、生动。

(二)描述

描述就是用生动形象的语言，把人、事、物、景等各种具体事物的特征和形态绘声绘色地说给别人听的一种口语表达方式。描述能显示事物形状、再现某种场景。幼儿教师在教学中常常要通过丰富的想象，运用传神的描述，为幼儿塑造栩栩如生的听觉形象，以增强教学口语的生动性、直观性和审美性。

1. 描述的要求。

(1)描述的目的要明确。描述是为了增强表达效果而采用的一种策略和手段，为了突出所要表达的主旨，只在需要描述的时候才加以描述，过多的描述会让幼儿抓不住教师想表达的主要意思。

(2)仔细观察，抓住事物的特征。描述是为了使幼儿能更加直接细致地感受、把握描述对象。描述的基础是观察。教师要在观察的基础上，抓住所描述事物的最突出的特征，把这个特征用有声语言有效地表现出来。

(3)描述要真实，语言要生动。描述必须基于被描述对象本身的基本情况，否则，会给人不真实的感觉，给幼儿的语言学习带来不良影响。描述时为了栩栩如生、惟妙惟肖，可大量运用各种修辞手法，如比喻、拟人、对比、夸张、双关等，增强语言的生动性、形象性、直观性。

(4)表达时语速要快慢有致，有节奏感；语调应抑扬顿挫，有表现力。

2. 幼儿教师常用的描述形式。

根据不同的标准，描述有不同的分类方法，不同类型的描述方式也不尽相同。

(1)从描述的对象看，可分为人物描述(肖像、语言、动作、心理等)、景物描述、场景描述等。

(2)从描述的角度看，可分为直接描述和间接描述。直接描述，即正面描述，把看到的、听到的、感受到的直截了当地表达出来。间接描述，即侧面描述，不直接描述要描述的对象，而是描述与其相关的其他人、事、物、景，从而烘托出所描述的对象。

（3）从描述的详略不同看，可分为白描和细描。白描和细描这种说法是借用了中国画的表现技法来说的。白描是写意式描述，它要求抓住所描述对象的特点，寥寥几句勾勒出来，不做精细的描摹；细描是工笔式描述，它要求运用种种技巧、手法对所描述的对象进行周密细致、精工细刻的描绘，以给幼儿留下深刻的印象。

（三）解说

解说是对人们不明白的事物、事理作分解性的说明。在教育教学中，幼儿教师经常运用解说向孩子讲授知识、讲解道理，如讲解语、诱导语等经常使用解说的口语表达形式。

1. 解说的要求。

（1）内容集中，中心明确，层次分明。很多时候，解说的内容对幼儿来说是比较陌生的，内容如果太多太杂，接受起来有难度。所以，解说时中心必须要明确，重点要突出，一次解说一般只确定一个中心，一个语段只讲一个意思；层次要清晰，要根据事物本身的条理和幼儿认识事物的特点或规律安排解说的顺序，让幼儿理解。

（2）语言要通俗易懂，遣词精当，简洁明了。解说的语言首先要通俗易懂，尽量用幼儿明白的词句；其次要简洁精当，可举例，多做比较，力图把各种抽象的道理和知识讲得简单明了，具体可感。

（3）表达时要把握好节奏和语速，在关键处可适当重复。解说时不能拖泥带水，吐字要字字清晰，让幼儿听得明明白白；解说的语速不宜太快，说到重点字词、关键的地方和难懂的术语等，要说得慢一些，有时甚至要一字一顿地说，可以辅以停顿、重音等表达技巧的使用，必要时还可以重复所说的内容，使幼儿能接受自己所说的意思。

2. 幼儿教师常用的解说形式。

根据不同的标准，解说有不同的分类方法，不同类型的解说形式也不尽相同。

（1）从解说的详略划分，解说可以分为简约性解说和详细性解说。简约性解说指用比较凝练、概括的话说明事物、解释事理。其特点是，尽量省略烦琐的说明，只用简明扼要的话，就把事物的本质属性说得清清楚楚。在简约性解说时，应注意说话前将表达内容做一番提炼，快速确定表达用语，这样才能做到话一说出口就抓住了关键。

详细性解说要求对内容进行具体细致的讲解，对细节详尽说明，不可三言两语，点到即止。其方法很多，有分解、举例子、讲特征、比较、打比方等。运用这些方法，可以把抽象的事物说得具体、形象，把难懂的道理说得浅显明白，把专业性较强的知识说得通俗易懂。

（2）从解说的风格划分，可以分为平实性解说和形象性解说。平实性解说在表达形式上的最大特点是极少修饰，用平实、生活化的口语直截了当地把事物、事理说清，语言平实，不讲究文采，贴近生活，可靠、真实。

形象性解说是用形象化的口语对事物或事理进行表述，使解说更生动、具体、可感。形象性解说需要描述，包括静态描述和动态描述。静态描述要说明其空间位置，讲清其形态、方位和结构。动态描述则要注意时间顺序和在不同时间中不同事物的状态。在描述中，适当运用比喻、描摹、拟人、借代等修辞方法，可使解说更生动、具体。例如解说时用打比方，它是用幼儿熟悉的事物作比，使幼儿对不熟悉的事物或抽象的道理有具体的理解。在形象性解说时，还可以注入自己的主观感情，这样会更有感染力。

(四)评述

评述是对客观事物(人物、事件和观点)发表自己见解的一种表达方式。其中，“述”是用叙述或描述的方法介绍要评论的内容，“评”是就内容表达自己的见解或主张，评述就是把二者结合起来，评中有述，述中有评。

评述是教育教学活动中常用的一种表达方式，教师通过评述，向幼儿讲授教育教学内容，同时表达自己的态度，幼儿学到了相关的知识，同时也体会到教师的感情倾向。评述性语言在幼儿园各活动领域中使用得很频繁，评述的内容也很广，包括幼儿的答问、活动情况、正确或不正确的言行等。教师除了独白方式的评述外，还采用师生共述共评形式，诱导幼儿进行讨论，从讨论中得出正确的结论。

1. 评述的要求。

评述要想好了再开口说，说的时候要注意：怎样“述”才体现选择性，怎样“评”才有针对性。

(1)述要真实准确，评要客观公正。述是评的基础，所述内容必须真实准确；评是目的和关键，所以评要公正，态度明朗，不可含糊其词，让人不知所云。

(2)述要言之有序，评要逻辑严谨。评述讲究论证，讲究合逻辑性。述时要紧扣主题，突出中心，清楚有序；评时要条理分明，不可东拉西扯，也不能不分主次，要讲究严谨的逻辑性。

(3)述要浅显易懂，简洁明快；评要明确达意，严密周全。述要能使幼儿较容易接受和理解，评也要让幼儿不费周折就能把握住重点和关键，所以在语言运用上，要简洁明快、浅显易懂、条理清晰。

(4)述时稍快显活泼，评时稍慢显平实。教师在评述时，“述”的语速可以稍快一些，并说得生动活泼，以调动对“评”的兴趣。“评”的语调略显平实，有时用商榷的口吻同幼儿一道评析；有时要以无可置疑的语气强调某个结论的确定性；有时可略带感情色彩，使自己所持观点的倾向性更为鲜明。

2. 幼儿教师常用的评述形式。

从评述构成方式看，教学中的评述有先述后评、先评后述、边评边述等。

(1)先述后评，这是最常用、最基本的评述方式。这种方法相对来说比较生动和直观，有利于幼儿在此基础上理解评述者提出的观点。

(2)先评后述，就是先表明自己的观点，再提出用以证明自己观点的材料。这种方法最大的好处就是能让幼儿直截了当地了解观点。但缺点也很明显，因为述在后，缺乏一个铺垫，可能会使幼儿缺乏心理准备，容易造成对所述观点把握不全或一知半解。一般来说，这种评述方式需要在特定的场合和一定的语境中使用。

(3)边评边述，这种方法把评和述紧密结合起来，它要求对材料十分熟悉，其特点是评和述融为一体，你中有我、我中有你，语言灵活多变，可以及时地把想法表达出来。当所述的内容比较繁杂或观点、见解不止一个时，可以采用这种方法。

复述、描述、解说、评述是幼儿教师开展教育教学工作最常用，也是最基本的表达形式。在具体教育教学活动中，教师经常会综合采用多种形式，复述、描述、解说、评述相结合，以达到最佳的表达效果。教师在各领域中，也经常会指导幼儿进行复述、描述、解说、评述等，培养幼儿的讲述能力，发展幼儿语言。

资料卡

幼儿教师口语要儿童化

一、学前教育专业口语教学的现状分析

1. 语言表达成人化

2. 口语训练忽视气息训练

3. 语言交际中缺失情感因素

二、儿童化语言的特征

1. 儿化语使用频度高

2. 语速较慢，语气词较多，适度夸张

3. 生动形象，趣味性强

三、学前教育专业口语训练过程中儿童化语言的实施

1. 打好语音基础，练习朗读技巧

打好了语音基础，再练习朗读的各种技巧，如重音、停顿、语速等，儿童化语言才会显得更加自然纯正。

2. 儿童化语言技巧训练

(1)儿歌训练。儿歌其实是训练儿童化语言训练的第一步，因为它短小、通俗、押韵、好记，教师很容易学习，并能在较短时间内获得儿童化语言的语感状态，更易于学生尽快地走进真实情境，回归他们的童稚，感受他们的童趣，表现他们的童真。

(2)讲故事训练。幼儿教师在讲童话故事时，应绘声绘色，努力创设一种意境，以便感染和打动儿童，使之能投入到故事情节中去，培养其倾听和理解语言的能力。另外，幼儿的思维也是一种“叙事性思维”。“叙事”通俗地说就是“讲故事”，而故事正是以生动、鲜活的情境化方式让幼儿获得属于自己的领悟。因此，无论从儿童思维发展的特点还是叙事本身的特点来看，叙事都应该

是幼儿教育的基本方式。

——刘莹：《幼儿教师口语训练中儿童化语言的运用》，载《新课程》，2013(4)。有删改

二、技能训练

[**训练一**]

要求：通过案例分析，掌握复述、描述、解说和评述等表达方式的特点和要求，能用连贯、有条理的话说出自己的意见，能模拟试讲。

步骤：

(1)自己先想一想，再说一说。

(2)小组讨论，补充修改。

(3)在小组中发言，用准确连贯的一段话说出自己的意见。

(4)师生共同讨论。

(5)自己用口语试讲，体会其中妙处。

说说下列教师口语分别采用了什么表达方式，有什么特点？你学到了些什么？自己运用语音和态势语技巧试着讲一讲，体会其中的妙处。注意理解记忆。

1. 安徒生童话《海的女儿》的开头。

海的女儿(片段)

在海的远处，是那么蓝，像最美丽的矢车菊花瓣，同时又是那么清，像最明亮的玻璃。然而它是很深很深，深得任何锚链都达不到底。要想从海底一直达到水面，必须有许多教堂尖塔一个接着一个地联起来。海底的人就住在这下面。

教师口语：

在海的远处，它是那么蓝，就像最美丽的矢车菊花瓣，它又是那么清，像最明亮的玻璃。它又是那么深，深得什么样的锚链都够不到底。要想从海底一直达到水面，必须有很多很多教堂的尖塔，一个接着一个地连起来才成。海底的人就住在这下面。

2. 给幼儿讲“望梅止渴”的由来。

“望梅止渴”是怎么回事呢？传说有一次曹操带兵打仗，找不到水喝，太阳像一盆火，晒得士兵的喉咙眼儿都冒烟了，他们肩膀上的刀枪越来越沉，两条腿像灌了铅，步子也迈不动了。这时，曹操骑在一匹大白马上，眉头一皱，计上心来。他清清嗓子，大声说道：“大家听着，这一带地形我很熟，前面不远处有一片梅树林，年年这时候，梅子挂满了枝头，又甜又酸，好吃得很。大家快走，我们采梅子好解渴！”士兵们以为是真的，顿时嘴里酸溜溜的，流出了口水，浑身也来劲了，一下子走了好长一段路，终于找到了水源。这就是“望梅止渴”成语的由来。

3. 向幼儿讲解地球结构

地球内部的构造很像我们吃的鸡蛋，它是由三部分组成：表面是地壳，相当于鸡蛋壳；中间是地幔，相当于鸡蛋清；最里面是地核，相当于鸡蛋黄。

4. 幼儿园一个班里选小组长，班上有20位小朋友参加竞选，都因为这样那样的缺点被大家否定了，老师说了下面一番话。

小朋友们，没有一个人是没有缺点的，无论小朋友还是老师，还是爸爸妈妈，都是有缺点的，当然，小组长也会有缺点，我们不能因为他有缺点就说他不好，这是不对的。大家想一想，你自己有没有缺点？对刚才发言的20位小朋友，你认为哪几个可以胜任小组长的工作，为大家做事？请你选一选。当然，小组长不是一直不变的，我们一星期竞选一次，人人都有机会参与，只要你表现好，就一定会轮到的。

——陈泽铭等，《优秀幼儿教师教育艺术99例》

[**训练二**]

要求：根据幼儿教师职业口语表达方式的特点和要求，针对具体情境，设计并运用规范简明、具体生动、富有感染力、易于沟通理解的工作语言。

步骤：

(1)先阅读材料，进入情境。

(2)自己先想一想，再说一说。

(3)小组训练，看谁说得好。

(4)补充修改。

(5)个人汇报，学生点评。

1. 阅读下列幼儿故事《笨狼阿灰》，结合训练提示，把故事复述出来。

笨狼阿灰

笨狼阿灰经常想歪点子欺负其他小动物，还得意扬扬。这一天，笨狼阿灰又吓唬小公鸡，说要吃掉他。小公鸡请求阿灰晚上再来，笨狼同意了。小动物们知道了，一起来帮小公鸡想办法。大家在小公鸡的家里布置了一些特别的陷阱。小狗说："小公鸡，这下你可不用害怕了。"笨狼阿灰一走进小公鸡家就掉进了陷阱里，大家高兴得拍手称快。

训练提示：

(1)这个故事很简短，人物刻画较简单。可以发挥想象，在人物语言、心理等方面做一些扩展，突出人物形象和矛盾冲突。

(2)抓住故事情节：起因—经过—结果，有重点、有顺序地进行讲述。

(3)注意语言的浅显生动。

(4)运用语音技巧和态势语技巧。

2. 教中班幼儿学习古诗《登鹳雀楼》，把诗歌内容描述给孩子们听。

训练提示：

(1)运用直接描述的方法，把诗歌描写的情景用现代汉语直接描述出来。

(2)主要景物是“白日”“黄河”，应对这两个意象进行具体生动的描述，突出登高远望所见的壮观景象。

(3)注意口语的感情色彩。

3. 针对“撞车”事件，为幼儿讲清道理，解决孩子们的争端。

红红走到睡眠室门口突然停下来，她后面的点点正搬着椅子快速走过，结果红红被撞到，哭了起来。点点却理直气壮地说：“大家都进睡眠室了，你干吗不进去?”红红哭着说：“我忘记放书了。”作为教师，你该怎么说?

训练提示：

(1)“撞车”必然与“交通规则”有关，所以可以从交通规则方面入手，向孩子们解说，以此教育孩子们。

(2)注意解说内容要具体，讲清“是什么”“为什么”“怎么做”。

(3)注意语言的条理性，先说什么，后说什么，要安排好。

(4)注意语气语调。

4. 班上有些幼儿总爱跟小朋友争东西：争图书、争玩具、争大口杯，你认为必须制止这种现象，对此你要面向全班同学讲清道理，如何讲?

训练提示：

(1)对这种现象可以采用评述，叙述现象，分析错误。

(2)可灵活采用不同的评述方式。

(3)注意语言要具体，条理性强。

(4)注意语气语调。

[**训练三**]

说明：这个板块有些难度，没有提示，没有情境。自己必须预设情境。第3、第4题针对已有见(实)习经验的同学。

要求：模拟教学情境，讲一段符合各种表达形式要求的话，初步探索如何运用教师职业口语进行教育教学活动。

步骤：

(1)先预设情境，进入情境。

(2)设计一段话，说一说。

(3)在小组中讨论和试教。

1. 向中班幼儿描述春天幼儿园的美丽景象。

2. 向大班幼儿解释二十四节气。

3. 针对见(实)习班级出现的某种不良倾向，用评述的方式教育孩子们。

4. 针对见(实)习班级出现的某种良好的现象，综合运用多种方式对这种现象进行肯定，强化孩子们良好的行为习惯。

项目小结

本项目主要从幼儿教师职业口语的特点和要求，以及教育教学口语中常用的技巧、表达方式等几个方面进行学习和训练。通过案例引入、理论与方法的学习，案例分析和模拟情境训练，掌握幼儿教师职业口语表达方法，能恰当运用语音技巧和态势语技巧，恰当运用修辞手法和各种表达形式开展教育教学活动。本项目遵循理论与实践相结合的原则，在训练中，由易到难，由案例的分析学习到自主地表达，形成阶梯式训练，使学生能力逐步提高。

项目十
幼儿教师教育口语训练

项目训练目标

1. 掌握幼儿教师教育口语的特点、要求、类型和原则。

2. 掌握各类教育口语的运用技巧。

3. 能运用沟通语、表扬语、激励语、劝慰语、说服语、批评语的技巧进行教育口语的表达。

幼儿期正是逐渐形成正确的品德、行为、情感的时候，肯定幼儿的优点、长处，纠正他们的不良行为，是幼儿教师的责任。幼儿的身心发展离不开教师的教育，要使教育收到良好效果，必须讲究方式和语言艺术。

任务一　认识幼儿教师教育口语

任务要点

通过案例，从感性上认识幼儿教师教育口语，再从理论上了解幼儿教师教育口语的特点、要求和原则，最后通过案例分析和情境训练，学会用比较恰当的教育口语对幼儿进行教育。

案　例

中六班的数学活动时间，内容是分类活动“快乐的小鱼”，活动刚开始，涵涵和邻座的桥桥就(对自己的话题)讲个不停，而且声音越来越响。老师请他俩回答问题都答不出来，老师请其他小朋友帮忙回答，又让他俩重复了一遍，这次两个人都讲对了。最后老师说：“看看，只要上课认真听，你们都能回答对问题，都是聪明的孩子！涵涵，你的座位离老师有点远啊，所以你听不清楚老师说话。来，换到前面一点就能听清楚了。”这下，涵涵和桥桥在接下来的时间听得很认真，都积极回答问题。

——冯伟群，《幼儿教师临场应变技巧60例》

上面这个案例，在教学活动过程中，老师没有呵斥幼儿，而且这位老师还认为，千万不能在全班幼儿面前训斥讲话的幼儿，如果这样做，会破坏课堂气氛，打断教学的连贯性。老师用了一段非常好的教育口语，在鼓励孩子的同时，也间接提出了上课的要求。这段口语充分运用了委婉的技巧，体现了民主性、肯定性、指导性等原则，尊重幼儿，以表扬鼓励为主，适时适当提出要求，达到了很好的教育效果。

一、理论与方法

幼儿教师教育口语就是指教师在对幼儿进行思想品德、行为规范的教育时使用的工作用语。

《幼儿园教育指导纲要(试行)》指出，幼儿园教育应当贯彻国家的教育方针，坚持保育与教育相结合的原则，对幼儿实施体、智、德、美诸方面全面发展的教育，全面落实《幼儿园工作规程》所提出的保育教育目标。3～6岁是儿童身心发展的关键时期，教师的引导作用十分重要，这一时期也是儿童语言发展的关键时期，对教师的语言十分敏感，这就要求幼儿教师口语具有较好的效果。幼儿教育的特殊性决定了幼儿教师教育口语与其他口语不同的特点、要求和原则。

(一)教育口语的特点和要求

幼儿教师教育口语是幼儿教师在长期教育实践中产生的，在良好的一般口语的基础上形成的，符合幼儿教育规律，适应幼儿心理特征、语言发展及认识规律的专门的工作用语。幼儿教师运用教育口语对幼儿进行思想品德、行为规范教育，具有明理启智、简明规范、具体鲜明、富有童趣的特点。

1. 明理启智。

对幼儿来说，重要的不是灌输道德认识和道德观念，而是促进其道德情感的萌发，培养其良好的品德、行为，发展他们良好的个性。教育口语从表达内容到表达形式都是为这一目标服务的。

2. 简约规范。

幼儿期正是学习语言的黄金时期，幼儿语言的获得主要是通过自然观察与模仿而习得。这一阶段，教师无疑是幼儿模仿的对象和学习的榜样，所以教师的语言必须规范。而幼儿自身的特点又要求教师的教育口语必须简洁、通俗、易懂。

3. 直白具体。

幼儿年龄小，对教师的语言只能按表面的意思去理解，所以教育口语的使用就必须直白、具体，具有可操作性，便于幼儿领会，从而达到教育的目的。

4. 语言幼儿化。

语言幼儿化是指教师语言贴近幼儿生活，符合幼儿心理特征，富有幼儿情感趣味。

(二)教育口语的原则

幼儿教师教育口语有其自身的特点和规律，所以幼儿教师运用教育口语应遵循以下几种原则。

1. 民主性原则。

民主性原则就是教师在教育幼儿时尊重幼儿，把幼儿当作平等、独立的主体去对待。《幼儿园教师专业标准(试行)》明确提出“幼儿为本”的理念，要求幼儿教师要“尊重幼儿权益，以幼儿为主体，充分调动和发挥幼儿的主动性；遵循幼儿身心发展特点和保教活动规律，提供适合的教育，保障幼儿快乐健康成长”。在幼儿园教育口语的使用中，要对幼儿进行正面引导，语言恳切坦诚，语气自然平和，并且要充分尊重幼儿的意见，允许幼儿与教师平等地争辩，给幼儿表述自己观点的机会，使幼儿“亲其师，信其言”。

2. 针对性原则。

《幼儿园教育指导纲要(试行)》指出：“幼儿园教育应尊重幼儿身心发展的规律和学习特点，充分关注幼儿的经验 ”“幼儿园教育应重视幼儿的个别差异，为每一个幼儿提供发挥潜能，并在已有水平上得到进一步发展的机会和条件”。教师在教育过程中要因人、因事、因时、因地而采取不同的教育口语。

(1)对活泼、外向型幼儿说话时，不要用暗示法，话要说得非常具体、明白，点到问题的核心，语气要肯定，不容置疑，目光要直视他，适当增加态势语，不然，他很可能对教师的话听不进去。

(2)对安静、脆弱型幼儿要多用鼓励的话语，用悦耳、活泼的语调，面带微笑的表情，鼓励和引导他参加集体活动。同时，注意启发他能多角度、多侧面地思考和解决问题，使他思维活跃，性格开朗起来。

(3)对兴奋、冲动型幼儿要特别注意自己的教育方法和语言，简单的批评只会触怒他，给教育带来更大的难度；在和他说话时，音量要低，语言要婉转，语气要柔和，动之以情，晓之以理，尽量做到既触动他、说服他，又不致触怒他。

(4)对抑郁、孤僻型幼儿要尽力及时肯定；千万不要在公开场合批评他；教师与之谈话时要从他感兴趣的话题开始，语气要亲切，语调要柔和，让他慢慢产生一种成功感；讲话时还可以拉着他的手，让他产生信任感，感觉老师是喜欢他的。

3. 肯定性原则。

肯定性原则要求教师要尊重幼儿、肯定幼儿，使幼儿认识自己的长处，相信自己的力量。教师对幼儿的肯定，不仅让幼儿体验到教师的理解、尊重与接纳，而且感受到教师对自身发展潜力的肯定，非常有助于儿童形成积极的自我意识，能更主动地内化教育要求，不断进行自我完善。教师要善于发现幼儿的闪光点，及时给予表扬肯定，使幼儿认识自己的长处、相信自己的力量。

4. 指导性原则。

幼儿教师教育口语要对幼儿的行为有一定的指导意义。首先要适时适当，抓住时机，以理服人，既不能毫无目的地表扬，又不能简单粗暴地批评，要善于沟通和诱导。其次要在方法上给予具体指导，语言浅显易懂，直白具体，什么是对的，什么是不对的，要怎样做都要讲明白。切忌说反语，让幼儿难以理解，也不宜总以老师喜欢不喜欢来评价幼儿言行。

(三)教育口语运用技巧

幼儿教师要使自己的教育口语起到更好的效果，就必须注意各种技巧的运用。

1. 委婉的技巧。

委婉是幼儿教师常用的表达技巧。所谓委婉，就是说话时有意绕个弯子，或用迂回，或用暗示，曲折地表达自己的意思。它是在特定的教育语境中，为了与幼儿缩短心理距离，使其接受教育并促其转变时所用的表达技巧。

2. 沟通的技巧。

在幼儿园里，运用沟通技巧的主要目的是用爱的情感开启幼儿的心扉，是教师与孩子之间的“爱”的交流。在与孩子交流时，要避免以下两种情况出现。

一是沟通错位，即故意岔开幼儿的语意指向，从贬抑或否定的角度，答非所问地同孩子说话。

二是情感反差，在与幼儿沟通时，情感的“热度”要尽量一致，不出现反差，如果以冷对热，沟通就会受阻。当孩子主动同老师说话时，冷漠、草率或敷衍都是不相宜的。

3. 直表的技巧。

直表，就是直截了当、清楚明白地说出自己的意思。为了使幼儿形成某种是非观念、具备某种行为能力，教师要有要言不烦地把话说清楚的表达能力。从教育功能上说，某种情况下的干净利落的直表，既可以调动孩子的思维，也可以使孩子对必须掌握的知识、观点和技能要领留下明晰的印象。

4. 倾听的技巧。

幼儿教师要平等地对待幼儿，给幼儿表达自己观点的机会，就要学会倾听，从倾听中了解幼儿的真实想法和真实情感，了解幼儿对事物的认识水平和理解能力，从而恰当地做出回应。

资料卡

幼儿教师该说和不该说的话

幼儿教师 10 句最值得说的话：

1. 相信你可以做得更好！
2. 你真是小朋友的好榜样！
3. 小朋友们要友好，因为我们都是好朋友！
4. 大家都很喜欢你！

5. 没关系，再试一试，你一定能成功！
6. 你来了，老师可想你了！
7. 你的声音真好听，能再大声点吗？
8. 你有进步，继续努力！
9. 改正错误就是好孩子！
10. 你还真是老师的好帮手！

幼儿教师10句最不该说的话：

1. 你怎么那么笨，大家都会就你不会！
2. 你给我闭嘴！
3. 你给我滚到一边去！
4. 再学坏，晚上不要回家了！
5. 这点小事都不会，爸爸妈妈怎么教你的！
6. 明天别来幼儿园了！
7. 你肯定在说谎，没人会相信你！
8. 就你最坏了！
9. 大家都不要和他(她)做好朋友！
10. 随便你，不管你！

二、技能训练

[**训练一**]

要求：通过案例分析，掌握幼儿教师教育口语的特点、要求、原则以及相应技巧。

步骤：

(1)自己先想一想，再说一说。

(2)小组讨论，补充修改。

(3)在小组中发言，用准确连贯的一段话说出自己的意见。

(4)师生共同讨论。

1. 说说下列幼儿教师教育口语有什么特点，遵循了什么原则？

(1)幼儿园里陆医生和豆豆一起演示了怎样擦鼻涕，然后发给每个小朋友纸巾，要小朋友们一起来学一学。西西拿着纸巾不愿意学，说："我又没流鼻涕，我不要。"有好几个小朋友都没有兴趣。老师走到豆豆身边，边看着豆豆擦鼻涕边大声说："宝宝流鼻涕，拿出小手帕，按住小鼻子，用力擤一下，轻轻擦干净，鼻涕不见啦！哇，豆豆你好棒啊！"小朋友们听见老师夸豆豆，一下子就被吸引住了。老师趁机说："小朋友，原来擦鼻涕还能念好听的儿歌呢，我们一起来边念儿歌边学擦鼻涕，好吗？”这下，孩子们可有兴趣了，一个个念得可起劲了。不一会儿，都学会了擦鼻涕的方法。

——尹坚勤等，《幼儿园教师专业标准(试行)案例式解读》

(2)恒恒是一个有攻击倾向的孩子，孩子们都怕他，老师也经常点他的名。有一次，班上有小朋友找不到玩具，小朋友们都认为是恒恒拿的，恒恒坚持自己没拿，并握紧拳头。老师觉察出这次恒恒没有做坏事，眼下是一个不错的教育契机。老师对孩子们说：“你们没有看到恒恒拿然然的玩具，就不能随便乱说。老师没有看见的事情也不会乱说的。恒恒平时虽然有很多缺点，但是他也有很多优点啊！他上课爱举手，回答问题也很大声。你们谁还能说出他的优点？”小朋友们都说出了恒恒的优点。老师又说：“对呀！恒恒有这么多优点，还是好孩子，对不对？他就是有些小毛病，我们一起来帮助他改正，好吗？”“好！”“那就请每个小朋友上来轮流拥抱一下恒恒，并对他说一句话。”孩子们都拥抱了恒恒，还跟他说了鼓励的话，恒恒和小朋友们拥抱，并对他们说“谢谢！”

——陈泽铭等，《优秀幼儿教师教育艺术99例》

2. 下列例子中老师的教育口语为什么会失败，违反了什么原则，如果换成是你，你会怎么说，请把你要说的话说出来。

幼儿园智力活动，老师正组织孩子们做一些智力游戏。老师要求孩子们都坐好，多多却在椅子上动来动去，老师见此情景大声说：“我看谁还没有坐好！”多多一听，赶紧坐好。活动继续，不一会儿，多多又和旁边的小朋友说起话来，老师眼睛看着多多并且提醒他：“我看还有谁在说话。”孩子们都不敢说话，老师继续组织教学活动，才说几句话，多多开始说话了，老师马上板起脸：“闭嘴，你有完没有完啦！”说完，把书往桌上一扔。下面的孩子吓得不敢说话，多多也赶紧坐好，不敢动了。一会儿老师去旁边拿东西，多多开始快速翻书。老师看见了：“哟，你这是在干吗？做电风扇啊！”其他小朋友一听，也学着他的样子不停地翻书，做起了“电风扇”。教室一下子失控！

——尹坚勤等，《〈幼儿园教师专业标准(试行)〉案例式解读》

3. 有些老师会告诉大班小朋友：“我们班里可是安了摄像镜头，哪个小朋友做了什么坏事，就会被拍下来。这个摄像头可是连着园长办公室呢，谁做得不好，园长就会把他叫到园长办公室去。”你觉得这段教育口语说得好不好，为什么？结合理论说说你的理由。

[**训练二**]

要求：根据幼儿教师教育口语的特点和要求，针对具体情境，设计并运用具有适宜性、感染性，清楚明白的口语。

步骤：

(1)先阅读材料，进入情境。

(2)自己先想一想，再说一说。

(3)小组训练，看谁说得好。

(4)补充修改。

(5)个人汇报，学生点评。

1. 女孩曼曼长相平常，性格内向，不爱说话，做事慢条斯理，优柔寡断，干事情总是少股冲劲……渐渐地小朋友们都叫她“小慢慢”。在一次小组 PK 形式的数学活动中，与曼曼同组的小朋友埋怨曼曼拖累了他们，害他们又得了最后一名。曼曼显得特别委屈。作为教师，这时候你应该怎么说？

训练提示：教师要遵循针对性原则，与曼曼沟通。

2. 中班的利利和乐乐平时爱欺负小朋友。可今天他们在操场看到小班一位小朋友摔伤了，就把他抬到卫生室。你发现这件事后，在班上会怎么说？

训练提示：要注意抓住幼儿的“闪光点”，及时适当地进行教育。

3. 户外活动时，大班的小涛不好好玩，一会儿追这个小朋友，一会儿打那个小朋友，一会儿又占着器械不让别人玩。请对他进行教育。

训练提示：针对幼儿特点，采用直表的方式。

[**训练三**]

说明：这个板块有些难度，没有提示，没有情境。自己必须预设情境。

要求：模拟教学情境，讲一段符合教育口语要求的话，初步探索如何运用教师口语进行教育活动。

步骤：

(1)先预设情境，进入情境。

(2)设计一段话，说一说。

(3)在小组中讨论和试教。

1. 设计一段话，告诉小班幼儿不能挑食。

2. 设计一段话，告诉中班幼儿阅读时要安静、专心。

3. 设计一段话，教育大班幼儿不要争抢玩具。

任务二　幼儿教师教育口语运用训练

任务要点

通过案例，从感性上认识幼儿教师如何运用教育口语对幼儿进行引导，再从理论上了解幼儿教师教育口语的类型和运用方法，最后通过案例分析和情境训练，掌握各类幼儿教师教育口语的特点和要求，能用比较恰当的教育口语对幼儿进行教育。

案　例

萱萱是一个内向胆小的女孩子，不太喜欢体育活动。在一次“跳马”活动中，轮到萱萱的时候，她一个劲儿地说：“我不会跳！我跳不过去的！我害怕！”老师走到萱萱身边，亲切地问道：“萱萱，怎么啦？遇到困难了？”萱萱差点哭了：“我不会跳，我害怕，我肯定跳不过去的！”老师没有进一步提出要求，而是把她带到练得好的同伴那里观看。……萱萱看得很认真，看到同伴跳过去，还和同伴一起欢呼。老师对萱萱说：“萱萱，小伙伴们棒吗？”“太棒了！”萱萱马上回答。“你也可以和他们一样棒哦！说不定比他们还棒呢！”“真的吗？我跳不过的！”“当然不会，不试试你怎么知道？来，我们来试一试！老师会帮助你的，一定没问题！”在大家的鼓励下，萱萱愿意试一试。于是，老师把“跳马”高度放低了一格：“你先试试这个小马，一定能跳过，老师站在边上，你跑过来时，我会保护你的。”……最后萱萱成功完成跳马动作，随后，老师又让萱萱继续练习和同伴一样的高度。

——冯伟群，《幼儿教师临场应变技巧 60 例》

幼儿园中教师对幼儿的教育是随机随时进行的，教师要充分了解幼儿，分析原因，找准对策，恰当地运用各种教育口语对幼儿进行教育，培养幼儿良好的行为习惯、心理品质和道德品质。在上面这个案例中，教师十分了解幼儿，所以一开始教师通过言语和非言语沟通走近幼儿，接着又通过言语和榜样示范鼓励幼儿试一试，并通过教师帮助、降低难度等语言策略来安抚幼儿，使她消除畏难心理，最后成功地完成动作，并能练习和小朋友跳一样的高度。在这个过程中，教师抓住时机，成功地运用了沟通语、激励语、劝慰语等教育口语，使教育收到良好效果。

一、理论与方法

幼儿期正是逐渐形成正确的品德、行为、情感的时候；肯定幼儿的优点、长处，纠正他们的不良行为，是幼儿教师的责任。要使教育收到良好效果，必须讲究方式和语言艺术。常用的教育口语有以下几种。

(一)沟通语

沟通语是教师用于与幼儿沟通交流的一种教育口语。沟通语是幼儿教师最常用的一种教育口语。沟通是在了解对方处境、心情的前提下，选择恰当的内容和表达形式与对方进行交流，以争取对方认同或配合的言语策略和技巧。幼儿教师与幼儿沟通，就是在充分了解幼儿兴趣、需要、性格及心智发展水平的前提下，选择符合幼儿特点，能为幼儿所接受的语言与幼儿交流。良好的沟通能产生良好的师幼互动的效果，幼儿能感受到教师的关爱，接纳老师，大胆表达自己的意见；教师能走进幼儿的内心，发现其所想所需，及时调整教育策略，从而促进幼儿身心的健康发展。

沟通包括言语沟通和非言语沟通两种方式。

1. 言语沟通。

言语沟通就是教师运用一定的语言技巧与孩子进行沟通和交流，主要方式有：

(1)发起谈话，寻找话题。教师要尊重幼儿的情感，寻找幼儿感兴趣的话题，鼓励孩子开口。

(2)语脉接引，构成话轮。教师在幼儿谈话的时候，要善于倾听，当幼儿表述自己的情感时，教师不要随意打断，幼儿说完要顺着幼儿的意思接话，在一轮一轮的会话中，了解幼儿的心理，引导儿童认同自己的观点。

(3)互补交流，保持话题。在言语沟通中，幼儿没说到或无话可说的时候，教师要及时诱导，适时补上一两句，构成新的话轮，保持话题，引导幼儿表达出情感或养成良好的行为习惯。

2. 非言语沟通。

非言语沟通，就是教师通过态势语来进行的一种沟通方式。这种方式一般表现为动作体态(如手势、表情动作、体态语言等非语言交往手段)、目光接触系统(眼神、眼色)、辅助语言(说话的语气、音调、音质、音量、节奏等)以及空间运用(身体距离)等。幼儿语言不是很发达，认识直观，用非言语沟通能辅助言语沟通，产生更好的互动效果。

运用非语言与幼儿沟通应掌握以下技巧。

(1)用表情与孩子交流。通过微笑，表达对孩子的欢迎、接纳、支持、关心等情感，通过皱眉表达对孩子的提醒等。

(2)用眼睛表达对孩子的关注。眼睛是心灵的窗户，孩子们会领会教师用眼睛所传达的信息。

(3)用动作表达与孩子的亲密关系。采用蹲下来与孩子说话的沟通方式，能使孩子意识到自己与老师是平等的、受尊重的，易于产生接受教育的良好心境，如果总是仰视老师，孩子就容易产生自卑感、距离感；采用抚摸孩子身体的沟通方式，能让孩子感受到老师对他的关注和喜爱。

(4)斜对着或与孩子并排进行沟通。与孩子沟通的距离与位置要适当，教师与幼儿说话时的距离一般不超过一米，如果与幼儿单独说话，距离可不超过一尺。与孩子谈话时斜对着或与孩子并排坐(并肩同行)朝着同一个方向，会使孩子感到轻松自然没有压力。

(二)表扬语

表扬语是一种对幼儿思想和行为给予肯定性评价的语言，恰当地使用表扬语，可以让幼儿发现自身的积极因素，提高幼儿辨别是非的能力，满足幼儿被尊重、被肯定、被赞赏的心理需要，带给幼儿愉悦的心理体验，激发他们发现自我、完善自我的要求，从而形成积极向上、不断进取的人生态度。同时，用公开的形式对幼儿的某些方面予以肯定的评价，这本身又是一种教育导向，是用榜样的力量影响集体中其他幼儿的有效教育手段。老师的表扬还可以培养幼儿欣赏他人、赞赏他人的健康心态，为其今后形成完善的人格打下良好的基础。

运用教育口语进行表扬的要领主要有以下几点。

第一，善于发现幼儿的“闪光点”，及时“热处理”“助燃”。

第二，表扬要具体，要表扬幼儿行为过程而非单单表扬结果。

第三，说话要恰如其分，言过其实的“拔高”会助长骄傲自满的思想。

第四，表扬不同性格特点的孩子要使用不同方式的表扬语。

第五，语态要真诚，语调要热情。

(三)激励语

激励语就是教师激发、鼓励幼儿时所用的教育口语。幼儿自身的性格、爱好还不确定，情感起伏不定，他们的兴趣和热情很大程度需要教师的激发与鼓励。当幼儿遇到挫折、有畏难情绪、自信心不足的时候，教师用激励语帮助他们树立信心，推动他们向前进；幼儿获得成功体验的时候，教师用激励语鼓励他们向更高目标迈进。激励语和表扬语都是对幼儿的行为表现予以肯定的教育方式，目的都是调动幼儿的积极性。但激励语在肯定幼儿行为结果的基础上还提出了更高目标。

运用激励语要注意以下四个问题。

第一，从正面肯定入手，帮助幼儿树立信心。激励语常常针对自信心不足的幼儿，教师要用正面肯定的语言、肯定的语气，使他们树立信心、肯定自己。

第二，激励要明确具体，以目标激励，导之以行。除了告诉孩子“你能行”之外，还要指出如果怎么做，就能把事情做好。

第三，激励还可以以榜样鞭策，激发上进。在表扬肯定幼儿的基础上，鼓励全体幼儿以此为榜样，激发他们的上进心。

第四，激励用语要肯定，语气要亲切，充满热情，还应适当运用态势语技巧。

(四)劝慰语

劝慰语就是教师在幼儿心情不愉快时，对其进行劝慰时的教育口语。在幼儿园中，幼儿常会因为各种不适或意愿未被满足等而造成不快，教师要分析其不愉快的原因，运用恰当的劝慰语，帮助幼儿尽快走出不良心境。真诚、恰当、及时的劝慰语能够安抚幼儿的不良情绪，化解幼儿心中的消极情感，达到鼓励幼儿以积极的状态投入到活动中去的目的。

运用劝慰语要注意因人而异：对于较活泼外向的幼儿要直接明了，设法转移他的注意力；对安静脆弱容易焦虑的幼儿，教师要有耐心，表现出同情理解，并给予积极暗示；对于抑郁孤僻的幼儿，教师要不厌其烦，设法引导其转移注意力或离开引发不良情绪的环境。

(五)说服语

说服语就是教师通过摆事实、讲道理，循循善诱，使幼儿接受某种意见或主张的一种教育口语。教师通过生动的语言来阐明道理，影响、改变幼儿原来的想法、态度和行为；在幼儿发生争执和纠纷时，让幼儿学会识别和感受他人的情感，控制自己的消极行为，从而进一步做出互助、分享和谦让等积极行为。

运用说服语要注意以下几点。

第一，尊重幼儿，正面说服，摆事实、讲道理、说危害、提要求。

第二，目的明确，了解幼儿做事动机，分析原因，有的放矢。

第三，情理结合，以理服人，以情动人，可以通过讲述生动的事例和故事来讲清道理，说服幼儿。

第四，适度减轻用词分量，淡化贬义色彩，语速要慢一点，语速语态要平稳。

(六)批评语

批评语是对幼儿某种不良言行进行否定性评价的语言，目的是让幼儿警觉，自觉纠正缺点或错误。教师运用批评语是对幼儿错误行为的告诫，是对幼儿正确行为的塑造。每个孩子都是在犯错误中长大的，教师要允许孩子犯错误，恰当地使用批评语帮助孩子认识错误，改正错误，不断进步。

运用批评语要注意以下几点。

第一，控制情绪，用语客观，批评不是教育者的自我满足。

第二，一事一评，就事论事，忌算总账，忌做结论式批评。

第三，适时适当，有的放矢，批评目的要明确，在不同场合，要选择不同的方法批评孩子，对于不同性格特点的孩子采用不同的批评方法。

第四，重说危害，刚中带柔。批评重在让孩子意识到错误行为可能带来的后果，要让孩子知道老师的批评不是对他(她)的嫌弃，而是对他(她)的爱。

幼儿教师教育口语的运用不是机械地套用某种用语的方法。其运用要遵循教育口语的原则，遵循教育的原则，充分考虑幼儿年龄特点、心理特征和认知能力，“一切为了孩子，为了一切孩子”。

资料卡

与幼儿沟通应注意的问题

1. 熟记幼儿的名字。
2. 选用适当的语言。
3. 老师眼光要与孩子直接接触。
4. 说话语调和速度要适当。
5. 语气要和善。
6. 善于倾听。

二、技能训练

[**训练一**]

要求：通过案例分析，掌握不同类型幼儿教师教育口语的特点及运用的方法，能用连贯、有条理的话说出自己的意见。

步骤：

(1)自己先想一想，再说一说。

(2)小组讨论，补充修改。

(3)在小组中发言，互相评议。

(4)师生共同讨论。

1. 说说下列案例中教师运用了哪一类型的教育口语，好在哪里，从中你学到些什么？

(1)在一次活动中，各组孩子都在愉快地摆弄着各种功能玩具，老师走动着，观看着。活动结束了，老师指着右面一组桌面上一列长长的火车问："这列火车是谁搭的?"没有人回答。老师又说："搭这列火车的人举手。"有六个孩子举起手。老师指着其中一个孩子问："是你搭了这列火车吗?""不，我只搭了火车头。"老师依次问了其他五个孩子，他们都讲述了自己搭造了火车的某一部分。老师听完后，表示醒悟地说："怪不得！我本来很奇怪，谁本领这么大，这么短的时间就搭了这么长这么漂亮的一列火车，原来是六个人一起干的，所以搭得又快又好。"

——人民教育出版社中学语文室，《听话和说话》

(2)畅畅是个很内向的中班幼儿，平时不爱说话，但总爱亲她喜欢的小朋友，弄得小朋友总是躲着她。一次，畅畅站队时亲了她旁边的尧尧，尧尧很不高兴地说："别碰我，烦人!"老师听到声音走过去，问畅畅："畅畅，你为什么亲尧尧呀?"畅畅说："我喜欢她呀，想和她做好朋友。"老师微微一笑说道："畅畅想和别人做好朋友，可以用好多种办法的，不一定非要亲小朋友呀，你可以摸摸她的小手，拉拉手也可以成为好朋友的。你看你没有经过尧尧同意就亲了她，尧尧不高兴了，再说也很不卫生呀，这样，你过去拉拉尧尧的手，说要和她成为好朋友，我想尧尧也会很高兴和你做好朋友，不会再烦你了。”

——李莉，《教师口语训练教程》

2. 下列两段教师口语，你觉得谁说得好？为什么？结合理论说说你的理由。

（有个孩子不喜欢吃白馒头，把吃了一半的馒头扔进厕所里）

教师 A：是谁把馒头扔在厕所里？是谁干的？谁家那么有钱，孩子这么挑食？是想把厕所堵住吗？谁？给我站出来。

教师 B：厕所里怎么能扔馒头呢？把厕所堵住了，我们教室是会很臭的。小孩子不能挑食，什么东西都要吃才能长得壮壮的。馒头可有营养了，要和汤一起吃下去，小朋友们都要记住了。如果确实吃不下，交给老师，老师交给收剩饭的叔叔，让他拿回去喂猪，可不能浪费了。这次老师把这半个馒头处理掉，是哪个小朋友不小心把馒头扔进厕所里，等会儿自己悄悄来告诉老师，以后不这样做就好了。

3. 有一次老师上课，讲到某种水果，老师放了水果幻灯片，让孩子们猜猜这是什么水果，一个刚才没有专心听讲的幼儿马上说：“樱桃。”老师看了看他，然后说：“如果你能专心听讲的话，说不定下课会给你一颗樱桃。”你觉得老师说得好吗？为什么？结合理论说说你的理由。

［**训练二**］

要求：根据各类幼儿教师教育口语的特点和要求，针对具体情境，设计并运用恰当的教育口语，教育孩子养成良好的行为规范。

步骤：

(1)先阅读材料，进入情境。

(2)自己先想一想，再说一说。

(3)小组训练，看谁说得好。

(4)补充修改。

(5)个人汇报，学生点评。

1. 上美术课的时候，老师教小朋友们画猫，红红坐在小椅子上，咬着自己的小手，不动笔。老师问她为什么不跟老师学画猫。红红说她不喜欢猫，就不画猫。这时候，如果你是这位美术老师，你要怎么对红红进行诱导？

训练提示：可采用沟通和说服等方式对幼儿进行诱导，注意探明原因。

2. 中班午睡时间，卧室里有些小朋友已经安静睡了，有些小朋友还在动来动去，有的在小声说话。针对这种情况你要选择什么时机对孩子进行教育？如何做？

训练提示：注意其他小朋友已经睡了，教师教育幼儿要注意不影响其他小朋友，注意时机的把握。

3. 小班的苗苗，每次老师跟她说话她都低着头做自己的事情，很长时间才应一声“嗯”，针对这种情况，你要对苗苗说些什么话？

训练提示：教师要善于提问，寻找引起幼儿注意的话题。

[**训练三**]

说明：这个板块有些难度，没有提示，没有情境。自己必须预设情境。

要求：模拟教学情境，讲一段符合教育口语要求的话，初步探索如何运用各类教师口语进行教育活动。

步骤：

(1)先预设情境，进入情境。

(2)设计一段话，说一说。

(3)在小组中讨论和试教。

1. 设计一段沟通语，告诉小班幼儿不要把玩具带回家。
2. 设计一段表扬语，在大班表扬认真听讲的小朋友。
3. 设计一段激励语，鼓励不爱发言的孩子大胆说话。

项目小结

本项目主要从幼儿教师教育口语的特点、要求类型和原则，以及各类教育口语的运用技巧等几个方面进行学习和训练。通过案例引入、理论与方法的学习，案例分析和模拟情境训练，掌握幼儿教师教育口语的特点、要求、原则和类型，能遵循教育口语的原则，恰当运用各类教育口语教育引导幼儿，帮助幼儿养成良好的行为规范、心理品质和道德品质。本项目遵循理论与实践相结合的原则，在训练中，由易到难，由案例的分析学习到自主地表达，形成阶梯式训练，使学生的能力逐步提高。

项目十一
幼儿教师教学口语训练

项目训练目标

1. 掌握幼儿教师教学口语的特点、要求和类型。
2. 掌握各类教学口语的运用技巧。
3. 学会恰当使用导入语、讲解语、提问语、结束语、评价语进行教学活动。
4. 学会运用口语应对课堂突发的事情。

幼儿园的教育工作目标是要促进幼儿素质的全面提高和个性的充分发展，在幼儿园的教育情境中，教师有目的地组织和指导幼儿进行各种各样的学习活动，在活动中，幼儿教师通过教学口语的运用，传递知识技能、表达态度情感，教书育人。

任务一　认识幼儿教师教学口语

任务要点

通过案例，从感性上认识幼儿教师教学口语，再从理论上了解幼儿教师教学口语的特点、要求，最后通过案例分析和情境训练，学会用比较恰当的教学口语开展教学活动。

案　例

教师在讲授“食物的消化之旅”(第二课时)“食道”的作用。老师先出示食道的幻灯图片，问：“这是什么?”幼儿：“这是食道。”老师：“好，现在我们来说说，食道有什么作用。”幼儿：“就是让你去消化。”老师：“哦，对。它是可以帮助消化。它是怎么帮助消化的呢?”幼儿：“就是先放嘴巴里嚼，嚼完以后呢，通过食道，一直到胃。”“嗯，说得很好。食物会通过食道，食道是我们食物的通道。你们知道，把食物放在通道里，食道做了什么事情吗?”幼儿：“会搅碎。”“哦，它会把它弄碎的。它会有消化的功能。我来做个示范给你们看。”

老师拿出一根软管子，里面有一个小球，一边挤管子，使小球慢慢往下动，一边说，“如果这是一根食道，这是食物。食物从嘴巴里吃下去，食道呀，会做这个动作。”幼儿：“把它挤下去。”老师：“对，它会不停地往下挤，我们用一个词，叫蠕动。蠕动就是慢慢地动。大家把这个词说说看。”全体幼儿：“蠕动。”老师：“对。食道不停地蠕动，把食物向下推，推到哪去呀?”“推到胃。”老师：“对了，它最主要的作用就是蠕动。如果你们是食道，你们如何来做蠕动的动作呀?”幼儿在下面做动作，老师：“好，我们一起来动动看。我们来蠕动啰，我们一起来把食物向下推。来来来，往下推，往下推，大家往下推。好，坐下来。”老师和幼儿一起做动作，身体往下缩，表示蠕动，然后幼儿坐下来。

这是一个融合了健康领域、科学领域和语言领域相关内容的整合活动。在这个活动中教师成功地运用了教学口语进行导入提问、讲解，适时适当地对幼儿的回答进行回应。教师通过规范明确的语言讲明食道的功能——通过蠕动帮助消化，又通过不断的、一层更进一层的提问，启发幼儿表达。在语言表达的同时，还让幼儿用动作表现出来，直观形象。虽然是解说性的讲述，但教师的语言富有童趣，紧紧抓住了幼儿的注意力，使幼儿在愉快、和谐的气氛中学习。

一、理论与方法

幼儿教师教学口语是教师在幼儿学习活动中为达到教育目标，完成教学任务所使用的语言，是幼儿教师职业口语的重要组成部分。教师根据教学任务，针对特定的教学对象，确定学习内容，按照一定的方法，设计、运用教学口语，指导幼儿参与到各种学习活动中，引导幼儿在活动中探索与表达。

(一)教学口语的特点和要求

幼儿教师教学口语是幼儿园开展教育教学工作的必备工具，直接关系到幼儿园教学质量和幼儿思维水平、语言水平的提高。幼儿能否主动、愉快地参与到活动中来，并且注意力高度集中地将活动进行到底，很大程度上取决于教师的教学口语的质量。因此，教师教学口语必须规范准确，为幼儿容易接受，而且还要生动形象，为幼儿乐意接受。

1. 规范性。

幼儿教师的教学口语规范主要是指教学内容的规范和教学语言的规范。

(1)教学内容规范。幼儿教师所传授的知识必须是科学的、准确的，符合客观规律的。

(2)语言规范。主要表现在以下方面。

首先是语音的准确规范。3～6岁儿童是普通话音节习得的关键时期，声韵母中比较难发和难以辨正的舌尖前音、舌尖后音和个别复韵母(iao)、前鼻韵母(ün)、后鼻韵母(ueng、iong)都在这一时期习得，所以幼儿教师的语音必须准确规范，并能指导幼儿准确发音。现在很多地方对幼儿教师普通话水平等级的要求是达到二级以上。

其次是用词规范。幼儿教师遣词造句要注意使用规范的普通话词语，不能使用方言词、生造词语、网络词语和带有娃娃腔的词语，如嘘嘘、睡觉觉。

最后是语法规范，幼儿教师在口语表达中要符合现代汉语的语法规范，幼儿教师要避免不规范的表达。

教师要用准确严密的语言表达对客观事物的认识，才能给幼儿的语言表达树立良好的榜样。

2. 启发性。

教师的工作语言和其他语言不同，它不仅要教给幼儿知识，还要在了解幼儿特点的基础上开启儿童智力，调动幼儿学习的主动性和积极性。所以教师在教学过程中，要运用各种方式，使用各种教学口语来进行有效教学，启发幼儿思考，帮助幼儿获得新知识并因此获得成就感和满足感。教师在活动中，要特别注意运用口语对幼儿的回答进行回应，启发幼儿一步一步思考和表达，培养幼儿思维能力和语言表达能力。

3. 生动性。

幼儿教师教学口语的生动性首先表现在直观形象上，教师要用丰富的词汇、充实有趣的句子，把抽象的概念具体化、形象化，做到有声、有色、有形，其次是运用语音技巧摹声绘色，引发幼儿丰富的联想。

4. 情感性。

幼儿教师教学口语的情感性主要是指教师在教学活动中的语言必须是充满感情、富有感染力的。教师富有感情的导入、讲解、提问等能使幼儿集中注意力，全身心地投入到活动中。但教师的情感表现必须适度，不能过分夸张，否则可能会给幼儿认知操作带来不利。

(二)不同教学领域教学口语的个别差异

幼儿教师教学口语是教师实施集体教学的主要工作用语。在幼儿园不同教学领域，教学口语有些不同。《幼儿园教育指导纲要(试行)》指出：幼儿园教育的内容是广泛的、启蒙性的，可按照幼儿学习活动的范畴相对划分为健康、社会、科学、语言、艺术五个方面，各方面的内容都应发展幼儿的知识、技能、能力、情感、态度等。根据《幼儿园教育指导纲要(试行)》要求，幼儿园各领域的教学口语应有自己的特色。

1. 健康、艺术领域教学口语的个性特征。

幼儿园健康领域学习与发展的主要内容是增强体质、培养健康生活的态度和行为习惯，艺术领域主要是加强对幼儿的艺术兴趣和艺术能力的培养。

(1)用语提示性：或提示技能和动作的要领，或提示训练中应注意的事项等。

(2)富于演示性：教师在指导学生演练某种技能时，经常采用边讲解边示范(即演示)的方式，使二者密切配合，融为一体。

2. 社会、语言领域教学口语的个性特征。

社会领域的要求是增强幼儿的自尊、自信，培养幼儿关心、友好的态度和行为，促进幼儿个性健康发展，而语言领域则是要提高幼儿语言交往的积极性，发展语言能力。

(1)用语形象性：幼儿教师必须善于运用语言创造直观形象，来帮助幼儿理解和感知某些抽象事物词语和概念等。

(2)富于情感性：一方面，教师通过语言将活动的内容和过程中的情感因素传达给幼儿；另一方面，教师在与幼儿交流时，语言要直接体现出感情色彩，以表达对幼儿的尊重和关爱的态度。

3. 科学领域教学口语的个性特征。

幼儿园科学领域的要求是激发幼儿的好奇心和探究欲望，发展认识能力。

(1)用语准确性：幼儿教师必须善于运用规范的语言传达真实、正确、可靠的知识。

(2)富于逻辑性：一方面，教师在使用语言时必须使其内容符合事物的客观规律；另一方面，教师在表达时要有理有据、结构严谨、条理清晰。

(三)教学口语的类型

教师按教学活动进程，运用不同类型的教学口语对幼儿进行指导，教给幼儿知识，培养其良好的行为习惯，并为幼儿语言学习和获得知识提供指导和榜样。从整个教学过程来看，幼儿园的集体教学活动分为导入阶段、主体阶段、总结阶段，幼儿教师教学口语也分为导入语、提问语、评价语、讲解语、应变语和结束语等多种类型。

资料卡

幼儿教师口语表达常见问题

一、知识贫乏，词汇单调

1. 教学内容表达不清

教师对学科知识的理解不透彻和掌握得不够扎实，知其然而不知其所以然，导致教学语言表达不清，含糊其辞。

2. 知识传授不够准确

由于教师对概念、术语以及知识点之间内在的逻辑关系事先没有深入了解，在讲解时往往会出现语言不够严密、不够准确的现象。

3. 教学语言枯燥乏味

简单重复孩子回答的现象在幼儿园中非常多见，这是幼儿教师语言贫乏的一种表现形式。还有一种形式是教师对幼儿的表扬语总是千篇一律，如“你真聪明""你真棒"。其实教师可以根据被评定内容特点和被评价幼儿的情况进行有针对性的评价，指出他"聪明"在哪，她"棒"在哪些方面。

二、思维混乱，逻辑性差

1. 教学语言杂乱无章

从思维与语言之间的关系可以看出，一名幼儿教师如果没有较好的思维品质，就不会有较好的语言表达能力。如果思维混乱，就会出现语言表达上的逻辑性错误。

2. 思维与口语表达不协调

口语表达过程中，说话人应在最短时间内迅速形成，同时又要立即把已经形成的思维成果转化为口语形式，实质上是把内部语言迅速转化为口头语言的过程。二者运动要同步，否则，就会发生下列口语问题。

第一，思维超前。

幼儿教师有时想的内容很多，却一时找不到恰当的词语、句式表达出来，想的与说之间就出现一些空白，说的不如想的全面、周到，更不能清晰地反映出思维的过程，从而出现口语表达语义不完整、不连贯的现象，给幼儿理解造成一定的困难。

第二，思维滞后。

教师思维迟缓，甚至呆滞，就会"前言不搭后语"，会造成表意上的"空白"，形成教学口语的停顿、断断续续、语义中断、语速迟缓、插入过多等凌乱现象。

——潘文杰：《幼儿教师口语常见问题分析》，载《赤峰学院学报》，2009(4)。有删改

二、技能训练

[**训练一**]

要求：通过案例分析，掌握幼儿教师教学口语的特点及运用的方法，能用连贯、有条理的话说出自己的意见。

步骤：

(1)自己先想一想，再说一说。

(2)小组讨论，补充修改。

(3)在小组中发言，小组评议。

(4)师生共同讨论。

1. 说说下列教学案例中，教师的教学口语有什么特点，你从中受到什么启发。

(1)老师在讲述"河马妹妹买新衣"时，先让幼儿回顾已经听过的故事的情节，

再帮幼儿回忆、讲述。

“河马妹妹买新衣”教学案例

师：“小朋友们，你们还记得今早听过的那个有趣故事吗？河马妹妹买新衣得到谁的帮助？”

幼：“河马先生。”“斑马先生。”“长颈鹿先生。”“猴子先生。”

师：“记忆力真好。这些朋友告诉她哪些购物的方法？”

幼：“用电话，还有电脑，还有电视。”

师：“他真棒，一口气说了几种方法？”

幼：“三种。”

师：“你们还有补充吗？”

幼：“超市。”

师：“对，还有超市。还有吗？”

幼：“还有缝衣的地方。”

师：“哦，你们记得那么清楚啊，我来想一想，有商店或者超市购物，有电视购物，有电话购物，还有——网络购物。那最后河马妹妹在哪里买到她需要的衣服？”

幼：“就是在缝衣服的那边。”

师：“那个地方有针线可以缝衣服，是吧？谢谢你提醒我们。”

师：“那个地方叫什么名字？”

幼：“河马裁缝店。”

(2)在一次大班“升国旗”绘画活动中，老师观察到大部分幼儿所画的看升国旗的人都是正面的，而非实际看见的背面或侧面。老师问：“你们在升旗时可以看见别人身体的哪些部位？”孩子们纷纷回答，有的说可以看见一只眼睛，有点说可以看见一只耳朵……老师又问班里个子最高的孩子：“在升旗时，你看见别人身体哪些部位？”孩子回答：“我看见了别人的后脑勺，还看见别人衣服后面的图案呢！”“那么在升旗时，我们可以看见别人身体的哪一面形象？是正面形象、侧面形象还是背面形象？”孩子们都说看见的只有侧面形象和背面形象。在帮助孩子们回忆了实际生活之后，老师又请他们重新画画。最终，孩子们的作品完成得不错。

——冯伟群，《幼儿教师临场应变技巧 60 例》

2. 下列教师的教学口语，你觉得说得好吗？为什么？如果是你，你会怎么说？

在大班诗歌朗诵的活动中，幼儿教师在引导幼儿理解诗歌内容：“什么是鱼宝宝的摇篮，为什么？”幼儿：“大海，因为鱼宝宝在大海里。”“真棒！”另一幼儿：“大海是鱼宝宝的家。”“太棒了！”一男孩喊道：“鱼缸是鱼宝宝的摇篮。”“真棒！”……幼儿教师根据诗歌内容提问完，和幼儿一起朗诵了诗歌，接着是仿编，幼儿教师又问：“你们还知道生活中有哪些摇篮？摇着什么宝宝？”……“萝卜是小白兔的摇篮。”“太棒了！还有吗？”……

3. 下列两个教师的教学口语有何不同？你觉得哪个说得好？为什么？

认识“热胀冷缩”的科学探索活动。

教师甲：“你看到了什么？为什么细管中的红色液体在热水中会上升？”

教师乙：“温度高起来了，在细管里的水宝宝会怎样？你能用自己的动作来表现吗？”

[**训练二**]

要求：根据教师教学口语的特点和要求，针对具体情境，设计并运用恰当的教学口语进行模拟教学。

步骤：

(1)先阅读材料，进入情境。

(2)自己想一想，再说一说。

(3)小组训练，看谁说得好。

(4)补充修改。

(5)个人汇报，学生点评。

提示：注意不同领域口语的特点和不同年龄幼儿的特点。用具体、完整、连贯、条理清晰的一段话说出来。

1. 教师要向中班幼儿介绍筷子宝宝，应该怎么说？

活动准备：各种颜色、材料制成的筷子、小盘、豆子若干。

训练提示：可以介绍各种各样的筷子，也可以介绍筷子的使用方法等。语言要生动有趣。

2. 教师要教大班幼儿测量桌子的长度，应该怎么说？

活动准备：每人一根雪糕棍、一小截粉笔。

训练提示：注意用语言提示幼儿操作的方法，表达要自然准确、生动有趣、具体可感。

3. 教师向小班幼儿介绍公园里美丽的花，应该怎么说？

活动准备：盛开的各色花儿的幻灯片。

训练提示：要注意小班幼儿的年龄特点，内容要简单，语言要简洁、有童趣。

[**训练三**]

说明：这个板块有些难度，没有提示，没有情境。自己必须预设情境。

要求：模拟教学情境，讲一段符合教学口语要求的话，初步探索如何运用符合要求的教学口语进行教学活动，注意不同领域口语的特点。

步骤：

(1)先预设情境，进入情境。

(2)设计一段话，说一说。

(3)在小组中讨论和试教。

1. 指导大班幼儿向别人介绍自己："我的名片"。

2. 指导中班练习跳："快乐的青蛙"。

3. 指导小班幼儿练习穿脱裤子："自己的事情自己做"。

任务二　导入语和讲解语训练

任务要点

通过案例，从感性上认识导入语和讲解语，再从理论上了解导入语、讲解语的不同类型和要求。最后通过案例分析和情境训练，掌握运用导入语和讲解语的方法，能用比较恰当的口语形式模拟教学。

案　例

教师：小朋友，你们看！春天已经来了，这棵柳树还没有发芽，十分难看。柳树姐姐心里可着急啦！她想：有谁能帮帮我呀？魔法梳子悄悄地来到她身边。柳树姐姐拿起这把神奇的梳子，在头上梳了三下，哇！她的头上马上长出了长长的小辫儿，她真开心啊！小朋友，让我们也给柳树姐姐画出五颜六色的彩色小辫儿吧！

教师：(老师拿出棉签和水粉颜料)今天，我们用棉签和各种各样的颜料来学习画柳枝。

教师：一枝棉签蘸一种颜色，从树干处向外画出柳枝，可以多选用几种颜色。不要只在一边或一角作画，围绕树干四周进行添画，尽量多画一些柳枝，使画面饱满。

(出示画有柳树干的大图，教师示范如何用棉签蘸上不同颜色的水粉颜料，在树干上画出长长的、软软的柳枝)

在幼儿园教学活动中，导入、讲解经常连在一起，讲解新知识之前要有导入，导入的目的就是为了讲授新知识。导入语和讲解语各有特点和方法。在这个案例中，教师先通过谈话，生动地描述春天柳树发芽的情境，再采用比拟手法——魔法梳子来梳头，引起幼儿的兴趣，十分自然有趣地引入新内容的学习。接下来，教师用明确的讲解语教幼儿画柳枝，遵循幼儿理解事物和掌握知识的进程，按照学习绘画的重点和先后顺序，有条不紊，一步步讲解、示范，使幼儿容易学习和掌握画柳枝的方法和技巧。

一、理论与方法

导入语和讲解语是教学口语的主要形式。在实际教学中，或在模拟教学训练中，教师讲解之前一定要导入，没有导入的讲解不大可能做到，所以把这两种用语放在一起。但导入和讲解要分清，要注意以落实活动目标为中心，不能重导入而轻讲解，也不能没有导入就直接讲解。

(一)导入语

导入语，也叫导语，是一节课开始时教师为吸引幼儿的注意或引出新课而说的话。它可以活跃气氛，激发学习欲望，使幼儿在不知不觉中由未知进入已知的境界。

1. 导入语的类型。

在教学过程中，教师根据教学内容和形式设计不同的导入语。不宜每次都用同样的导入："小朋友们，今天老师给大家带来了一位好朋友，大家猜猜是谁呀?"首先这样的提问并不明确，要配合教具进一步讲述；其次，这样的导入用多了就没有新意。教师可以用多种方法来导入。

导入语的类型有多种，从方式上讲，有直接出示教具导入、故事导入、谈话导入、猜谜导入、游戏导入等。

(1)教具导入：这是幼儿教学活动中使用频率最高的一种。教师一般会选择一些新的玩具、图片、实物等进行导入。

(2)故事导入：教师用与教学内容相关的故事，通过生动的讲述，可以让孩子们的思维在不知不觉中进入学习状态，对本次教学内容有一个大概的了解，能更好地进入学习状态。

(3)谈话导入：教师在进入新的教学内容之前，通过与孩子们的谈话、讨论、问答，导入活动主题，让孩子们了解自己要做什么，调动他们学习和探究的积极性。

(4)猜谜导入：教师根据活动内容的性质和需要选择谜语，通过猜谜、揭晓谜底，激发孩子们对活动内容的好奇心，这样不仅能激发幼儿的思考，引出本课主题，同时还能丰富幼儿的语言，生动而富有童趣。

(5)游戏导入：用游戏可以把孩子们导入奇妙的童话世界或真实的生活世界，吸引孩子们积极主动地参与到游戏活动中去。这样可以激发孩子们的思维，寓教于乐，使孩子们在游戏中自然进入学习情境。

导入的方法还有很多种，如表演式导入、实验式导入、演示式导入等。导入的目的就是为了激趣，进入新内容。很多导入的方法经常综合运用，如教具导入、实验导入、演示导入一定会配合谈话导入，教师应根据内容、形式和幼儿实际，灵活、多变地选择导入的方法。

2. 导入语的要求。

导入语设计得好，有助于创设最佳教学情境，引导幼儿尽快进入学习状态。

(1)导入要针对活动主题，富有启发性。导入要扣紧内容、切入课题，选好导入点。成功的导入语可以一下子吸引幼儿，激发幼儿强烈的学习欲望和兴趣，活跃教学气氛，巧妙地揭示本节课要进行的教学内容。

(2)导入要新颖有趣，富有趣味性。有趣是指内容要有趣，符合幼儿的认知水平，富有童趣；新颖是指形式要新，不宜千篇一律，老生常谈，使孩子们失去兴趣。

(3)导入语要简洁、生动、富于艺术性。导入过长，目的就不明确，会喧宾夺主，影响教学内容的实施，导致不能完成教学任务、实现教学目的。如讲故事导入，有的老师重在绘声绘色地讲述故事而忽视了知识的详细讲解；运用游戏导入也要注意把握好时间，用准确、简洁、条理清晰的语言讲清游戏规则，让孩子们有序地进行游戏。

(二)讲解语

讲解语，也叫讲授语，是教师讲述、阐述教学内容的一种教学用语。讲授语是最主要的教学用语，主要用来向幼儿传授学科知识和技能、提高幼儿认识水平和各种能力，使用频率高、运用广。

1. 讲解语的类型。

讲解语主要讲清"是什么""为什么""怎样做"等问题，在幼儿园教学中，讲解语的形式一般是独白、提问、对话。从形式来分，讲解语可分为以下几种。

(1)独白式讲解语。教师为了讲清某一方面的知识，经常会用一段独白语来进行讲解，这就是独白式讲解语，这种讲解语主要是教师用于对重点难点内容的讲解。独白式的讲解语经常采用叙述、复述、描述、解说、评述等语言表现形式。如教师在健康活动中教幼儿穿袜子时说："原来有好些方法可以帮助我们又快又好地穿上袜子——袜子翻到正面，脚跟朝下，从袜颈开始穿，一直穿到脚尖。像这样脚尖对着脚尖、脚跟对着脚跟地穿会让我们很舒服。"

(2)对话式讲解语。对话式讲解语是教师在幼儿已有知识的范围内提出问题，引导幼儿思考，通过对话的方式使幼儿获得知识的讲解语。这种对话式讲解语主要用于师幼之间。如前面的例子，教师讲解食道的功能的时候，教师问食道是怎么帮助消化的，幼儿回答食物经过食道到胃，教师又问食道做了什么事情，幼儿回答会搅碎，教师再告诉幼儿，食道经过蠕动最后把食物推送到胃里。这个讲解过程是教师通过与幼儿的对话，一步步讲清食道的功能。

(3)讨论式讲解语。教师为了调动幼儿的思维活动，组织幼儿发表见解、展开争辩时采用的一种讲解语。这种讲解语用于师幼之间和幼幼之间的互动，师幼通过讨论，彼此发表意见、互相启发，从而更深刻地理解和掌握知识。

独白式讲解语是最基本、最常用的讲解语，对话式讲解语和讨论式讲解语都是非独白式，讨论式讲解语只能在具有一定思辨能力的幼儿中使用。

在幼儿园谈话活动中，教师的范讲也是一种讲解语。教师在谈话课上的范讲，能引起幼儿的谈话兴趣，在谈话内容和语言表达上起示范作用。教师要根据本班实际以及所讲内容，或在谈话开始时范讲，或在谈话活动中间范讲，目的是引起幼儿兴趣，起到引起话题或深入话题的作用。教师范讲的内容要贴近幼儿生活，有启发性，是幼儿感兴趣的事情；在语言表达上要准确、生动、简练，符合全体幼儿的认识水平。

2. 讲解语的要求。

讲解语是教师向幼儿讲授学科知识或者介绍游戏方法、规则或者指导幼儿进行活动、操作时使用的语言，所以一定要明确具体而又简洁清晰，并且尽量做到生动有趣。

(1)明确具体。教师要讲清“是什么”“为什么”“怎样做”等问题。首先用词要准确又浅显易懂，符合幼儿的认知水平；其次语意要明确，突出重点，让幼儿知道教师说话的中心意思，不能让幼儿不知所云。在讲解方法、规则、操作要领时，要更为具体，对于小班孩子甚至不妨重复。根据幼儿的身心特点，教师在讲解时还应该边讲边示范。

(2)简洁清晰。教师讲解具体，不等于啰唆烦冗。教师讲解的语言要简洁又条理清晰，还要连贯，才能让幼儿听明白。繁杂冗长或前言不搭后语的教师语言不仅会影响幼儿的学习兴趣和学习效果，还会影响幼儿的语言表达能力，让幼儿形成不规范的语言表达习惯。

(3)生动有趣。幼儿教师的讲解要生动形象才能引发幼儿的兴趣。首先，在讲述时可以运用多种修辞方法，增强趣味性；其次，教师的讲解应该富有感情，即使是平实的讲述，也不是没有感情的，注意运用语音技巧和态势语技巧来恰当地表达感情。

资料卡

幼儿园大班社会教案：心心相印

目标：

1. 制作“心心相印卡”，借以表达对来自妈妈的关怀的感受。

2. 感受母子间的亲情。

准备：

1. 与幼儿共同商议决定为妈妈制作一张“心心相印卡”(正面是孩子印象最深的一件妈妈关爱自己的事，反面是孩子最想为妈妈做的一件事)。

2. 范例“心心相印卡”一张，心形卡片、油画棒人手一份，彩色穗子若干。

过程：

1. 组织幼儿观察“心心相印卡”。

师：请你们仔细看看，我的卡片上画的是什么？

幼：妈妈在为孩子烧饭。

师：我们再来欣赏一下，反面是什么呢？

幼：是孩子在端水给妈妈喝。

师：这时候妈妈脸上的表情是怎么样的？

幼：妈妈笑了，笑得很开心。

……

师：你们知道这张卡片为什么要做成心形而且是双面的吗？

幼：因为妈妈很爱孩子，孩子也爱妈妈。

师：这张卡片一面代表妈妈爱孩子的心，另一面代表孩子爱妈妈的心，我们就将它取名为“心心相印卡”，好吗？

2. 幼儿交流各自的构想。

师：等会儿我们也要来做这张卡。请你们先想一想、说一说你会在卡片两面分别画上什么。

（很多幼儿积极地表达了自己的构想，他们有的想画为妈妈叠衣服．有的想画帮妈妈擦地，还有的想画为妈妈捶背捶腿，等等。）

3. 幼儿制作贺卡。教师提醒幼儿想好自己要画什么，突出主要内容，并注意布局。

4. 继续为“亲亲妈妈爱心盒”添加“爱”。

师：我们把贺卡悄悄地藏在盒子里，先不要告诉妈妈，等到母亲节那天再送给妈妈，给妈妈一个惊喜，好吗？这可是我们的秘密。

延伸活动：

1. 商量并制作母亲节活动海报。

2. 组织孩子们在舞蹈房布置活动环境。

3. 幼儿分工，准备参加母亲节庆祝活动。

二、技能训练

［**训练一**］

要求：通过案例分析，学习导入语和讲解语的特点及运用的方法，能用连贯、有条理的话说出自己的意见。

步骤：

(1)自己先想一想，再说一说。

(2)小组讨论，补充修改。

(3)在小组中发言，互相评议。

(4)师生共同讨论。

1. 下列导入语分别用什么方法来导入，有什么作用？运用语音和态势语技巧把这几个导入语说一遍，体会其妙处。

(1)教师：今天，我请小朋友们猜个谜语，它呀，是我们周围环境中存在的一种东西，看不见、摸不着、闻不到，也没有颜色，但能感觉到，你需要，我需要，我们大家都需要。它是什么呢?

幼儿：空气。

(2)中班社会活动课“动物城堡”。(出示挂图)这是动物城堡，小羊、老虎、小熊等都一起搬家到了这座动物绿城，这真是一座绿色的城堡……动物们都认为在这里生活是一件幸福的事情。看见了这么多的树木，小猫说：“我要做一串树叶项链，肯定很漂亮。”……大象说：“截一段树干做板凳，肯定结实。”……就这样，没有几天，动物绿城的树木就被破坏掉了。

2. 下列案例中老师是如何运用讲解语进行讲解的，说得怎么样？运用语音和态势语技巧把这几个讲解语说一遍，体会其妙处。

(1)在中班科学活动中，老师带孩子们玩沙，然后问：“沙子是怎样的?”幼儿边玩沙边争着说：“沙是软软的。”“沙是细细的。”“沙子是白色的。”“沙子会被风吹起来。”老师在孩子们说完后告诉孩子们：“我们来看沙是怎么样的。有的沙子是白色的，有的沙子是黄色的；大家再把沙子拿起来闻一闻，沙子是没有味道的；细沙摸起来感觉很舒服，软软的，粗沙很粗糙，沙粒大一点；干沙会被风吹起来，湿的沙子就不会。大家再抓一把沙子，看看会怎么样?”幼儿：“沙子一会儿就从手里跑掉了。”老师：“对了，沙子会像流水一样从手指缝里流走。”

(2)小班健康活动“分清左右鞋”。“怎样检查自己的鞋子有没有穿对呢？把两脚并拢，鞋子穿对时，两只脚鞋子的鞋头总是碰在一起，挨得紧紧地，走路时小脚也很舒服。如果穿错了，两只鞋子的鞋头不是碰在一起，而是往两边歪的，走路时小脚总是觉得不舒服。”

——吴慧鸣，《幼儿教育教学活动设计》

[**训练二**]

要求：根据导入语和讲解语的方法和要求，针对具体情境，设计并运用恰当的导入语和讲解语，进行模拟教学。

步骤：

(1)先阅读材料，进入情境。

(2)自己想一想，再说一说。

(3)小组训练，看谁说得好。

(4)补充修改。

(5)个人汇报，学生点评。

提示：教学口语特别是讲解语的设计，要围绕一定的活动目标做相应的准备，所以这个训练特意提供了活动目标和准备供参考，训练时要紧紧围绕目标来进行；要结合导入语和讲解语的要求，注意语言要准确具体、清晰连贯；注意运用语音和态势语技巧。

根据下列所给材料，设计导入语和讲解语，并把它们说出来。

1. 小班数学活动“好玩的大和小”

目标：①学会目测有明显差异的物体，懂得物体的大小是通过比较来认识的；②通过游戏使幼儿初步体会到由大到小和由小到大的转变，初步发展幼儿的多项思维；③激发幼儿探索的主动性、积极性，培养幼儿的探索精神。

准备：①大小不同的食物——饼干、水果、青菜若干；②一个用大积木搭成的“池塘”，20条大小不同的用硬纸板剪成的鱼；③气球若干。

2. 中班社会活动课“中秋赏月”

目标：①了解中秋节的来历及习俗，知道中秋节晚上是月亮最圆的时候；②让幼儿感受节日的欢乐气氛；③初步激发幼儿对民族文化的兴趣。

准备：①《彩云追月》音乐磁带；②月饼、水果若干。

3. 大班艺术活动课音乐欣赏

目标：①欣赏音乐《金蛇狂舞》，感受歌曲AB结构及音乐热烈欢腾的气氛；同时，尝试运用舞龙灯和敲锣鼓的动作进行表现；②在配乐儿歌朗诵的帮助下，学习即兴用身体动作进行表演，体验B段乐曲的对话应答结构和逐步缩短的乐句结构；③在双队进行时，既要注意与本组同伴的配合，又要注意与其他同伴的协调。

准备：①幼儿用书《金蛇狂舞》，丰富幼儿的有关经验；②事先学习儿歌：一二三四五六七/七六五四三二一/正月里来闹新春/龙灯要得快又急/一二三四五/来跳狮子舞/一二三，来敲锣/三二一/来打鼓/咚咚锵咚锵咚锵/锵咚/锵锵锵锵/锵锵乙锵/乙锵锵/乙锵乙咚锵；③音乐磁带。④龙头饰、彩绸若干。

[**训练三**]

说明：这个板块有些难度，没有提示，没有情境。自己必须预设情境。

要求：能制定活动目标和活动准备，模拟教学情境，综合运用导入语和讲解语进行教学，初步探索如何运用教师口语进行教学活动。

步骤：

(1)先写出活动目标和活动准备。

(2)预设情境，进入情境。

(3)设计导入语和讲解语，自己说一说。

(4)在小组中讨论和试教。

(5)小组评议，选出各组讲得好的同学。

(6)在班级试讲，师生共评。

1. 小班社会领域活动“我爱我家”。

2. 中班健康活动“保护我们的牙齿”。

3. 大班语言活动“新闻播报”。

任务三　提问语和评价语训练

任务要点

通过案例，从感性上认识提问语和评价语，再从理论上了解提问语、评价语的不同类型和要求。最后通过案例分析和情境训练，掌握运用提问语和评价语的方法，能用比较恰当的口语形式模拟教学。

案　例

老师在大班综合活动课“百家姓”的教学活动中，引导幼儿介绍自己的姓名，然后把打印好的孩子们的姓的汉字贴在黑板上，让孩子数有几个姓和几个小朋友，然后问：“怎么会呢，你们有14个孩子，怎么会只有12个姓呢?”幼儿：“因为我和王×同姓。”老师：“同姓是什么意思啊?”幼儿：“两个人姓同一个姓叫同姓。”老师：“还有谁(同姓)? 哦，你们两个都姓赵。”老师又进一步提问：“你们两个姓一样的姓叫同姓。除了在幼儿园和你同姓的小朋友外，在你家里，有谁和你同姓?”……幼儿回答爷爷、爸爸、姑姑都和自己同姓之后，老师又问：“除了这些人，家里还有谁和你同姓?”幼儿：“哥哥。”老师：“哥哥和你怎么啦?”幼儿：“哥哥和我同姓。”老师：“对，话要说完整。”老师要求幼儿再说出家里和自己同姓的人，有的孩子重复了，老师说：“人家说过的，就不说了，大班孩子要很灵哦。”引导孩子们知道自己和爷爷、爸爸、姑姑、叔叔、哥哥、姐姐、弟弟、妹妹都是同姓，也有人和妈妈、姥爷同姓。

在上面这个案例中，老师用提问语，启发幼儿思考，发现什么是同姓，引导幼儿寻找家里和自己同姓的人以及家里同姓人之间的关系。在提问的时候还能及时对幼儿的回答给予回应、评价，引导幼儿规范地进行表达。在幼儿园教学中，语言表达有一定语境，不一定要完整表达，但在这个具体例子中，同姓是重点，所以老师要他们说得清楚一点，并且老师还利用幼儿长大的自豪感，鼓励他们要开拓思维。

一、理论与方法

在幼儿园教学活动中，提问语普遍用于导入、讲解、结束等环节，与导入语、讲解语、结束语有密切关系。提问语贯穿教学活动始终，是幼儿园教学活动的主要环节。完整的师幼互动过程通常是由教师提出问题、幼儿回答问题、教师进行回应三部分组成。教师的提问质量，关系到师幼互动的质量；教师要善于提问，教师提问后，对幼儿还要进行回应或评价。

(一)提问语

提问语是教师在教学活动中为了启发幼儿思考，加深幼儿对教学内容的理解而设计的一种教学用语，是幼儿园教学活动中常用的一种口语。幼儿园教学常常采用提问的方法，以引起幼儿的注意，启发他们思考，帮助他们在回答问题的过程中发展智力，培养口语表达能力。

1. 提问语的类型。

在教学活动中，教师为了启发幼儿思考，强调某一重点内容，承上启下和获取幼儿信息，都会精心设计提问语。从活动的过程来看，提问语的类型有以下几种。

(1)重点发问：根据活动目标，针对活动的重点内容，设计问题，提醒幼儿注意，引发幼儿思考，加深幼儿对内容的理解。如科学活动中，老师让孩子们观察洗涤用品加到水里，水会发生什么变化："洗衣粉、洗洁精、肥皂沫怎么不见了？现在杯子里的水有什么变化？"

(2)过渡引发：在过渡环节提出问题，承上启下，引起幼儿对下面内容的好奇心，激发探求的欲望。如故事讲到一半或活动进行到一半，对小朋友们说："现在，你们猜猜，这次谁会赢？"

(3)获取反馈信息：教师为了解幼儿对事物的认识能力和思维过程而设计的提问。如："老师刚才讲的你们都听懂了吗？你们是怎样想的？"

2. 提问的方式。

提问不是简单地问"是不是""好不好""对不对"，可以采用多种提问方式。提问的方式很多，下面介绍几种常用的。

(1)开放式提问：开放式提问就为了让孩子认识事物，发挥想象力，充分表达自己的意见而进行的提问。如："听了这首诗(或看了这幅画)，你有什么想法？""在这个过程中遇到了什么问题？你是怎样解决的？"……这样的提问没有标准答案，可以引发幼儿广泛讨论，幼儿根据自己的理解发表自己的观点，展开热烈讨论，在讨论和回答中认识事物。

(2)激疑式提问：在活动过程中，老师故意把内容说错，让幼儿纠正，这样能让幼儿深入思考，充分发挥想象，也能培养幼儿的语言表达能力，又活跃了气氛。如讲《三只小猪》的故事，讲到野狼吹掉老大、老二的房子，又跑到老三房子门口吹口气，老师卖了个关子："我估计这次狼还是把老三的房子吹倒了，你们看会不会？"

(3)追本探源式提问：为了让幼儿更好地了解事实真相，探究真理，老师并不满足已有结果，而是多问幼儿"为什么""怎么样"。如让孩子们把黄泥和成团以后，问："如果水加多了，泥变得怎么样？怎么办？""如何在一开始就避免出现这个问题？"等。

(4)填空式提问：在活动中，为了便于幼儿记忆某些内容，老师把提问语设计成填空题，老师发问，学生回答。如"像支喇叭什么花？""像支喇叭牵牛花。"这种提问形式可以训练幼儿的快速思维和表达。

(5)比较式提问：为了更突出事物的特点，把两种动物放在一起比较而设计的提问。如："梅花鹿和长颈鹿有什么相同的地方？又有什么不同的地方？"

提问语多种多样，教师要精心提问，引发幼儿思考、想象，培养他们的观察能力、思维能力、想象能力和语言表达能力。多用特殊疑问句，而不是一般疑问句。

3. 提问语的要求。

教师必须根据教学要求和幼儿实际情况提出问题，在提问前教师要设计好提问语。

(1)目的明确。教学活动中提出的问题要做到选点准确，指向明确，与教学目标紧密联系，围绕教学的重点和难点问题。切忌毫无目标，为了提问而提问。

(2)层层递进。教师在教学活动中要有层进性，设计的问题要由简到繁、由易到难，环环相扣、层层递进，这样才便于幼儿进行主动思考，并积极寻求答案。问题都太容易，幼儿会失去兴趣；问题都太难，幼儿会失去信心，产生回避情绪。教师应根据幼儿年龄、心理以及思维特点，适时提出难易适当的问题。

(3)难度适当。提问语要有一定的难度，让幼儿在有一定困难的情境中积极思考，挑战难度，培养良好的思维品质和学习品质。太容易的问题会使幼儿失去探究的动力。如总是让幼儿回答表面看到的或听到的问题，幼儿会烦，可以扩展或深入地提问："你想到了什么"，或"为什么是这样的"等。

(4)善于倾听。教师在提问时，要善于倾听，从幼儿回答中了解幼儿对问题的理解程度，或深入进行提问，帮助幼儿深入思考；或及时予以反馈，解答幼儿的疑惑。提问不是把问题推给幼儿，目的是要通过提问培养幼儿的认知能力、思维能力和解决问题的能力。教师在提问中要倾听、引导、启发幼儿，帮助幼儿掌握知识，提高幼儿的认知水平。

(5)简洁明了。提问语的语句要清晰，句式要短，问题要落在实处。用恰当的技巧来表现，注意突出重音，注意节奏和语气语调。

提问语要具有启发性、层次性、辅助性、提示性等特点，不能提出让幼儿难以回答的问题、似是而非的问题或只用"是""不是""对""不对"就能回答的问题。有些老师甚至把"是不是"变成了口头禅，根本起不到提问作用，久而久之，幼儿再也不理会教师这类"是不是"的问题了。教师提问时还要注意态度要和蔼，言语要礼貌，给幼儿树立良好的口语交际的榜样。

(二)评价语

教学中的评价语是指对幼儿在集体活动中的表现做出评判时说的话。它告诉幼儿什么是好，什么是坏；什么是对、什么是错；怎样做就能成功，怎样做会失败等。评价语可以激发幼儿学习的积极性，培养他们良好的品质。

1. 评价语的内容。

在集体教学活动中，教师适时适当地对幼儿进行评价，也是对幼儿学习的一种指导。

(1)对幼儿学习习惯或表现进行评价。这种评价就是对幼儿在学习过程中表现出来的好的或不好的行为、习惯进行评价，或肯定表扬，或否定批评。如：“这个小朋友听得很认真，所以他知道……”等。

(2)对幼儿学习兴趣和能力进行评价。这种评价主要针对幼儿的兴趣和能力，用表扬的方式做肯定评价，指出幼儿能改进的地方，尽量用委婉的方式来表达，起到引发兴趣、促进能力发展的作用。不能用过激的语言来表达，比如：“你真笨”“你到底有没有听老师讲课”等。

(3)对幼儿认识水平和理解水平进行评价。这种评价主要是对幼儿的回答结果的回应，有效的评价语言能激发幼儿的学习兴趣，调动幼儿思维的积极性。如：“××这句话说得很清楚。他告诉我们……”等。

第一和第二种评价语在教学环节出现，但又与教育口语有关。所以教学口语中的评价主要还在第三种，对幼儿答问的回应和评价。这种回应和评价，直接关系到幼儿思维的积极性与深刻性的发展。

2. 评价语的要求。

(1)评价要从尊重幼儿出发。在教学中教师的评价要保护幼儿的自尊心、求知欲，承认幼儿的个性差异和发展潜力，以鼓励为主。

(2)教师在问答回应评价中要避免只求“结论化”。教师可以根据幼儿的回答，通过转问、反问和追问等方式，进一步提出具有探究性的问题，促使幼儿深入思考。

(3)评价要实事求是，抓住关键。不能简单以“好”或“不好”来评价，要进一步说明好在哪里，不好在哪里。

(4)用语要贴切中肯，语气亲切、语调平缓。对幼儿的评价既不能过分拔高，也不能随意贬低，必须用词贴切中肯。评价、回应时要语气亲切，语调平缓，调动幼儿学习兴趣和思维的积极性，促进幼儿的健康发展。

教师在教学活动中，要尽量采用开放式的提问而不是封闭式的提问，提问要有层次性，又有一定的难度，从易到难，尊重幼儿的个体差异。教师采用何种提问方式，在一定程度上决定了幼儿的回应方式。另一方面，教师对幼儿回答的反馈和回应能力，又直接关系到教学活动的成败。教师的评价不能一律是“很好”“真不错”“你真棒”之类的回答，这是教师评价语匮乏的体现，也是教师回应能力、驾驭教学活动能力弱的表现，所以教师应多用有指导性的评价。

教师在教学活动中还可以指导幼儿对同伴的回答进行评价，培养幼儿的倾听习惯、倾听能力、判断能力和语言表达能力。教师的评价语对幼儿起到非常重要的示范作用。

资料卡

幼儿园集体教学中教师回应行为的现状与改进

回应行为即是教师对幼儿的回答与反应进行的处理。教师有效的回应行为有助于形成宽松的教学氛围、建立平等的师幼关系、提高集体教学质量，从而促进幼儿的发展。

(一)当前集体教学活动中教师回应行为存在的主要问题

1. 科学回应意识不够强

在集体教学活动中，教师对科学回应的认识不够到位，对有效回应的意义存在理解偏颇的现象，如有的教师在教学回应中会把维护教学常规放在首位，忽视对幼儿的正面引导；有的教师更关注幼儿对知识点的掌握，注重的是幼儿正确答案的出现。这样的教学意识往往会导致教师回应行为的缺失或师幼互动机会的丧失，导致教师回应行为的功利性目的过强，从而降低了教师回应的意义与价值。

2. 回应行为价值不够明显

教师的回应行为是为了推进幼儿思维的碰撞、深入和拓展，促进其知识技能的掌握、能力的发展、情感的满足。但在集体教学过程中，常会出现教师对于幼儿回答及反应不置可否、简单肯定或随意应答的现象，或完全依据预设的教案进行，对幼儿在教学过程中出现的思维错误或理解偏颇置之不理，或不能进行及时的引导与梳理，致使教师回应的价值没有得到有效显现，回应效果大打折扣。

3. 有效回应方式不够丰富

教师要么对于幼儿回答无论正确与否均表示肯定、鼓励，要么整个教学活动中始终只运用了一种回应方式，要么对幼儿符合预设答案的回答给予表扬和肯定，而对不符合要求的回答则不置可否或直接予以压制等。长此以往，教师如此简单的回应方式势必会降低幼儿进一步探究的兴趣，影响教学目标的达成。

(二)建构有效回应行为的策略

1. 诱导提示法

诱导提示法是指在集体教学活动中，教师通过语言、肢体动作、表情等提示，为幼儿提供思考、理解的思路，从而帮助幼儿解决问题和困难、推进集体教学活动的顺利进行。这种回应方式的主要目的是为幼儿提供回答的支架，多用于孩子出现问题或产生困难时。

2. 即时追问法

即时追问法是指在集体教学活动中，当幼儿思路“卡壳”时，教师提出另一解决问题的角度或降低问题的难度，以此打开幼儿的思维，促使幼儿积极应答行为的出现，最终达到让幼儿理解问题、掌握要点的目的。有效的追问能拓展幼儿的思维，帮助幼儿更深入地思考问题，也就能促进教学活动的顺利开展。

3. 梳理提升法

梳理提升法是指在集体教学活动中，教师对于幼儿的回答予以整理，以使答案更完整、明确，更便于幼儿理解的一种回应方式。梳理提升法是集体教学中最常用的一种回应方式。受经验与表达能力的影响，幼儿往往会出现回答不完整、表述不能直切主题等现象，这就需要教师根据幼儿的思路和对幼儿回答的理解做出梳理、提升，以便给其他孩子以正确、科学的示范。

——林波：《幼儿园集体教学中教师回应行为的现状与改进》，载《学前教育研究》，2012(9)。有删改

二、技能训练

［**训练一**］

要求：通过案例分析，学习提问语和评价语的特点及运用的方法、要求，能用连贯、有条理的话说出自己的意见。

步骤：

(1)自己先想一想，再说一说。

(2)小组讨论，补充修改。

(3)在小组中发言，小组评议。

(4)师生共同讨论。

1. 说说下列案例中教师用什么方法进行提问，好在哪里。

(1)在教小班幼儿学会穿鞋子后，老师说："请小朋友把鞋子脱下来重新穿一遍，然后再告诉老师，你是怎么穿的？"

(2)在中班数学活动"有趣的数字城"中，老师告诉孩子们："我们一起开火车到数字城去旅游，准备——"老师："嘿嘿，我的火车几点开？"(出示数卡 5)幼儿："你的火车 5 点开。"老师："嘿嘿，先上几位小客人？"(出示数卡 3)幼儿："嘿嘿，先上 3 位小客人。"

——夏力，《回归生活：幼儿园教育活动案例及评析》

2. 比较下列两个案例，说说哪位老师的提问语用得好，为什么？

大班组织"看图讲述故事《灰角鹿》"的活动。在这个活动中，老师需要引导幼儿拓展经验，讲出小鹿保护小鸟的各种方法。下面是 A、B 两位老师组织活动的片段：

教师 A："小鹿生病了，它的角变成了什么颜色？""它是不是很难过？""小鹿有没有保护小鸟？""小鹿是怎么保护小鸟的？"(之后没有其他提问)

教师B："小鸟为什么在小鹿头上搭了一个鸟窝？""小鹿是怎样保护小鸟的，请小朋友用'当……的时候……就……'来说说。"

——赵晓丹，《幼儿教师的沟通与表达》

故事梗概：一只小鹿因为生病，头上的角变成了灰色，它难过极了！一天，小鹿睡醒发现一只小鸟在自己的头上搭了一个鸟窝，它想：小鸟搭一个窝多不容易，以后我得慢慢地走，别把小鸟给摔坏了。下雨了，小鹿躲到树叶下，怕把小鸟给淋湿了；天晴了，小鹿站在太阳下让小鸟把羽毛晒干；小鸟学习飞翔时，不小心从天上掉下来，小鹿赶紧用鼻子接住它。渐渐地小鸟长大了，它和它的孩子一起衔来许多漂亮的牵牛花放在小鹿头上，小鹿的灰角变成了美丽的"花角"。

3. 结合提问语和评价语(回应)的有关方法和要求，说说下列案例中教师的口语好在哪里，有没有什么不足，为什么？

教师回应案例

教师：有一只小猫很想飞，咱们一起听听吧！老师给你们讲一个故事《想飞的小猫》。(幼儿看挂图)

教师：小朋友们看看图上有什么呀？

幼儿：小猫、小鸟、草地、小河。

教师：小朋友们，老师告诉你们，不仅这图很漂亮，故事呀更好听。你们可要竖起耳朵仔细听啊！(老师讲述故事)

教师：小朋友们，小猫看到了小鸟，在天空飞来飞去，你们猜猜小猫怎么想的？

幼儿：它也想飞，它想有一对翅膀。

教师：它怎么跟妈妈说的呢？

幼儿：妈妈，我也想到天空看一看、玩一玩……

[**训练二**]

要求：根据提问语的方法和要求，针对具体情境，设计并运用恰当的提问语，进行模拟教学。

步骤：

(1)先阅读材料，进入情境。

(2)自己先想一想，再说一说。

(3)小组训练，看谁说得好。

(4)补充修改。

(5)个人汇报，学生点评。

提示：可在导入和讲解环节设计提问语；训练时要紧紧围绕目标，根据提问语的方法和要求设计提问语，要环环相扣；注意提问的有效性。

在小组训练中可以让同学当幼儿回答提问，老师对回答进行回应。小组评议时既评价提问语的设计，也评价提问者回应的质量。

根据所给材料，为下列幼儿园教学活动设计提问语。

1. 中班语言活动“小熊醒来吧”。

目标：①引导幼儿理解作品中的故事情节和人物形象，学习作品中的象声词、对话，以及“小熊还在睡觉”和“小熊睡得很香”两句话；②启发幼儿体会作品中的母子情感。

准备：幼儿操作材料“小熊醒来吧”。

附故事：

熊妈妈很早就起来干活了。小熊还在睡觉。鸟儿唱着歌，喊小熊起床：“嘀哩哩！嘀哩哩！”小熊没听见。老鼠叫：“吱吱！吱吱！”小熊还是没听见。小狗喊：“汪汪！汪汪！”小熊睡得很熟，什么也听不见。

“啪嗒！啪嗒！”是小鹿来了，小熊还睡着。

“咚咚！咚咚！”是大象来了，地都震动了，小熊还睡着。

熊妈妈回来了，轻轻地朝他说：“小熊醒来吧！”小熊听得很清楚，说：“噢，妈妈！我睡得多香呀！”小熊醒来了。

2. 小班科学领域活动“种子发芽了”。

目标：①了解种子是如何发芽的；②培养幼儿的观察能力和探究精神。

准备：黄豆种子和已经发芽的豆苗。

3. 大班表演游戏“三只蝴蝶”。

目标：①尝试与同伴一起运用口语、肢体语言、服饰道具创造性地表现自己对童话故事《三只蝴蝶》主要情节及人物的理解；②尝试解决游戏中碰到的问题(人数、合作方式等)，体验和同伴游戏的快乐。

准备：各色蝴蝶和花朵头饰若干。

[**训练三**]

说明：这个板块有些难度，没有提示，没有情境。自己必须预设情境。

要求：制订活动目标和活动准备，模拟教学情境，综合运用提问语和评价语进行教学，初步探索如何运用教师口语进行教学活动。

步骤：

(1)先写出活动目标和活动准备。

(2)预设情境，进入情境。

(3)设计提问语和评价语自己说一说。

(4)在小组中讨论和试教。

(5)小组评议，选出各组讲得好的同学。

(6)在班级试讲。师生共评。

1. 小班语言活动——“绘本阅读《猜猜我有多爱你》”。

2. 中班科学活动“区分生熟鸡蛋”。

3. 大班美术活动“有趣的指纹画”。

任务四　过渡语、结束语和应变语训练

任务要点

通过案例，从感性上认识什么是过渡语、结束语和应变语，再从理论上了解过渡语、结束语和应变语的不同类型和要求。最后通过案例分析和情境训练，掌握运用过渡语、结束语和应变语的方法，能用比较恰当的口语形式模拟教学。

案　例

在社会活动“会飞的抱抱”中，老师首先和孩子们一起对故事进行了欣赏，……接下来老师和孩子们传递抱抱——会飞的抱抱，……抱抱传递结束后，老师又问：“你们还想把抱抱送给谁?”老师希望小朋友说出自己想把抱抱送给谁及送抱抱的原因。但出乎意料的是孩子们并没有按老师的设想说出来，而是一拥而上争抢把抱抱送给老师。老师在欣然接受以后，示意小朋友分散开来，因势利导：“请把你们的抱抱送给好朋友，不要只送给老师。”小朋友都回答了要把抱抱送给好朋友的原因，老师又进一步启发：“除了送给好朋友，你们的抱抱还想送给谁?”孩子们的回答丰富多彩，有送给爸爸妈妈的，有送给外婆的……还有送给月亮婆婆、太阳公公的，还有想送给风，再托风送给太阳公公的。在活动结束时，老师说：“小朋友们，老师很感谢你们的爸爸妈妈，感谢他们对幼儿园工作的支持。今天希望你们晚上回家后把老师的抱抱送给你们的爸爸妈妈，第二天早上告诉我这个抱抱传递得怎么样。”

——尹坚勤等，《幼儿园教师专业标准(试行)案例式解读》

这个案例比较典型，其中有过渡语、结束语，还有应变语。这个活动的目标很明确：引导孩子们表达爱，传递爱。老师在每一个环节结束以后，用“你们还想把抱抱送给谁?”进行过渡，进一步引发孩子们把爱送给更多的人，并启发孩子们说出原因，培养孩子们的口语表达能力和想象能力。在中间一个小意外中，老师也能及时处理，把话题引向活动主题。最后的结束很精彩，老师通过这个结束语，把课堂活动引到课外，把幼儿园和家庭结合起来，既引导孩子们传递会飞的抱抱，延伸活动，又密切了家园关系，使主题得到升华。

一、理论与方法

在幼儿园教学活动中，除了导入语、讲解语、提问语、评价语之外，过渡语和结束语也是不可缺少的，它们构成了完整的教学过程。在教学过程中，还可能出现一些或大或小的意外，教师要善于应变，使活动顺利进行，实现活动目标。

(一)过渡语

过渡语是教学环节间起连接、过渡作用的话。恰当使用过渡语可以使教学环节之间紧密相连，自然流畅，它不仅有利于孩子正确掌握知识要领，更能使教学活动锦上添花。

1. 过渡语的类型。

过渡是教学得以衔接的必要形式，过渡语也是教学口语的主要组成部分。在幼儿园教学活动中，如果没有过渡语，整个活动就会显得散，缺乏层次感和系统感。过渡语就像是一条线，串起各个环节。过渡的方法有很多，从方法上看，常用的过渡语有以下几种。

(1)问题式过渡语：教师在一个环节即将结束时，用提问的方式进入另一个环节，集中幼儿的注意力，引发幼儿思维，激发幼儿兴趣。如在讲完胃有什么功能以后，老师说："胃的功能是消化，那么，它又是怎样帮助我们把食物消化的呢?"通过过渡语，把讲"是什么"的内容转向讲"怎么样"的内容，一环扣一环。

(2)归纳式过渡语：教师简要地把一个环节的重点进行归纳总结，然后过渡到下一个环节。如在美术活动中，老师教孩子们画公共汽车，老师边说边示范，示范结束后，老师说："刚才老师已经告诉小朋友怎么画公共汽车了，要画在纸的中间，先画车厢，车厢可长方形，再画车头……接下来，请小朋友们拿起笔，在自己的纸上画汽车，先画什么，再画什么，大家要记住了。"

(3)评论式过渡语：教师对上一个环节所学的知识或孩子们的表现进行简要评论，从而提出新授知识的内容或下一个环节的活动内容。如在谈话活动"快乐的暑假生活"中，老师先讲自己的暑假生活，范讲结束后，老师说："暑假生活是丰富多彩的，老师相信你们也和老师一样，度过了一个快乐的暑假。老师觉得和小朋友们一起分享快乐，就更加快乐了。接下来，请小朋友们也来说说你的暑假生活，让大家一起分享。"

2. 过渡语的要求。

巧妙的过渡语会起到自然衔接、深化逻辑的作用，能引导幼儿从一个环节的学习过渡到另一个环节的学习，也使教学活动过程自然流畅。

(1)简短自然：幼儿教学中的过渡语常常是一个词语、一句问话或一个感叹、一个要求，在选择和设计上应做到简短，且亲切自然。

(2)具有启发性：过渡的目的是为了提醒幼儿注意、激发幼儿思考，所以过渡语要有启发性。

(3)具有层进性：过渡是从一个环节引向另一个环节，所以要体现递进性。

(二)结束语

结束语是活动结束或一个教学环节结束时要说的话。目的在于归纳总结所授内容，帮助幼儿巩固记忆，强化教学效果。有时候甚至留下问题，引发思考。

1. 结束语的类型。

结束语是教师在结束环节所运用的教学口语，是教学活动的有机组成部分。教师运用结束语突出活动重点、归纳总结活动内容、对幼儿行为表现进行总结、留下问题引发思考等。根据结束语的表达方式及作用，可分为以下几种类型。

(1)画龙点睛式结束语：教师在活动结束时对本次活动进行梳理，突出活动的重点，强调幼儿应该特别注意的地方，在揭示重点的时候，通过富有感情的语言激发幼儿的思想感情，起到升华主题的作用。

(2)归纳总结式结束语：在活动结束时，教师做提纲挈领的总结和归纳，使幼儿加深印象；也可以从内容、形式、语言等方面，有所侧重地将本次活动内容与幼儿以前学过的知识进行对照比较，最后总结归纳，从而促使幼儿牢固地掌握所学知识。

(3)延伸探究式结束语：在活动结束时，教师有意将幼儿的视野由课内引向课外，指导幼儿去观察生活，在生活中寻求知识，使之成为课内活动的延伸和补充。运用这样的结束语，还可以促进家园的合作和沟通。

(4)表扬激励式结束语：教师在活动结束时，对幼儿在本次活动中的表现进行评价，主要是采用激励、勉励的话语来结束活动，使幼儿在积极的评价中快乐学习，也可以特别表扬表现出色或有进步的幼儿，为幼儿以后的学习指明方向，树立榜样。

2. 结束语的要求。

(1)结束语要概括、精当、简练。幼儿园上课集中教学活动的时间一般为小班15～20分钟、中班20～25分钟、大班25～30分钟，超出时间，幼儿容易分散注意力。所以教师的结束语首先要概括、简练，忌拖沓。结束语如果啰唆、杂乱或者小题大做，就会让幼儿厌烦，影响教学效果。其次要精当，就是要语意明确，能对幼儿的知识起巩固和强化作用，对幼儿的思想感情起启迪和升华作用，忌仓促收场。

(2)结束语运用时要把语速放慢，语调要平缓一些，语气肯定，并有重点地表达出强调的语意来。平实的语言不等于平淡，教师要运用相应的技巧把精当、概括的结束语讲得抑扬顿挫些，使幼儿始终保持学习兴趣。

(三)应变语

应变语是教师为适应和调整教学中出现的各种意外情况而说的话。在教学活动中，由于教师对幼儿情况估计不足或教师个人原因，常常会出现一些意外情况，掌握好应变语的技能，培养语言机智，对提高教学质量至关重要。

1. 应变语的类型。

教师在教学活动中对于突发事件不宜采取不管不顾的态度，要采取应急性教学语言。应变的方法要多种，教师的应付能力因人而异，但通常可以采取下列方法。从方法上看，应变语有以下几种类型。

(1)因势利导的应变语：就是在教学活动中发生意外的时候，教师抓住时机或可以借助的事物，对幼儿进行引导的一种应变语。如在上课过程中，教师忘记关闭手机，突然手机响了。孩子们的注意力立刻集中在手机上。教师轻轻拿起手机并当着孩子们的面将其关闭，然后诚恳地对孩子们说“小朋友们对不起，老师忘记关闭手机了！手机响了影响到大家上课，老师下次一定会注意。所以我们上课的时候，或者在某些公共场所要保持安静，避免影响别人。”

(2)将错就错的应变语：教师在活动发生意外的时候，不动声色地把意外发生的情况也作为教学内容的一种应变语。如在计算活动课中，教师不小心把用于计算的磁铁水果碰掉了。孩子们立即出现骚动。教师不慌不忙地对孩子们说“小朋友们数一数，有几个水果掉下来了？还有几个在黑板上贴着？”

(3)自然转移的应变语：在教学活动中，对于出现的意外情况，教师结合活动内容，及时做出调整，顺应变化所采用的一种应变语。如学习《三只蝴蝶》的时候，刚好有一只蝴蝶从教室窗口飞进来又飞出去，孩子们的注意力都集中在蝴蝶上，活动无法继续进行。老师说：“小朋友们，我们到操场上，看看还有没有蝴蝶，然后大家来扮演红蝴蝶、白蝴蝶和黄蝴蝶，找到红花姐姐、白花姐姐和黄花姐姐，好不好?”

2. 应变语的要求。

当教师遇到突发情况时，教师应做到求实坦诚、从容镇定、和蔼和亲、因势利导，使问题能够得到妥善解决，否则，教师常常无法应对突如其来的变化。若不予理睬，或粗暴对待突发情况，一方面可能会造成活动秩序的混乱，影响活动的顺利进行；另一方面，无法引导幼儿向正确方向发展，养成幼儿良好的行为规范，有时可能会掐灭幼儿创新思维的火花。

(1)要有良好的心理素质。教学中的应变需要教师具有自信而相容的心理素质。遇到意外，教师首先要不慌不忙，相信自己能够应对，也要对孩子宽容，对他们进行正面引导。

(2)要有敏捷而深广的思维。应变能力是思维灵活性、新颖性的直接表现，也是对思维深度、广度的要求。所以教师要善于应变，就要有良好的思维能力。一些调皮的孩子常会给老师带来意外，个别智力超群或阅历超常而又外向的孩子常会给老师带来意外，对于这样一些突发情况，教师要善于个别对待。对于调皮的孩子，老师多从行为方面去引导他；对于智力超群的孩子，教师可以从知识方面去引导他，甚至有时可以重新构思指导策略，比如让孩子当小老师等。如果对这样的孩子引导得好，教学活动就会更有新意，更出彩。

(3)要注意运用语言的技巧。应变语的技巧，常常可以通过调整句式、增加重音和使用委婉的语句来应变，在语音上，可以通过语气、语调、语速、重音的改变来适应变化。

资料卡

幼儿教师在集体教学活动中的临场应变策略

一、当幼儿的兴趣与预设活动不匹配时

1. 以“顺应”的方式保持幼儿的兴趣。

2. 以参与者的身份支持幼儿活动。

3. 关注寻常时刻，推动幼儿兴趣向深层次发展。

4. 要把幼儿的发展目标熟记于心。

二、当幼儿的回答与问题缺乏相关性时

1.“以幼儿发展为本”，尊重和保护幼儿的回答。

2. 理解幼儿的内心世界，帮助幼儿在错误中成长。

3. 提高自己的应对能力，提高教学活动的有效性。

三、当集体教学中有超常幼儿时

1. 倾听和肯定幼儿的奇特想法。

2. 适时适当地加以正确引导。

3. 珍惜幼儿的好奇心，鼓励幼儿标新立异，激发幼儿的创新意识。

四、当遇到“唱反调”的幼儿时

1. 观察倾听，了解幼儿的需求。

2. 介入，把握时机推动活动的进程。

3. 讨论，使活动的内涵更丰富。

五、当幼儿的科学实验操作失败时

1. 面对失败不言放弃，帮助幼儿树立信心。

2. 善于发现并利用活动中的偶发事件，发挥其教育价值。

3. 保护幼儿的好奇心和求知欲，适时加以引导，为幼儿的探究活动创造宽松自主的环境。

六、当幼儿不能突破教学难点时

1. 关注动态现场，分析问题原因。

2. 及时调整策略，随机应变。

3. 果断终止教学过程。

——冯伟群：《幼儿教师临场应变技巧60例》，北京，中国轻工业出版社，2013。有删改

二、技能训练

[**训练一**]

要求：通过案例分析，学习过渡语、结束语和应变语等教学口语运用的方法，能用连贯、有条理的话说出自己的意见。

步骤：
(1)自己先想一想，再说一说。
(2)小组讨论，补充修改。
(3)在小组中发言，小组进行评议。
(4)师生共同讨论。

1. 说说下列结束语采用了什么方法，好在哪里，自己运用语音和态势语技巧说一遍，体会其中的妙处。

在数学活动“学习6、7、8的相邻数”中，老师做了这样的小结：“小朋友们已经知道了6的相邻数是5和7，7的相邻数是6和8，8的相邻数是7和9。数字娃娃非常感谢小朋友给他们找邻居。为了表示谢意，他们送给小朋友每人一个漂亮的花篮，让小朋友们带回家去。但是花篮里的三朵花只有两朵有数字娃娃的签名，你们看看，还有一朵应该是哪个数字娃娃。请你们帮他签上，签好了，再带回家去。”

——人民教育出版社中学语文室，《听话和说话》

2. 说说下列案例中，老师在教学中是如何应付意外情况的，说得怎么样，有什么值得你借鉴的？

在音乐活动“金瓶似的小山”的教学中，孩子们在学习舞蹈动作“顺风旗”的时候不是这个手势错了，就是那个方向不对，总是学不好，孩子们出现了骚动。老师忽然看到墙上挂着的头花，把它们取下来套在孩子们的左手腕上，然后说：“有花的手要翘得高，这样，你们手上的花大家才看得见，动作才漂亮。”每个孩子的左手都翘得高高的，特别整齐。“眼睛要看着你的花。”老师再次提醒。所有的小朋友都昂起了头，动作变得漂亮了。

——冯伟群，《幼儿教师临场应变技巧60例》

3. 下面教学片段中，哪句是过渡语，请找出来，并说说老师是如何过渡的，有何妙处？

教学片段

教师：(播放视频)听，谁来了？

(一母鸡出来)猜猜这只母鸡到草地上来干什么？

看看它在干什么？(一母鸡下蛋，蛋都跑到草地上)。

教师：母鸡生了很多蛋宝宝，可是蛋宝宝太调皮了，看，都跑出鸡窝了。鸡妈妈找不到宝宝很着急，我们一起帮它把蛋宝宝找回鸡窝好吗？

教师：看，我找到一个蛋宝宝，它躲在盒子里，我来把它取出来。先把盒子捏住，慢慢地撕，小手慢慢地移。沿着这上面的圆一点一点地把蛋宝宝取出来。找到了蛋宝宝，我们应该把它送回鸡窝。

教师：沾点糨糊，涂在蛋宝宝身上，然后轻轻地送回鸡窝。

[**训练二**]

要求：根据过渡语、结束语和应变语的方法和要求，针对具体情境，设计并运用恰当的过渡语、结束语和应变语进行模拟教学。

步骤：

(1)先阅读材料，进入情境。

(2)自己先想一想，再说一说。

(3)小组训练，看谁说得好。

(4)补充修改。

(5)个人汇报，学生点评。

1. 根据下列所给材料，设计结束语，并把它说出来。

(1)小班科学活动“好吃的糖果”

目标：①让孩子在看看、闻闻、尝尝的游戏中，体验感知糖果的不同，培养幼儿的观察能力和初步的比较能力；②教育幼儿养成良好的卫生习惯。

准备：各种糖果若干。

(2)中班体育活动“快乐地跑”

目标：①引导幼儿积极参加运动，体验跑的乐趣；②能双眼注视前方，屈肘协调摆臂，快速地跑动。

准备：录音机、磁带、场地。

训练提示：围绕目标，根据结束语的方法和要求进行设计，语言要准确连贯、条理清晰，可独白，可对话。注意运用语音和态势语技巧。

2. 给下面的教学活动设计过渡语。

(1)教师讲故事《猜猜我有多爱你》后，想引导幼儿通过游戏的形式感受妈妈的爱，应该怎样设计过渡语？

(2)在科学活动“奇妙的网”中，教师先请幼儿观察各种网状的物品以后，要引导孩子们了解网状物品的作用，应怎样设计过渡语？

训练提示：应先做好准备，熟悉故事，了解网状物品等；过渡语要简洁。

3. 当教师在上计算课“2－5＝7”时，提问孩子思考家中有什么东西和“5”有关时，一个孩子举手回答“我家有5台冰箱。”针对这样的情况，你应该如何应变？

训练提示：应变语要落到实处，要与活动内容和主体紧密结合，不能岔开去，语言要简洁，也可层层追问，注意追问时的语气、语调。

[**训练三**]

说明：这个板块有些难度，没有提示，没有情境。自己必须预设情境。

要求：制订活动目标和活动准备，模拟教学情境，综合运用过渡语、结束语进行教学，初步探索如何运用教师口语进行教学活动。

步骤：

(1)先写出活动目标和活动准备。

(2)预设情境，进入情境。

(3)设计结束语和过渡语，自己说一说。

(4)在小组中讨论和试教。

(5)小组评议，选出各组讲得好的同学。

(6)在班级试讲，师生共评。

1. 为中班幼儿“学折小鸟”活动设计结束语。

2. 为小班音乐活动“小兔乖乖”设计过渡语，分别设计导入—讲解环节和讲解—结束环节的过渡语。

3. 综合训练：为中班讲述活动“小狐狸画春天”设计一个活动计划。注意计划要完整，从活动目标、活动准备到活动过程都要写出来。活动过程要写明各个环节，并且设计导入语、讲解语、提问语、过渡语和结束语。写完计划，在小组试教。

项目小结

本项目主要从幼儿教师教学口语的特点、要求，以及各类教学口语的运用技巧、表达方式等几个方面进行学习和训练。通过案例引入，理论与方法的学习，案例分析和模拟情境训练，掌握幼儿教师教学口语的要求，学会在各个教学环节中，恰当运用各类教学口语来帮助幼儿获得知识，培养能力，并学习在教学活动中运用口语应对突发的问题。本项目遵循理论与实践相结合的原则，在训练中，由易到难，由案例的分析学习到自主地表达，形成阶梯式训练，使学生的能力逐步得到提高。

项目十二
幼儿各类活动中的教师口语训练

项目训练目标

1. 掌握各类活动中幼儿教师口语的特点、要求。

2. 掌握各类活动中幼儿教师口语的运用技巧。

3. 能恰当使用口语迎送幼儿、安抚幼儿用餐和午休、指导幼儿户外活动，使幼儿一日生活愉快和谐。

4. 能恰当地使用口语指导幼儿进行区角活动，使幼儿在和谐、宽松的环境中进行自主的个别化的学习。

《幼儿园教育指导纲要(试行)》指出：幼儿园教育应当贯彻国家的教育方针，坚持保育与教育相结合的原则，对幼儿实施体、智、德、美诸方面全面发展的教育。幼儿园的教育教学主要渗透在一日生活的常规活动中。在这些活动中，教师要恰当地运用各种口语，对幼儿实施保育和教育工作，促使幼儿身心全面、健康地发展。

任务一　幼儿园一日生活中的教师口语训练

任务要点

通过案例，从感性上认识一日生活中的教师口语的内容，再从理论上了解一日生活中教师口语的不同类型和要求。最后通过案例分析和情境训练，学会恰当使用口语迎送幼儿、安抚幼儿用餐和午休、指导幼儿户外活动。

案　例

子曰在爷爷的带领下来到幼儿园，但当老师准备问好和拥抱他的时候，他却紧紧抱住爷爷。爷爷有事要离开，子曰马上躺在地板上哭开了，又踢又蹬。老师陪在他身边，任他踢蹬。持续了一分钟左右，老师轻轻地抱起他，告诉他："孩子，哭吧！这两天委屈你了！"这么一说，子曰在老师怀里又大声哭起来……哭着哭着，他紧紧地抱住老师，老师也紧紧地抱住他，直到他的哭声停下来。

午睡的时候，子曰看着老师，一会儿坐起来，一会儿躺下去，神情不安，老师走到哪，他的眼睛就跟到哪，不哭不闹，也不说话。老师轻轻地走过去，问他："你要尿尿吗？"他摇摇头。"你要喝水吗？"他也摇摇头。"你想做什么？""我要你跟我睡！"于是，老师躺下，把他搂在怀里。一会儿，他便睡着了。

——陈泽铭等，《优秀幼儿教师教育艺术 99 例》

在幼儿园，不少孩子，特别是小班幼儿都会有不同程度的入园焦虑。案例中的子曰就是这样的一个孩子。老师一开始并没有强行把他和爷爷分开，在他又哭又闹的时候，也没有制止他，呵斥他，而是任他把情绪宣泄出来，然后采用温柔的、善解人意的语言和肢体动作安抚他，使孩子产生安全感、信任感，开始在幼儿园一天的生活。午睡的时候，老师通过询问来安抚他，了解他的需求，并满足他，最后使他安心地午睡。离园时，子曰开开心心地回家了。在一日生活中，老师真诚热情的口语能安抚幼儿的情绪，指导他们开展活动，使他们在幼儿园开开心心地生活学习。

一、理论与方法

幼儿园一日生活主要包括生活活动、运动活动、学习活动和游戏活动。游戏是幼儿的主要活动，《幼儿园工作规程》指出，幼儿园教育要以游戏为基本活动，寓教育于各项活动之中，游戏活动渗透在一日生活之中，教师口语在各种活动中的运用也包括在游戏活动中的运用。集体教学活动是幼儿学习活动的主要形式，教师口语的运用主要是教学口语的运用。所以，这里主要介绍幼儿教师在幼儿生活活动和除体育教学活动之外的户外体育活动中的口语运用。活动不同，教育的目的、内容、形式也不同，教师所用的口语也各有不同，有各自的要求。

(一)幼儿园生活活动的教师口语

幼儿园的生活活动是指满足幼儿基本生活需要的活动，主要包括入园、饮水、盥洗、进餐、如厕、睡眠、离园等活动。在这些活动中，教师应培养幼儿生活自理、与人交往、自我保护等生活能力及遵守集体生活规则的意识，帮助幼儿养成健康的生活方式和良好的卫生习惯。

1. 入园离园环节的教师口语。

幼儿入园是幼儿园一天生活的开始，而离园是幼儿园一天生活的结束。这两个时间都有些特殊，幼儿入园离开父母，总是依依不舍，不少幼儿会有不同程度的入园焦虑；离园之前的幼儿都盼着父母早点来接自己回家。这两个特殊时间，幼儿教师的迎送语言显得尤为重要。教师迎送语言的特点和要求如下。

(1)真诚热情，富有爱心。教师要以真诚热情的语言表达自己对幼儿的爱。在幼儿入园时，让幼儿感觉教师就像亲人，幼儿园是一个大家庭，让幼儿稳定情绪；在离园前，与幼儿说话，分散幼儿注意力；送走幼儿时，教师真诚的语言会让幼儿快乐地离园。

(2)亲切愉悦，富有童趣。教师迎送幼儿的语言应该亲切温柔，充满愉悦感，让幼儿感觉幼儿园一天的生活是快乐的。教师还可以用富有童趣的语言，如用有比拟、比喻、夸张等表达技巧的语言来迎送幼儿，让幼儿感到亲切有趣，放松心情，更加喜爱幼儿园的生活。

教师在幼儿入园的时候要和幼儿主动打招呼，说说话；离园的时候与幼儿互道再见，叮嘱幼儿。在与幼儿交流的时候，还可以辅以肢体语言，对幼儿进行安抚。如幼儿入园轻轻抚摸幼儿的脸、手、头，亲亲、抱抱幼儿等，幼儿离园时给他擦擦汗，整理整理衣服等。

2. 饮水进餐环节的教师口语。

饮水进餐是幼儿一日生活不可缺少的环节，教师在这一些环节中，要通过语言培养幼儿良好的饮水进餐习惯以及道德品质，促进幼儿身心和谐地健康发展。

(1)以沟通为主，培养幼儿良好的饮水和进餐的习惯。对幼儿，教师不能强求与大人一样饮水、进餐。有的幼儿爱喝饮料不爱喝水，有的幼儿挑食、偏食等，教师要多用沟通语、表扬语、劝慰语等教育口语，进行正面引导，循序渐进地帮助幼儿慢慢改掉这些不良习惯。教师可以向孩子宣传饮用白开水的好处，在每次吃饭前可以向幼儿介绍当天的菜谱，这些饭菜有什么营养，也可以让值日生报菜名，增添幼儿进餐的乐趣，激发幼儿的食欲。

(2)轻声细语，营造温馨的用餐语言环境。幼儿用餐时，教师说话要温柔亲切，让幼儿心情放松，愉快进餐。教师千万不要在幼儿用餐时批评、指责幼儿。即使幼儿边吃边玩或发生冲突，也要及时制止，让幼儿继续用餐，在幼儿用餐后才教育幼儿。

在饮水用餐环节培养幼儿良好的进餐习惯的同时，还要注意培养幼儿良好的道德品质，如不争不抢、礼貌谦让、爱惜粮食等。

3. 午休环节的教师口语。

在幼儿园一日生活中，幼儿每天有 2～3 小时的午休时间。教师通过语言沟通，引导幼儿又快又好地入睡是非常重要的。

(1)言简意赅，语调轻柔。午休时间，教师不宜多说话，以免刺激幼儿，简单地提出要求后让幼儿自己睡觉。大多数幼儿在午休时间可以自己入睡，也有部分幼儿在午休时会说话、做小动作、不爱睡觉。教师对这些孩子说话要轻柔，轻轻走到他们跟前说几句鼓励的话或给一个承诺，这一方面可以安抚他们的情绪，另一方面不影响其他幼儿午休。

(2)辅以动作安抚。教师对不能很快入睡的孩子，可以像妈妈一样轻轻抚摸他们的身体，让他们安静、放松下来，不要太兴奋。

(二)户外体育活动环节的教师口语

户外体育活动是幼儿园体育活动的重要组织形式。《幼儿园教育指导纲要(试行)》指出幼儿园要“开展以多种有趣的体育活动，特别是户外的、大自然的活动，培养幼儿参加体育锻炼的积极性，并提高其对环境的适应能力”。户外体育活动在很大程度上弥补了体育课、做操的不足，从幼儿的兴趣、爱好、能力、水平出发，具有趣味性和自由度，给幼儿提供了更多自由活动的机会。幼儿教师要鼓励幼儿积极参加户外活动，让幼儿接触户外自然，充分体验户外活动的快乐，并且在户外体育活动中培养幼儿的集体意识和积极进取的精神。

1. 正面引导，鼓励幼儿喜爱户外活动。

幼儿天性爱玩，大多数幼儿都比较喜爱户外活动，但也有一些幼儿不爱动，或因为有玩具玩、有书看，不愿参加户外运动。教师要跟幼儿讲清户外活动的好处，采用沟通、鼓励的语言让幼儿动起来。教师还可以结合语言、艺术等领域的教学内容，用生动形象的语言组织活动，把活动寓于有情节、有角色、有竞赛的游戏情景之中，调动幼儿参与活动的积极性。

2. 讲清规则，引导幼儿加强自我保护意识。

户外场地大，幼儿分散活动，给幼儿活动带来了一些不安全的因素。教师要树立安全第一的观念，在活动前一定要讲清规则和注意事项，重点的地方要特别强调，甚至不厌重复。在活动中要随时注意言语提醒，及时纠正幼儿的危险动作，进行必要的安全指导和教育，发生突发事件，用语要冷静。

3. 热情肯定，培养幼儿良好的个性品质。

户外活动还包括一些集体活动、竞赛活动等。比如，运动会，教师要热情鼓励幼儿积极参与，在活动过程中，不断用口语给予激励，培养幼儿积极向上、敢于挑战的精神。

资料卡

幼儿园教师口语情感策略

教师的情感语言分为正向性情感语言和负向性情感语言，表达时运用的语言策略不同。

一、正向性情感语策略

教师正向性情感语策略是教师向幼儿表达自己对幼儿、对活动或事件的喜好和赞许，以及表示对幼儿的同情、安慰、亲近等所采取的手段。教师的积极情感语为幼儿的学习提供了强大的情感支持。

1. 运用酬应语言，向幼儿表露自己的情感状态。

2. 运用询问，诱发幼儿产生积极的情感体验。

3. 运用安抚语言，抚慰幼儿的情绪。

二、负向性情感语策略

负向性情感语策略是教师向幼儿表达自己对幼儿、对活动或事件的不满、厌恶等采取的手段。一般情况下，教师多使用责备、讽刺、挖苦甚至忽视的语言来表达自己消极的情感态度。

1. 训斥。

2. 忽视。

3. 排斥。

二、技能训练

[**训练一**]

要求：通过案例分析，掌握不同活动中幼儿教师口语的特点及运用的方法，能用连贯、有条理的话说出自己的意见。

步骤：

(1)自己先想一想，再说一说。

(2)小组讨论，补充修改。

(3)在小组中发言，小组评议。

(4)师生共同讨论。

说说下列案例中老师的口语用得好吗，为什么？把老师说的话说一说，体会其妙处。注意语音和态势语技巧。

1. 幼儿园幼儿入园时间，燕燕一上楼梯，就急急忙忙跑到老师跟前，很开心地说："边老师，我头上戴了新卡子，你看看!"老师连忙看了看她的卡子，发现是一朵可爱的小花，"燕燕，你的卡子很漂亮，妈妈送给你的吧?""是啊，妈妈给我买的。""燕燕带着小卡子看起来更漂亮了！老师很喜欢!"听罢，燕燕开心地笑了，欢快地进了教室。

——陈泽铭等，《优秀幼儿教师教育艺术 99 例》

2. 琪琪是个挑食的孩子，这也不吃，那也不吃。这天的午餐，琪琪又不吃黄瓜了。老师走到琪琪身边，贴着她的耳朵故作神秘地说："我有个秘密只告诉你一个人哦，今天的黄瓜有特异功能呢!"琪琪立刻扭过头一脸不可思议地看着老师，老师接着说："你不知道吧？今天的黄瓜会唱歌，你把它放进嘴巴里嚼两下就能听见'咯吱咯吱'的声音呢，要不你试一试?"琪琪将信将疑地吃了一口，说："好像有。"老师又说："你少放点，它就小声地唱歌。你多放点，它唱歌就会大声，你要不要试一试?"听了老师的话，琪琪又继续黄瓜唱歌的游戏，一转眼，一大半的黄瓜就被她吃掉了，一边吃还一边说："这个会唱歌的黄瓜还是蛮好吃的。"

3. 户外活动时，老师带着孩子们玩"老狼老狼几点钟"的传统游戏。老师先跟孩子们说明游戏规则，孩子们玩得很起劲。游戏第一遍的时候，老师说："我说五点的时候，大灰狼就会来抓小白兔了，小白兔要跳回家哦。"老师说五点的时候，孩子们就学小白兔双脚"跳回家"。游戏第二遍，老师说："小朋友们听清楚了，八点的时候大灰狼就来抓小鸭子了!"孩子们在"八点"的时候学小鸭子的动作"走回家"。游戏第三遍，老师说："刚才大灰狼没有抓到一只小白兔，也没有抓到一只小鸭子，它很生气。它决定在十二点的时候去抓小乌龟，小乌龟一定要用手脚爬回家，膝盖不能着地!"孩子们在"十二点"的时候都很快用手脚"爬回家"。

[**训练二**]

要求：根据各类活动中幼儿教师口语的特点和要求，针对具体情境，设计并运用恰当的口语安抚幼儿，教育孩子养成良好的行为规范。

步骤：

(1)先阅读材料，进入情境。

(2)自己想一想，再说一说。

(3)小组训练，看谁说得好。

(4)补充修改。

(5)个人汇报，学生点评。

在下列情景中，老师应该怎么处理，怎么说？把老师要说的话说出来。注意语音和态势语技巧。

1. 午餐的时候，两个孩子突然吵起来了，声音越来越大，就快动手打起来了。原来是小涛吃饭时撞到了壮壮，壮壮把汤洒了，壮壮要小涛道歉，小涛认为自己不是故意的，就不道歉。

训练提示：注意饮水进餐环节的教师口语运用的要求。

2. 午睡时，莹莹突然哭了起来，老师经过询问，才知道莹莹妈妈出差好几天了，莹莹想妈妈了。

训练提示：注意设身处地安抚幼儿，也可以从妈妈想孩子的角度来说。

3. 天气凉了，这几天饮水时间，很多小朋友不怎么喝水。老师总是提醒孩子孩子们多喝水，但是亮亮说："我不喝水，老师自己都不喝水。"

训练提示：教师要善于应变，态度要真诚。

[**训练三**]

说明：这个板块有些难度，没有提示，没有情境。自己必须预设情境。

要求：预设情境，讲一段符合要求的话，初步探索如何运用教师口语技巧在幼儿园各类活动中引导幼儿，帮助他们过好幼儿园一日生活。

步骤：

(1)先预设情境，进入情境。

(2)设计一段话，说一说。

(3)在小组中讨论和试讲。

1. 对午餐时不好好吃饭，老是转来转去，吃得很慢的幼儿说几句话。
2. 对不爱参加户外活动的小朋友说几句话。
3. 对户外活动中不注意安全的小朋友说几句话。

任务二　幼儿园区角活动中的教师口语训练

任务要点

通过案例，从感性上认识区角活动中的教师口语，再从理论上了解区角活动中教师口语的特点和要求。最后通过案例分析和情境训练，掌握在区角活动中运用教师口语指导幼儿自主活动的方法。

案　例

下午的区角游戏活动，“小吃街”又开张了，但过了一会儿，老师发现平时最热闹的“小吃街”变得冷冷清清。连“厨师”都想换地方玩了。老师连忙说：“我要份海蛎煎，咦，厨师去哪儿?”“我在这儿……”说着，“厨师”马上跑过来，为老师做了份“海蛎煎”。他做的时候，老师问：“刚才你怎么不在呀?”“小吃街都没有客人，我煮的东西没顾客来吃。”“哦，是吗？那你有没有和小吃街的小伙伴们一起商量用什么办法来吸引客人呢？我也来帮你们想想办法，好不好，大家过来一下……”老师和“厨师”马上招呼“小吃街”的几个“工作人员”一起，召开临时“紧急会议”。“最近我们小吃街生意冷清，没有顾客，咱们一起想一想，用什么办法吸引顾客到小吃街来。”小朋友们热烈地讨论起来，有的说可以做广告宣传，有的说可以让顾客免费品尝一次小吃街的东西，有的说可以搞买一送一活动，还可以发优惠券等。老师说：“不错，你们的想法都很好，现在就开始行动吧。”……“小吃街”的生意又红火起来了。

——陈泽铭等，《优秀幼儿教师教育艺术99例》

区角游戏是幼儿自主活动游戏，老师不能包办。但当幼儿遇到问题时，老师不能坐视不理，也不能简单帮助完成预设方案就算了。在这个案例中，老师通过口语，以顾客身份介入活动，对幼儿首先是一个支持。发现幼儿遇到问题时，并没有急于帮助，而是启发幼儿要自主商量，合作研究，尝试寻找解决问题的方法，最后，又鼓励幼儿把想法付诸行动，使活动达到预设目标，取得成功。

一、理论与方法

幼儿园区角活动是教师根据教育目标和幼儿发展水平有目的地创设多样活动环境，投放活动材料，让幼儿进行自主学习，从而达到一定学习目标的一种活动形式。在区角活动中，幼儿可以在宽松、和谐的环境中按照自己的愿望和能力，自主选择学习内容和活动伙伴，以操作摆弄为主要形式，主动地进行探索和交往。区角活动是幼儿园活动的重要组成部分。教师要充分发挥口语的指导作用，引导幼儿自主学习，发展智力，愉悦精神，培养探索、创新、合作精神。

(一)区角活动中教师口语的特点和要求

区角活动是幼儿在活动区角所进行的某种特定活动，幼儿园通过开展区角活动促进幼儿自主参与活动、自发学习，锻炼幼儿动手操作能力，增进幼儿之间、师幼之间的交流，培养幼儿交往能力，促进幼儿社会性的良好发展。教师在区角活动区要恰当运用口语对幼儿进行指导，才能达到活动目的。教师在区角活动中的口语有以下特点和要求。

1. 适宜性。

区角活动的目的是培养幼儿主动学习的能力，所以活动的安排、设计，环境的创设，材料玩具的提供等，都要适合幼儿的年龄特点，考虑其已有的生活经验及能力，使幼儿在原有基础上得到发展。教师的口语也应该是适合幼儿的年龄特点和已有的经验。如小班幼儿生活经验贫乏，接触社会的范围小，教师应该多以具体的语言对幼儿进行示范、指导，要讲清每一步的做法，便说边做，语言要简洁、通俗易懂，帮助他们学会独立操作和表达。中班和大班的幼儿有了一定的经验，特别是大班孩子还会有许多创新的想法和玩法，教师的指导不宜太细，语言不宜太具体，而是在幼儿出现困难的时候，给予及时点拨，这样更有利于幼儿创造能力的培养。中班和大班的小组游戏增多，教师要用明确的语言，有意识地指导幼儿互相合作，取长补短，培养幼儿的协调能力、合作意识。

2. 开放性。

区角活动是教师为幼儿创设多样活动环境，让幼儿进行自主学习的活动形式，教师要把整个活动环境作为一个动态系统，由此可以衍生出许多游戏的情节，促进幼儿创造力和想象力的发展。但是，这个动态系统要建立在幼儿自觉自愿的基础上，要由幼儿创造，教师只是为他们创设一定的环境，并引导他们想象新的游戏情节，而不是由教师指定他们的行动。教师的语言应该是开放的，要启发幼儿想象，多用开放式的提问，如在孩子有了材料，准备活动的时候，教师问他："你想做什么?"引导幼儿告诉老师他要做的是什么，是什么样子的；老师问他："你想怎么做?"引导幼儿告诉老师他的做法。这样的问答看似简单平常，但老师已经帮助幼儿把他心里明确的或不很明确的计划变成了一种心理图像和操作过程。这样的过程不是教师强加给幼儿的，而是幼儿自己想做的。这种开放式的提问，可以发挥幼儿的想象，还能培养幼儿的口语表达能力。

幼儿自主学习，不是放任自流，教师要适时地给予反馈，引发幼儿多方面的互动——师幼互动、幼幼互动。比如，在合作活动中教师可以让幼儿介绍自己的做法，让幼儿讨论补充，教师也可参与其中，教师还可以让幼儿把自己的成果与他人分享："如果你会玩，你可以告诉你的好朋友你是怎么做的。"

3. 示范性。

幼儿的语言教育是贯穿一日生活活动始终的。在区角活动中，教师要有意识地对幼儿进行语言教育，使幼儿在活动中发展语言。教师口语要能够起到示范作用。幼儿园活动区精彩的实践活动，对于丰富幼儿的词汇和句式有很多优势。幼儿是通过模仿来学习语言的。在与幼儿共同游戏时，教师可以通过适当的示范来丰富幼儿的词汇、句式。如告诉小班幼儿："橡皮泥有红色的，有黄色的，有蓝色的，还有绿色的。"教给幼儿"有……有…… 还有……"的句式。在语言活动区，教师语言的示范性更为突出，教师可以与幼儿共同阅读，然后用自己生动的语言为幼儿讲述，激发幼儿的阅读兴趣和讲述兴趣，学会用学过的词语描述故事，用连贯、完整的语言进行讲述。

4. 鼓励性。

在活动区，教师应为幼儿创造一个自由、宽松的交往环境，让幼儿想说想做、敢说敢做、喜欢说喜欢做，并有机会说和做，从而体验说和做的乐趣、乐于与人交流。教师的信任、理解、接受的态度，可以使孩子探索、交流的愿望自然增长。教师要多用语言鼓励幼儿开口说动手做。在语言表达方面，当幼儿词不达意的时候帮助说，让幼儿觉得教师爱听、能听懂他的话；教师可以利用区域环境，丰富幼儿的词汇，提高口语表达能力，让幼儿多听多讲，边看边讲，主动用语言与接触到的人交往；教师在幼儿掌握了讲述方法的基础上，还可以鼓励幼儿多在成人和同伴面前讲故事，用连贯、完整的语言仿编、续编、创编故事，培养幼儿说的兴趣和能力。在自由探索方面，教师应该鼓励幼儿发散思维，动手去做，敢于表现，勇于创新；由于幼儿经验有限，教师还应对幼儿适时点拨，帮助幼儿解决问题，鼓励幼儿敢于面对困难，不轻言放弃。

5. 差异性。

幼儿园区角活动的区角很多，不同的活动区各有特点，教师在不同活动区角的口语运用应有差别。

(二)不同区角活动的教师口语运用

幼儿园的区角有很多，其中最常见的是语言区、美工区、科学区、建构区、角色游戏区等。在不同的区角活动中，教师口语运用应有所不同，才能使区角活动真正发挥作用。

1. 角色游戏区的教师口语。

角色游戏活动是幼儿在活动区中进行角色扮演的一种游戏活动。幼儿通过扮演不同角色，学习适当的行为方式，了解人际关系，了解他人情感，能自我控制，调整与伙伴间的相互行为关系，实践和尝试自己解决问题的方法。角色游戏能有效地帮助幼儿学习，培养幼儿的表现能力、交往能力和合作能力，发展幼儿的社会性。

角色游戏主题来源于生活，幼儿扮演的角色来源于各行各业。所以在角色游戏中教师的口语运用要注意以下几个问题。

(1)运用讨论、谈话的方式对幼儿进行指导。角色游戏的主题应是幼儿熟悉、了解和接触过的或感兴趣的。在确定游戏主题与内容时，教师要与幼儿共同讨论，听听他们的想法，根据幼儿的兴趣确定主题，指导幼儿制定游戏内容、基本步骤和游戏规则；在活动过程中，教师还要随时提醒幼儿，促使游戏不断向前推进。

(2)表演性与生活化的语言相结合。角色游戏模仿的是各种社会活动，幼儿模拟进入的是成人世界，所以角色语言带有浓厚的表演性。教师要丰富幼儿关于各行各业的知识，抓住各行业人物的语言特点，引导幼儿模仿各行业人物的语言。教师的语言首先必须有表演性，才能符合特定人物的角色定位。角色游戏来源于生活，所以教师语言又必须是生动活泼，充满生活气息的，而不是照本宣科的，不是模式化的。教师要根据游戏的进程，随时生成新的生动的、反映生活真实的角色语言，促使游戏不断向更深层次发展。语言的生活化不等于俗语化，更不是低俗化。教师要为幼儿营造一个规范、优美的语言环境，促使儿童语言的健康发展。

2. 语言区的教师口语。

语言区活动主要是发展幼儿语言能力的一种活动。幼儿在语言区中，通过阅读，培养阅读兴趣，掌握正确的阅读方法，形成良好的阅读习惯；通过对图书中故事情节的感受、模仿、学习和欣赏，培养审美能力；通过对图书、图片、卡片的观察、操作以及对操作过程和图书的讲述，培养语言表达能力。

语言区的主要功能是培养幼儿的阅读能力和讲述能力，所以教师的语言要有较强的启发性，通过示范、提问、讲解的方式，启发幼儿阅读和思考，并通过启发和示范，培养幼儿的讲述能力。教师还要善于运用口语鼓励幼儿敢于表达自己的情感、需求、意愿和观点，促进幼儿之间相互沟通、相互影响、相互学习、相互了解，培养良好的听说习惯和听说能力。

3. 建构区的教师口语。

建构区的主要作用是发展幼儿的建构能力，教师通过让幼儿尝试各种不同的建构材料、方法，学习建构技法，发展幼儿的空间知觉，使幼儿能认识基本形状、数量关系等，激发幼儿的创造力和想象力。在建构游戏过程中，幼儿之间分工合作，共同设计、建构，共同游戏，掌握自行解决问题的方法，培养幼儿的社会性，发展其语言表达能力和合作能力。

建构需要想象。在建构区中，教师可以用富有想象性的语言启发幼儿，培养幼儿的空间知觉，发展幼儿的空间想象力。在建构过程中，教师还要用具有逻辑性的语言引导幼儿认识各种建构材料，认识基本形状和数量关系等，启发幼儿操作，培养幼儿动手操作能力及创造能力。

4. 美工区的教师口语。

美工区的主要功能是通过撕、贴、剪、画、捏、做等美术操作表现活动，发展幼儿的动作操作能力、创造力、想象力等。在美工区中，教师给幼儿提供接触各种材料的机会，使幼儿了解各种材料的特性，学习利用工具进行立体造型活动，表达个人情感和思想，体验成功的喜悦。

美工区活动培养幼儿的操作、表现和创造能力，教师的语言必须具有艺术性，形象生动，才能激发幼儿表现和创造的欲望。教师可以用生动的语言引导幼儿操作，可以用形象的语言描述各种美工作品，在幼儿欣赏美工作品时，运用优美的语言来引导幼儿深入地感知美。

5. 科学区的教师口语。

科学区主要通过各种科学小游戏及操作活动，给幼儿提供尝试、探究和实验的机会，让幼儿实地操作，认真解决问题，获得知识，形成概念，活跃幼儿思维，培养分析、判断和推理能力，激发幼儿探究科学现象的兴趣。

科学区的教师口语要符合客观规律，规范严谨，这样才能指导幼儿进行操作，培养幼儿较强的逻辑思维能力。另一方面，要符合幼儿的认知特点，浅显生动，才能激发幼儿探究的兴趣。

幼儿教师在不同区角活动中的语言运用有不同的要求，教师要围绕活动目的，结合材料的投放、环境的创设以及不同年龄阶段的孩子的特点，设计并运用不同的口语指导幼儿进行主动学习。语言表达要适时适当，既能对幼儿起到指导作用，又不限制束缚幼儿，影响幼儿的自由创造，以达到区角活动自主个别化学习的目的，取得最佳效果。

资料卡

小班区角活动设计方案：走进春天

区角活动目标：

1. 引导幼儿尝试运用多种形式表达对春天的认识。
2. 鼓励幼儿使用各种材料、工具和方法描绘春天的美。
3. 在做做玩玩中体验春天的美丽并体会游戏的快乐。

区角活动标志设计说明：入口处贴有“走进春天”的字样，“走进春天”四个字在一片片嫩绿的树叶衬托下很醒目。绿叶代表着希望，预示着春的降临，就让我们带着孩子们走进春天的童话。

区角一：美工区

区角名称：春天的色彩

区角活动目标：

1. 在观察桃花、柳条、油菜花等的基础上，引导幼儿进行撕贴和绘画。

2. 引导幼儿大胆地用点、画、粘贴等技能，表现对春天美的感受。

区角设置说明：本区角的设置是幼儿在初步感知春天花草树木特征的基础上，乐意在老师的引导下大胆地进行撕、贴、印、折等，表现对春天美的感受。

材料投放说明：胶水、皱纹纸若干、废旧彩纸、油画棒。

游戏规则：在老师的引导下，幼儿用搓、撕、点、贴等技能来绘出心中美丽的春天。

层次一：幼儿能够用撕一撕、点一点、画一画等技能来装点春天。

层次二：幼儿能够用多种颜色在画纸上展现春天的美丽。

游戏指导：

1. 引导幼儿用手撕出或搓出柳条。

2. 引导幼儿用手指点出桃花、小蝌蚪等。

区角二：生活区

区角名称：春姐姐，我长大了！

区角活动目标：

1. 提升幼儿的自理能力。

2. 培养幼儿初步的合作意识。

区角设置说明：本区角的设置目的在于提升幼儿的自理能力，培养幼儿建立初步的合作意识。春天气候早晚温差大，到中午的时候气温上升。每天午睡前总会有许多小朋友说："老师，我不会脱。"小班幼儿年龄小，而且现在都是独生子女，很多自理能力方面的事情都不会做。我们结合本班幼儿特点，采用游戏形式，在生活区激发幼儿自我服务和为他人服务的兴趣。

材料投放说明：幼儿穿的衣服几件。

游戏规则：幼儿自己学穿脱衣服，也可以请同伴相互帮忙。

层次一：个别幼儿能够独立穿脱衣服。

层次二：不能独立穿脱衣服的幼儿能够请同伴帮忙，具备初步的合作意识。

游戏指导：

1. 引导幼儿穿脱衣服。

2. 有意识地培养幼儿的合作意识。

区角三：益智区

区角名称：蝴蝶找花

区角活动目标：

1. 引导幼儿按数字或圆点进行手口一致数数及配对。

2. 让幼儿在游戏中提高对数概念的认识及兴趣。

区角设置说明：本区角设置时主要考虑结合本月主题活动“春天”以及本月教学计划，引导幼儿在体验春天蝴蝶美、花儿美的同时尝试手口一致地点数并准确地配对。

材料投放说明：墙上贴有若干朵花并配以相应的数字(用废旧纸做的花)；蝴蝶身上画有不同数量的圆点和数字。

游戏规则：引导幼儿将相同数字和圆点的蝴蝶贴在配以相应数字的花朵上。

层次一：幼儿对图形和颜色的认识区分情况。

层次二：幼儿的手口一致数数情况及对数字的认识情况。

游戏指导：

1. 引导幼儿按数量进行手口一致数数。

2. 引导幼儿按数量进行手口一致数数并进行准确配对。

区角四：角色区

区角名称：春天的舞会

区角活动目标：

1. 通过听听、唱唱、跳跳的形式大胆地表现春天的热闹。

2. 激发幼儿喜爱春天的情感。

区角设置说明：本区角设置时我们首先想到的就是春天的热闹，春天是万物复苏的季节，大地万物脱去了厚重的棉衣，踏着轻快的脚步开始新的征程。孩子们也穿上了喜爱的春装，他们总是跳啊蹦啊，充满了活力。看着活力四射的孩子们，我们萌发了让幼儿通过听听、唱唱、跳跳的形式大胆地表现春天的热闹，激发幼儿喜爱春天的情感。

材料投放说明：录音机、磁带、头饰、小乐器。

游戏规则：幼儿随着音乐节奏边唱边跳，随着音乐内容做出各种动作。

层次一：幼儿能够理解音乐内容并根据音乐节奏进行表现。

层次二：幼儿能够大胆地用歌声和肢体动作表现春天的热闹。

游戏指导：

1. 引导幼儿根据音乐内容大胆地歌唱。

2. 引导幼儿有节奏地表现春天，动作夸张。

二、技能训练

[训练一]

要求：通过案例分析，掌握不同类型幼儿教师教育口语的特点及运用的方法，能用连贯、有条理的话说出自己的意见。

步骤：

(1)自己先想一想，再说一说。

(2)小组讨论，补充修改。

(3)在小组中发言，互相评议。

(4)师生共同讨论。

1. 说说下列活动中，教师的口语有什么特点，好在哪里？你从中学到了什么？

(1)几个男孩在搭建高速公路，教师开着车停下来问："我的车在哪里交费？""对不起，还没建好呢，请过一会再来！"……教师注意到他们只搭建了两条同向行驶的车道，又问："回来时我从哪里走？"孩子们也发现了："哎呀，对面来车不就撞上了吗？再搭一条反方向的车道吧！"可是建筑区的地方已经不够了。教师出主意："有没有什么资料可以查一查呀？"幼儿从一张图片受到了启发，最后搭成了一个立体双层公路，还带一个收费站。

(2)娃娃家里，睿睿和小羽忙得热火朝天，两个人不一会儿就把娃娃家的东西弄得"面目全非"，娃娃家里一片狼藉。一直在一旁观察的老师提醒道："爸爸妈妈们，一会儿有客人要来，快把家里打扫一下吧！"睿睿站起身，跑过去抓起娃娃家小床上的"被子"就往"锅"里扔，然后两只手在里面揉搓起来。"呀，爸爸你怎么把被子放到锅里去了？""我在帮娃娃洗被子呢。"老师转身拿来一个圆形的塑料篮子，递给他说："爸爸，这有洗衣服的盆，就用它来洗吧。""好的。"睿睿接过去，把"被子"放到"盆"里，高兴地继续"洗"着。

——尹坚勤等，《〈幼儿园教师专业标准(试行)〉案例式解读》

2. 说说下列活动中，教师的做法和说法对吗，为什么？如果你是老师，你会怎么做？

(1)游戏活动开始，娃娃家人数已满，可佳佳很想进去，不愿到别的游戏区去玩。教师走过来说："你看这儿人已经满了，看看哪个游戏区还有空，这个区下次再来玩。"佳佳还是不肯走，教师连哄带劝把他带到旁边的建筑区。佳佳坐在建筑区中，一脸无趣，虽手中拿着积木，但眼睛却不时瞟向娃娃家。

(2)大三班的幼儿在玩服装店的游戏，试衣间建好了，但却发现试衣间根本进不去，因为建得离墙壁太近门太窄，教师过来了："门太小了进不去怎么办？"幼儿说把玩具墙移出来些就可以了。于是四个孩子就试着移动玩具墙。由于玩具墙又高又长，一不小心就会弄倒散掉，孩子们又停下来，不知从何下手，这时教师帮小朋友把墙移出来了，试衣间可以方便地进出，幼儿继续玩着服装店的游戏。

[**训练二**]

要求：根据各类活动中教师口语的特点和要求，针对具体情境，设计并运用恰当的口语，帮助幼儿在活动区中自主学习。

步骤：

(1)先阅读材料，进入情境。

(2)自己想一想，再说一说。
(3)小组训练，看谁说得好。
(4)补充修改。
(5)个人汇报，学生点评。

1. 在角色游戏中，很多幼儿都愿意当医生，不愿意当病人，面对这种情况，你作为老师，应该怎么办，怎么说?

训练提示：注意了解情况，分析情况对症下药，教师语言要适宜，注意幼儿的自主性。

2. 区域活动时间，教师让孩子们按照自己的意愿选择活动内容。前几天幼儿学习了《金色的房子》，教师在表演区投放了相应的服饰、道具。刚开始，表演区还有几个孩子合作玩了一会儿，但很快就没有兴趣，都到别的活动区玩了，语言区的孩子也比较少，大部分孩子拿起书看了一会儿就不看了，有的聊天，有的搭积木。这时候，你作为老师应该怎么做，怎么说?

训练提示：重点解决采取什么方法吸引幼儿，注意幼儿的自主性。

3. 在美工区，孩子们要拿剪刀沿纸上的黑线，剪出各种形状的图形，但孩子们拿到了材料，对着纸上弯弯的黑线，不知如何落剪。这时候老师要怎么说，怎么做?

训练提示：可以运用有趣的语言来鼓励幼儿大胆动手。

[**训练三**]

说明：这个板块有些难度，没有提示，没有情境。自己必须预设情境。有幼儿园见(实)习经验的同学可以做，没有实习经验的同学学习，能做则做，不能做不勉强。

要求：模拟活动情境，讲一段符合各类活动中教师口语要求的话，初步探索如何运用各类教师口语指导幼儿进行自主活动。

步骤：

(1)以组为单位，设计活动区项目。
(2)每个人每道题选一个活动区设计一段话，说一说。
(3)在小组中讨论和试教。

为下列活动设计活动区项目。每个活动设计2～3个活动项目，然后说说在活动区中，老师要说些什么话引导幼儿进入活动?

1. 小班区角活动：“有趣的纽扣”。
2. 中班区角活动：“香香的蔬菜”。

项目小结

本项目从案例引入，再进行理论与方法的学习，最后通过案例分析和模拟情境训练，使训练者掌握各类活动中幼儿教师口语的特点、要求及运用技巧。学习恰当使用口语迎送幼儿、安抚幼儿用餐和午休、指导幼儿户外活动；学习恰当地使用口语指导幼儿进行区角活动，使幼儿一日生活愉快和谐，在和谐、宽松的环境中进行自主的个别化的学习。本项目遵循理论与实践相结合的原则，在训练中，由易到难，由案例的分析学习到自主表达，形成阶梯式训练，使学生能力逐步提高。

项目十三
幼儿教师其他工作口语训练

项目训练目标

1. 掌握幼儿教师在说课、主持幼儿园活动时所用语言的特点及要求。
2. 学会初步运用说课语言说课。
3. 学会运用主持词主持幼儿园活动。

幼儿教师在幼儿园工作中的口语，主要用于幼儿一日生活中对幼儿进行教育和教学，开展各类活动。除此之外，教师还要参加各类与幼儿园工作有关的活动。在这些活动和工作中，教师只有掌握各种工作口语的特点和要求，学会运用有关口语技巧，才能顺利地完成各项工作任务。

任务一　说课活动中的口语训练

任务要点

通过案例，从感性上认识说课语言的特点，再从理论上了解说课语言的不同类型及其要求。最后通过案例分析和情境训练，掌握运用说课语言的技巧，学会初步运用说课语言进行说课。

案　例

（说教学过程）为了贯彻教学目标，突出重点，突破难点，我设计了以下活动过程：导入活动—学习筷子的使用方法—练习筷子的实践活动—筷子游戏。首先是导入活动。“兴趣是最好的教师”。活动一开始我就采用谜语引起幼儿对筷子的兴趣，“姐妹双双一样长，一起工作一起忙，冷冷热热都经过，酸甜苦辣一起尝”。这个谜语形象地讲述了筷子的外形特点和用途。在孩子们兴致勃勃地猜出谜语后，我出示筷子，简单介绍它的来源和用途，激发幼儿操作筷子的欲望，为下一环节打下基础，并落实了第一个目标。其次是学习活动。筷子的使用方法有一定的标准，因此，我在幼儿第一次练习前，先示范讲解使用筷子的动作要领，再让幼儿自由练习。第二次的学习，我配上了音乐，让孩子在轻松快乐的氛围里练习并拢筷子拨饭、张开筷子夹菜等动作。

说课就是用口语进行独白式的讲述。从以上说课片段中，我们可以看出说课语言跟一般口语的不同。在说课语言中，既有理论性语言，又有教学性语言，还有专业性语言。从讲述方式看，教师综合运用了叙述、解说、评述等方式，开头还运用了过渡语言，与其他环节紧密衔接。短短的一段话，内容具体，语言丰富多彩。

一、理论与方法

说课是指说课教师运用口头语言向其他人讲述自己在课堂教学中具体课题的活动设想及其依据的一种教研活动形式，是教师在制定教学方案后向听课的教师讲述“教什么”“怎样教”“为什么这样教”的过程。说课内容应以教育教学理论为指导，依据幼儿教育相关文件要求和幼儿教材，根据幼儿学习和发展的特点、规律，说出自己对教材的理解、教法学法的设计，其目的是为了理清教学思路、把握教学目标、用好教学手段，从而提高教学质量。

（一）说课与授课的区别

授课与说课既有相同点，又有不同之处。其相同点在于两者都采用相同的活动教材，两者都要在备课的基础上进行，都是运用口语进行表达的过程。不同之处体现在以下方面。

1. 目的不同。

授课的目的是为了把教材内容转化为幼儿能理解的知识传授给幼儿，进而培养幼儿各方面的能力，培养幼儿道德品质，教师要“使幼儿会学”；而说课的目的是向听者介绍活动的设想，其目的是“让听者听懂”。

2. 内容不同。

授课的内容设计主要在于让幼儿理解学些什么内容，如何引导幼儿学习；而说课不仅要讲清楚教什么、怎么教，而且还要讲清楚为什么这样做。

3. 对象不同。

授课的对象是幼儿，说课的对象是同行、领导或专家、评委。

4. 方式不同。

授课是教师与幼儿的互动过程，说课是教师个人独白的过程。

（二）说课的特点和要求

说课与授课有明显差异，说课具有鲜明的特点和特殊的要求。

1. 目的明确，具有高层次性。

幼儿教师说课是以提高课堂教学，进而提高幼儿教育质量为目标所进行的一种教研活动形式，所以教师必须深入学习有关教育理论，学习先进的教改经验和教学方法，在理论的指导下充实说课理论依据。在教材的处理、教法的选择、教学过程的安排方面，要精心处理。除此之外，由于听课的对象是懂教材、熟悉业务并具有一定教研水平的领导和教师，在语言的推敲、结构的安排上要更为精心，更趋合理。所以，说课具有更高的层次性。

2. 内容具体，说理性强。

授课过程是教师把自己所学的理论用于实践，而说课不仅要说出“教什么”“怎样教”，还要说清楚“为什么这样教”，教师要从教材、教法、学法、教学过程等方面分别阐述，而且特别强调说出每一部分内容的“为什么”，即运用教育学、心理学等教育理论知识和《幼儿园教育指导纲要（试行）》《3～6 岁儿童学习与发展指南》的相关要求、建议去阐明道理。所以说课的内容要具体，层层深入，具有较强的说理性。

3. 过程合理，具有科学性。

课堂教学要求教师以科学的理论为指导，用科学的方法解决教学的矛盾和问题。教师必须遵循教学原则对教材进行处理，设计教法、学法和教学过程，挖掘教育因素。说课就是教师把这样的课堂教学的设计及依据讲出来，这个过程既要符合幼儿教育教学规律，又要符合语言表达的要求，具有科学性、逻辑性和思想性。

4. 准备充分，具有预见性。

说课要求教师不仅讲出怎样教，还要说出引导幼儿怎样学。所以说课者要对所教幼儿的知识技能、智力水平、心理特点等方面进行分析，掌握幼儿学习和发展的核心经验，估计幼儿对新知识的学习，对新经验的获得会有什么困难，说出根据不同情况采取相应的措施和解决的办法。说课者还要说出自己设计提问的关键问题，估计幼儿的反应情况，教师应该怎样处理和回应等。所以说课过程中教师要说出准备情况，具有预见性。

（三）说课的内容

说课活动要说清楚“教什么”“怎么教”“为什么这样教”等问题。教师在“说”的过程中，不仅将书面的活动说出来，更要求教师将隐含于教育方案后面的设计思想、教育理念、具体依据说出来。所以说课的重点在于说出教师为什么要这么设计问题。

说课有的是在活动实施之前说，有的是在活动之后说。从整个说课过程来看，说课内容可分为以下几个部分。

1. 说教材。

幼儿园里的说教材不单指说教材内容，还包括说幼儿的情况分析、教学目标、活动准备。

（1）教材内容。说教材内容就是说出所选活动主题的内容特点，指明它在整体或主题网络教学中的地位。所以教师首先必须说清楚此次活动的内容是什么及为什么要选择这些内容。要说明教材选择是从当时、当地幼儿群体的需要来准备的。

(2)对幼儿发展需求及现状的简要分析。这个环节的分析主要包括幼儿的年龄特点、身心发展状况、幼儿原有知识经验和基础技能的掌握情况，智力的发展情况，幼儿的非智力因素，包括幼儿的兴趣、动机、行为习惯、意志等发展状况。这个环节是教材选择、教学目标制定的依据。

(3)活动目标。说活动目标要从认知、情感、态度、能力、技能等方面综合地表达出来，并能体现主题的教育要求，最后说确立此目标的依据。确立目标要与《幼儿园教育指导纲要(试行)》对这一领域总目标的要求和各年龄阶段的目标要求相一致。

(4)活动的重点、难点。活动重点，也可以称之为学科教学的核心知识。一般来说，重点是本次活动中幼儿必须掌握的知识和基本技能。活动难点是指活动中幼儿不易理解的知识，或不易掌握的技能技巧。活动的难点不一定是重点，也有些内容既是难点又是重点。教师在说重点和难点的时候要说明解决的办法和依据。

(5)活动准备。活动准备必须与幼儿的能力、兴趣、需要等相适应。包括活动前的准备(家长工作、社区协调、环境创设、资料收集、幼儿园活动等)，活动中的准备(即有关玩具、教具等材料，包括幼儿用书、教学挂图等)。说课过程要分层次清晰地说明准备情况，还要说明教师所准备的教具、学具在教学活动中的作用和意义。

2. 说教法、学法。

一般来说，教法和学法是不能分割的。教法中包含着学法，学法里体现着教法，二者共处于教学过程之中。教法和学法又是两个不同的教学主体——教师和幼儿进行的两种不同的活动——教和学。所以它们彼此又具有相对独立性，不可相互代替。

(1)说教法。说教法主要说明在本次活动中将采用的教学方法和运用的教学手段，以及这样做的原因，要着重说明其中自己独创的做法，特别是培养幼儿创新精神和实践能力的具体做法。一般幼儿园常用的教法有：①以语言为主的方法，如讲解法、谈话法、讨论法、暗示法等；②以直观为主的方法，如直观演示法、示范法、观察法、情境表演法等。说教法时注意要根据教材的特点、幼儿的实际、教师的特长以及教学设备情况等，来说明选择某种方法或手段的依据。

(2)说学法。说学法就是说明幼儿要"怎样学""为什么这样学"的问题，教师要说出教给幼儿哪些学习方法，培养幼儿哪些能力。教师在说学法时要说出活动中幼儿怎样学习、依据是什么。幼儿园教学活动中常用的方法有多通道参与法、体验法、操作法、小组合作法、观察法等。教师要说出怎样根据班级特点和幼儿的年龄、心理特征，运用哪些教育教学规律指导幼儿进行学习。

3. 说教学活动过程或程序。

说活动过程就是说明整个活动的流程，说出教学活动过程的整体安排，即各个活动环节的实施过程。说活动过程是说课的重点部分，要说出活动的各个环节，各环节步骤的安排、方式方法的选择等。

首先要说明本活动分了几个大的环节，每一个环节的名称是什么；其次要说明每个环节要做什么事情，达到什么目的，环节的指导语或者提问语是什么，教具的使用等；再次要介绍在这一环节采用了哪些教法和学法，达到什么目标等；最后应该说说每个环节大体的时间安排。如果教师设计的活动要进行延伸，教师还要说出怎样延伸活动、延伸的作用、为什么要延伸的依据。

说活动过程，不仅要说清楚教学过程中教学各环节的衔接和过渡，还要对目标中的重点部分如何突出，难点如何突破，采用了什么方法一并交代清楚。

4. 说活动反思。

活动反思，是指教师对教育教学实践的再认识、再思考，并以此来总结经验教训，进一步提高教育教学水平。一般来说如果是在活动实施以后说课，教师就要说活动反思。活动反思主要从目标的达成、幼儿的反应、活动的效果、活动时间与相关理论的对应等方面来说。

(四)说课活动中的教师口语

说课能力是一个教师专业素质和文化水平的综合体现。而在说课过程中，具体表现出教师的专业素质和文化水平的就是教师说课时的语言。说课人通过自己的语言表达自己对教材、教法、教学过程的设计，也表达自己的儿童观和教育观，展现自我形象和风格，所以说课时的语言是非常重要的。了解说课的内容，就是要了解说课时要说些什么，了解说课的特点和要求也在一定程度上要了解如何说。那么具体在说课语言的运用上，还要注意些什么问题呢?

1. 综合运用各种类型的语言，表达完整内容。

说课是教师把自己教学设计的全过程说出来的一种活动，内容丰富，环节众多，所用的语言也是丰富多样的。

从内容上看，说课语言有理论性语言、专业性语言、教学性语言等。

(1)理论性语言：教师要说清楚“为什么这样教”，就必须运用教育学、心理学等教育教学理论的知识进行阐述。这些专门术语、理论的演绎就是理论性的语言。从评价标准看，说课对教师的理论水平要求比较高，教师应提高自己的理论水平，说课时应充分运用好理论性语言。

(2)专业性语言：教师在说课过程中，应结合幼儿园五大领域的要求和目标，采用与各领域相应的专业术语来阐述自己的设计，突出所设计课程的专业特点。教师语言要科学规范，具有专业性。

(3)教学性语言：教学性语言就是教师把知识、经验传授给幼儿的过程中所运用的语言。教师在说课时要运用教学性语言，让听者知道自己的教学设想和具体步骤。在说教学过程的各个环节中，运用教学性语言，可以把真实的教学情境展示在听者面前。如在讲述时，用新颖有趣或简明扼要的导入语和结束语来吸引听课者，用准确清晰而又形象生动的讲解语和富有启发性的提问语让听者判断教师的讲解能力和提问质量的高低。有问有讲，有读有说，用自己的语言变化，把听者带入到教学活动中去，推测教师的课堂教学效果。但是，说课不是课堂活动的再现，各个环节的教学性语言的运用要有针对性，要择要来讲。

教师在说课过程中，运用的语言是一种独白式的讲述语言，从形式上看有叙述式、解说式、评述式等。

(1)叙述语言：叙述就是按照一定的顺序，把事情和道理说出来的一种口语表达方式。教师说课时主要采用这种语言，讲清自己的设计内容、思路和所持依据。说课不是一字不变地读或背说课稿，要突出说的特点。运用叙述语言，切忌自始至终一个腔调，要用恰当的音量，使在场的每个人都听得清清楚楚，速度要适当，语调的轻重缓急要恰如其分，让听者从其抑扬顿挫、高低升降中体会出说课内容的变化。

(2)解说语言：解说是说课的重要特征。教师在说课时对课中的知识要进行解释、分析、阐发，要说明理论依据和理论观点等都要用到解说语言，简单地说，就是上述的理论性语言、专业性语言都会用到解说。解说语言要简明、准确、条理清晰，有详有略，重点突出，语调平实而有变化。

(3)评述语言：说课时，教师在叙述“教什么”“怎么教”之后，要运用理论对自己的设计进行评价议论，叙述和评价的语言就是评述语言。评述可以先述后评，也可以先评后述，还可以边述边评。叙述的语速可以稍微快一点，评价应该慢一点，轻重缓急应有所变化。

2. 运用过渡语言，处理好衔接和过渡。

说课活动过程是说明整个教学活动的设计过程，环节众多，大环节里面还有小环节。可以把整个环节的安排先说出，再逐环节说出来，也可以把一个环节的内容说完后，再依次说下个环节的内容。不管用什么样的方式，环节之间尽量用上恰当的过渡语，处理好各个环节之间的衔接和过渡，使整个说课内容浑然一体。可以运用表示目的、依据、原因、承接等的关联词语和句式来连接。如“为了贯彻这样的目标，我设计了下列教法。”“根据教材内容、教学目标，我设计安排了以下几个环节。”……

3. 适时适当，与演示文稿(PPT)有机结合。

教师说课时会运用演示文稿(PPT)展示配合讲述，教师的语言和演示文稿(PPT)的内容应有机结合，互为补充。首先说课过程不宜照念演示文稿(PPT)，演示文稿(PPT)要做得简练美观，提纲挈领，突出重点。教师围绕演示文稿(PPT)展示的内容进行讲述。其次，口语表达要适时，与演示文稿(PPT)配合得当，两者才能相得益彰，表达将更为完美。

4. 运用技巧，使过程流畅有变化。

说课的语言要运用得当，要有针对性，准确简练，紧凑连贯。根据内容选择不同形式的表达方式，内容具体，层层推进，前后连贯，过渡自然。为了更吸引听者，更好地进行表达，教师在说课时还要注意语音技巧和态势语技巧的运用。首先在语音上，发音要准确，音量要恰到好处，做好重音、顿连处理，轻重缓急随内容的变化而变化，语调要亲切自然而充满激情。其次还要注意态势语，身姿要挺拔自然，步态应端庄轻盈，精神要饱满，在说话过程中要始终保持微笑。眼神要和听者进行交流，用手势辅助有声语言的表达。教师应通过运用各种技巧，动静结合，有声有色进行讲述，让听者受到感染，引发共鸣。

资料卡

幼儿教师招聘面试说课技巧

在目前的说课面试中，一般给说者 20 分钟时间的准备，然后在 10 分钟内进行阐述。在 20 分钟里，要准备一篇完美的说课稿是不太可能的，有些教师刚刚分析完教材，写好教学目标，时间就到了。要真正提高“说课”的能力，必须在实践中历练，在历练中学习，在学习中反思，在反思中积累。

(1)要在说课前准备好各领域基本课型的框架。包括目标框架、理论框架。

(2)说者要合理安排好 20 分钟。一般 2～3 分钟内要把目标确定下来，然后重点去考虑教学设计的框架，重难点突破的策略，并以纲要的形式写下来，不要一字一句去写。

(3)说课时整体要流畅，不要像做报告似的，有许多个“一二三点”，环节间的过渡要自然，过渡语言可事先准备好。比如，教材分析后，要确定目标了，可以这样说“基于对教材的理解和分析，我将本次活动的教学目标定位为……”“为使幼儿感受…… 我为本次活动确定了两个目标，旨在对幼儿的认知、能力、情感等方面做积极的引导”；说好目标后可接着说：“下面我侧重谈谈对这个教学活动重难点的处理”；“为顺利达成以上教学目标，我将做好以下准备”等。同时尽量避免师问、生答，师又问，生又答……这种流水账式的说法。

(4)因为面试中的说课均是课前的预案，不是课后的反思性说课，想象的空间较大，所以可以将课堂设计得精美一些。当然说课时应体现落实计划的可能性、有效性和监控性，绝不是虚无缥缈的“纸上谈兵”，所以难以准备的教具、学具，难以组织的环节等要尽量避免。

二、技能训练

［训练一］

要求：通过案例分析，掌握说课语言的类型，掌握说课语言的特点和要求。能用连贯、有条理的话说出自己的意见。

步骤：

(1)自己先想一想，再说一说。

(2)小组讨论，补充修改。

(3)在小组中发言，小组评议。

(4)师生共同讨论。

阅读下列说课稿，回答文后问题。

幼儿园大班“我长大了”说课稿

各位领导、各位老师：今天我说课的题目是大班主题活动“我长大了”，这是二级主题“人在变”中的一个活动。

一、说教材

(一)教材来源

在一次常规的身高体重测查后，我把前一次的测查结果和这次的测查结果同时展示，引起了小朋友对自己成长的关注，渴望知道自己小时候的故事。为此，我设计了这个主题系列活动，一方面满足孩子们的心理需要，促进自我意识的发展；另一方面让孩子了解长辈对自己的关怀、爱护，改变孩子只会享受长辈对自己的爱、而不懂得回报的心理状态。《幼儿园教育指导纲要(试行)》中要求：应“引导幼儿对身边常见事物和现象的特点、变化规律产生兴趣和探究的欲望”。我认为选择此教材有一定的阶段性和必要性，它符合《幼儿园教育指导纲要(试行)》的精神：“教育活动内容既适合幼儿的现实需要，又有利于其长远发展；既贴近幼儿的生活，又有助于拓展幼儿的经验和视野……”

(二)目标定位

根据大班幼儿年龄特点及实际情况，以布鲁纳的《教育目标分类学》为依据，确立了认知、能力、情感等方面的目标，融合了语言、科学、社会、艺术领域的整合。目标为：①通过各种方法引导幼儿发现自己的成长与变化。②激发幼儿欣赏自己的成长，展示自己的能力，树立自信心。③乐于与同伴交流、分享自己成长的快乐。④让幼儿尝试制作个人成长册，发展幼儿的精细动作。⑤让幼儿体会父母的辛苦、关心，增进亲子之情。

根据目标，我把活动重点定位于：感受“我长大了”，主要是发现自己成长与变化。幼儿通过观察、比较小时候的照片和用品、播放录像、交流分享、展示自己，使活动得到深化。活动的难点是：根据人的成长过程进行排序、制作个人成长册，主要是通过自主操作，在动手的过程中培养手部肌肉的灵活性和提高排序的能力，对自己的成长充满期待。在目标定位上，树立了目标的整合观、科学观、系统观，各领域内容有机联系，相互渗透，注重综合性、趣味性、活动性，寓教育于生活、游戏中。因此，我做了以下活动准备：①空间准备：幼儿小时候的照片、衣物、用品布置于墙上，桌椅呈“同”字形便于评价和集中。②物质准备：“人的成长过程”图片，卡片纸、彩笔、彩纸、剪刀、胶水等美工材料与工具若干，已制作本领树的树干，小时候的录像(或小班、中班在园的录像)，胎儿的生长发育以及新生儿的养育的录像。③知识准备：幼儿向家长了解爸爸妈妈的故事及自己小时候的趣事，观察各个阶段自己成长的照片，熟悉人物主要特征。

二、说教法

《幼儿园教育指导纲要(试行)》指出："教师应成为幼儿学习的支持者、合作者、引导者。"因此，本次活动采用适宜的方法组织教学，主要有：

(一)情景教学法

本次活动通过环境的刺激，让幼儿寻找、辨认同伴小时候的照片，引发幼儿的好奇心，吸引幼儿参与到活动中来。

(二)演示法

通过电教手段、多媒体动画"小时候的录像(或小班、中班在园的录像)，胎儿的生长发育以及新生儿的养育的录像"，让幼儿对自己的成长有一个全新的认识，在这一个过程中，现代教学的辅助手段的运用发挥了传统手段不可代替的功能，使幼儿的理解和认识更透彻。

(三)操作法

本次活动用了两次操作活动，第一次让幼儿看一看、试一试、比一比，通过观察比较(小时候与现在)获得最直接的经验，并在交流操作的过程中增进对自己和他人的了解；第二次分组操作把自己获得的经验再一次深化，通过制作、想象绘画、排序的形式表现自己对成长的理解与期盼，体验成长的快乐。

三、说学法

以幼儿为主体，创造条件让幼儿参加探究活动，不仅提高、锻炼了能力，更升华了情感。本次活动采用的学法有：

(一)多通道参与法

《幼儿园教育指导纲要(试行)》科学领域目标明确指出："能用多种感官动手动脑，探究问题；用适当的方式表达，交流探索的过程和结果。"活动中，我引导幼儿看一看、试一试、比一比、说一说等多种感官的参与，不知不觉对自己的成长发生了兴趣。

(二)交流讨论法

当幼儿对自己的成长有一定的感受时，让他们互相交流自己的看法，讲述自己的故事，讨论自己的成长，不仅让幼儿分享快乐，达到生生互动，而且能提高幼儿的语言表达能力。

(三)展示法

让幼儿展示自己的本领，发挥了幼儿的主体作用，每个幼儿都获得了表现自我的机会，并对自己的成长充满了期待。

（四）尝试法

陶行知说过“做中教，做中学，做中求进步”。在活动中让幼儿制作、排序、布置“本领树”，幼儿的思维更加灵活，各种能力得到锻炼，拓展了知识面。

与此同时，我还通过幼儿间的互补学习，师幼合作共长的方法，表达各自丰富的、多样性的认识，体现“以幼儿发展为本”的理念。

四、说教学程序

我采用环环相扣组织此活动程序，活动流程为：

激发兴趣—自由探索—积累经验—交流体验—展示自己—操作表现—分享快乐。

（一）激发兴趣

“兴趣是最好的老师。”活动开始，以活动室环境的变化引发幼儿对小时候用品的兴趣。

（二）自由探索（欣赏小时候的照片和用品）

根据幼儿好奇、好动的特点，让幼儿猜“照片上的人是谁?”一起议论“为什么猜不着?”从而发现小朋友的变化。看一看、试一试、比一比，真实地感受自己长大了。在这一过程幼儿的经验是浅显的，我就通过集中让幼儿互相议论的方法：“现在与小时候比，自己有什么变化?”引导幼儿从更多的方面有目的地进行比较，目标①得到了体现。

（三）观看录像，积累经验

幼儿对自己是从哪里来的、是怎样长大的，充满了好奇。通过观看录像把幼儿带到了神秘的生命起源时刻，他们深深地感受到妈妈怀孕的辛苦、父母养育的艰辛，增进了对父母的感情，目标⑤得到了体现。

（四）交流体验（回忆童年趣事）

让幼儿讲述自己小时候的趣事，鼓励幼儿积极参与，与同伴交流、分享自己成长的快乐，目标③得到体现。

（五）展示自己

幼儿分组自由交流、展示自己的本领，同时又让幼儿有互相学习、感受别人长处的机会，并在适当的时候请个别孩子在集体面前进行展示，树立自信心，目标②也得到了体现。

（六）操作表现

为了让幼儿进一步感受自己的成长、了解成长的过程，我请幼儿分组操作，一组制作“成长变化图”：我小时候是这个样子——我现在是这个样子——我将来会变成这个样子，请幼儿画一张自己将来的画像。一组排序：请幼儿给人的成长过程图片排序，表现人是怎样变化的。一组幼儿在每片树叶上画一件自己会做的事情，然后贴在树上。让幼儿自主选择，目标④得到了体现。

（七）分享快乐

这是活动的延伸，《幼儿园教育指导纲要（试行）》指出“为幼儿提供展示自己作品的条件，引导幼儿相互交流、相互欣赏、共同提高”。幼儿在这一环节把自己的作品介绍给同伴，愉悦的情感得到极大的满足，很有成就感。

1. 这个说课稿有什么特点？好在哪里？还有什么要改进的吗？

2. 案例中教师运用了哪些语言来说课，在文中找出来并分析。

3. 选取其中一至二个环节，自己说说看，体会说课的语言特点。注意设计过渡语言，注意运用语音及态势语技巧。

［**训练二**］

要求：通过练习说课稿片段的表达训练，掌握说课的特点要求和语言表达的方法。

步骤：

（1）先阅读材料，进入情境。

（2）自己先写一写，再说一说。

（3）小组训练，看谁写得好，说得好。

（4）补充修改。

（5）个人汇报，学生点评。

结合说课稿的特点和要求，根据下列所给材料，学习训练一案例的写法，写出说课稿片段，并用口语说一说。

1. 根据下列所给材料，写“说教材”环节。

2. 学习训练一案例的写法，写“说教法、学法”。

3. 写出说课稿片段，写“说活动过程”。

材料：幼儿园大班科学活动“有趣的水”教案

1. 活动目标

（1）利用幼儿园玩水池为幼儿提供玩水的机会，感知水的特点，巩固对水的认识。

（2）引导幼儿用各种材料投放水中玩耍，感知不同物体的“沉”与“浮”现象。培养幼儿观察、比较、归纳的能力。

（3）让幼儿感受水中发现的乐趣，产生愉悦的情感体验。

（4）培养幼儿勇敢、自信、合作、交往的良好品质。

2. 活动准备

（1）老师、幼儿及家长共同收集玩水的材料：塑料制品——果奶瓶、塑料玩具、小水桶等；木制品——积木、树枝、雪糕棍、树叶等；纸制品——硬纸壳、皱纹纸、报纸、作业纸、纸盒等；泡沫制品以及小石块、鹅卵石、小铁块等。并让幼儿用塑料袋将材料装好，做上标记，放在玩具柜里。

(2)活动前，检查水池的安全、卫生。池底是否有异物，池水是否清洁，池水高度是否适当。

3. 活动重难点

感知物体的沉浮现象。

4. 活动过程

(1)感觉游戏。鼓励幼儿同老师一起到水池玩水(个别胆小不愿到水池玩的幼儿暂不强求，允许他们在水池边玩)。引导幼儿看看水中的小脚丫或凉鞋；试试用双手捧水；体会把手掌平放在水中与手指插入水中的不同感觉；体验水中走路的感受。帮助幼儿回忆、再现过去所学知识，如能看见水中的小脚丫，是因为水透明、无色，捧着的水一会儿没有了，是因为水会流动等；鼓励幼儿说出自己的感受或发现，如把手掌平放水中用的力比手指插入水中用的力更大，在水中走路比在地上走路慢。

(2)听觉游戏。请幼儿将塑料袋里的材料一一投入水中。让幼儿听一听、比一比不同材料投入水中声音的大小；再试一试、听一听、比一比不同材料从高处、低处投入水中声音的大小。幼儿反复对比实验，相互讨论，得出结论：从高处将材料投入水中比低处将材料投入水中声音大；重的材料投入水中比轻的材料投入水中声音大。让幼儿闭眼想象：夏天的暴雨和秋雨(毛毛雨)打在水里的不同声音；回忆故事《咕咚来了》，想象木瓜掉在水中的声音，理解小兔为什么会吓得惊慌失措。

(3)观察、比较、归纳游戏。观察不同材料投入水中的沉浮现象；比较材料的轻、重、厚、薄；感知材料的轻、重、厚、薄和“沉”“浮”的关系；归纳哪类材料会沉于水中，哪类材料会浮于水中。

(4)触觉游戏。用手触摸、感知哪些材料吸水，哪些材料不吸水；哪些材料遇水会烂，哪些材料遇水完好如初。

(5)收拾整理材料。请幼儿把水中的所有材料收集在塑料袋里，使水中无杂物。对幼儿进行环保教育——保护水资源。

注意：在上述每一种游戏中，均让幼儿充分讨论、交流、合作。如相互提供材料，交流新发现等，以此提高幼儿的交往技能，体验分享的快乐，体验“发现学习”的惊喜、乐趣。

5. 活动延伸

请幼儿把玩水材料带回家，把今日的“水中的发现”告诉爸爸妈妈。请家长做好记录，次日交给老师，以便老师及时了解孩子“水中发现”的多与少、深与浅，了解孩子的表达能力，了解孩子对这种活动方式的兴趣及认可程度，了解孩子某方面的个体差异，如听觉、触觉、记忆等；以便教师从中发现孩子们的兴趣点，根据幼儿个体差异，采取不同的教育策略，扩散或寻找新的教育活动内容。

6. 活动反思

《幼儿园教育指导纲要(试行)》进一步突出了让幼儿主动学习的思想。“水中的发现——大班科学教育活动”的设计，力求体现这一思想并遵循幼儿学习的三个特点。

(1)幼儿的学习受兴趣和需求直接驱动。玩水是幼儿感兴趣的，所以，他们会积极投入、主动探索、发现学习。在发现学习中获得成功，充分体验到学习的乐趣。

(2)幼儿的学习以直接经验为基础，对事物的认识是感性的、具体的、形象的，需要用动作和各种感官来帮助思维。因此，给幼儿提供操作机会和调动幼儿的各种感官共同参与尤为重要。

(3)由于个体差异使每个幼儿都有自己的学习进程，幼儿与幼儿间相互学习的方式，使幼儿乐意接受。同时，交往能力、语言表达能力等均得到发展。

训练提示：说课是教师资格证考试中的一个重要内容。要说必须先会写，写了要能说。这个训练通过片段训练，练习写作说课稿的方法，并能用口语说一说。训练时应把教师口语和其他课程学习结合起来，如与教育学、心理学、儿童发展心理学、各领域教学理论相结合等。

[**训练**三]

说明：这个板块有些难度，没有提示，没有材料。自己必须结合有关理论先做活动设计，再写说课稿，然后把整个说课稿说一说。这个训练建议有实习经验的同学做，其他同学学习，能做则做，不能做不勉强。

要求：写一份完整的说课稿，并制作演示文稿(PPT)，用口语把说课稿表达出来，学习说课的语言表达的方法。

步骤：

(1)先小组讨论，每组选择一个内容写一个活动设计。

(2)各组讨论，每组根据活动设计写一份完整的说课稿。

(3)各人选择一个环节，在小组中模拟说课。

(4)小组评议。

活动参考：

1. 小班语言活动“一二三”。

附：故事《一二三，自己爬起来》

一二三，自己爬起来

天气真好！太阳红彤彤，小草绿油油。一只小熊高高兴兴地到草地上玩。忽然，“扑通！”小熊跌倒了。

小羊看见了来拉小熊，“扑通！”小羊也跌倒了。

小兔看见了来拉小羊，“扑通！”小兔跌倒了。

小老鼠看见了来拉小兔，“扑通！”小老鼠也跌倒了。

小朋友看见了，连忙大声喊：“一二三，自己爬起来！”小熊、小羊、小兔、小老鼠一个接一个都自己爬起来了，小动物们一起高高兴兴地在草地上玩啊！

2. 小班音乐活动。

我有一双小小手(歌词)

我有一双小小手，
一只左来一只右。
小小手，小小手，
一共十个手指头。
我有一双小小手，
能洗脸来能漱口，
会穿衣，会梳头。

3. 中班社会活动“玩具大家玩”。
4. 中班科学活动“橡皮泥浮起来了”。
5. 大班语言活动“欣赏唐诗《春晓》”。
6. 大班美术活动“漂亮的贺卡”。

任务二　幼儿园大型主题活动主持人语言训练

任务要点

通过案例，从感性上认识什么是主持词，再从理论上了解主持人的口语要求和各环节主持词的运用技巧。最后通过案例分析和情境训练，学会在活动中运用口语进行主持。

案　例

幼儿园端午节“亲子”联谊会

主持人：亲爱的家长朋友们，小朋友们！大家上午好！首先感谢各位家长在百忙之中参加我们的亲子联谊会，共同分享孩子们童年的快乐，欢迎你们！（大家一起鼓掌。）

运动使我们健康，游戏让我们快乐！今天就让我们在运动和游戏中，留下美好的回忆！我想现在所有的小朋友都和我一样心情激动，因为能和爸爸妈妈一起做游戏，多开心啊！

端午节就快到了，让我们一起动手来包粽子、做香包吧！爱运动的小朋友还可以和爸爸妈妈一起参加“赛龙舟”的游戏哦！

幼儿园经常有各种各样的大型活动，需要老师充当主持人。不同的活动对主持人的语言要求也不一样，上面案例是端午节“亲子”联谊会，语言热情、积极，具有很强的感染力。

一、理论与方法

幼儿园每一场大型活动都少不了主持人，主持人掌控着活动的方向和进程。一场活动成功与否，主持人是最重要的环节之一。要成为幼儿园大型活动主持人，教师必须具备一定的知识修养、良好的心理素质、应变能力和较强的语言表达能力。在大型主题活动中，教师作为主持人，要使自己成为活动和参与者之间的桥梁，能驾驭整个活动，就要用标准的语音、规范的语句、恰当的语气语调、充满智慧的语言主持活动。所以要想主持好一场活动也是很不容易的，研究并训练主持人口语技巧，对于提高教师的职业口语水平，具有重要意义。

(一)主持人的口语要求

1. 明确主题，驾驭活动。

幼儿园大型活动都有突出的主题，教师要紧紧围绕主题来主持，根据不同的主题，确定活动主持的语言，从而向参与者(观众)传达某种精神，使他们在每次活动中都受到感染，有所收获。在活动过程中，主持人要运用恰当的音色、语调为活动确定基调，调动自己的情感，把这个基调传达给参与者(观众)。

2. 把握节奏，推动活动进程。

主持人要熟悉活动的各个环节，把握好各个环节的进程。通过语言表达，控制活动的节奏，推动活动的顺利进行。主持人的语言要轻松洒脱、简洁明快，有时带点风趣幽默，或做一点形象生动的描述，这样轻松、流畅、明快的表达，节奏感强，能统摄全场，营造轻松愉快的活动气氛。

3. 善于应变，调节活动气氛。

活动过程是多变的，主持人要善于应变。一方面，主持人要有一双敏锐的眼睛，在主持各种活动中，面对各种复杂情况，随时能准确地观察并迅速地做出判断，这样才能掌握活动的主动权。另一方面，主持人要用语言适时调节活动气氛。可以抓住契机，临场发挥；可以瞄准热点，趁热打铁；在冷场时，通过有趣的语言、多变的语调调动参与者(观众)情绪，转冷为热；还可以通过语言沟通，增强互动等。

4. 运用得体的态势语，增进交流。

主持人的身姿步态、表情动作，直接影响着观众的观感。恰当得体的态势，可以给参与者(观众)留下好印象，赢得他们的信任，产生交流的愿望。主持人是活动的引导者，只有热情真诚、亲切自然的语态，才是联结观众心理的桥梁。

在幼儿园大型主题活动中，还经常出现教师与幼儿同台主持的情况，教师要具备指导幼儿主持的语言能力。教师语言表达本身对幼儿是一个很好的示范，具有指导作用。在主持过程中，教师还要和幼儿密切配合。

(二)各环节主持词

在幼儿园大型主题活动中，主持词贯穿活动始终，从活动的各个环节来看，常用的主持词有以下几种。

1. 开场白。

主持人的开场白，主要用于活动开始环节，包含称呼、问好、介绍来宾和参与者等，更重要的是宣布活动主题(或活动主要内容)。好的开场白，能够为活动确定基调，拉近活动与参与者(观众)的距离。所以教师主持节目时，首先要用富有感染力的语言，恰当的语气、语调、态势，营造与主题相适应的良好气氛，使参与者(观众)较快进入活动状态，积极参与到活动之中。

2. 串联词。

串联词主要用于活动过程当中，其作用就是将整场活动串成一个整体，形成整体效果。在幼儿园各项大型活动中，每个内容、环节都是相对独立的。教师主持时，要根据活动内容，找准切入点，用承上启下的语言将各个环节、各项内容串联起来，或赞扬，或强调，或突出主线，或点明题旨，使整场活动浑然一体。

3. 结束语。

结束语用于活动结束环节。好的结束语，能够升华活动的思想意义，深化活动的目的性和针对性。在结束环节，教师可以运用口语结合主题点明主旨，提出希望、祝福、表示感谢等。语言要简短有力，语调要高昂热情，不可啰唆冗长，也不可草草收场。

资料卡

小主持人培训

一、小主持人说话要求

声音洪亮：话要说出来，让场上听众都听得见。

清楚：每个字都要说清楚，不要含糊。

二、小主持人教室内的坐姿、上舞台的走姿、表演节目时的站姿。

坐姿：双脚并拢，手放腿上，背挺直，眼睛平视前方。

走姿：速度不宜太快，直视前方，手脚不要同边。

站姿：腿并拢、脚跟并拢脚尖打开呈八字、手放至大腿旁、背挺直、眼睛平视前方。

三、自我介绍的学习

(一)定义

自我介绍就是把自己介绍给别人，让别人对自己有一个初步的了解。

(二)注意事项

1. 要说明基本情况：主要是姓名、年龄、学校、兴趣和爱好等。

2. 情况要属实：一定要实事求是，不可以造假。

3. 要突出特点：说出自己与众不同的地方。

4. 注意技巧，使介绍有艺术性：可以利用拆字、联想、别名等来介绍名字。

(三)舞台上的自我介绍流程

1. 问好(语言＋手势肢体语言)

2. 基本情况＋个人特色等

3. 告知自我介绍完毕并谢幕(鞠躬)

四、怎样表演一个完整的节目

(一)问好(问好的语言及肢体动作语言)

(二)自我介绍(自己最基本的信息：姓名、学校、年龄)

(三)介绍表演的节目名字

(四)表演节目

(五)告知表演完毕谢幕(鞠躬)

五、少儿表演节目注意事项

(一)服装和语言都要适合少儿，不宜成年化

(二)发型、服装要得体，美观大方等

二、技能训练

[训练一]

要求：通过案例分析，了解不同环节主持词的语言特点，掌握主持词的特点、要求及运用的方法。能用连贯、有条理的话说出自己的意见。

步骤：

(1)自己先想一想，再说一说。

(2)小组讨论，补充修改。

(3)在小组中发言，用准确连贯的一段话说出自己的意见。

(4)师生共同讨论。

说说下列教师主持词用于什么环节，语言有什么特点？你从中受到什么启发？再用自己的话说一说，注意语气语调和态势语。

1. 幼儿园母亲节“感恩妈妈”主题活动。

主持人：小朋友们，你们知道今天是什么节日吗？(全体幼儿回答：母亲节！)小朋友们真聪明！世界上有一种爱，不管自己付出多少，却不要求回报；世界上有一个人，不管你长多大、走多远，总会对你牵肠挂肚。这种爱叫母爱，这个人叫母亲。在这里，让我们一起对所有的母亲说一声：妈妈，节日快乐！(小朋友一起呼唤：妈妈，节日快乐！)

2. 幼儿园庆祝"六一"活动主持词。

"六一"活动主持词

(师)让阳光把所有的童心装满金色的理想，让风儿把所有的故事抹上美丽的光圈。

(幼)下面是大班带来的舞蹈《戏雨》。

(师)春风细雨，洒满了所有的童年，放飞童心，飞遍了所有的角落。大班表演了《细雨》，小班的小朋友不服气，认为自己也很不错。要来比比，看谁跳得最好。你们来帮忙评评好吗?

(幼)请欣赏小班舞蹈《我真得很不错》。

(师)"六一"的花儿最鲜艳，"六一"的祝福最诚挚。

(幼)"六一"的舞姿最美丽，"六一"的歌声最动听。

(师)童年是一支歌，跳跃着美妙的音符；童年是一首诗，充满了幻想和憧憬。圆圆，在这快乐的节日里，你最想对小朋友们说些什么呢?

(幼)我最想说的就是：祝小朋友们节日快乐!

(师)小朋友们，你们快乐吗?(快乐!)

(幼)请欣赏小班小朋友为大家表演的舞蹈《欢乐中国年》。

3. ××幼儿园迎新年教学展示活动。

迎新年活动——结束词

欢乐的时光总是过得很快，希望的未来就在不远处等待，相信我们的明天会更加美好！××幼儿园迎新年教学展示活动到此结束。今天，这个快乐的日子将永远留在我们的记忆里，为我们小朋友快乐的童年描上快乐的一笔。感谢各位家长的光临！我们衷心地祝愿大家节日快乐！也祝愿我们××幼儿园的明天会更好，再见！

[**训练二**]

要求：根据主持词的特点要求，针对具体情境，设计并恰当运用各环节主持词，模拟主持，培养口语表达能力。

步骤：

(1)先阅读材料，进入情境。

(2)自己先想一想，再说一说。

(3)小组训练，看谁说得好。

(4)补充修改。

(5)个人汇报，学生点评。

提示：

(1)注意活动的时间。第一题的活动时间是春季学期第九周，小班幼儿已经入园一个多学期，初步适应幼儿园一日生活；第二题是秋季学期第十周，是一个学期期中，中班幼儿在幼儿园已过了近一半时间，家长对幼儿园情况较为熟悉。

(2)注意活动的对象。有成人、幼儿，有本园教师，有家长，教师语言应该更为丰富，注意针对不同对象运用不同的语言，音色、语气语调应有变化。

(3)注意活动目的。设计主持词要紧扣活动目的。

1. 根据下列材料，为下列活动设计一个主持人的开场白，并用口语表达出来。

幼儿园小班亲子活动

参与者：小班幼儿、家长，小班的三位老师

地点：小班活动室

时间：春季学期第九周周五

目的：希望家长尽量让幼儿在规定时间到园，能让幼儿参加晨间活动和正常的教学活动。

2. 根据下列材料，为下列活动设计一个主持人的结束语，并用口语表达出来。

中班家长会

参与者：中班幼儿家长、中班三位老师

地点：中班活动室

时间：秋季学期第十周周六

目的：密切家园关系，促进幼儿和谐、健康地发展。

内容：向家长汇报本班幼儿的表现，提出希望家长配合的有关事项，了解家长对幼儿园及老师的要求。

[**训练三**]

说明：这个板块有些难度，没有提示，没有情境。自己必须预设情境。

要求：设计主持词，模拟情境进行主持，培养口语表达能力。

步骤：

(1)先预设情境，进入情境。

(2)设计一段话，说一说。

(3)在小组中讨论和试教。

以小组为单位，设计一次幼儿园大型主题活动，然后二人一组设计一篇完整的主持词，每个人都在小组中试讲。

项目小结

本项目从案例引入再进行理论与方法的学习，最后通过案例分析和模拟情境训练，使训练者掌握幼儿教师在说课、主持幼儿园活动时所用语言的特点及要求，学会初步运用说课语言说课、运用主持词主持幼儿园活动。本项目遵循理论与实践相结合的原则，在训练中，由易到难，由案例的分析学习到自主地表达，形成阶梯式训练，使学生能力逐步提高。

参考文献

1. 周兢. 汉语儿童语言发展研究. 北京：教育科学出版社，2009。

2. 周兢，余珍有. 幼儿园语言教育. 北京：人民教育出版社，2004。

3. 宋欣桥. 普通话语音训练教程. 长春：吉林人民出版社，1993。

4. 国家语言文字工作委员会普通话培训测试中心. 普通话水平测试实施纲要. 北京：商务印书馆，2004。

5. 颜逸明. 普通话水平测试指要. 上海：华东师范大学出版社，1995。

6. 冯健，许晓晖，冯旖旎. 潮汕人普通话水平测试手册. 广州：广东人民出版社，2011。

7. 吴雪青. 幼儿教师口语. 上海：华东师范大学出版社，2012。

8. 王玉芳. 儿童文学. 北京：教育科学出版社，2012。

9. 陈丹辉. 幼儿教师语言训练. 北京：教育科学出版社，2010。

10. 李捷，何自然，霍永寿. 语用学十二讲. 上海：华东师范大学出版社，2011。

11. 尹坚勤，管旅华. 幼儿园教师专业标准(试行)案例式解读. 上海：华东师范大学出版社，2013。

12. 冯伟群. 幼儿教师临场应变技巧 60 例. 北京：中国轻工业出版社，2013。

13. 陈泽铭，王先达. 优秀幼儿教师教育艺术 99 例. 上海：华东师范大学出版社，2011。

14. 夏力. 回归生活：幼儿园教育活动案例及评析. 上海：复旦大学出版社，2008。

15. 吴慧鸣. 幼儿教育教学活动设计. 北京：北京大学出版社，2005。

16. 刘照雄. 普通话水平测试大纲. 长春：吉林人民出版社，2004。

17. 国家教育委员会师范教育司. 教师口语. 北京：语文出版社，1996。

18. 钱维亚. 幼儿教师口语. 北京：高等教育出版社，2008。

19. 人民教育出版社中学语文室. 听话和说话. 北京：人民教育出版社，2005。

20. 陈国安，王海燕，朱全明，郑红勤. 新编教师口语. 上海：华东师范大学出版社，2007。

21. 马宏. 幼儿教师口语. 北京：北京师范大学出版社，2011。

22. 李莉. 教师口语训练教程. 郑州：郑州大学出版社，2007。

23. 赵晓丹. 幼儿教师的沟通与表达. 北京：北京师范大学出版社，2013。

24. 芜崧. 周恩来的语言交际艺术. 秘书，2011(4)。
25. 李京波. 有利于提高口语表达能力的思维方法. 语文建设，2011(4)。
26. 韩小聪. 语境与幽默. 洛阳工业高等专科学校学报，2005(1)。
27. 完颜雯洁. 浅谈语境对言语交际的影响. 现代交际，2011(1)。
28. 李莉. 口语交际过程中的心理障碍及其克服方法. 玉溪师范学院学报，2006(6)。
29. 陈萍. 试论演讲语言节奏. 青海师范大学学报，2005(2)。
30. 刘莹. 幼儿教师口语训练中儿童化语言的运用. 新课程，2013(4)。
31. 潘文杰. 幼儿教师口语常见问题分析. 赤峰学院学报，2009(4)。
32. 林波. 幼儿园集体教学中教师回应行为的现状与改进. 学前教育研究，2012(9)。
33. 赵明，曾媛. 大学生口语表达训练过程中的心理素质训练. 锦州医学院学报，2004(3)。